本书出版得到

国家重点文物保护专项补助经费资助

仙人洞与吊桶环

北京大学考古文博学院
江西省文物考古研究所 编著

文物出版社

封面设计：周小玮
责任印制：陈　杰
责任编辑：陈　峰
责任校对：赵　宁

图书在版编目（CIP）数据

仙人洞与吊桶环／北京大学考古文博学院，江西省
文物考古研究所编著 . —北京：文物出版社，2014.8
ISBN 978 – 7 – 5010 – 4019 – 3

Ⅰ. ①仙… Ⅱ. ①北… ②江… Ⅲ. ①石器时代考古 –
洞穴遗址 – 研究 – 万年县 Ⅳ. ①K878.04

中国版本图书馆 CIP 数据核字（2014）第 119332 号

仙人洞与吊桶环

北京大学考古文博学院
江西省文物考古研究所　编著

*

文 物 出 版 社 出 版 发 行
（北京市东直门内北小街 2 号楼　邮政编码 100007）
http://www.wenwu.com
E-mail：web@ wenwu.com
北京京都六环印刷厂印刷
新 华 书 店 经 销
889×1194　1/16　印张：21.75
2014 年 8 月第 1 版　2014 年 8 月第 1 次印刷
ISBN 978 – 7 – 5010 – 4019 – 3　定价：320.00 元

序

　　1993 年和 1995 年，一个由中美双方学者组成的联合考古队，对江西省万年县仙人洞和附近的吊桶环遗址进行了比较精细的科学发掘，1999 年又由中方进行了补充发掘，获得了重要的成果。我当时忝列中方队长，实际工作主要由副队长、江西省文物考古研究所所长彭适凡先生和美方队长马尼士博士（Dr. Richard S. Macneish）担任。参加工作的人员主要来自北京大学考古学系、江西省文物考古研究所和美国安德沃考古研究基金会（AFAR），还有其他相关部门的学者，专业范围涉及史前考古、农业考古、环境考古、植物考古、动物考古、石器研究、陶器研究和年代测定等众多学科。就一个考古学课题实行中外合作和多学科合作，在当时还很少见，引起了各方面的关注。

　　其实仙人洞的考古工作并不是在这时才开始的。早在 20 世纪 60 年代初，江西省的考古工作者就曾经进行过两次发掘，首次发现了具有明确地层关系的新石器时代早期遗存。只是限于当时的水平，一时间尚未取得学术界的普遍认同。后来在长江流域不断发现史前时期的稻作农业遗存，年代越来越早，吸引了国内外学术界的眼球。看来稻作农业的起源中心很可能就在长江流域，只是还需要进一步做些工作。1991 年在南昌召开了首届农业考古国际会议，有不少外国学者参加，其中就有马尼士先生。马尼士是著名的农业考古专家，曾经长年在墨西哥等地从事农业考古研究。对玉米种植的起源和发展做出了杰出的贡献。在世界三大农业起源中心中，西亚的小麦种植起源中心和美洲的玉米种植起源中心，都已经比较清楚，得到了学术界的公认。稻作农业的起源中心自然成了学术界关注的焦点。与此相关的还有陶器的起源和中国旧石器时代何时向新石器时代过渡的问题。马尼士很想与中国学者合作共同探讨这些重大的学术问题。他在江西省社会科学院副院长、也是农业考古的倡导者陈文华先生的帮助下，实地考察了仙人洞等遗址，并正式向中国国家文物局提出申请，国家文物局提议由我出面联合组队，这就是此次中美合作进行考古研究的原委。

　　这次考古发掘与研究基本上取得了预期的成果。一是发现了从旧石器时代末期向新石器时代早期以至更晚时期连续叠压的地层关系，二是在新石器时代早期地层中发现了超过一万年的陶器，三是发现了超过一万年的从野生稻到可能是栽培稻的孢粉和植硅石遗存。后二者正好与同时期发掘的湖南道县玉蟾岩洞穴遗址的发现相印证。这一发现得到了相关部门的充分肯定，被评为 1995 年度全国十大考古发现之一，又进一步被评为"八五"期间（1991～1995）的全国十大考古发现之一。

　　仙人洞和吊桶环的考古工作一直得到当地政府和人民群众的热情关怀和支持，使我们的工作得以顺利进行。对于两个遗址的保护、周围环境的整治和积极向公众开放，相关部门的同志更是花费了许多心血，使我们深受感动。

严文明

2010 年 6 月 30 日于北大蓝旗营寓所

目 录

插图目录

彩版目录

图版目录

第一章　地理环境与考古工作概况

第一节　地理环境

　　仙人洞与吊桶环地处江西省万年县境内。万年县位于江西东北部，乐安河下游，鄱阳湖东南岸。皖赣铁路自北部入境，南昌至景德镇公路由南至北穿老县城青云镇而过。县界东与弋阳、贵溪相邻，南与余江接壤，西与余干交界，北与乐平、波阳毗连。地理坐标为北纬 $28°30'15''$ 至 $28°54'5''$、东经 $116°46'48''$ 至 $117°15'10''$。全境地势东南高，西北低，由东南向西北倾斜呈斜地状。怀玉山脉沿东南边境西伸，群山起伏，雄伟壮观。位于东部万年、弋阳、贵溪三县交界的三县岭为万年县境最高点，主峰海拔 685 米，位于西郊的湖云镇谷墩汪家为境内最低点，海拔仅 11.50 米（图一）。

　　境内气候属亚热带湿润性季风气候，四季分明；年均气温 17.4℃，一月平均气温 5.1℃，七月均温 29.5℃，极端最高气温 41.2℃，极端最低气温 -12.8℃。年均无霜期 259 天，平均日照时数 1803.5 小时，平均太阳辐射总量 84845.7 千卡/平方厘米，平均降水量 18080 毫米。境内雨量由东南向西北递减，东西部年差 223 毫米，4 至 7 月中旬为雨季，占全年雨量的 25.5%，年蒸发量为 1508 毫米，年干燥度 0.49。冬季受西伯利亚蒙古冷高压控制，盛行偏北风，夏季多为副热带高压控制，盛行偏南风，最大风力七级。

　　县境呈三角形，东西长约 43 公里，总面积 1139.7 平方公里。境内地貌以岗地、丘陵为主，辅以滨湖平原。属于丘陵地区，具体可分为三个类型区，即东部和东南部高中丘区；中部中低丘区；西部与北部低丘滨湖区。县境主要山脉分布在东部、东南部的梨树坞、裴梅、盘岭和大源乡镇境内，与贵溪、弋阳、余江的山脉相连，为怀玉山系之余支。

　　北部的乐安河，西部的玉津河，西南部的万年河，东部和东北部的珠溪河、大源河五条河流在境内的长度为 112.2 公里，另有众多湖泊和小溪，河网密度 0.707 公里/平方公里。

　　土壤类型的分布，除了受近水平和垂直气候带的控制外；同时还受到当地的地貌和成土母质的影响。从县境的高丘到河谷平原，各类土壤分布都有一定规律，大致河谷平原区为水稻土和潮土；岗丘上分布着红壤和紫色土；丘谷为水稻土，部分岗丘上也有石灰岩土壤分布。粮食作物以水稻为主，麦、豆、粟、薯次之，东南荷桥产的万年贡米，以粒大体长、质白为玉、似米而不腻著称。1959 年曾在万隆博览会上展出，颇受青睐。

　　山区的野生动物有虎、豹、狼、獐、麂、兔、野猪、豪猪、穿山甲、猴子、野牛、山羊等。

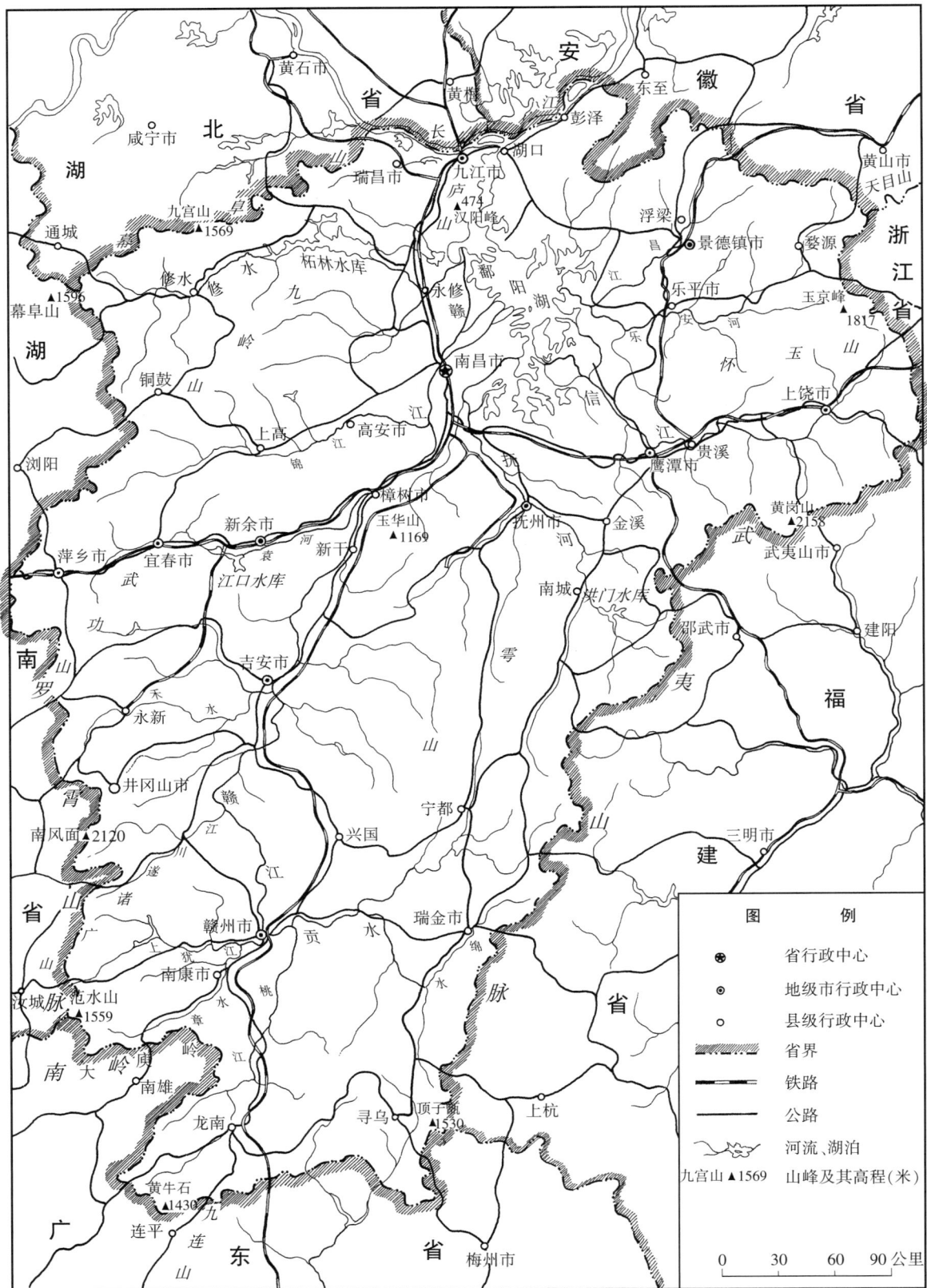

图一　江西省及各市县位置示意图

地下资源有金、银、煤、钨、锰、铜、铁、锌、钴、铀、水晶、石墨、云母、长石、瓷土、陶釉等20余种，万年矿床出露地层有前震旦系板溪群，中上石炭系壶天灰岩及近代冲积层，残积层的地质年代距今约3亿年，矿床属海相化学沉积矿床。大源镇大荷山—盘岭一带的石灰石和白云石更是名震华东，在大源至盘岭一带，石灰岩矿体覆盖于白云岩矿体上。

矿体产状基本上与白云岩矿体一致，呈巨厚层状，矿层由上古生石炭系上黄龙组纯灰岩及白云质团块灰岩组成，矿层厚度受地形剥蚀及沉积时不稳定变化，最大厚度为235米，最小厚度92米。矿石主要由微结晶体方解石组成，粒径在0.01毫米以下，个别可达0.5～1毫米，有时可见极少量的白云石、褐铁矿、黏土质矿物等。矿层中有夹层为白云质透缘体，白云质团块灰岩、燧石结核、砂质岩、砾岩之团块以及长期充填物，但含量较少[1]。

仙人洞与吊桶环正处大源镇的大源盆地境内（图二），大源距县城陈营镇东北13公里，地处东部高中丘区，四面高山环拱，中为条带状突起，呈葫芦形盆地。整个地形由东南向西北倾斜（图三）。这里的地貌特征为溶蚀峰丛洼地丘陵，主要分布于大源镇的荷溪、河南、河北、岩口至盘岭的山背。系由石炭系的石灰岩、白云岩组成，山峰标高300～400米，切割深度150～220米，地面坎坷，基岩裸露，植被稀疏，岩石溶蚀强烈，溶洞发育，形成群山突起的地貌景观。1967年至1980年建筑材料工业部华东地质勘探公司，曾对大源仙人洞附近的大荷山石灰石、白云石进行了勘探，并提出了《江西省万年县大荷山石灰石、白云石矿体储量报告》，指出该矿特点为质纯且储量大，大源镇—盘岭乡一带控制的石灰石储量约3亿吨，白云石储量约10亿吨。地下水有松散岩类孔隙水、碳酸盐岩溶水和基岩裂隙水。近半个世纪以来，为江西水泥厂的主要采石场。紧邻大荷山即位于其东侧的小荷山，海拔约100米，近年来由于水泥厂的采石而切削了一部分山体，为了永久保护仙人洞遗址和整个小荷山的山体面积，万年县人民政府已采取果断措施，于1999年12月15日下令禁止对小荷山放炮和开采。

仙人洞正位于葫芦形盆地西北的小荷山脚下，距槐家西北1公里，距大源镇西0.5公里。洞口外现为大源镇敬老院。但在20世纪60年代时，洞前开阔平坦，乡民辟为菜园地，地面有许多近代的砖瓦、瓷片和一群圆形大石柱础，即为清代初年所建现已毁的崇德寺遗址。

洞前左侧的50米许，有一条名叫大源水的河流，从东南沿着仙人洞左侧的小荷山脚向西北流去。大源河为县境内的五条河流之一，全长20.5公里，河床平均宽约40米，落差133米；年平均径流量3.29立方米/秒，最大落岭流量428.5立方米/秒，总流域面积103平方公里。它发源于东南盘岭的港道源、黄茅坞、柳家坞三条溪水，至距大源镇5公里处的曾家桥汇合成常流河，流经石下、大源、界福、江因、下圩等地，至窑里与珠溪河合流，然后经乐平礼林从鬶山入乐安河。大源河流经大源镇时，河面宽约40米。乐安河沿北部边缘自东往西成为万年与鄱阳的界河。

在仙人洞前约30米，尚有"一水弧桥"，一水从西面的大荷山脚流经仙人洞前而入大源河，正对着洞口的小溪上架一石拱弧桥，现已修成水泥路直通仙人洞洞口。

仙人洞洞口面向东南，洞口顶部海拔高度35米许，洞口底部高出洞前水稻田2米许，洞口开阔并向前伸呈岩厦状。

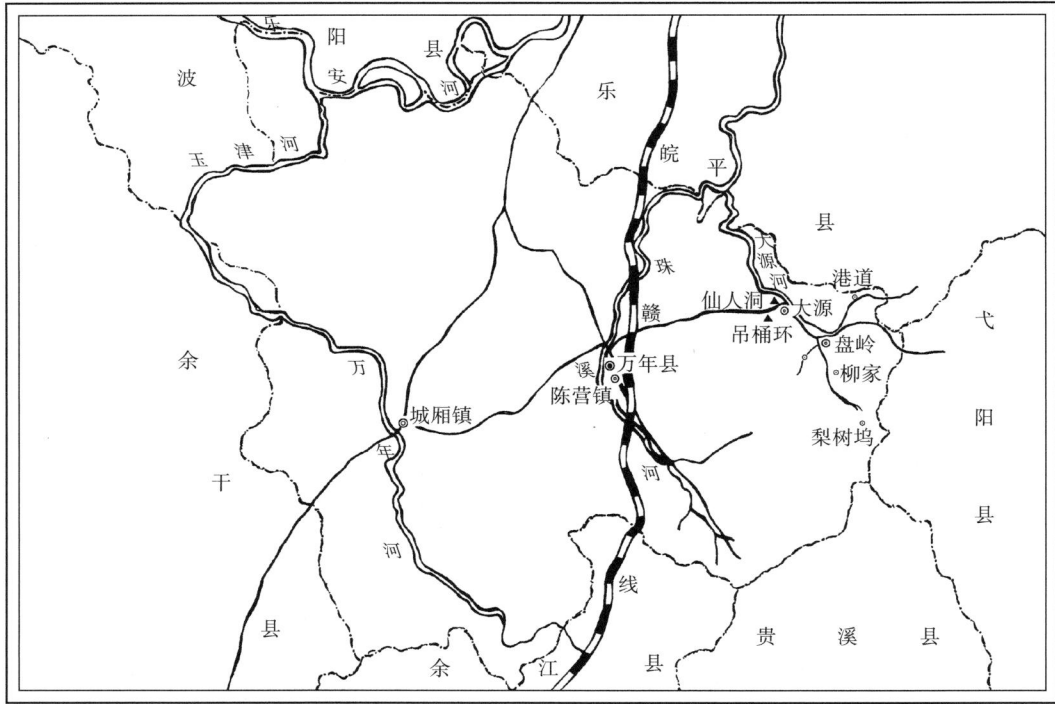

图二　江西万年县仙人洞与吊桶环遗址位置示意图

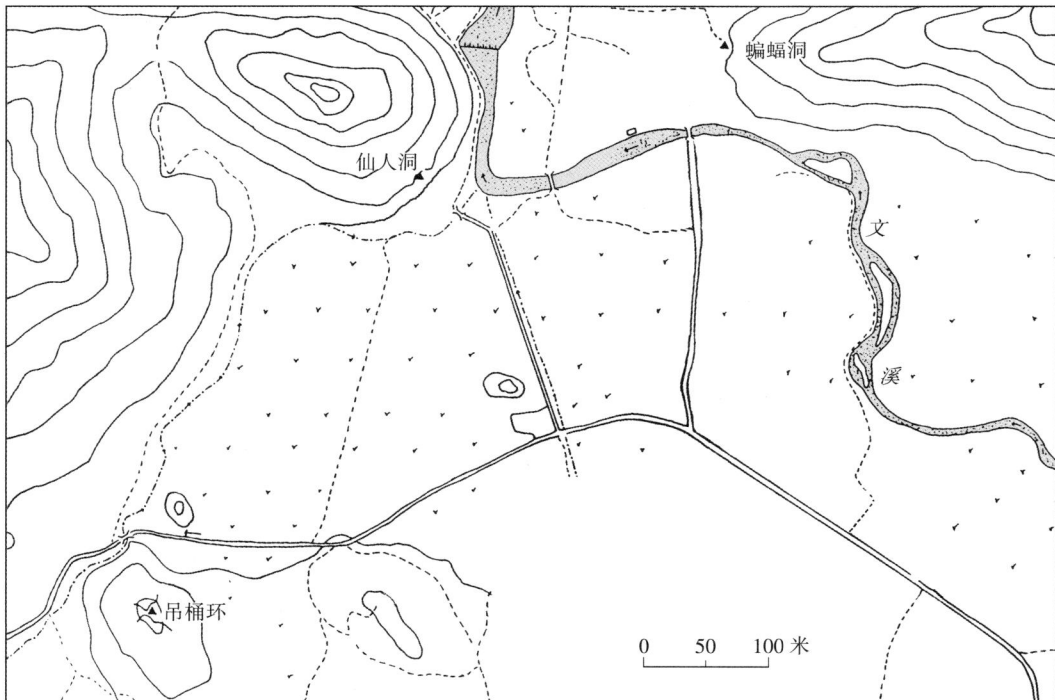

图三　仙人洞与吊桶环遗址附近地形图

　　大源葫芦形盆地的南面为红壤高山，有许多条形山坡伸展到盆地上面，吊桶环即位于西南的一条形山坡上，海拔高度约96.20米（彩版五，2），与东北的仙人洞直线距离约800米。两遗址海拔高差约40米许。吊桶环北山脚下为万年至弋阳公路，公路北侧为彭家村，东侧即为江西水泥厂的矿山机械厂址。

　　吊桶环为穿透式岩棚，是由于岩石经长期水溶解的地质作用而形成的南北透穿式岩荫，又由于其内顶弧似江南木桶吊环而得名，露于旷野的一侧朝向东南，是昔日原始人类进出的主要通道口，另一侧西北口现有巨石横卧，估计其基石尚深，不像顶部塌落之石，其下部很可能有原始石壁。

第二节　考古工作概况

万年仙人洞遗址是 20 世纪 60 年代初发现的。1962 年 2 月间，江西省文物管理委员会考古队刘玲等人到万年县作考古调查，得到该县文化馆姜同志对这一洞穴的反映，即前往勘探，发现洞口地面暴露许多动物骨骼和大量泛白色螺壳，并采集到穿孔石器和砺石各 1 件，又在洞口右侧紧靠洞壁处，看到一大块胶结堆积，高约 1.30 米左右，断面上有不少动物骨髓，螺壳、蚌壳和少量的红砂陶，因此确认它是一处古代的洞穴地址。

为了解这洞穴遗址的文化内涵，同年 3 月间，江西省文物管理委员会又派刘玲、陈克刚、杨厚礼、陈文华、郭远谓、李家和组成发掘组前去试掘，于洞口开了三个探方，历时 50 天，获得人工制品 300 余件，并发现烧火堆 12 处，人头骨 3 个，股骨 4 根，以及大量的动物骨骼等。

这次试掘，在洞口的左右两侧开了三个探方，编号为 T1、T2、T3，T1 和 T2 分别位于洞口左右两侧靠洞壁处，T3 靠近 T4 的东侧，面积为 2×4 米，合计 28 平方米。三个探方以 T3 堆积保存比较完整，文化层厚达 2.30 米。

以 T3 北壁为例，地层分三大层，其中第一大层又分 A、B 两小层；第三大层分 A、B、C 层，这之中的 B、C 又分甲、乙两小层，堆积序列从上至下依次为①A、①B、②、③A、③B、③B 甲、③B乙、③C、③C 甲、③C 乙层。

①A、①B 层包含有大量螺壳、少量蚌壳、木炭屑、动物骨骼、陶片、穿孔蚌器和不少石灰岩碎块，但同时出有近代青花瓷片。

第二大层含有夹砂红陶、夹砂灰陶、泥质红陶和灰陶，并有一件盘形陶鼎足，还有骨器、蚌器和粗磨石器，也有少量石灰岩块和大量动物骨髓、螺壳等。

第三大层为仙人洞的主要原始堆积物，堆积厚度达 1.80 米，发现有大量动物骨骼和蚌器、骨器、石器、夹砂红陶片，以及人骨、头骨，还有白色灰烬和红烧土，石灰岩烧块及烧火堆。3C 甲层出有人股骨 1 根，出土动物骨骼和文化遗物较多；3C 乙层为深黄色砂土层，文化遗物等逐渐稀少，其底部为原生黄砂土层。

试掘报告执笔者郭远谓、李家和从地层和出土文化遗物分析[2]，第一层出有近代扰乱坑和瓷片等，应为近代扰乱层；第二层出土篮纹泥质灰陶片和夹砂陶片，并有磨制石锛等，应为一个时期的文化堆积；第三层虽小层较多，但所出陶片均为饰绳纹的夹砂红陶，应属于同一时期的文化堆积。据此，他们把它分为两期，第三大层称之为第一期文化，第二大层称之为第二期文化。第一期文化中，有烧火堆遗迹；文化遗物有石器、骨器、牙角器和蚌器等共 220 余件（片），还有人骨和动物骨骼，其中石器 46 件，打制石器 24 件，磨制石器 16 件，还有燧石片 11 件，石英片 81 件。陶器复原 1件圜底直口罐，陶片 90 余片，骨器 36 件，蚌器 52 件。人骨和动物骨骼，经中国科学院古脊椎动物与古人类研究所李有恒鉴定结果如下：

人骨：头骨有颅顶骨 1 片，下颌骨 1 残块。压扁破碎的头骨 1 个，另有股骨一段，是属于成年男女和儿童四个个体的残骨。

动物骨骼：多破碎，有不完整的头骨、躯干骨、趾骨、牙床、牙齿，还有介壳等，动物种属有：斑鹿、麋、野猪、羊、猕猴、猪獾、鼬、中国小灵猫、果子狸、野豹、猫、蚌壳、雕、鸡等十四种，介壳有厚壳蚌、矛蚌、河蚌和田螺，还有花龟、鳖和螃蟹等，其中以斑鹿占多数，次为麋、野猪，羊和鸟类也不少。

第二期文化，有石器 6 件，未见打制石器，仅见磨制石锛等器。

陶器　残陶片 56 件，分红陶系和灰陶系。骨器 4 件，蚌器 19 件。动物骨骼能辨明种属的有鹿类和野猪、龟。

此次发掘，学术界普遍认为这是华南地区最先发现的新石器时代早期遗址，开始引起人们的关注。

为了进一步了解洞穴文化内涵，日后成立的江西省博物馆考古队，于 1964 年 4 月作了第二次发掘，历时 35 天，获文化遗物 600 余件，烧火堆 10 处，灰坑 3 个，人类头骨 1 个，动物骨骼约 6000 余块。参加发掘人员有彭适凡、陈文华、李家和、刘玲、程应林、陈克刚、张忠宽、郭远谓等人。洞内文化堆积的表层曾遭后期破坏。这次发掘重点放在洞口右侧，首先把压在文化堆积上的巨大的石灰岩炸掉，在上次的 T1、T3 号探方的北侧开了两个探方（编号 T4、T5），再在洞口左侧原 T2 之西开了 T6 探方，三个探方面积合计为 41 平方米，以 T4、T6 探方地层较为典型。

T4 分为六大层，第一层为 A、B 两小层，①A 层包含有少量螺壳、兽骨片和近代瓷片、板瓦等外，还有夹砂红陶。T4①B 层除出土夹粗砂红陶片外，还有诸如掺和蚌末的夹粗砂绳纹陶片，以及商代印纹硬陶片等，它们大体上属于同一时期的文化堆积。第二层出有兽骨片、螺壳、蚌片、骨器、陶器、石器以及大量夹砂红陶片（有少许涂有朱红）。第三层，包含灰烬和红烧土，夹粗砂红陶片及骨器、石器、蚌器和兽角等。第四层，出土遗物中，计有骨器（针、镞、鱼镖、刻划纹锥等）、石器、夹粗砂红陶片，另出有人类骨骼。

T6 第一层，包含了商代印纹硬陶片、夹砂陶片（如掺蚌末红砂陶鼎形器足）、兽骨片、蚌器片和近现代瓷、瓦片。第二层分 A、B 两小层，A 层出土多量的夹粗砂红陶片及少量泥质红陶、黑皮磨光陶片。②B 层出有少量蚌、骨、石器。陶片仅见红陶片 6 块；掺和蚌末的夹砂红陶片。第三层，出有石器 2 件，兽骨 50 块。第四层出有打制燧石片，四层以下为原生黄砂土层。报告执笔者李家和认为：T4①B 层、T6①B 层，虽然内含复杂，并出有近代瓷片，但从总的情况来看，还应属于商代扰乱层。上层 T4②层、T6②层均出有夹粗砂绳纹陶片，不见掺和蚌末的夹砂红陶片，应视为同一时期的文化堆积，以下称为下层。

执笔者认为，万年仙人洞遗址的上层和下层，应是江西新石器时代早期的原始文化遗存。表土（扰乱层，亦即商代）和后期扰乱层之下均属于同一种性质的原始遗存。而把它们划分为上、下两层，即表明两层之间有一脉相承的联系，又表明有发展程度上的一定差异。这次的下层，与第一次试掘中的第一期文化内涵是相同的；上层虽仍以夹砂红陶为主要陶系，但新出了掺和蚌末的红砂陶和黑皮磨光陶，这说明制陶技术有了某些进步。但是，并没有发现反映晚期的文化遗物，例如商周时期的印纹陶出土,因而这里的文化内涵和第一次试掘报告中的第二期文化是完全不相同的[3]。

70年代中期(报告)正式发表时还附有中国科学院考古研究所实验室对万年仙人洞遗址出土的贝壳和兽骨作的年代测试,测试标本上层贝壳年代距今10870±240年;下层标本骨化石(有机部分)年代为距今8575±235年。两件标本前一件采集日期1964年,实验室收到日期1966年,测定日期1974年7月;后一件骨化石,采集日期1964年,收到日期1971年12月,测定日期1975年12月。从标本采集到测试年代,历经10余年。由于上、下层测定数据相反,引起了学术界的疑虑,人们认为标本存放时期,正是中国现代史动乱年代,是否标签易袋;也有的学者认为,遗址年代不会有如此之早,南方岩溶洞穴年代测定往往偏早,误差较大,致使仙人洞的学术价值被淹埋了20余年。

1973年和1977年中国考古工作者在浙江省余姚县河姆渡遗址先后进行了两次发掘;出土了距今7000~6000年的炭化稻谷和一批农业生产工具[4]。随后的80年代末和90年代初,湖南澧县彭头山遗址又出土了距今8000~7000的稻谷遗痕[5],加上长江中下游其他许多4000~6000年前的稻作遗存的发现与报道,从80年代中后期在国际上才明确了中国是亚洲栽培稻的重要起源地之一。为了更进一步在年代上和驯化形态上探讨稻作农业的起源和演化,中外学者十分关注长江中游地区丘陵盆地前沿的洞穴遗址,这之中万年仙人洞再次成为人们关注的热点。美国资深考古学家、美国科学院院士、安德沃考古基金会主任马尼士博士曾在墨西哥的洞穴进行农业考古发掘,结果发现了玉米进化过程的系列标本,将人类种植玉米的历史推到1万年前。1991年,他应邀来江西参加"首届农业考古国际学术讨论会",在会议主持人、《农业考古》编辑部主任、江西省社会科学院副院长陈文华的引荐下,对赣东北地区石灰岩溶洞,尤其对万年仙人洞的考古潜力产生了深厚的兴趣。

1992年秋马尼士博士再次来到江西作实地考察,江西省文物考古研究所彭适凡、周广明、程应林、曹柯平陪同前去考察,他们先后察看了乐平洪岩洞、万年仙人洞与吊桶环遗址。

吊桶环是1982年万年县开展文物普查时发现,县博物馆馆长王炳万带领普查队来到大源乡,根据群众提供的线索,在其表土堆积中发现了商代几何印纹硬陶片,但由于信息和未曾试掘的原因,致使这一发现沉寂了整整十年。1992年七十岁高龄的马尼士博士来到吊桶环,当登上数十米高的坡路来到清凉宜人的洞内时,马尼士博士兴奋异常,断言这里一定会有重大发现,便急着问洞穴叫什么名字,大家一时说不上来,当彭适凡介绍说这洞穴是王炳万馆长发现时,马博士脱口而出,那就叫"王洞",而中方认为,还是以地名为宜,通过询问当地人,才知叫"吊桶环"。根据双方的不同习惯,本报告的书名及章节采用中方"吊桶环"的叫法;而发表的原始资料有关遗迹和遗物出土地点仍保留美方"王洞"称法;如93WW,即代表1993年万年县王洞的遗迹或遗物,故说明之。

1993年8月,经中国国务院主管文化的领导李铁映和国家文物局的批准,组成了中美农业考古队。考古队由中国北京大学考古系、江西省文物考古研究所、美国安德沃考古基金会组成,中方领队为中国著名的考古学家、稻作农业研究专家、北京大学考古系教授严文明，副领队为江西省博物馆馆长、江西省文物考古研究所所长、研究员彭适凡，美方领队美国安德沃考古基金会主任马尼士博士。中方人员有北京大学考古系张弛、李水城、王幼平、黄蕴平，北京大学地质系王宪曾、江钦华，北京大学地理系夏正楷。江西省文物考古研究所刘诗中、周广明、唐舒龙，江西省博物馆陈建平、杨卫，万年县博物馆王炳万、王善全等。美方人员有 Geoffrey Cunnar、John Peterson、Pamela Vandiver、David Hill、Richard Redding、Jean Libby、Bob Atchison、Joshua Wright、赵志军。这之中具体在吊桶环参加田野发掘工作的有张弛、Geoffrey Cunnar、Bob Atchison、李水城、周广明、王善全。仙人洞发掘的人员为刘诗中、唐舒龙、彭适凡。从事工地实验室工作的有 Jean Libby、杨卫。从事陶器研究的有张弛、David Hill、Pamela Vandiver。从事石器研究的有王幼平，从事骨骼研究的有黄蕴平，从事植物研究的有王宪曾、赵志军，从事生态环境研究工作的有夏正楷、John Peterson。在后期资料整理过程中，我们特地邀请上海硅酸盐研究所李家治研究员、吴瑞博士、邓泽群研究员来实地考察，采取标本，对仙人洞陶器用现代科技方法进行研究。

　　90 年代的田野发掘工作先后进行了三次，前两次均由中美双方人员共同进行。第一次发掘时间从 1993 年 10 月 6 日至 11 月 5 日，初选三个工作点全面铺开，即仙人洞取样，吊桶环、蝙蝠洞试掘以及有关测量绘图工作。这次仙人洞取样是先把 1962 年发掘的 T3 北壁揭开，然后向内掘进 30 厘米，逐层取样（③B 层以下）。③B 层以上堆积后被挖去，为了保证取样的完整性，补上原有的①A、①B 和②层的样品，又在中部仍保存的原始堆积部位，采取平剖结合引线法使这两大段堆积衔接，未经发掘的中部堆积上部被钙化板覆盖，先划分好地层，然后切进 20 厘米，逐层取样，在整个取样过程中尽量细致、科学，用考古小铲刮掘，对所有的人工制品和自然遗物都作坐标记录，逐层采集 ¹⁴C 年代测定、孢粉和植硅石检测样品。吊桶环的试掘从 10 月 6 日至 15 日，布 1×1 米探方 18 个，发掘程序按棋盘格掘法，隔方发掘，然后再交叉循环发掘。此年度发掘平均深度 1.10 米，最深（W3S1）发掘至 2.10 米，尚未到基岩。吊桶环的地层堆积厚，出土遗物丰富，计有石器、骨器、蚌器和陶片，以及大量兽骨，对每一件出土物和每个遗迹都进行拍照、绘图、量坐标，然后按遗迹单位分袋而装。

　　蝙蝠洞的试掘始于 10 月 11 日至 11 月 3 日。该洞穴位于仙人洞西南约 1500 米的山缘，洞口朝北，在洞口处试掘 1×1 米探方 5 个，上部为大量近现代瓦砾堆积，还出有现代石磨；底部为自然冲积泥沙层，并夹有少量猪牙，未见早期人类在此活动的现象。

　　该年度的 11 月 4 日至 15 日，中美双方派出人员在大源范围内进行古文化遗存调查，先后在距仙人洞东北约 500～1500 米左右的大源河岸发现了跳上、三亩半等新石器至商代遗址 10 处，其中三亩半遗址保存有较厚的新石器中晚期至商代地层堆积。在仙人洞东侧的一个山洞发现有含黑衣红陶片，属新石器晚期遗物。这些资料都为仙人洞人的去向，以及仙人洞最上部堆积的由来提供了科学的解释。同时为进一步了解鄱阳湖周围地区新石器时代文化分布和年代序列，我们还对鄱阳湖冲积平原进贤县城墩遗址作了考古工作，对其自然断面进行了解剖工作，发现新石器中晚期堆积厚达 3 米许，中有约 2 米厚的湖相沉积泥砂层。遗址早晚时代层次清楚，中间有被水淹没形成的卵砂自然淤积层，对考察鄱阳湖历史地貌变化极有参考价值。

1995 年度的田野工作从 9 月 18 日开始至 11 月 20 日结束，试掘重点仍在吊桶环和仙人洞。吊桶环发掘前先将 1993 年度结束时所用塑料纸垫底的回填土清理干净，显露出原发掘面，然后在原发掘面的东西部新布 1×1 米探方 22 个，目的是拓展中部文化层较厚的发掘面，以便取得更多的资料。由于吊桶环堆积是南厚北薄倾斜堆积，北部大多掘至 1.5 米深见大石块基岩，而南部探方早期堆积厚，且遗迹、遗物丰富，发掘至 4 米仍未见自然堆积层。此次发掘的目的继续采取各层有关年代、孢粉、植硅石的测定标本。发掘规程仍然是对每一地层、每个遗迹、每件样品，作绘图、照相和测量工作，并在工地实验使用电脑将新年度遗迹、遗物标到 1993 年度的平立面图上，使发掘者对遗存的文化面貌能及时有个总体了解。

1995 年度仙人洞的发掘分东西两区，西区仍沿袭 1993 年度的工作，继续作 60 年代 T3 北壁隔梁取样工作，由西向东平面切进，按层位、遗迹单位分装遗物，并采取各项测定标本。东区则为 1995 年度新开辟的试掘区，试掘地点在 1964 年 T6 的西壁，首先清除 60 年代以后上部的尘埃瓦砾，然后根据平面裂缝将 T6 范围找到，继而将回填 30 余年的发掘土清理干净，使 T6 的东面形成发掘站位地。发掘布方朝 T6 西壁向前延伸 1 米，使其形成从南至北 3 米，东至西 1 米长的发掘线，象限法布方，根据 1993 年西区统一布方延长至东发掘区，从南至北编号分别为 E11N10、E11N11、E11N12，探方规格 1×1 米。布方后将 T6 西壁刮净，露出原有地层；力图使仙人洞的探方地层保持连续性，以 60 年代地层为粗框架，按中国传统的办法编地层序号，即以阿拉伯数字加圈为大地层号，小地层则采用 A、B、C 英文字母序号。吊桶环则采取美式编号，无论大小地层均以英文字母序号顺延。但在核对原地层面时又觉 60 年代对地层划分略显粗糙，而且 60 年代的发掘因受条件限制，无人工稳定光源，所以存在对地层认识上的判断失误，以至底部出现旧石器文化堆积层而并未认识到，再则由于未用光源，故而尚有数十厘米未掘至底，由于发掘时间关系，此次也只掘到 60 年代探方底就暂时结束，尚有底部旧石器堆积工作并未做完。

1999 年度 8 月 15 日至 10 月 22 日由中方单独对仙人洞和吊桶环进行了发掘，吊桶环的发掘主要是将前两年度中堆积最厚的四个探方做到底，以全面了解该岩棚地层堆积和年代。仙人洞的发掘则在东区进行，紧贴 1995 年度所掘三个探方，又并行向西布有 E10N10、E10N11、E10N12 三个探方，其目的是将东区 1995 年度所开探方做到底，另外再次分层取年代测定标本，同时以期获得更多陶器等实物资料。发掘结果表明，这次出土的陶片，有好几件都比 60 年代及 1993、1995 年发掘所获个体大，且保留口沿部分，同时器底陶片也见有，圆底陶片的发现证实了 60 年代唯一一件复原陶罐，底部为圜底的假设是正确的。这次发掘方法是先将 1999 年度所开三个探方先清至底，然后再将 1995 年度三个探方剩余堆积清净。

90 年代的发掘工作，由于中美在田野考古中对遗迹在文字上表述不一，中国田野考古习惯按遗迹功能分类，如灰坑、窖穴、房址、水井、灶等。美方则习惯统称，即所有遗迹均称英文 Feature，后加上阿拉伯数字，如 Feature 1，本报告按美方习惯编遗迹号，并缩写成 Fea. 1。

90 年代仙人洞与吊桶环遗存发掘出的遗物较 60 年代更为丰富，人工制品中的陶片 496 件、石器

543 件、骨器 204 件、蚌器 67 件。自然遗物中兽骨 94890 件、蚌壳 227 件、螺壳 1019 件。另有人骨 8 件，其中 6 件为头骨片，2 件为下颌骨。

90 年代对大源盆地的仙人洞与吊桶环遗存的田野考古工作与 60 年代有所不同，它的学术目的更明确。它力求解决遗存地层堆积年代序列，旧石器时代向新石器时代转变的历史进程，捕捉有关原始稻作农业的信息，早期陶制品的制作技术，新旧石器时代之交石器制作特点和技术，家畜的驯养，经济形态的演化及历史之交时期生态环境变化等世界历史上的重要课题。

为了探索"新石器革命"这个大课题和若干个子课题，90 年代的田野考古工作力求认真仔细，科学记录有关现场资料，首先在布方上采取统一布方，探方仅 1 平方米，以便更细微观察地层，这点与 60 年代布方零乱，各方面积大小不一不同。为使坐标测量更准确，除地面打桩布方外，同时在洞穴顶部用绳索粘住，将绳索另一端与每探方四角相垂直，使测量工作更为准确，探方发掘时采取棋盘格式方法，前后、左右探方对角开揭，当揭出同一遗迹、或同一地层面时，即转换为一对角方掘下，如此往复，对于地层控制十分有利。发掘过程中使用工具也由 60 年代的铁锄变为小手铲、竹签、毛刷等小工具作业，尽量使遗物和遗迹减少人为损坏。对所掘出的地层堆积土，首先用铁筛过筛，尔后又用细竹筛进一步筛选。对于活动面，烧火堆的堆积土多用浮选法，利用水的浮力将比重较轻的植物飘浮于水面。1999 年度发掘工作结束后，中国古环境研究专家夏正楷教授来到现场详细察看洞穴文化堆积，洞穴内外环境，综合性考察了古今环境，为了解和研究古代文化堆积成因和当时的生态环境奠定了基础。

由于多学科的相互配合，田野考古工作更加深入，使得仙人洞和吊桶环考古工作获得了可喜成果。1996 年 2 月 18 日的《中国文物报》公布了 1995 年度和"八五"期间中国十大考古发现，万年仙人洞和吊桶环获 1995 年中国十大考古新发现之一，同时又获"八五"期间中国十大考古发现之一。该报简介中说到，1993 年和 1995 年 9～11 月，由北京大学、江西省文物考古研究所和美国安德沃考古基金会组成的考古队在江西万年大源乡仙人洞和吊桶环遗址进行采样和发掘，两遗址相距约 800 米，其中吊桶环遗址应为栖息于仙人洞的原始居民在这一带打猎的临时性营地和屠宰场。两遗址文化堆积分成两大时期，即距今 2～1.5 万年的旧石器时代末期及距今 1.4～0.9 万年的新石器时代早期。简介中又称："此次发掘揭示出目前我国从旧石器时代向新石器时代过渡的最清晰的地层关系证据，为探讨这一国际性的大课题具有重要意义。此外，经对遗址的孢粉分析和植硅石分析，发现有新石器早期的类似水稻的扇形体，为探讨农业起源提供了重要线索。"由于仙人洞与吊桶环田野发掘的科学成果显著，这项考古项目还获得中国国家文物局颁发的 1995 年度田野考古发掘二等奖。

万年仙人洞的考古工作经历了近半个世纪，60 年代发掘资料已先后公布。本报告将详细介绍 90 年代仙人洞与吊桶环的田野工作资料，而一些尽管也属于 90 年代本项目的工作，但已经发表的成果不包括在内[6]。

注释

[1] 万年县志编纂委员会编：《万年县志稿》第一分册，1994 年 4 月。

[2] 江西省文物管理委员会:《江西万年大源仙人洞洞穴遗址试掘》,《考古学报》1963 年第 1 期。

[3] 江西博物馆:《江西万年大源仙人洞洞穴遗址第二次发掘报告》,《文物》1976 年第 12 期。

[4] 浙江省博物馆自然组:《河姆渡稻作遗存鉴定研究》,《考古学报》1978 年第 1 期。

[5] 湖南省文物研究所:《湖南彭头山新石器时代早期遗址发掘简报》,《文物》1990 年第 8 期。

[6] 如江钦华:《江西万年县旧石器晚期至新石器时期遗址的孢粉与植硅石分析初步报告》,《环境考古研究》第二辑 152～158 页,科学出版社,2000 年。

第二章 仙人洞遗址

第一节 地层堆积

大源盆地是赣东北石灰岩高山环绕的狭长形盆地，面积东西长约 4、南北宽约 1 公里。盆地东北面为大荷山，海拔 339 米，仙人洞处于大荷山，紧邻小荷山脚，小荷山相对高度 100 米，盆地西南方为红土高山，有许多条形山坡伸展至盆地上面。大源河沿山脉附近从东南流向西北注入乐安江。仙人洞是盆地内最适宜人类居住的一处洞穴。洞口宽阔，进入洞穴 14.32 米后变窄。《万年县志》记载："仙人洞，石山多古木高松，苍翠玉立，洞内夏凉而冬暖，秋冬燥而不尘，洁净如雪，无土鼠之秽。"洞穴进深 42.56 米，洞进深 21.42 米处又分成南北大小四个支洞，北边的支洞东端有一个小洞口可通洞外。洞内较为平坦，顶部钟乳石发育不良，弧顶较平齐，仅靠两侧洞壁边缘有矮小石钟乳。人类文化堆积主要在洞口，洞口开阔，洞穴上部为岩厚状，上突下放，横剖面为拱弧状，洞口外缘宽达 27 米。90 年代发掘时，洞口地貌与 60 年代大有不同，60 年代其西部有大灰岩横亘。70 年代"备战备荒"时，从洞前端束腰处垒砌了石墙，安装了铁门，变成了防空洞。在开辟道路时，将西部坎坷处夷平，铺上了水泥路通至铁门入口处，唯中部还保存有在钙化板下紧贴的原始堆积，现已围栏保护。因而现在地势中部高两侧低。中部堆积之上有大小错置的石灰岩块，显然是从洞顶塌落而下。中部落石最大者长 1.23、宽 1.14、高 0.75 米。原始堆积最上部仍可见胶结的螺壳。仙人洞洞口文化堆积约 150 平方米，根据 60 年代和 90 年代东西区探方内侧剖面分析，文化堆积仍往洞外延伸，其南面已超出弧顶的滴水线约 5 米，向北进入洞穴前半部仍有文化堆积。迄今已发掘面积不足 50 平方米，而且文化层最丰富的中部还未进行发掘。90 年代的发掘将洞口计为东区与西区（图四、图五），现按发掘时间先后，将西区、东区文化堆积分别叙述如下。

一 西区文化堆积

西区堆积的发掘工作分两地进行，第一段为 64T4 探方的北壁，此处紧邻中部原始堆积，60 年代发掘上层的①A、①B、②A、②B、②C、③A 层仍清楚可见。1993 年度将它编号为 E4N5～E4N6，清理南向北掘进 20 厘米，东西宽度为 100 厘米，探方实掘面积 0.2 平方米。下部堆积则利用 62T3 北壁获取，1993 年探方编号为 E0N4、E1N4、E2N4、E3N4，布方 1×1 米规格，1993 年向北掘进 30 厘米，

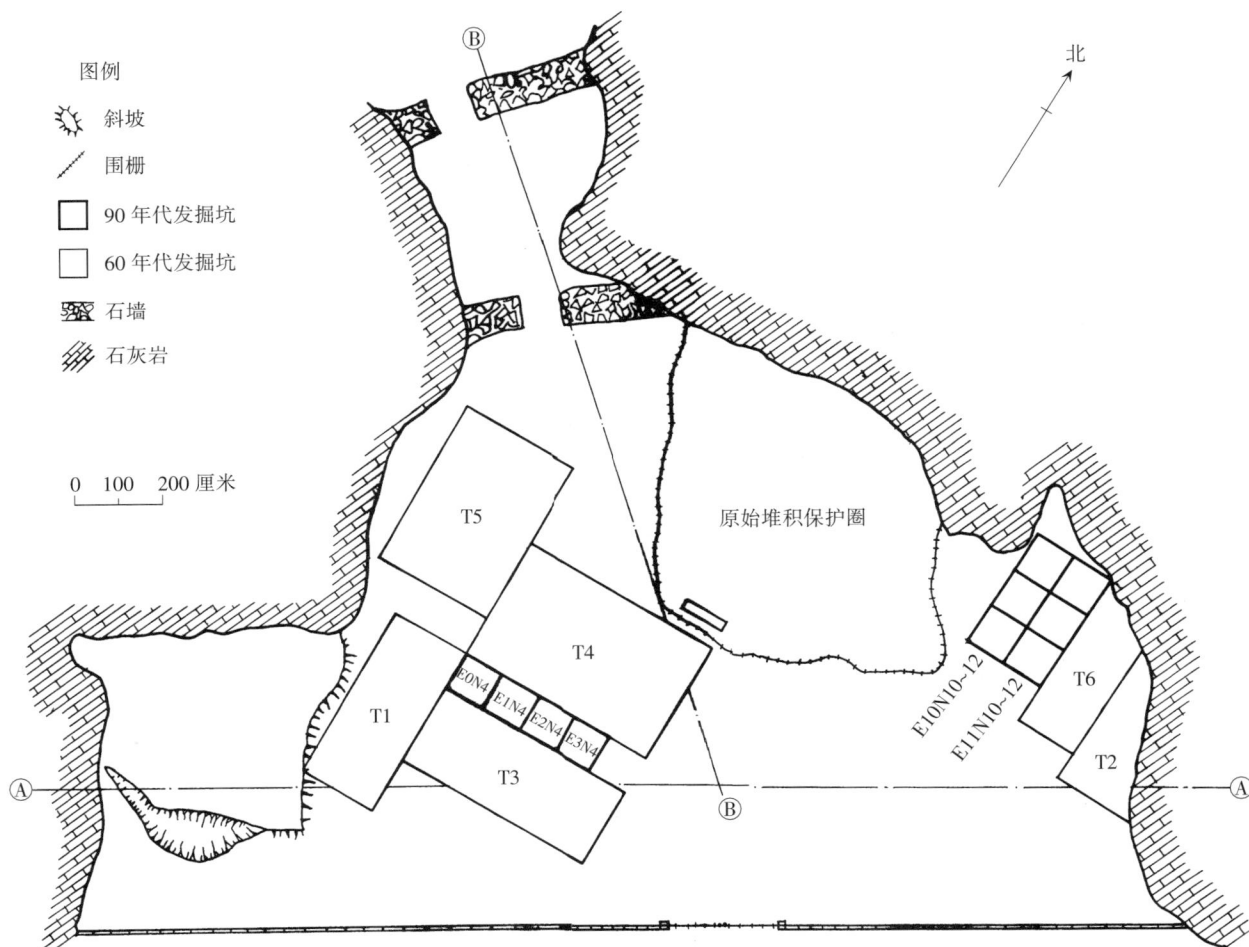

图四　仙人洞遗址探坑平面分布图

1995年度向北掘进50厘米，实掘面积2.4平方米（图六）。90年代西区实际发掘面积合计为2.6平方米。

　　将两地段上下地层相连，使我们重新获得了仙人洞西区完整的地层堆积序列。

　　①A层　螺壳胶结层，紧贴于底顶钙化板下，厚度约10～13厘米，包含有大量螺壳、蚌壳和少量动物骨骼、炭屑、烧土和陶片等。质地坚硬，土色呈浅灰色。陶片有夹粗砂红陶片，掺和蚌末的夹砂红陶、泥质红陶和黑衣陶片，以及方格纹、云雷纹等几何印纹陶陶片等。能见器形的有陶罐、豆和侧扁足盘形鼎残片等。

　　①B层　深红褐色上层，土质较松散，夹杂有许多角砾石。地层分布较广，也普遍厚，厚达80厘米，包含物较多，也较单纯，未受明显干扰。主要有动物骨骼、牙齿以及石器、蚌器和陶片等。石器有打制、磨制两种，以磨制的居多。陶片主要为夹粗砂，其上多拍打粗绳纹，内壁抹平，很少见有双面饰纹者，有少许夹粗砂红陶片，有的内壁还涂朱红。

　　②A层　深灰色土层，土质松软，土色比上层稍浅，土质比①B层坚硬，夹有许多角砾石块。此层堆积也较厚，约10～50厘米。包含物丰富，计有石器、骨器、蚌器和陶片以及大量动物骨骼等。

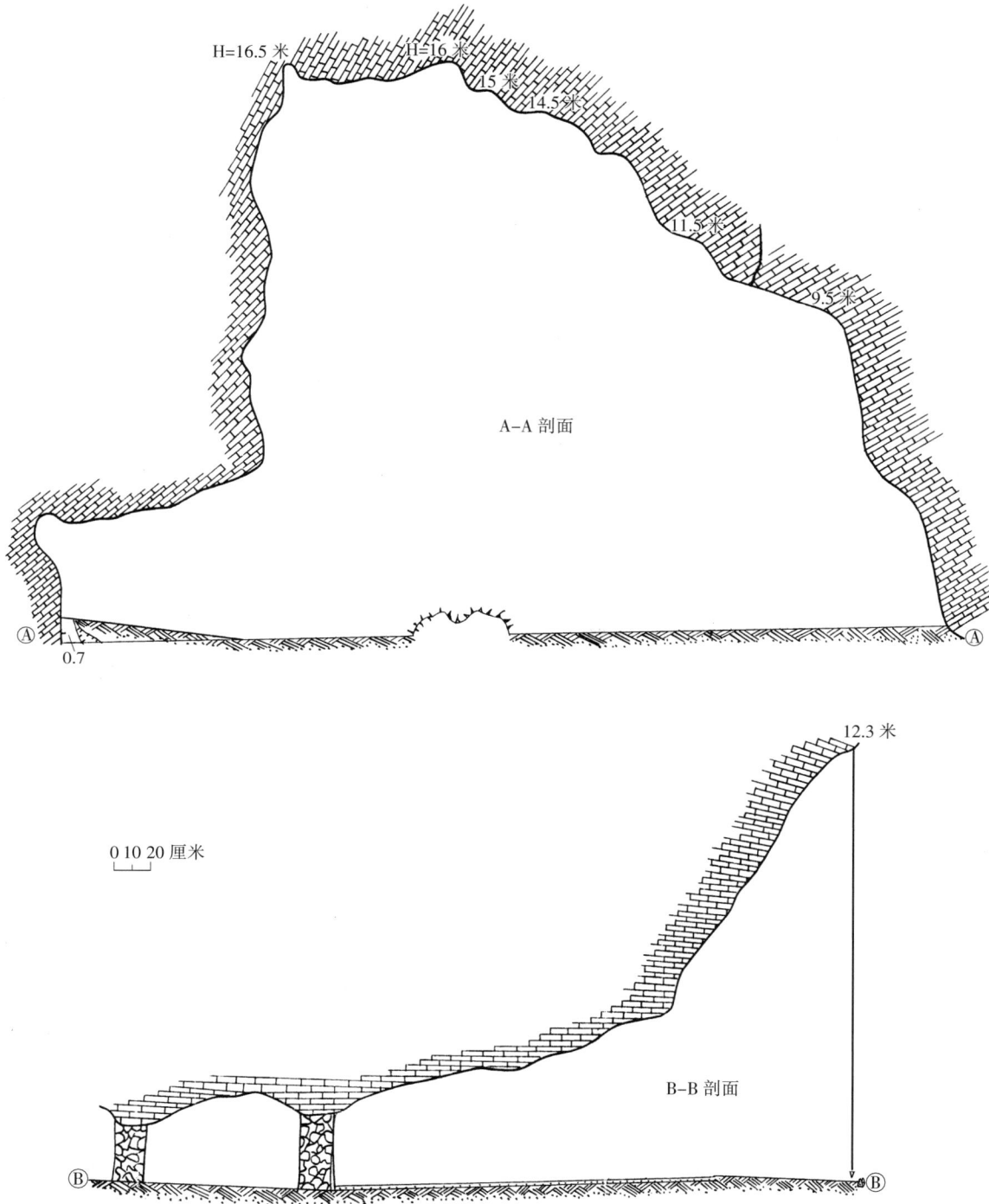

图五　仙人洞洞穴遗址剖面图

蚌器有 1~2 个穿孔，以双孔居多，且均为单面钻或对钻，制作较为精巧。陶片均为夹粗砂红褐陶，纹饰多为粗绳纹、绳纹和鹿角拍印纹等，亦有少量篮纹、条纹等。

　　②B 层　褐色细砂土层，质地较纯、松散，夹杂少量角砾石和炭屑，整层堆积较薄，且仅在探方西半部有分布。东半部逐渐变薄，厚度为 1~8 厘米，包含物较少，仅有少量石器、陶片以及动物

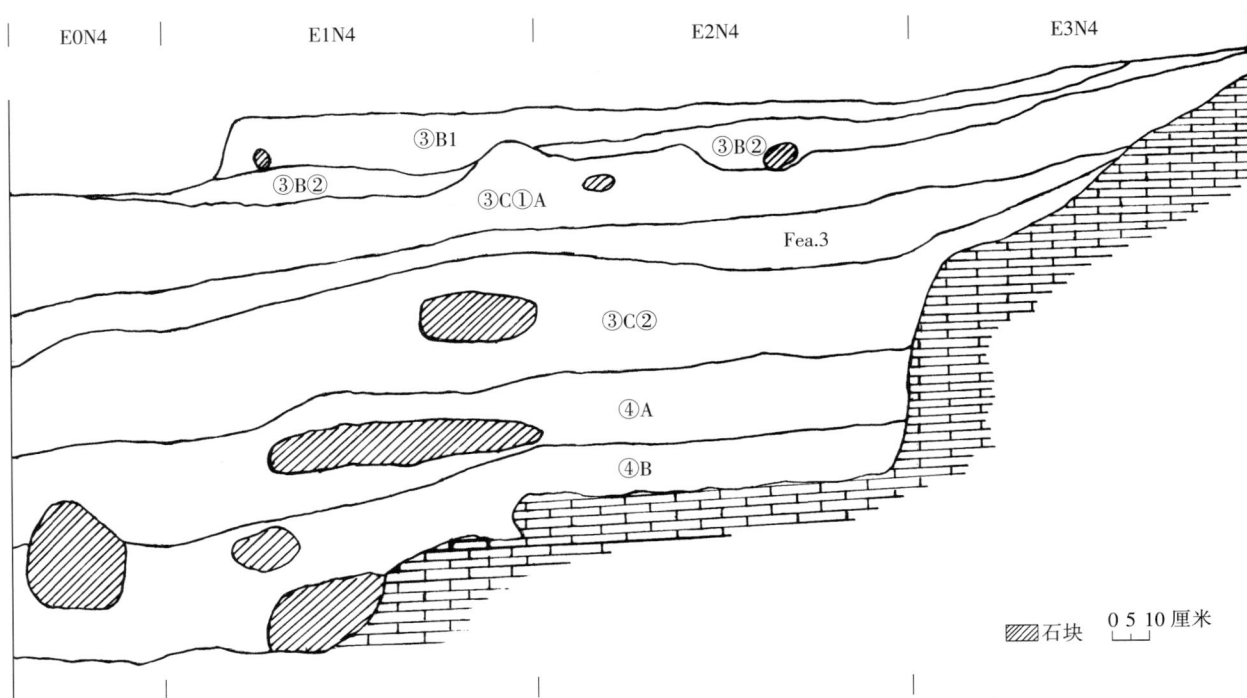

图六　仙人洞遗址 E0N4 E1N4 E2N4 E3N4 北壁剖面图

骨骼、牙齿等。

②C 层　暗褐带斑杂色土，土质坚硬，夹杂大量细小角砾岩和炭屑，堆积厚度约 8 ~ 15 厘米。东半部偏厚，西半部逐渐变薄乃至消失。包含物较少，只出土有动物骨骼、牙齿、河卵石和陶片等。

③A 层　浅褐色的细砂土层，土质松软、清净，堆积厚度约 25 厘米。包含物很少。仅见少量动物骨骼。此层下面叠压着一巨大石灰岩石，遍布整个探方。

③B①层　褐红色土，夹杂许多角砾石块和红烧土斑。夹红烧土较多处土色泛红。此层开始系从 63T3 北壁取样，因上部受扰乱践踏，部分毁坏，故土质较硬，堆积厚度为 1 ~ 36 厘米。而且从西头 E0N3 至 E1N3 西部的 30 厘米堆积都已破坏。故此层仅从 E1N3 探方东部开始有分布，地势呈东高西低缓坡状走势。出土遗物较丰富，计有石器、骨器、陶片和动物骨骼等，炭屑及烧骨也较多。陶片为夹粗砂红褐陶和灰陶，少量夹粗砂黑陶，普遍饰双面粗细绳纹。

③B②层　暗红褐色土层，其土质土色与③B①层大体相似，暗红褐色较浅，土质较③B①层疏松，含砂量多，并夹杂有大量细小角砾岩石块及红烧土和炭屑等。局部夹有小块粉状的灰土，当有可能为石灰岩风化而成，地仅东高西低，亦呈缓坡状，西头 E0N3 探方，因只残存东北面约 30 厘米见方的一小部分，故此层在这部分内，尚存薄薄的一层，厚约 6 厘米。此层堆积最厚处为 18 厘米。出土遗物有石器、骨器、角器、蚌器和陶片以及动物骨骼等。在 E3N3 探方，此层底部还有一层薄薄的红烧土，周围有少许炭屑，烧土范围直径约 20 厘米，厚度为 1 ~ 3 厘米，烧土质地较软，烧结程度不等。

③C①A 层　深黄褐色细沙土层，土质疏松纯净，含大量细沙，夹杂角砾岩，红烧土块较少。因

西头 E0N3 探方大部已被破坏，为 1962 年回填土，仅在东部有小部分原生堆积，以下诸层均与此层相同。此层堆积厚度为 12～40 厘米，其走势也呈东高西低，东薄西厚，包含物较少，只出有少量石器、骨器（锥、削）、牙齿和陶片 20 块，以及动物骨骼等。陶片主要为夹粗砂灰褐陶，器表多为粗绳纹，且多两面饰纹。在 E2N3 探方的北壁东段底部发现一人类下颌骨。

③C①B 层　红褐色土层，土质稍硬，含大量红烧土、炭骨和粉状角砾岩块等。本层堆积厚度为 0～9 厘米，其地层走势为东高西低，南高北低，南薄北厚，除西头 E0N3 探方的东部保存部分堆积外，东头 E3N3 仅西半部有分布，至东部约 60 厘米处即因巨石而消失。此层虽堆积较薄，但出土遗物相对较多，计有石片、骨角器和 8 块陶片，以及动物骨骼等。陶器也均为夹粗沙灰褐陶，有的粗砂直径达 1 厘米，且双面饰条纹。在此层的最底部有一红烧土层，厚约 2～3 厘米，土质坚硬，烧结程度不高，但基本上连成一片，而以探方 E2N3 中部烧土堆积最厚，烧结程度最好，正因其土质土色及包含物特殊，我们将此编为灰坑 Fea. 3（因 1962 年 T3 发现 Fea. 1、Fea. 2 两个近代扰乱坑占有序号）。Fea. 3 的堆积可分三层，最底一层即为红烧土层，在红烧土层之上，为一层类黑色土，土色由深褐色至灰褐色不等，夹有不少炭屑及红烧土粒；灰黑色土之上为一层兽骨堆积，密集分布。在兽骨层中发现有大量石片石器。夹粗沙陶片 1 件和不少红褐色石英石等。Fea. 3 上层出土动物骨骼较多，下层又有一层红烧土面；烧结较硬，其烧结面已延伸至 60 年代发掘的 T3 和 T4 内，范围较大；推测应为当时人类居住的生活面。至于 E2N3、E3N3 中部堆积较厚，烧结程度又最好，再联系到紧靠的③C①A 层底部有一块人类下颌骨的情况，也不排除是早期人类在居住地就近掩埋的平地上堆土而埋的无圹穴墓。

③C②层　深黄褐色沙土层，土质松软，黏性较强，夹有大量细沙和几块较大的风化的灰岩块，其堆积走势东高西低，东头 E3N3 仅西部有分布，其东半部因基岩显露，而逐渐变薄乃至消失。其堆积厚度为 0～76 厘米。包含物很少，仅发现少量石片石器、骨器、蚌器和动物骨骼等，在岩石缝中发现一件骨镞，未见陶片。

④A 层　灰褐色细砂土层，土质疏松，夹含有大量细沙和经腐蚀风化成粉末状的大块角砾岩，其堆积走势，东略高西较低，并趋于平缓，东头 E3N3、E3N4 探方的堆积因基岩的显露而全部消失，其堆积厚度为 26～60 厘米。出土遗物较少，仅发现有少量燧石、石片石器、骨器和动物骨骼、牙齿等，亦不见陶片。

④B 层　深灰褐色沙土层，土质疏松，潮湿，夹含有大量细沙和大块风化灰岩块。其东头 E3N3、E3N4 也因基岩显露而堆积消失，其堆积走势从东向西倾斜。堆积厚度为 13～75 厘米，出土遗物较少，只发现少量石片石器和动物骨骼。不见陶片，此层底部即为基岩，且崎岖不平，当发掘至深 178 厘米即见水。

从上述仙人洞区地层堆积情况看，我们可对仙人洞西区的地层成因作如下初步推断，因仙人洞地处小荷山脚，地势较低，几乎已和现在的大源河水相平齐。在远古时期，洞口地势无疑更低。从这次清理取样在距今地表深 178 厘米处即见水判断，昔日在相当一个时期都是常年淹没水中，后因河沙淤积而形成了深灰褐和灰褐沙土层（即④B、④A 层）。当洞外水退，洞口干枯之时，原始人类也许偶尔狩猎至此，故留下大量石器、骨器和兽骨等人类活动遗物，但这种干枯时日很少，洞外洪水随时有冲入洞内的危险。③C②层即深黄褐色沙土层，也就是在这一时期形成的，经过相当一段时期，随着社会生产力的发展和人类对大自然的不断改造，仙人洞附近的环境有了较大变化，相对出现一个较稳定的不受洪水浸泡的时期，人类可以在此避风雨，御严寒，甚至生活居住，这就是③C①B层底部有较大范围烧土而形成原因，也是仙人洞遗址至今发现的一批在此居住的原始居民。但在不很长的一个时期，仍有洪水泛滥，而使仙人洞洞口被淹，因而形成了③C①A即黄褐细沙层。再过一个时期，仙人洞附近的生态环境更得到改善，原始人类更把仙人洞作为较稳定的生活居住地，这样就形成了③B②和③B①层，是原始人类在仙人洞洞口生活居住的第二个高峰时期，这个时期不仅堆积较厚，而且出土遗物最为丰富，发现的烧火堆等遗迹和生活用品陶器残片最多。1962年首次发掘时发现的三个残人头骨也是在这一地层，但终究因生产力低下，人们抗拒自然力量较弱，仙人洞再次遇到洪水冲刷，而形成了③A层即浅褐色细沙土层。

②A、②B、②C层，在1962年发掘报告中统称为第2层，这是原始人类在仙人洞第三次居住时期，生活居住所形成的地层，同样堆积较厚，出土文化遗物也较丰富。

①B层即深褐色土层，是仙人洞西区洞口至今未经扰乱的土层堆积，也是原始人类第四次在仙人洞高峰时期生活居住所形成的堆积。

在①B层之上，为①A层，即所谓螺壳胶结层，从包含物有新石器中晚期的夹蚌末陶片和夹砂陶鼎以及商周时期的几何印纹陶片来看，表明新石器时期中晚期乃至商周时都有人们在仙人洞洞口活动过，因而也形成了一定堆积，后可能因某种自然力原因造成仙人洞的顶部的巨石塌下，而将洞口西区大部覆盖。后因有洪水冲刷缘故，而将陶片等大量自然物和人类活动遗物冲至巨石底下，日久天长，逐渐形成今日我们能看到的胶结层。

二　东区地层堆积

东区的发掘工作分1995年度和1999年度。两年度各开并列1×1米探方各三个，探方号分别为95E11N10、E11N11、E11N12；99E10N10、E10N11、E10N12。现以95E11N10～E11N12（图七）和99E10N10～E10N12的西壁（图八），95E11N10～99E10N10南壁（图九），99E10N12～95E11N12北壁剖面（图一○）将该区地层堆积统叙之。

东区的地层堆积按土质土色划分为六大层。第一大层分①A、①A①、①B、①C四小层；第二层分A、B两小层，其中A小层又分②A、②A①、②A②、②A③四个次小层，B小层分②B、②B①、②B②三个次小层；第三大层分A、B两小层，A小层又分③A、③A①两个次小层；第四大层分A、B两小层；第五大层分A、B、C三小层；第六大层分A、B、C三小层。

①A层　发掘区表层普遍见有，只是在E11N10南部和E10N10东南少见分布。灰黑色土，松散无黏性，比重轻，夹杂少量植物腐殖质，如草秆、落叶类，亦变成黄灰色。堆积南北高，中间低洼，尤其是发掘区西南部倾角较大，高差约30厘米，最厚处在E11N11西部，厚约30厘米，最薄处在

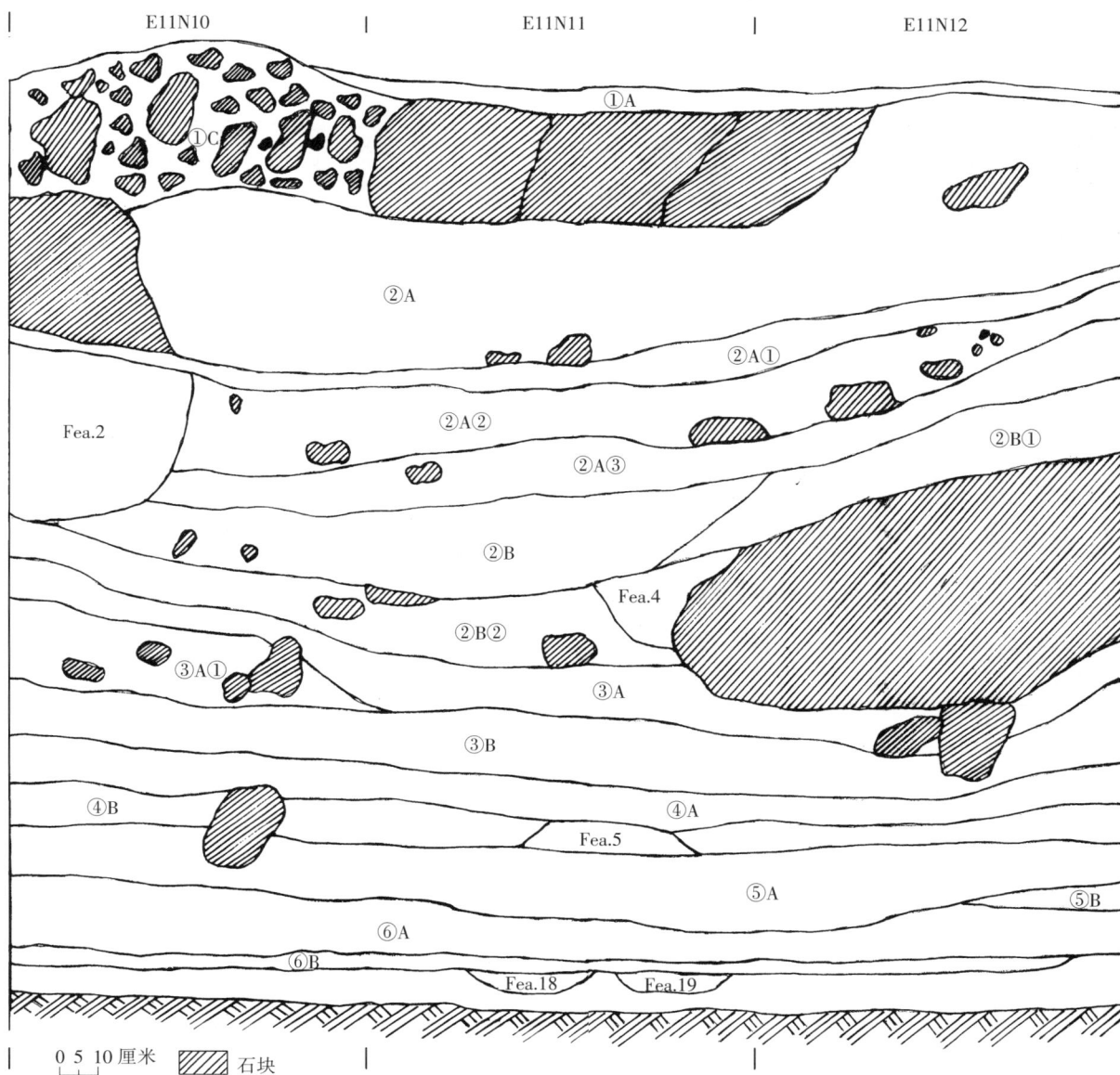

图七　仙人洞遗址 E11N10 ~ E11N12 西壁剖面图

E10N10 南部，仅厚 4 厘米。堆积中夹有青花瓷碗碎片，条纹青灰瓦。据当地人反映，此处近 20 年来都曾作关押牲畜围栅之用。未见胶结的螺壳和兽骨，亦未见诸如石器、骨器、蚌器、陶片之类人工制品。

①A①层　在局部地区分布，E10N10、E10N11、E10N12 的西部分布有此层，这之中 E10N11 分布最广，几乎占据全部探方，而 E10N10 和 E10N12 仅在东北和东南分布。棕色亚黏土，含中粗细砂，有一定黏性，夹杂少量角乐岩碎屑，碎屑粒度较小，片状碎屑约占 1/3 比例。此层厚 4 ~ 58、层深 13 ~ 52 厘米，中部厚，边缘薄。从土质结构来看，比较致密，人工搅动成分较少。包含物中有黑衣灰陶折盘豆类残片，红衣陶罐腹部碎片，另还见有掺蚌末的红陶片。包含物中仍未见胶结的石、骨、蚌类人工制品和兽骨。

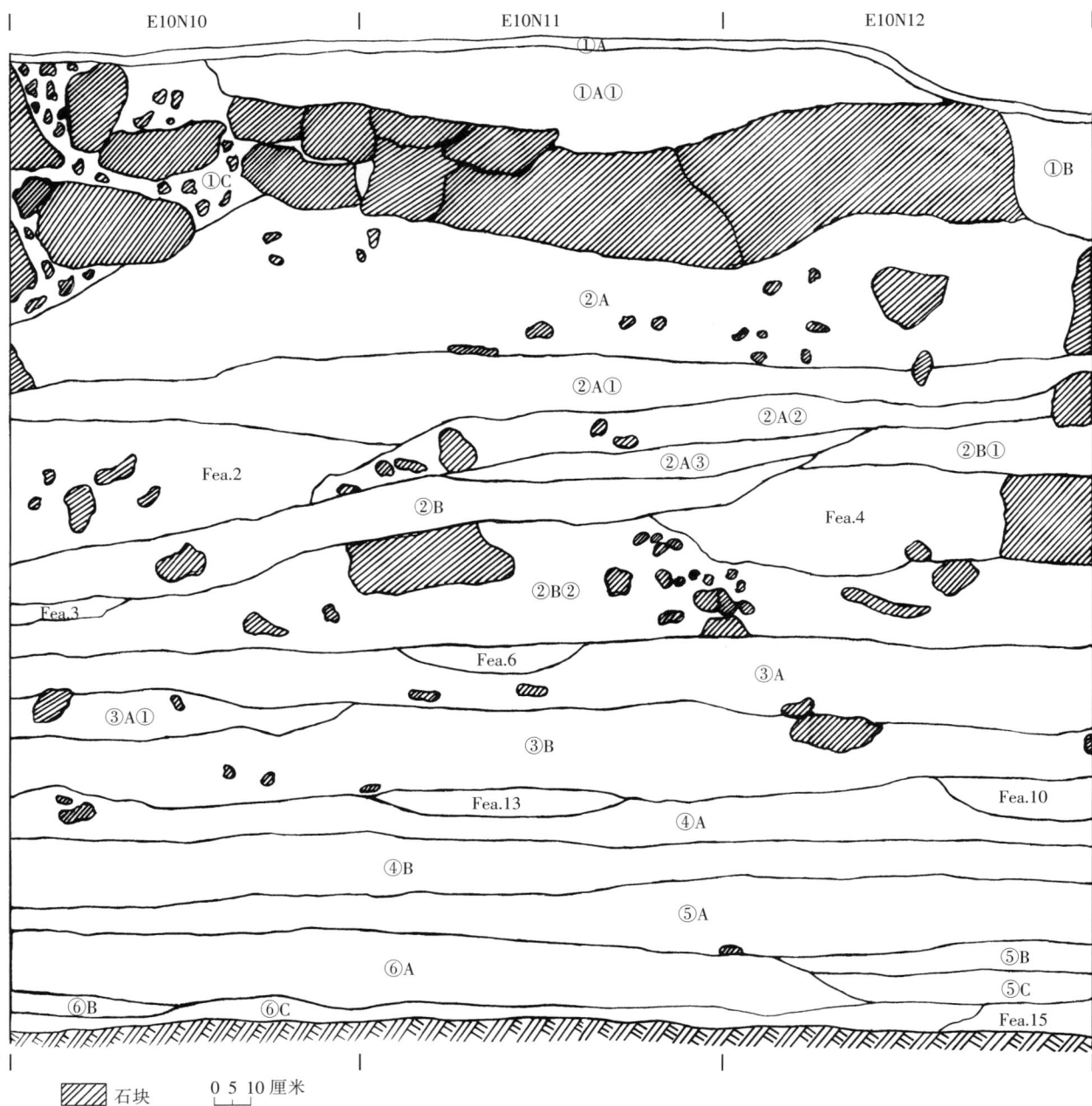

E10N10　　　　　　　　　E10N11　　　　　　　　　E10N12

①A

①A①

①B

①C

②A

②A①

②A②

②A③

②B①

Fea.2

②B

Fea.4

②B①

Fea.3

②B②

Fea.6

③A

③A①

③B

Fea.13

Fea.10

④A

④B

⑤A

⑥A

⑤B

⑤C

⑥B　　　　⑥C

Fea.15

▨ 石块　　　0 5 10 厘米

图八　仙人洞遗址 E10N10 ~ E10N12 西壁剖面图

①B 层　仅在 E10N12 的西北部见有，棕黄色砂质胶结层，含粗砂成分颇多。此层由于靠近洞穴弧顶的钟乳石地段，加之该探方东北角弧顶有裂隙，至今仍显潮湿，时而滴水。由于长期的侵蚀作用，砂土层中原有的黏土并滴水渗入下部地层，而余下的粗砂钙化程度严重，已成胶结形态，十分坚硬，层内空隙多被钟乳状、枝状、葡萄状灰白色次生方解石所填充。此层堆积为不规则窄长条形，最厚处在探方的东北部，由西向东渐薄，厚 6 ~ 70 厘米，层深 8 ~ 74 厘米。由于溶岩溶水的碳酸钙渗入，堆积中的兽骨和绳纹陶片也被钙化，其钙化程度甚于下部地层堆积遗物。胶结层中除出有已呈黄

E11N10　　　　　　　　　　｜　　　　　　　　E10N10　　　　　　　　　｜

0　5　10厘米　　▨ 石块

①A

①C

②A

②A①

Fea.2

②B②　　　　　　　　②B

③A

③A①

③B

④A　　　　　　　Fea.9

④B

⑤A

⑥A

⑥B
⑥C

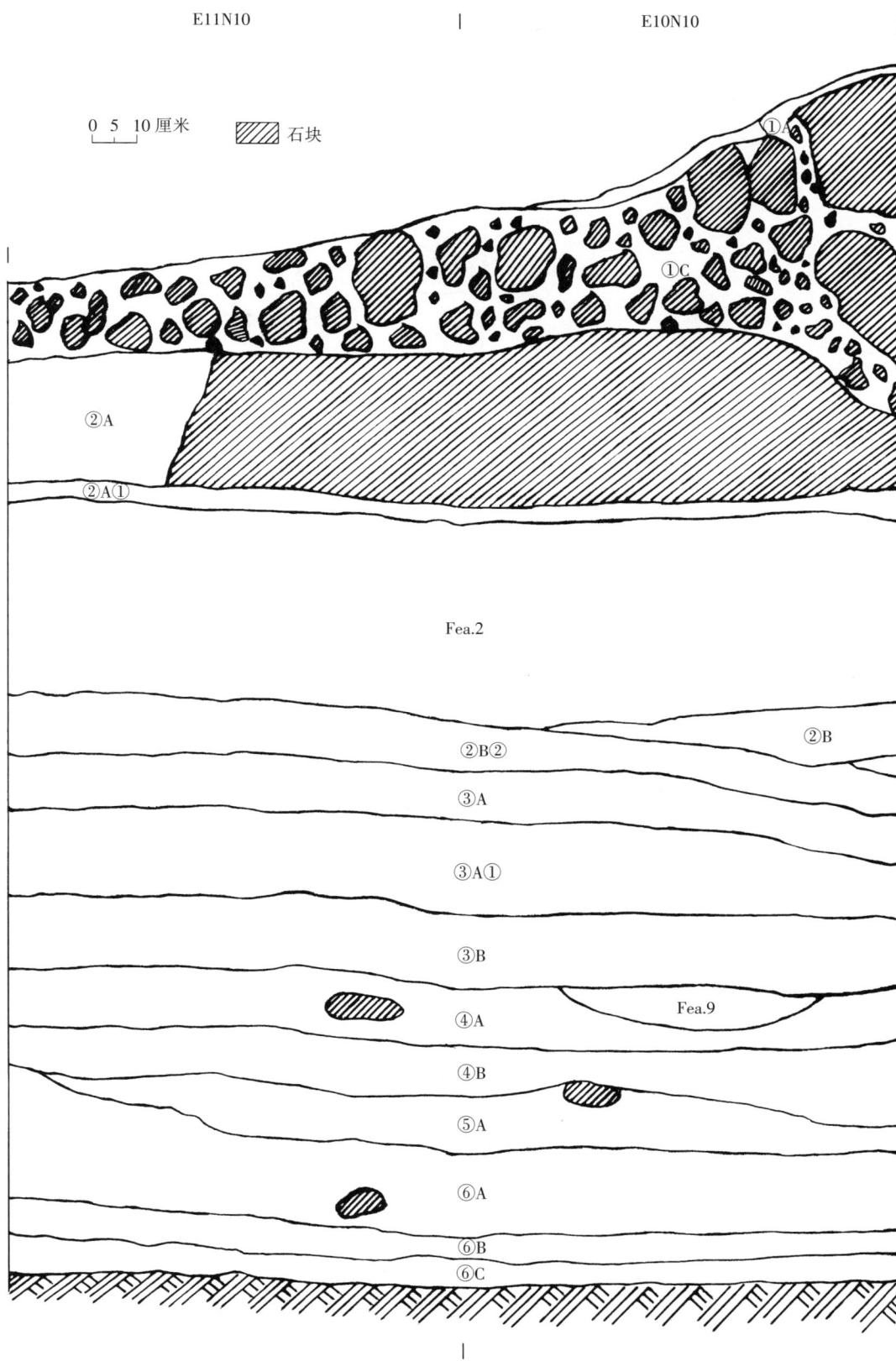

图九　仙人洞遗址 E11N10～E10N10 南壁剖面图

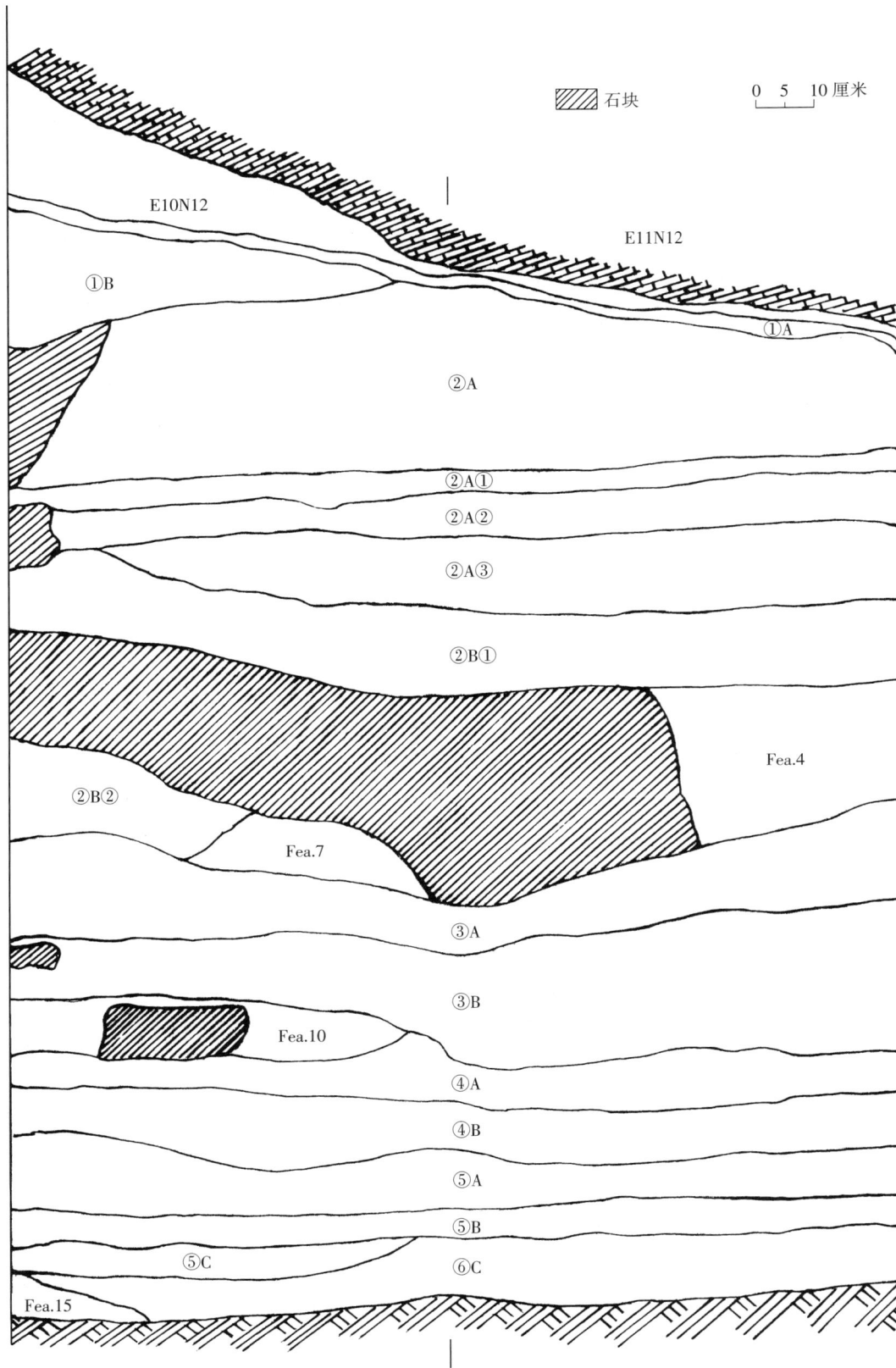

图一〇　仙人洞遗址 E10N12～E11N12 北壁剖面图

色的少量兽骨外，还出有少量陶片，陶片质地显坚硬，内壁抹平光滑，内外色泽不一，外部为黄灰色，内面为灰色，中间夹层含有粗石英粒，夹层为灰黑色，器表饰较规整的中粗绳纹。陶片系器物腹部片，器形有可能是圜底罐或釜类。另外，还见有少量胶结的螺、蚌类水生软体动物外壳。

①C 层　除 E10N12、E11N12 的西北角未见分布外，其余各方均普遍分布。以 E10N10 西南角堆积最厚，E11N10 的东南角较薄，厚 18～78、层深 18～82 厘米。浅棕黄色砂质黏土，这之中夹杂大小灰岩碎块和大灰岩块混合堆积。灰岩碎块分布于 E10N10、E11N10 的南部；而大灰岩石块却占据发掘区的大部分地段，此灰岩块系一整体岩块，经撬动后有裂隙，长约 2.25、宽约 154、厚 27～48 厘米不等，其宽度还往东延伸至 60 年代发掘的 T6 内。南部的混杂堆积是砂、土、石相杂，灰岩块大小不一，除碎屑外，还有不少灰岩块，岩块大者长 45、宽 38、厚 24 厘米。黏土中夹有少量兽骨，但未见有任何陶制品。

②A 层　棕灰色亚黏土，除 E10N10、E11N10 的西南部被一大灰岩块占据外，其余各方均分布有此层。其堆积厚度是东区最厚者，层厚 19～53、层深 48～96 厘米，黏土中含一定数量的细砂，结构紧密，黏性较好，堆积中还夹有星点状木炭粒和扁平状竹炭，竹炭含水分较多，已呈海绵体，木炭粒含水分较少，有一定硬度。此层的包含物较上部地层大为增加，无论从数量和种类都是上部地层堆积物无法比拟。兽骨出土最多，达到 1378 件，大多为动物肢骨、角、肩胛骨、肋骨、牙床，并出有人下颌骨，但未见到牙齿类。另外还见有大量螺壳、蚌壳。人工制品以陶片最为丰富，几乎占有东部发掘的 90% 以上，陶片以灰褐色为主，不少器表都饰有纹饰，纹饰多以绳纹和鼓皮纹为主，内饰纹的少见，器形单一，只见罐底片，口沿大都戳孔。陶片中大多为腹片，出有极少数罐底片，即圜底片。人工制品中的穿孔蚌器大多为双孔，少数单孔。骨器多见钻、锥类。大件的砾石打制石器较多，未见细小石器。磨制石器见有穿孔石器，但未见斧、刀类磨制石器。石器中还有不少直接取自棒状的河卵石用来敲碎骨骼的工具，石棒面留有不少坑洼砸点。这种石器的出现，显然与堆积层中动物骨骼成片出土有关，但未见烧火痕迹，骨骼中被烧骨骼极少。

②A①层　褐灰色亚砂黏土，分布于整个发掘区，堆积显沙质层理，堆积势态大体是由东向西渐厚。层厚 3～14、层深 33～119 厘米，以夹中粗砂和细砂为主，土层显松软，堆积显平坦，上部微有起伏，此层应是洼地水冲积淤层。堆积中兽骨零星分散，数量较少。陶片较少，且以小块出土，陶片多内外饰绳纹，陶胎较上层厚。土层中还夹有河卵石及打制大块砾石器出土，但未见有小石片石器。

②A②层　褐色亚黏土，土质结构不甚紧密，夹有中粗细砂，大量的中小灰岩块和角砾岩碎屑。石灰岩块有的排列较密集，呈斜状，南低北高，此层分布于 E11N10、E11N10、E11N11、E11N12 全部，E10N10、E11N10 由于其南部被 Fea.2 打破，故只余下北部堆积。层厚 7～37、层深 43～134 厘米。人工制品较少，见有少量内外饰绳纹和外饰鼓皮纹的陶片及骨器蚌器、大件打制砾石器。自然遗物有河卵石、兽骨、螺壳、蚌壳。兽骨大多破碎，伴有天然卵石棒用来砸骨的石器；但仍未见用火的遗迹。

②A③层　分布于 E10N11、E11N11、E11N12 全部，E10N10 的西北角，E10N12 的西南角。棕

褐色亚黏土，从西向东渐厚，从北向南倾斜，层中夹有角砾岩碎屑，含中粗砂，结构致密，夹有炭粒和烧土粒。堆积最厚处在 E11N12 西北，最薄处在 E10N11 西南，层厚 3～19、层深 61～128 厘米。包含物中有极少量内外饰绳纹的陶片，并有打制的大件卵石器，另有碎兽骨和少量螺壳。

②B 层　分布于 E11N10、E11N11、E10N10、E10N11 大部，E10N11、E11N12 西南角保存一部分，堆积线由北向南倾斜，底线高差 14 厘米。堆积最厚处位于 E11N11、E10N11 的西南部，最薄处在 E10N11、E11N11 的西北部，层厚 3～28、层深 108～158 厘米。深褐色亚黏土。堆积中含有中粗砂和角砾岩碎屑及灰岩石块。土砂黏性较好，土质显坚硬。层内所含的角砾岩碎屑向下部逐渐增多。灰岩石块大者可达 21×17 平方米，包含物中有较多兽骨、蚌壳、螺壳，人工制品中的打制砾石器较多，同时也见有少量石片石器。另有钻孔蚌器，磨制的梭形器、骨鱼镖、骨镞及少量鼓皮纹和条纹陶片。

②B①层　分布面较小，它集中分布于 E11N12、E10N12、E11N11 的西北角。层厚 32～22、层深 77～129 厘米。棕黄色亚黏土，夹有较多的中粗砂和角砾岩碎屑，角砾岩块棱角分明，黏土、粗砂和角砾岩间有轻度的胶结。出有少量兽骨，打制的砾石器，石英石片石器和骨锥类人工制品。陶制品数量极少，系条纹陶片。

②B②层　此层集中分布于 E10N10、E11N10、E10N12、E11N11 内，其中的 E11N12 因被 Fea. 4 的巨大灰岩所占据，未见此层分布，但延续到 E10N12 的西部又出现此层堆积，最厚处在 E10N11 内，最薄处在 E11N10 内，堆积从东向西渐厚，层厚 4～36、层深 110～175 厘米。红褐色亚黏土，含细小岩屑和砖红色黏土小团块，钙质胶结紧密坚硬。层内含钙质条带和灰岩角砾，向下角砾逐渐增多，砾径数厘米，扁平面与钙质条带产状一致。堆积线曲折不平。出土兽骨较多，人工制品有少量磨制骨器和打制的砾石器及小型薄片石器。

③A 层　分布普遍，堆积线较为平坦，堆积最厚处在 E10N12 内，尤其是西北角显厚，最薄处在 E11N10 内，此方西南角最薄。层厚 6～20、层深 128～194 厘米。土黄色亚砂黏土，夹有大量中粗细砂，以细砂为主，土质松软，砂土都较纯净，含有极少量星点状分布的炭粒。从堆积的剖面看层理清楚，似由 4～5 层砂质黏土平缓堆积而成。包含物中的人工制品主要是小石英石器和燧石薄片石器，同时还有少量较大的打制砾石器、骨器，蚌器少见，陶制品更是未见。兽骨数量明显减少，螺壳类水生动物数量急剧减少。

③A①层　分布范围少，只在 E10N10、E11N10 内见有。堆积方向从南向北渐薄，从东向西渐厚。黄灰色粉砂层，由细小的石英及长石颗粒组成，含少量云母，中夹 2～3 条约 2.5 厘米厚含砾粗砂条带。堆积上层中还夹有少量呈星点状分布的木炭粒。出土的动物骨骼亦少，螺、蚌外壳更少。人工石制品多见燧石、石英质料的薄片石器，也还有少量的大件打制砾石器。不见陶制品。

③B 层　此层分布面广。以 E10N10、E10N11 内的堆积最厚，由东向西渐薄。层厚 12～31、层深 157～222 厘米。黄褐色亚砂黏土，堆积土中以中粗细砂为主，中粗砂约占 3/5；角砾岩碎屑约占 1/5，其余为含细沙黏土。上层中夹有的木炭粒也较多，大多分布在堆积的中间地段。出土的兽骨较多，另有打制的大件砾石器，小石英石器和燧石器较多。

④A 层　棕黄色亚砂黏土，分布较普遍，堆积由东向西渐厚，层厚 7～18、层深 171～226 厘米。

含有大量细砂和少量角砾岩碎屑，结构紧密，砂土层黏性较好；底部堆积线较平坦。从堆积情况看，人工翻动的次数不多，比较纯净。出土的兽骨较少，且破碎。人工制品主要见有细小石英石器和燧石薄片石器。

④B 层 分布面较广，只有 E11N11 的西北和 E10N11 的东北被 Fea. 13 占据。深黄色亚砂黏土，含细砂量较多，夹有少量炭粒。堆积线从东向西渐厚，最厚处在 E10N10、E10N11 内，层厚 5～19、层深 185～243 厘米。从堆积土的结构看，人工搅动性不大，细沙线交错层理，胶结较好，角度不整合。包含物亦单纯，只有少量碎兽骨、螺、蚌壳和石英薄石片及河卵石。

⑤A 层 分布普遍，堆积厚度较均匀，但总趋势为东厚西薄。层厚 6～22、层深 196～262 厘米。红褐色砂质黏土，以粗砂堆积为次，褐红色黏土次之，角砾岩碎屑占有一定比例，砂土与角砾岩碎屑胶结较紧。出土物以兽骨为主，兽骨中有少量烧骨。细小石器少见，骨、蚌器很少见。螺壳、蚌壳极少见。

⑤B 层 在发掘区中层局部堆积。只在 E10N12、E11N12 的西北部见，层厚 3～9、层深 205～264 厘米。浅黄色亚砂黏土。主要含中粗砂和细沙，中粗砂占的比重大，角砾岩碎屑呈星点状分布。堆积物中夹有少许炭屑，此层出土物主要是兽骨，兽骨大多破碎，并有少量烧骨。人工石制品多为小石英薄片器。自然物中只有河卵石，蚌、螺类未见。

⑤C 层 为局部堆积，仅在 E10N12 的西北部见，中部堆积高于边缘。层厚 3～10、层深247～268 厘米。土黄色砂黏土，含中粗砂量大，另有细沙和少量角砾岩碎屑，土质较松软，底部堆积线较为平坦，堆积土较纯净，杂质成分少，含有少量炭粒，兽骨较少，见有石英、燧石片石料。

⑥A 层 分布面较广。E10N10、E10N11、E11N10、E11N11 均见此层堆积，E10N12 西南部还保存有部分堆积，西北部显然被上部的⑤B、⑤C 地层破坏而不存。层厚 5～32、层深 234～276 厘米。杏黄色亚砂黏土，夹有大量中粗细沙，角砾岩碎屑也有少量分布在堆积中，底部堆积较平缓，包含物较单纯，只有少量炭粒和兽骨类。从堆积土的结构分析，人工干预程度较轻。

⑥B 层 大部分分布于 E11N10、E11N11、E11N12，另外在 E10N10 的西南部还见有此层堆积。棕黄色亚砂黏土，含大量中粗细沙。层厚 4～9、层深 218～275 厘米，堆积中夹杂少量角砾岩碎屑。包含物只见有兽骨，大多破碎。

⑥C 层 分布普遍，堆积走势由东向西渐薄，层厚 2～19、层深 254～282 厘米。深黄色亚砂黏土。含大量细砂，细砂和黏土胶结成团，角砾岩碎屑极少，含少量长石岩屑；局部夹有小砾石透镜体，夹有细—粗砂的交替层，有少量炭粒散状分布。土质较纯净，人工干预成分较少。包含物主要是少量兽骨。此层下即为纯净的黄砂层，未见任何人工制品和炭粒、烧土粒，属纯自然冲积层，在282 厘米的深度已涌出地下水，借助尖状钢纤条下插，深至 250 厘米也未见基岩，从此可见仙人洞的文化堆积，只占仙人洞堆积土中的一部分，可能有相当的深度属于河漫砂泥堆积。

纵观 90 年代揭示的东区地层，与 60 年代发掘的 T2、T6 地层在具体划分和认识上有所不同。尽管在发掘之初，力图按原划分地层编序，但由于 60 年代发掘照明条件有限，就如今来划分其存留剖面，仍可细划，且又未掘至原生堆积，故地层无法对号入座。只能按今日所划分的六大层 22 个小层来分析整个东区的堆积。

在这些地层堆积内，亦有人类先后在此活动的遗迹，共发现遗迹 19 处。其中灰坑 2 个，烧火堆或烧火圈 17 处。下将遗迹与地层关系叙述如下：

①A 层下开口的遗迹有 Fea. 1，属人工掘坑。

②A①层下开口的遗迹有 Fea. 2，为人工掘坑（图一一）。

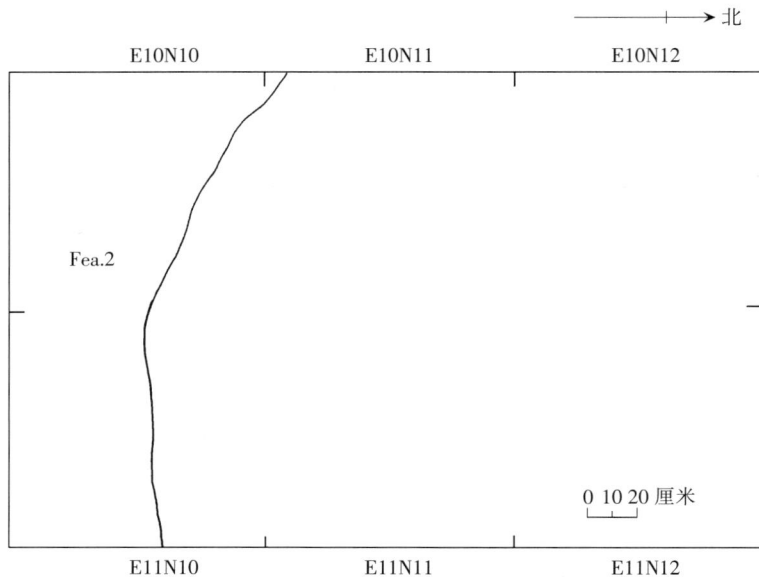

图一一　仙人洞遗址东区②A①层下遗迹平面分布图

②B 下的遗迹有 Fea. 3，属烧火堆（图一二）。

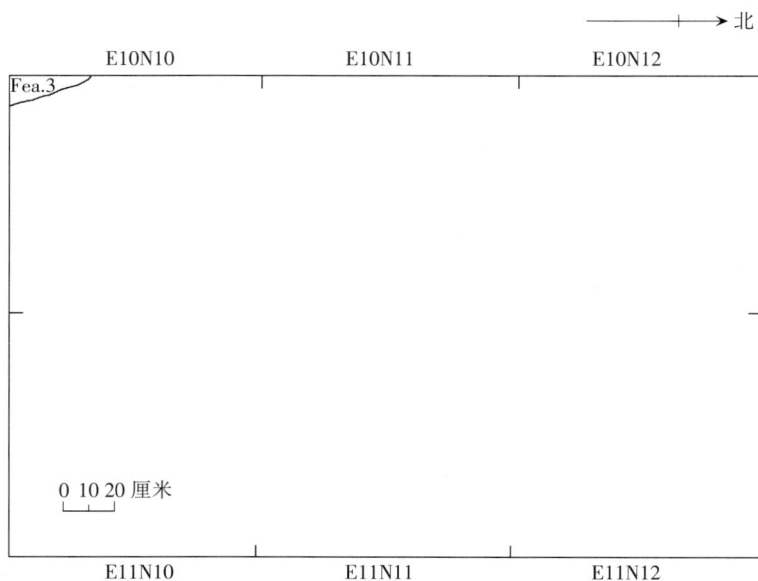

图一二　仙人洞遗址东区②B 层下遗迹平面分布图

②B①下的遗迹有 Fea.4，属砸骨场所（图一三）。

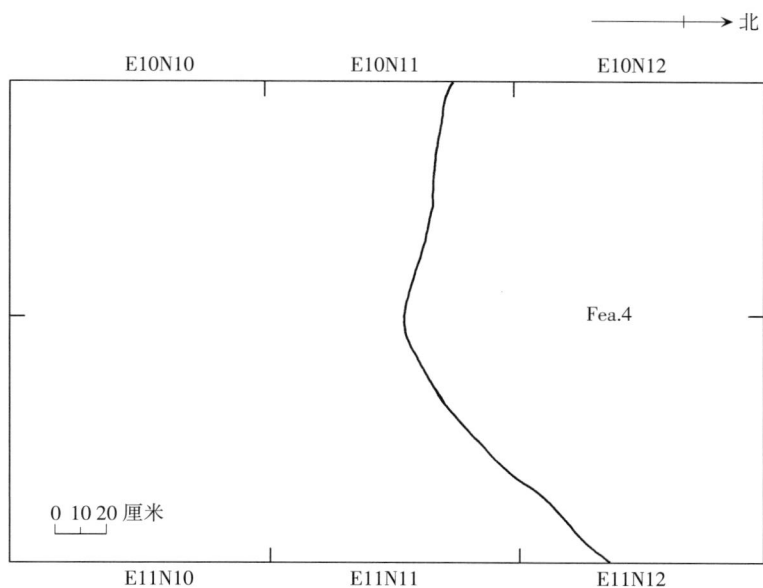

图一三　仙人洞遗址东区②B①层下遗迹平面分布图

②B②下的遗迹有 Fea.6、Fea.7、Fea.8，属烧火堆（图一四）。

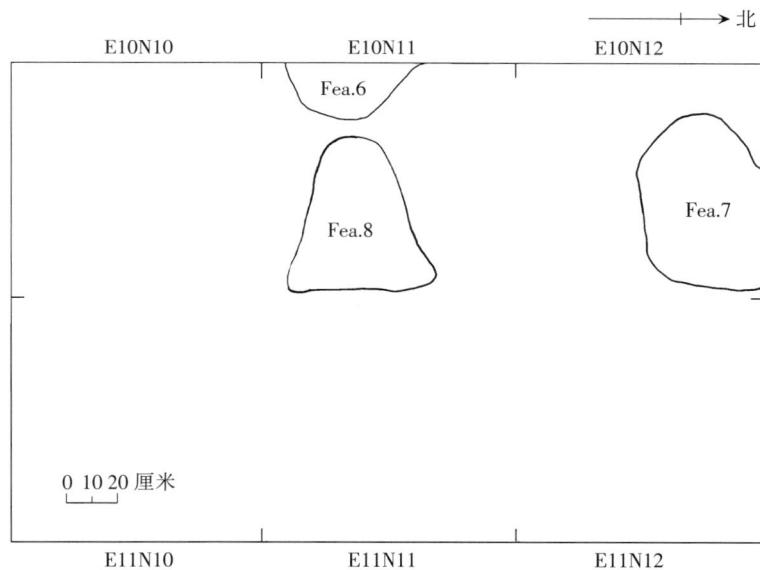

图一四　仙人洞遗址东区②B②层下遗迹平面分布图

③A 层下的遗迹有 Fea.12，属烧火堆（图一五）。

③B 层下的遗迹有 Fea.9、Fea.10、Fea.11、Fea.13，属烧火堆（图一六）。

④B 层下的遗迹有 Fea.5、Fea.16，前者为烧火堆，后者为石圈火堆（图一七）。

⑥A 层下的遗迹有 Fea.14、Fea.17，为烧火堆（图一八）。

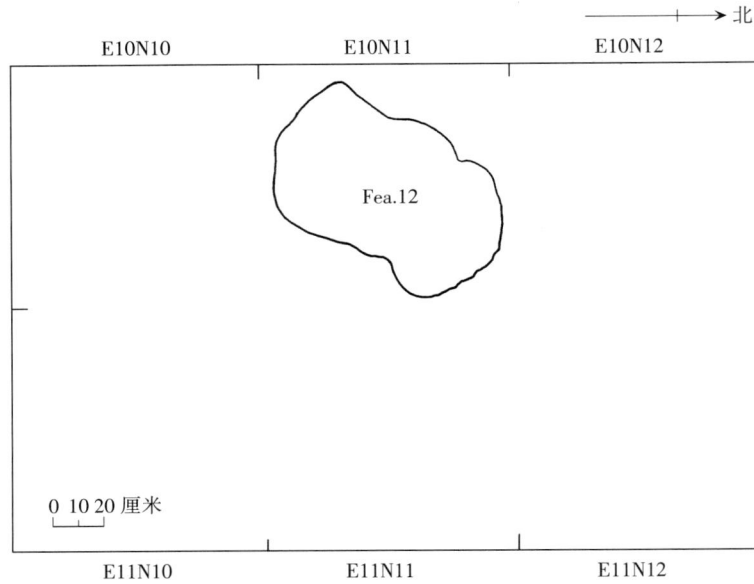

图一五　仙人洞遗址东区③A层下遗迹平面分布图

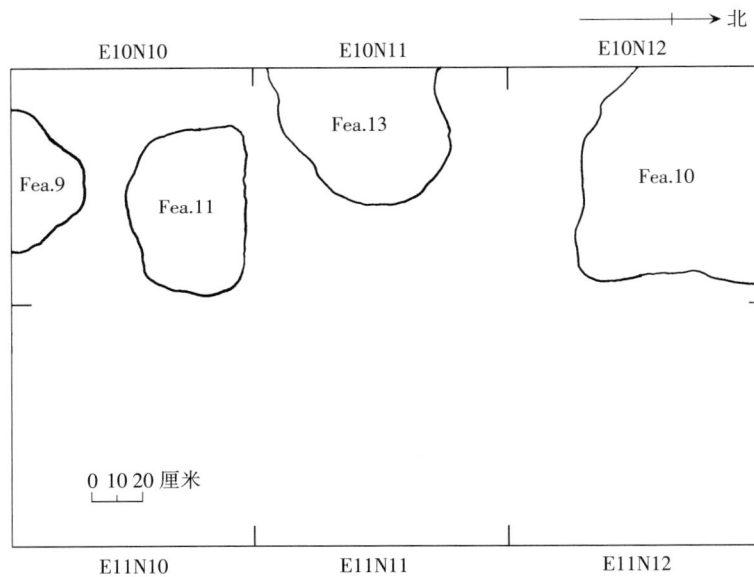

图一六　仙人洞遗址东区③B层下遗迹平面分布图

⑥B层下的遗迹有Fea.19、Fea.18，为烧火堆（图一九）。

⑥C层下的遗迹有Fea.15，为烧火堆（图二〇）。

现将上述遗迹分述如下。

Fea.1位于E11N12东部，开口于①A层下，打破②A层，为一浅坑。坑形椭圆，东西长径32、南北短径28厘米，弧状底，中深16厘米。坑内堆积土为黑灰土夹腐殖草秆。人工制品有条纹弧状青灰瓦3块。从坑壁边沿分析，似为人工掘坑。出土物的年代和乡民关于关押牲畜场所之说有关。

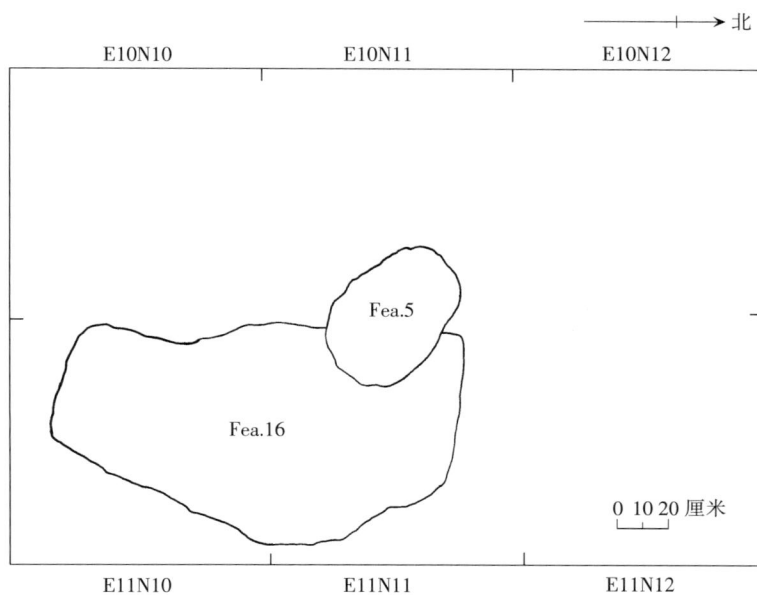

图一七　仙人洞遗址东区④B 层下遗迹平面分布图

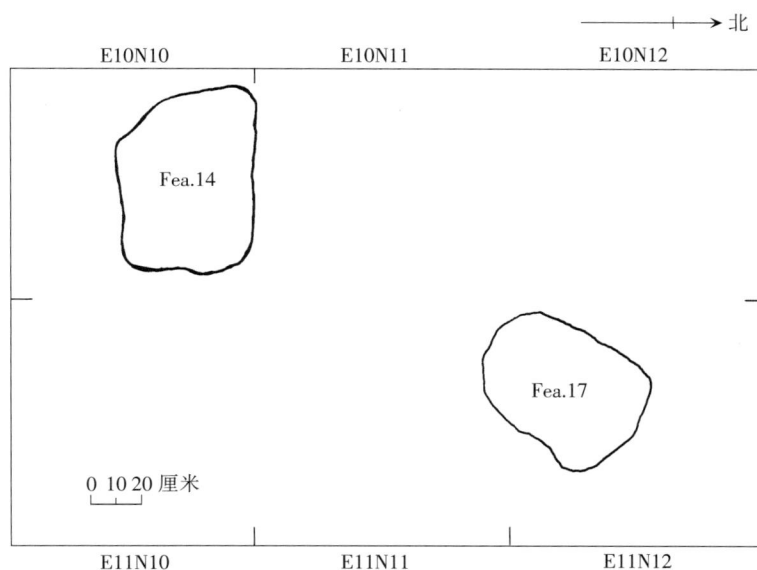

图一八　仙人洞遗址东区⑥A 层下遗迹平面分布图

Fea. 2 位于 E11N10、E10N10 南部，其中 E10N10 所占的位置较多。它开口于②A①层下；打破②A②、②A③、②B 层，坑形为不规则形。由于坑体较大，受发掘面积所限，除北向已寻到边沿，西南两向延伸至未发掘地段，而东向则延伸至 1964 年发掘的 T6 内。从已清理的部分范围来看，在 E10N10、E10N11 南至北向，坑体的上宽 110、中段上宽 50、下宽 49 厘米；E11N10 南至北上宽 57、下宽 42 厘米。坑的最深度为 45 厘米，坑形在已发掘范围内为不规则形，中部束腰，坑口较坑底宽，坑底略呈弧状（图二一）。坑内堆积为红褐色粗砂黏土夹角砾岩屑，胶结性强，较坚硬。出有兽骨 855 块，其中烧骨 49 块，大都为肢骨，少数为肋骨，其中 618 块兽骨已破碎，

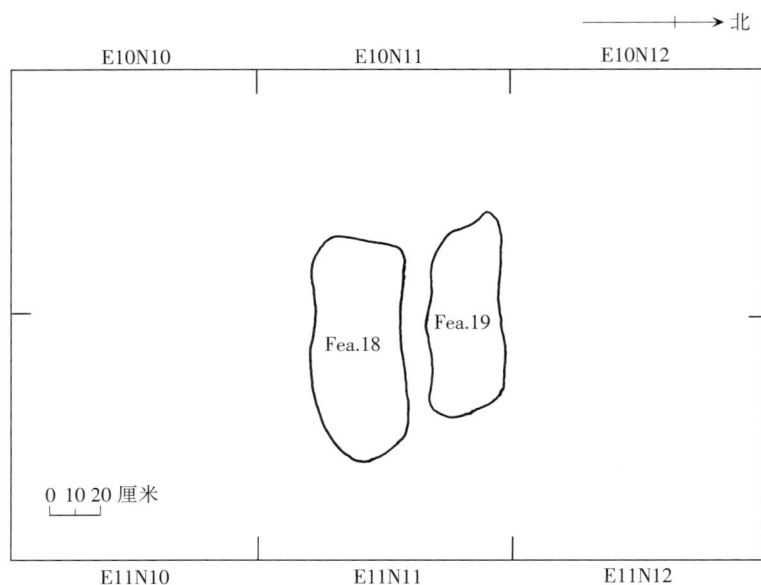

图一九　仙人洞遗址东区⑥B层下遗迹平面分布图

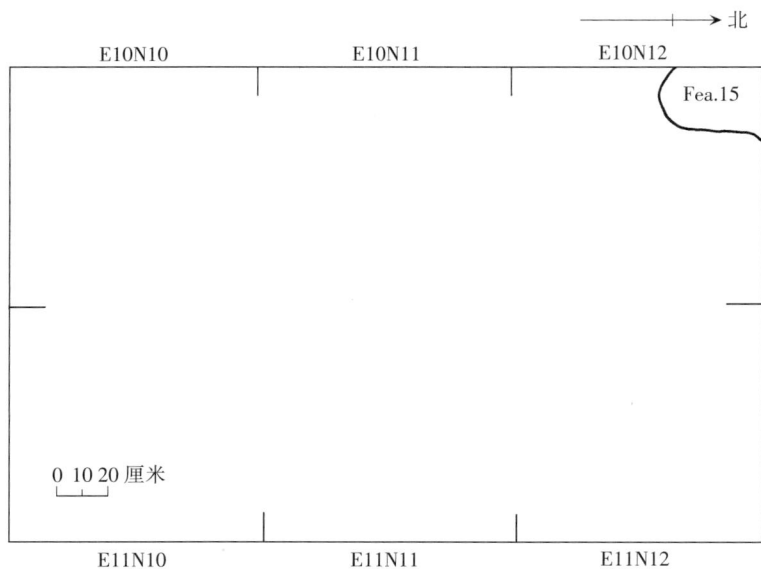

图二〇　仙人洞遗址东区⑥C层下遗迹平面分布图

劈裂痕迹明显，此坑还出有蚌壳29件，穿孔蚌器5件，螺壳59件，河卵石100块，打制砾石器22件，饰条纹陶片5件。此坑系人工掘坑，边缘较明显，与下部分地层剥离明显，但由于范围较大，一时难窥全貌，其用途不明。

Fea.3位于E10N10西南角，叠压于②B层下，为一烧火点。此遗迹系人工长时期焚烧燃料所形成。因清理范围有限，它只在探方一角显露，其余部分伸入未掘方，因而难以辨认其焚烧范围。此类烧火点是居民在此燃烧木柴，在长时间的烧烤下，使下部堆积中，通过上部中心火点的高温预热产生了物理化学变化，因而留存的遗址是上部有白色灰烬层，灰烬层中间厚、边缘薄，中厚1.5、边

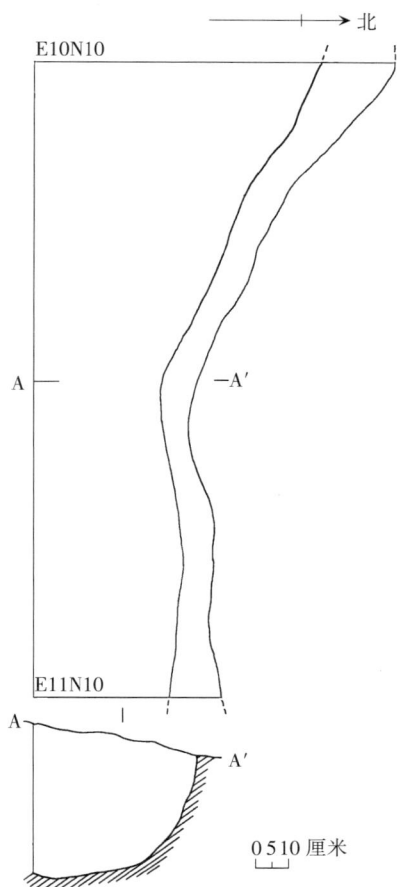

图二一　仙人洞遗址东区
Fea. 2 平、剖面图

缘厚 1 厘米，而其下部地层土通过火烤，渐变为红褐色烧土，其剖面为弧状，中部厚、边沿薄，中部厚的原因是上部焚烧的中心火力点，与白色灰烬土中部显厚状况相吻合。从火堆平面走势分析，应是椭圆形，此烧火堆已清南北长 35、东西宽 15 厘米。在炭烬土中出有 13 块兽骨，多为肢骨，均已破碎，其中有 8 块内外均呈黑色，应是烧骨。这种烧火堆除用于冬季取暖和晚间照明外，还有可能是同时作烧烤兽肉（图二二）。

Fea. 4 叠压状于②B①层下。位于 E11N11、E10N11、E11N12、E10N12 内。此遗迹南部边缘浅，其余部延伸至未掘区和 1964 年度的 T6 东北部。从现清理范围看，似为一不规则形，已清理东西长 220、南北宽 60～145 厘米，此遗迹为一大灰岩块及灰岩从顶部塌落下来后形成的砸坑组成，灰岩块东西长 163、南北长 104 厘米，厚 33～36 厘米，由于巨石已延伸未掘方，灰岩块尺寸难以确标。在灰岩表面有被敲破碎的兽骨 289 件，这之中只有 3 块烧骨，另有 2 件穿孔蚌器伴随出土。碎骨大多集中在石块东部。在石块的南侧有一条不规则形环状沟，沟土为褐灰色，充塞破碎骨骼，骨骼大多为动物长骨，堆积富集。坑边为陡坡状，角度 65°，坑深 30～35 厘米；几与大灰岩块底平齐，在其东端的 E11N12 东北角还存有一小灰岩块，不规则形，长径 25～20、短径 5.5、厚 6.3 厘米（图二三）。从此遗迹的现状和堆积物分析，应是当时洞穴居民砸骨场所，当大灰岩块从溶洞顶部塌落后，由于垂直的冲击力，形成了大于巨石的自然砸坑，当时原始人利用其巨石作敲碎兽骨台面，吸其骨髓，为清除石块上的碎骨垃

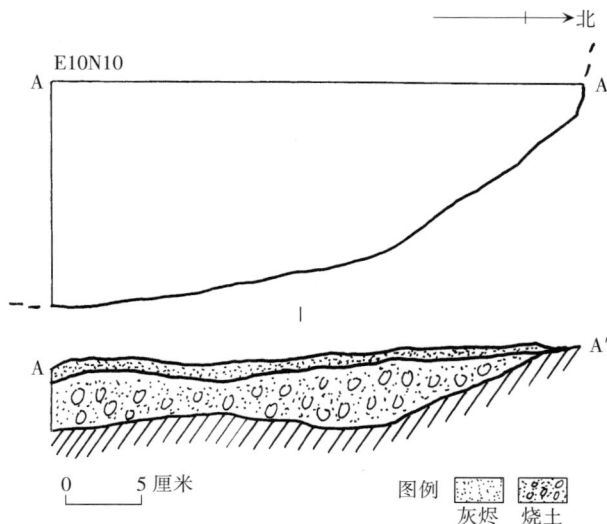

图二二　仙人洞遗址东区 Fea. 3 平、剖面图

北

E10N12

1
2

A —   — A'

0 5 10厘米

图例 [兽骨] [石块]
兽骨   石块
1、2.穿孔蚌器

A   A'

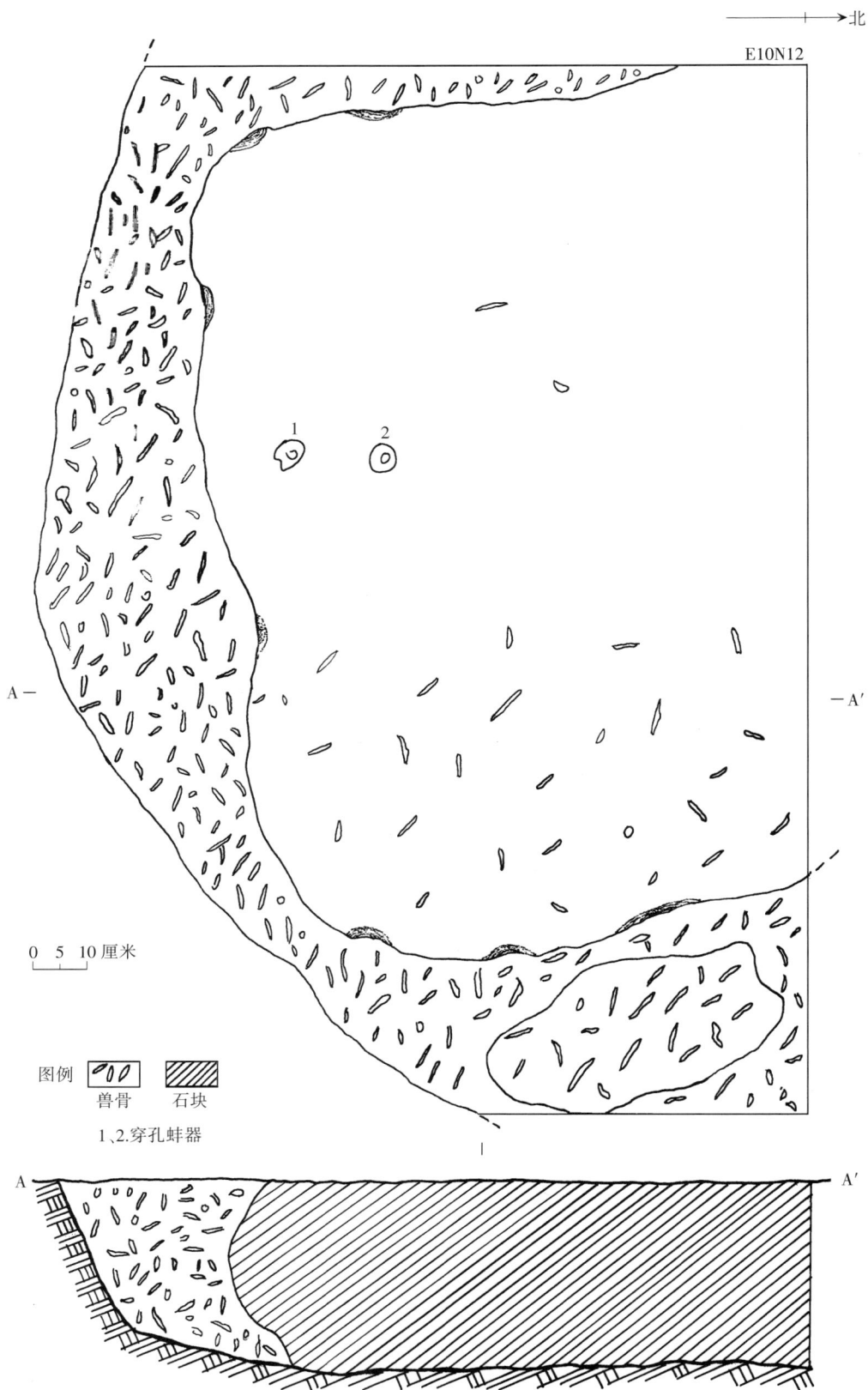

图二三　仙人洞遗址东区 Fea. 4 平、剖面图

圾，当时有可能将边缘砸坑扩大，然后将石块碎骨垃圾扫入坑沿，这就是我们今日看到的洼坑内碎骨密集状况，此坑的石块面黏土内还出有4块破碎条纹陶片。

Fea. 5 位于 E11N11 西部和 E11N10 的中央部位，压于④B 层之下，为一烧火堆，烧火堆剖面形状为馒头形，上宽32、下宽50、中高8厘米。它的上部为灰白色灰烬土，下部为地层过火后的烧结面。此烧火堆利用原有两坡状高出地势，居民在此长期焚化，强烈的火力不断烘烤下部地层土，使其土质产生质的变化，变成自然烧结面。它与其他烧火点不同的是，此烧火点并非选择平地，而是选择坡地，因而红烧土面呈向上突起状。此火堆出有兽骨18块，其中烧骨2块（图二四；彩版七，2）。

Fea. 6 叠压于②B②层下，为一烧火堆。位于 E10N11 西南，其余部分伸入到西向未掘方内。平面范围显椭圆形，已清南北长55、东西宽23厘米。烧火堆积上部为灰白色灰烬土，厚约 1 ~ 1.2 厘米，下部为燃烧面，切面为弧形，中厚7厘米，烧土坚硬（图二五）。

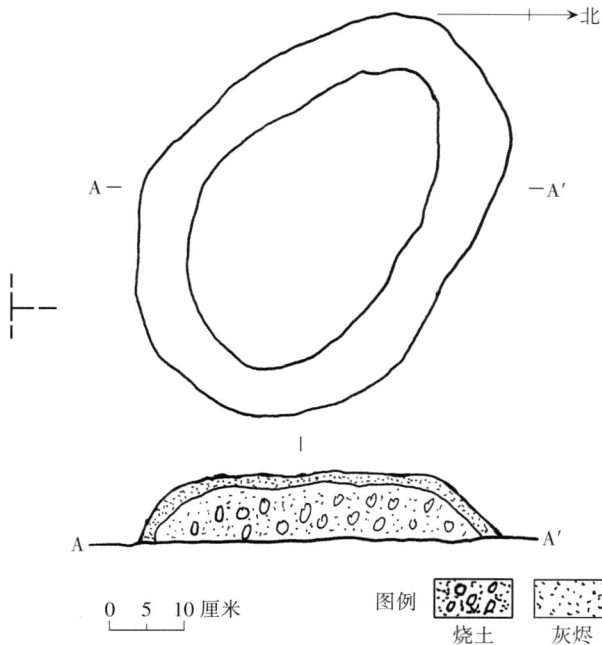

图二四　仙人洞遗址东区 Fea. 5 平、剖面图　　　图二五　仙人洞遗址东区 Fea. 6 平、剖面图

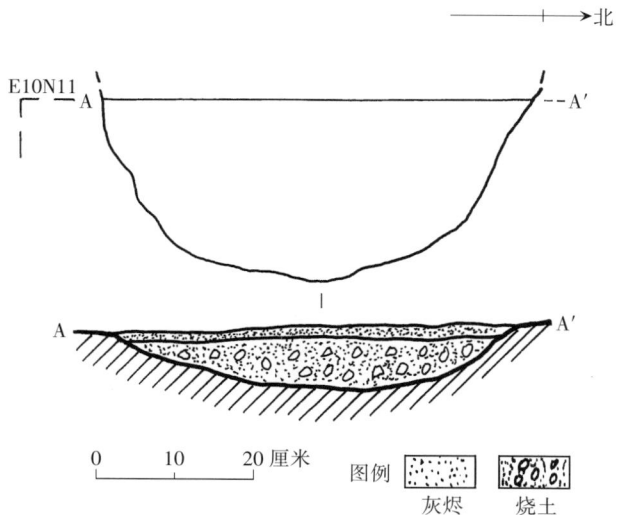

Fea. 7 位于 E10N12 东北部，叠压于②B②层下，同时又被 Fea. 4 的巨石所压。为一烧火堆，平面形状为不规则形，东西长82厘米，南北清理长度为62厘米。火堆为灰土与炭烬相杂，木炭粒径0.2 ~ 0.4厘米之间，炭粒烧化程度严重，大部纤维质不存，有的因潮湿成糊状。此遗址为烧木材点，可能是一次性或短时期内形成，而不像其他火点，在一段时间内相对固定，故而有下层土被热力多次烘烤成烧土。在此遗迹就不见底部的烧土，说明此处是临时性烧火点。出土的兽骨较多，达163块，其中有45块被火烧过的呈黑色（图二六）。

Fea. 8 位于 E10N11 的东南部，被②B②层叠压。为烧火堆，火堆平面呈不规则形，靠东部边缘较

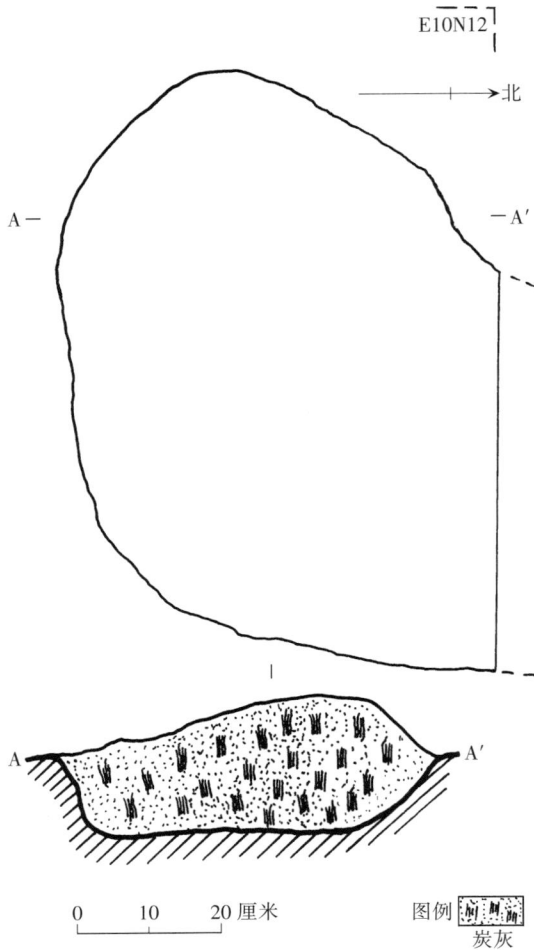

图二六　仙人洞遗址东区 Fea. 7 平、剖面图

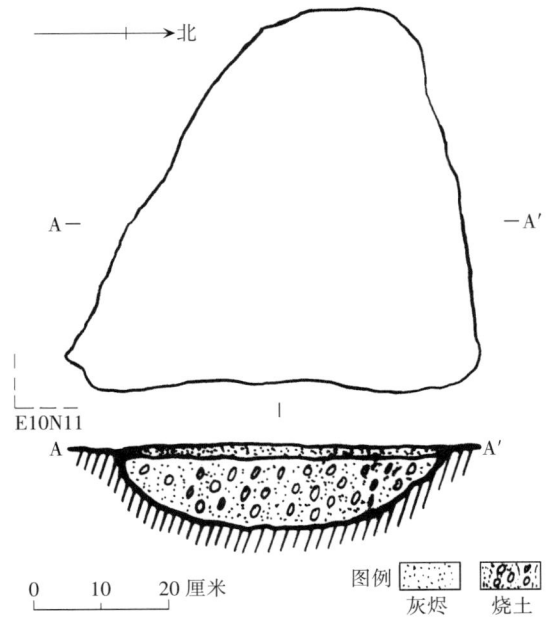

图二七　仙人洞遗址东区 Fea. 8 平、剖面图

平齐，西北弧弯，近似梯形。灰白色灰烬土厚约 1～1.2 厘米，灰烬土下则为火烤后形成的红烧土面，烧土的切面为弧状，中部深 12.3 厘米（图二七）。

Fea. 9 位于 E10N10 的南部，被③B 层所叠压，由于其南部延伸至未掘方，故遗迹不完整。东西向可见边缘，东西长 61、南北长 32 厘米，为一烧火堆。灰白色炭烬土起伏不平，厚 0.7～0.9 厘米。由于此处为一相对固定烧土堆，因而底部被炭火烤成红色烧土层，烧土面的截面为弧状（图二八；彩版七，5）。

Fea. 10 位于 E10N12。叠压于③B 层下。属烧火堆，遗迹范围东部已到边缘，而其西部、北部延伸至未掘方内。此烧火堆经历了两个时期。在烧火堆的上部有三块分开的灰岩块，灰岩块光滑，均为不规则形，1 号灰岩长径 33.2、短径 27.3、最厚处为 22.4 厘米；2 号灰岩石由于一部分伸入至北部未掘方，因而只知东西长 29、厚 9 厘米；3 号灰岩石较小，长径 17.6、短径 8、厚 18.4 厘米。在三块灰岩上部约 7～8 厘米处其面向火堆内侧均有烟炱烧烤面，石圈中心为一层烘烤灰白烬，底部为烧土面。烧土中心厚达 14 厘米。下部即烧土面下有一层炭土和兽骨相杂的堆积层，此堆中出有

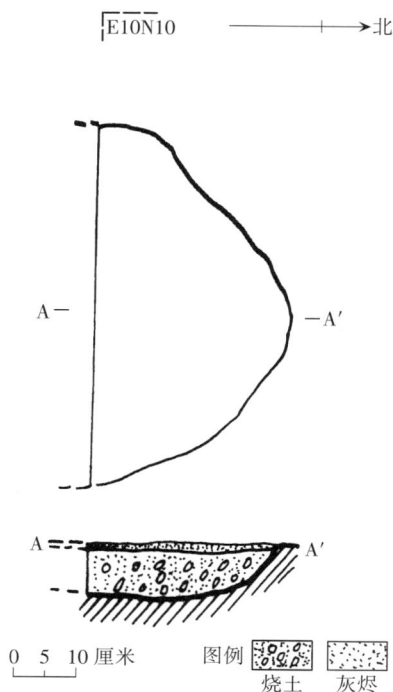

图二八　仙人洞遗址东区 Fea. 9 平、剖面图

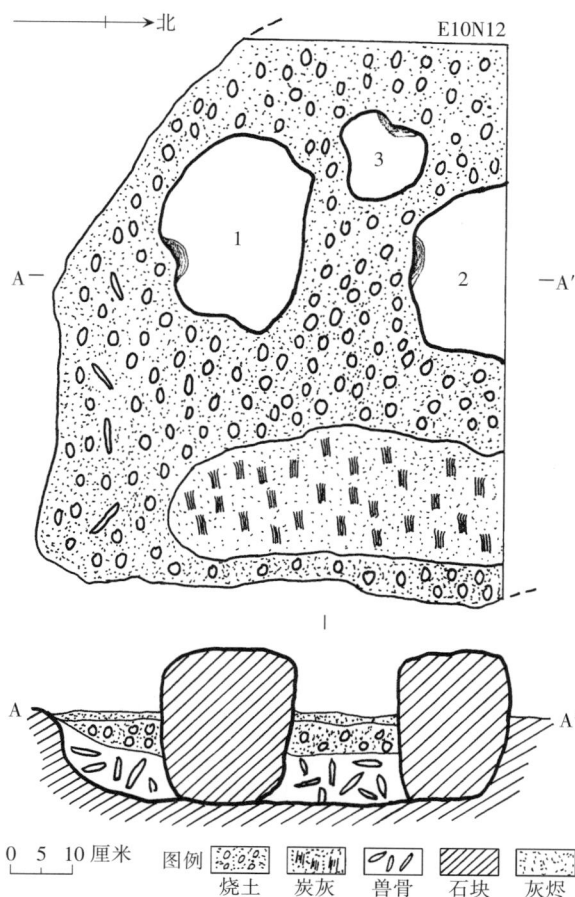

图二九　仙人洞遗址东区 Fea. 10 平、剖面图

兽骨 132 块，大多被砸碎，其中有 49 块被火烧成黑色。因此这个遗迹虽分为两层堆积，实际上是一个连续使用的烧火堆，原始居民在短时间内先将兽骨烧烤，食后将兽骨扔弃于此，然后用土堆埋，尔后长时间在同一地点用石圈围座，或石块支垫饮食，而形成了上部灰白烬土及烧烤土（图二九）。

　　Fea. 11 位于 E10N10 的东南部，叠压于③B 层下，为一不规则形的烧火堆，堆中有不规则形灰岩块 4 块，1 号灰岩石长径 32、短径 14、厚 20 厘米；2 号灰岩石长径 13、宽 6、厚 11 厘米；3 号灰岩石长径 9、宽 8、厚 7 厘米；4 号灰岩石长径 29、短径 8、厚 12 厘米。石块中的 1、2 号位于西南；3、4 号位于东向。以灰岩块上部有烟炱分析，在此烧火堆中的灰岩石是最早存于烧火点，经火烤后上部有烟炱，下部因一部分埋于地下而无烟炱。火堆为不规则形，长径 63、短径 44～54 厘米。烧火堆最上部有烧骨 9 根，大多为动物长骨，均已砸碎，下为厚约 0.8～0.9 厘米的白色灰烬土，炭烬土纯净，表明植物燃烧充分，灰烬土下即为烤热渐变的红烧土范围，烧土切面为弧状，中厚 7 厘米，说明存在长时期的中心火点。从烧土和灰岩石关系分析，灰岩石并非人类有意识放入，而是原存于堆积土中，人们只是利用其石块独特分布形成的间距，用来砸骨或饮食（图三〇）。

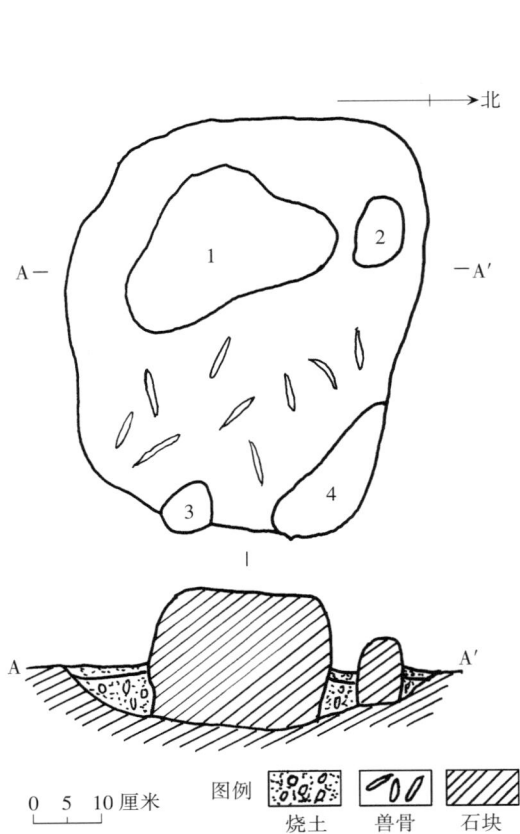

图三〇　仙人洞遗址东区 Fea. 11 平、剖面图

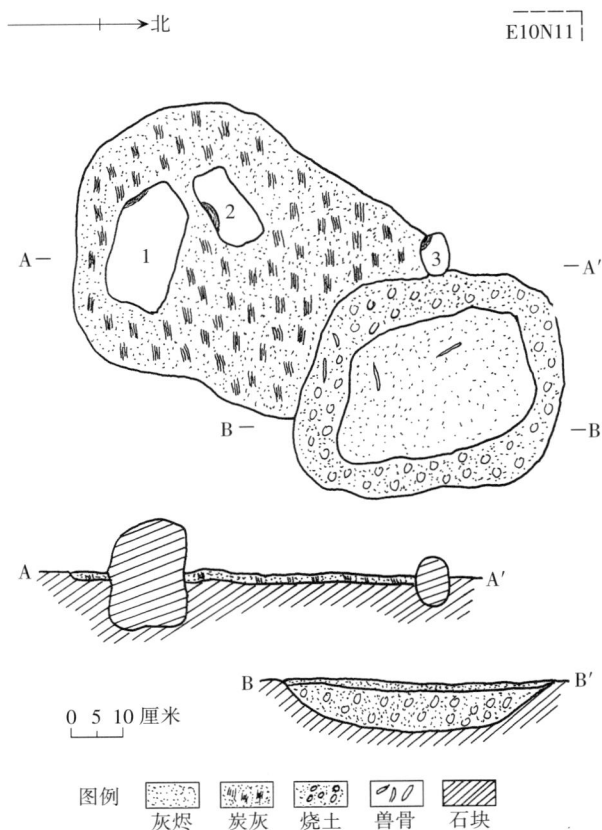

图三一　仙人洞遗址东区 Fea. 12 平、剖面图

Fea. 12 位于 E10N11 的中部，叠压于③A 层下。此烧火堆由两大块组成，可分偏于西南部的炭灰土块和偏于东北的灰烬烧土块。在炭灰土块范围内有灰岩块 3 块，编号 1～3，其中 1、2 号较大，1 号灰岩长径 26、短径 13、厚 22 厘米；2 号灰岩块长径 18、短径 7、厚 5 厘米。位于东南部的 3 号灰岩石较小，长 8、宽 6、厚 10 厘米。在石块周围满布厚约 0.9～1.2 厘米厚的炭灰土，有的还可见 0.6 厘米大小的炭粒，烧土粒分布范围为不规则形，长径 50～52、宽 45～53 厘米之间。红烧土片范围较小，为椭圆形，长径 46、短径 44 厘米，其下的堆积土被烧烤后，切面呈弧状，中厚 7 厘米，从烧土块和炭灰片关系分析，及与灰岩块关系分析，当时人类在此烧火，是以东北部的灰烬土范围为中心点，在其相距 2～5 厘米处燃火，有时就近将火燃烧炭灰扒于其座石周围，因而形成主火点和排炭渣面两大片。在烧土片还见有 4 块兽骨，其中 2 块已被烧黑（图三一）。

Fea. 13 位于 E10N11 的西部，叠压于③B 层下，经清理南北向已露部分边线，其西部伸于未掘区。火堆形状为不规则形，长径 43～72、短径 48 厘米。火堆上部为厚 0.8～1.3 厘米的白色灰烬，下为烧烤面，切面呈弧状，中厚 0.9 厘米。灰烬土内出有 387 块兽骨，其中烧骨 159 块。另见河卵石 2 块，燧石器 1 件（图三二）。

Fea. 14 位于 E10N10 的北部，叠压于⑥A 层下，为一烧火点，火点周围有灰岩 3 块，其中 1 号石块位于西北，2、3 号石块位于东北。1 号与 2、3 号间距尺寸 30～37 厘米。1 号石块长径 22、短径

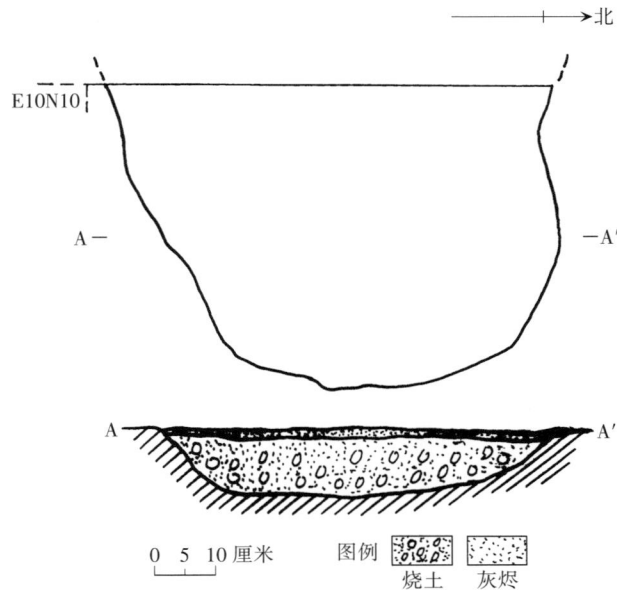

图三二　仙人洞遗址东区 Fea. 13 平、剖面图

18、厚17厘米；2号石块长径27、短径9、厚12厘米；3号石块长18、宽13、厚9厘米。炭灰土分布范围为不规则形，长径56~81、短径56~62厘米，在其范围内有兽骨26块，混于炭灰土内，其中有烧骨9根，烧骨多为砸碎骨，炭灰土厚1~1.12厘米。石灰岩块被炭灰土埋没，从炭灰土底部无烟炱分析，此处为临时烧火点，其功用很可能是临时烤火场所（图三三；彩版七，1、3）。

Fea. 15 位于 E10N12 西北角，压于⑥C层下。为炭灰土堆积，由于此遗迹处于最底部，显得十分潮湿，炭灰土十分纯净，且灰土中还可见不少炭粒。从已清范围看为不规则形，其南部边沿已到，而其他走向均已伸入未掘区。炭灰土堆积较厚，下部较为平坦，而上部曲折不平，已清范围东西长33、南北长42厘米，最厚处为中部，厚达10.5厘米。此烧火点虽有厚的炭灰土，但并未形成底部的烧结面，究其原因可能是由于底部为自然冲积的黄沙层，含水量大，加之一次性在此焚烧，难以形成烧烤面（图三四）。

Fea. 16 位于 E11N10、E11N11 内，叠压于④B层下。此烧点范围较大，形状近于椭圆形，南北长径165、东西短径92~63厘米；烧火堆周围中央为灰白炭烬土及底部烧烤面组成，中央烧烤范围南北长径72、东西短径32厘米，灰烬土厚1.1~1.3厘米，底部烧烤而切面为弧状，中厚1~1.2厘米，围绕中心烧火点有环形石块圈，共有7块，其分布状为U字形环列，北向未见石块分布，石块内侧离中心火点73厘米。石块排列1~4号分散，间距23~33厘米之间，5、6、7号石块几乎靠近，石块尺寸1号长28、宽11、厚21厘米，2号长38、宽13、厚17厘米，3号长23、宽17、厚12厘米，4号长28、宽24、厚21厘米，5号长19、宽9、厚13厘米，6号长41、宽17、厚18厘米，7号长32、宽13、厚8厘米。从周围石块看，石块内侧并未有烟炱，这说明应是居民有意识摆列围座烤火或烧烤食物。火堆中出有兽骨63块，其中烧骨22块（图三五；彩版七，4、6）。

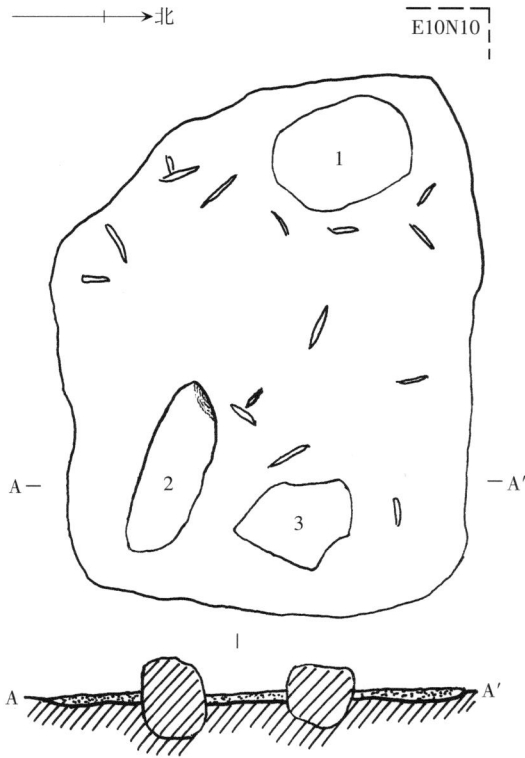

图三三　仙人洞遗址东区 Fea. 14 平、剖面图

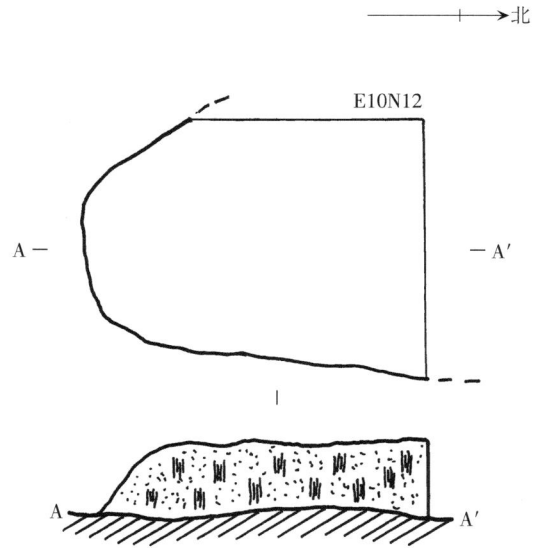

图三四　仙人洞遗址东区 Fea. 15 平、剖面图

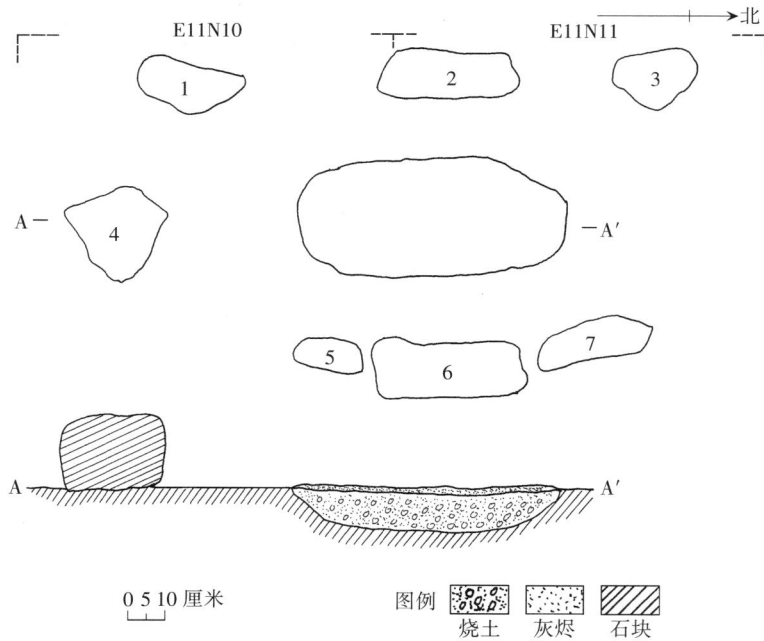

图三五　仙人洞遗址东区 Fea. 16 平、剖面图

　　Fea. 17 位于 E11N11、E11N12 内，大部在 E11N12 的西南，少部位于 E11N11 的西北部，属烧火堆，叠压于⑥A 层下。火堆平面为不规则形，南北短径 62、东西长径 63 厘米，其上部的灰白烬土面曲折不平，厚 0.8～1.4 厘米。灰烬土下为烧烤面，切面弧状，中厚 8～11 厘米。灰白烬土纯净，植物燃烧充分。在灰烬内残留兽骨 13 块，这应是有中心火点的烧火堆（图三六）。

　　Fea. 18 位于 E10N11、E11N11 内，其北面为 Fea. 19，叠压于⑥B 层下。火堆范围近长方形，东西长 97、南北宽 33 厘米，其上部为厚约 1.1～1.3 厘米的灰白炭烬土；底部烧烤与切面为弧状，中深 9 厘米。灰烬中出有兽骨 20 块（图三七）。

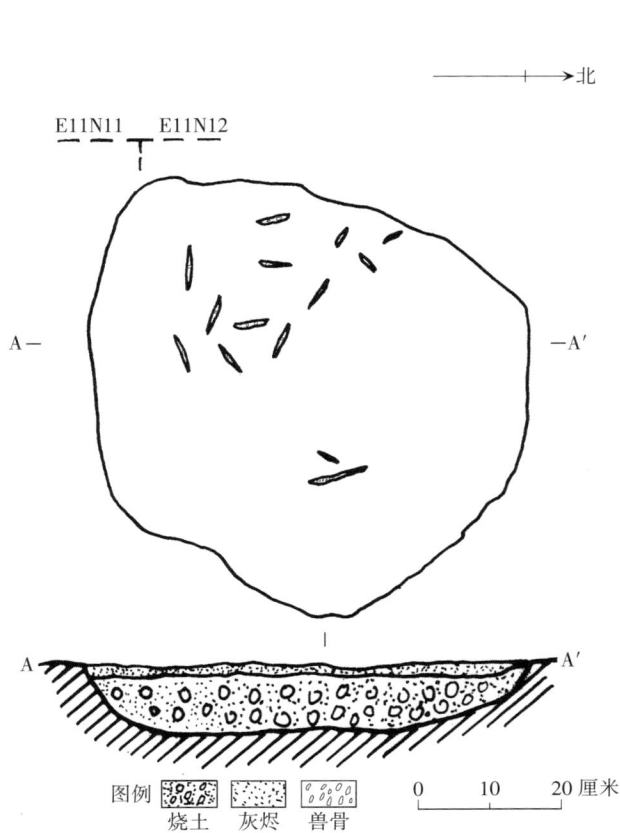

图三六　仙人洞遗址东区 Fea. 17 平、剖面图

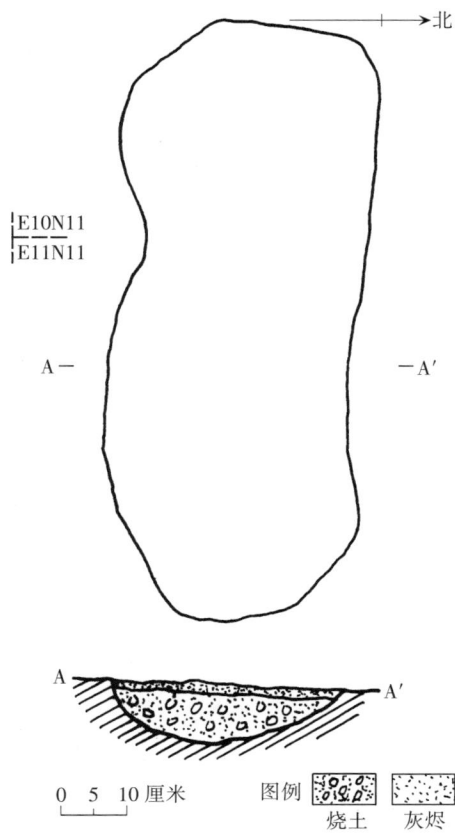

图三七　仙人洞遗址东区 Fea. 18 平、剖面图

　　Fea. 19 位于 E10N10、E11N11，与 Fea. 18 相邻，叠压于⑥B 层下，最近距离仅 6 厘米，形状为近长方形，东西长 93、南北宽 27～32 厘米，其上部分布有灰烬土，厚 0.7～1.2 厘米，灰白炭烬下为烧烤面，烧烤面切面为弧状，中厚 0.9 厘米。此烧火堆与 Fea. 18 为同一较短时期形成（图三八）。

三　小结

　　上述仙人洞东区的遗迹主要是灰坑和烧火堆两大类。灰坑中的 Fea. 1 从其层位关系和出土遗物

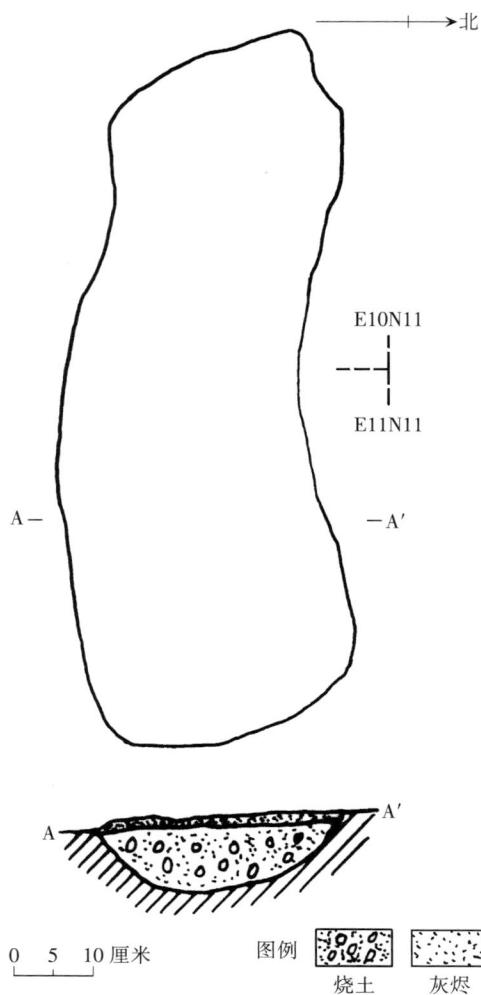

图三八　仙人洞遗址东区 Fea. 19 平、剖面图

分析，属近现代坑，其余灰坑和烧火堆均属古代遗迹。

　　烧火堆一般是中部较厚，边缘较薄，有时用较大的不规则形石块围成环状圈，似便于围坐。有的上都为灰白烬土，下部为烘烤烧土面，有的含有多量的烧灰胶结、炭屑、烧骨、烧蚌壳和陶片，可见这种烧火堆既能保存火种、围坐取暖，又能供饮食。这些烧火堆状况与 60 年代所发现的烧土堆形态一样。

　　仙人洞东区的文化堆积丰富，地层和遗迹之间的关系清楚，它有利于我们探讨其地层成因和人类在此活动的周期规律。

　　从土质土色粗略判断，①A①层至②B②层，地层堆积中含粗砂、黏土、石灰岩块、角砾岩碎屑较多，堆积线起伏不平，土质相对来讲较为坚硬。从③A 层开始至底部的⑥C 层以较纯净的沙泥成分为主。这无形中将地层分为上下两大层，上层人工搅动的因素较多，加之巨大灰岩块的出现，有可能因气候变化，导致洞顶松岩部分塌落。下层由于处在深部，其深度几与如今的大源河床平行，因而洪水季节河漫时大量泥沙涌入仙人洞。从堆积中流沙的运动方向看，多是东南略高，西北渐薄，这与仙人洞处于大源河的东南方向是一致的。再结合人类活动与流沙层堆积来看，当时仙人洞居民只能顺应周边环境而在此生存。在东区我们看到下部地层，每形成一次流沙层，人类就在此生活，在仅发掘的6平方米范围内就发现有12个烧火堆，这些烧火堆并非在某一层平面上发现，而是在好几层流沙堆积中分别发现，在③A下有 Fea. 12，③B下有 Fea. 9、Fea. 11、Fea. 13、Fea. 10 同时并存，④B下有 Fea. 5、Fea. 16，⑥A下有 Fea. 14、Fea. 17，⑥B下有 Fea. 18、Fea. 19，⑥C下有 Fea. 15。这些遗迹均以人类在此间断续定居火堆遗迹为标志，说明此处是仙人洞早期居民的频繁活动区域。

上部地层除①A①遗物判断为较晚堆积外，它的第二大层，即②A、②A①、②A②、②A③、②B、②B①、②B②为上部地层，然而真正能反映人类在此稳定的迹象较少，在第二大层中的A层，其中只有②A①下有一个灰坑，其他层位下未见人类用火痕迹，只是在②B层下有 Fea. 3 烧火堆，②B①下有Fea. 4砸骨台。②B②下有 Fea. 6、Fea. 7、Fea. 8 三处烧火堆。在上部地层中，我们根据堆积形态、人类活动遗迹及洞穴活动空间条件，把它再分为两类地层，第一类以第二大层的B系统地层为代表，此类地层中烧火堆虽然较下层少，但它几乎包揽了剩余的烧火堆，而且还有专门砸击兽骨的场所。在这类地层形成过程中人类还是在此活动较为频繁，但从堆积中含有不少石灰岩块及巨大石灰岩块判断，在这一时期，洞顶有过若干次塌落石块现象，当时人类一边在此活动，一边还要防止顶部塌落石块的危险，相对来讲，还未像下层那样形成多个稳定时期，这就是我们在田野考古中所看到的地层中泥砂石块混杂，巨石横亘及烧火堆较少的原因。反观第二类即第二大层中的A小层系统，洞穴经过长时期自然堆积和人为堆积，已将洞穴底高度不断抬高，就②A③层而言，其底部距弧状洞穴顶只有126厘米，如此低矮的高度，人类已无便利的活动空间，因而在A系统地层之下从未发现过人工用火的遗迹，那么这些堆积从何而来呢，因为90年代包括60年代在东部发掘的探方区域都处在洞穴东边缘，相对来讲低矮，至中部洞穴顶与这类地层的高度陡然增高，会在200厘米以上，因而洞穴中部应是仙人洞晚期居民活动的主要场所，上部第二类地层形成的原因很可能是集中生活在中部的居民将废弃土、废弃物短距离搬运而来。

根据地层堆积情况和成因，结合出土物判断，我们认为仙人洞东区堆积层主要分为上、下两大层，这两大层是仙人洞居民的主要文化堆积，亦是主体文化。它的下层文化中的地层和遗迹包括③A、③A①、③B、④A、④B、⑤A、⑤B、⑤C、⑥A、⑥B、⑥C 以及 Fea. 7、Fea. 12、Fea. 9、Fea. 10、Fea. 13、Fea. 16、Fea. 5、Fea. 17、Fea. 14、Fea. 18、Fea. 19、Fea. 15。这些文化遗存中出土的遗物主要是石片石器，以薄片石英、燧石器为主，少量打制的大件砾石器，骨器、蚌器及少量螺壳、蚌壳和一定数量的兽骨。未见任何磨制石器和陶制品。

上层文化堆积拟可划分为前、后两段。前段地层和遗迹有②B、②B①、②B②层，Fea. 3、Fea. 4、Fea. 6、Fea. 8。在这些堆积中细小石片石器很少，多见较大的打制石器，兽骨较下部地层增多，水生动物螺壳数量明显增多，虽不见磨制石器，但磨制骨器各类较多，如骨鱼叉、鹿角铲、骨镞等，陶制品开始出现，胎质较厚，火候低，双面陶片为特征。后段地层和遗迹有②A、②A①、②A②、②A③层，以及 Fea. 2。这阶段遗物十分丰富，虽然打制的薄片小石器不见，但大量的打制砾石器和用长圆或椭圆砾石器直接用来砸骨的锤击器也很普遍。陶器制作质量提高，纹饰有双面绳纹和单面绳纹，在陶器内壁还有抹朱红做法，口沿刻意装饰，如锯齿状纹、窝洞等，石器虽以打制为主，但一些特异的石制器类上采用了钻孔和磨制技术，如钻孔重石器、磨制的梭形器。前者用于农作物播种时与尖木棍配套使用的掘穴工具，后者则用于水中捕捞的石网坠，但不见石刀、石斧、石锛这些典型的磨制农业工具和手工工具。

至于地层中的①A 层和 Fea. 1 则纯属近现代堆积，①A①层出有的胎质细腻的红陶片和黑衣陶片及夹砂掺和蚌末的盘形质陶片，均可认作是新石器时代中晚期的遗物，由于其堆积离洞顶太近，加之局部堆积，不可能是定居在洞穴者所留，而应是生活在别处的原始人来到仙人洞，临时栖息所留之物。①B①层有单面绳纹陶片，这种陶片较第二大层 A 系统地层出土陶片火候明显要高，其纹饰显规范，既有承袭关系，又有较大差别，由于是局部堆积，加之陶片出土层位高度接近洞顶，一时难以说清来由，很有可能还是居住在附近居民来仙人洞临时活动遗弃之物。

第二节　人工制品

一　石制品

仙人洞遗址的发掘分东西两区进行。由于两区发掘面积均不大，故出土石制品的数量亦很有限。本节依地层关系为序，从早到晚分别介绍两区出土石制品发现情况。对多数出土石制品数量较少的地层单位，以介绍典型标本为主。对于出土石制品数量接近百件，或总数在50件左右，但工具数量超过10件以上者，在介绍典型标本同时，亦进行石制品分类及石器原料岩性等特征的统计。

（一）东区的发现

东区的石制品主要是1999年发掘所获。自下而上分布在⑥A、⑤B、⑤A、④B、④A、③B、③A、②B②、②B、②A③、②A②、Fea. 2、②A①、②A等各层。以下依次分别介绍。

1. ⑥A～⑤A层

⑥A层仅有两件石制品发现，1件是扁平的片岩砾石，另1件是石英断块。

⑤B也只有3件石英断块，2件片砾石发现。

⑤A层的发现稍多。本层共发现石核1件，砍砸器1件，砾石2件，带使用痕迹的砂岩石块1件。还有断块12件。按岩性划分：本层石英原料占70.6%，片岩17.6%，砂岩5.9%，石灰岩5.9%。

石核：

标本1965，多台面石核。块状石英原料，素台面，台面角85°，长49、宽47、厚46毫米。

砍砸器：

标本1992 E11N11⑤A，凸刃砍砸器。原料系灰绿色绢云母石英片岩，矩形扁平砾石。将砾石的较薄侧边与一端单面修理，形成一弧形刃口。砾石表面还遗有较多的锤击痕迹，可能是曾用作石砧所致。器身长111、宽78、厚42毫米，重470.8克，刃角75°（图三九，2；图版六，9）。

尖状砾石：

标本1959 E10N12⑤A原料系绢云母石英片岩，细长圆形带尖砾石。已由中间破裂成两半，尖端遗有清楚的使用痕迹。器身长91、宽27、厚15毫米，重66克（图三九，5）。

2. ④A～④B层

④B层

发现石制品不多，共发现7件。其中石片2件，砍砸器1件，石锤1件，断块及残片3件。片岩岩性者2件，燧石4件，石英1件。

石片：

标本1940，II2型石片。块状燧石原料，素台面。石片角95°，长12、宽13、厚3毫米。

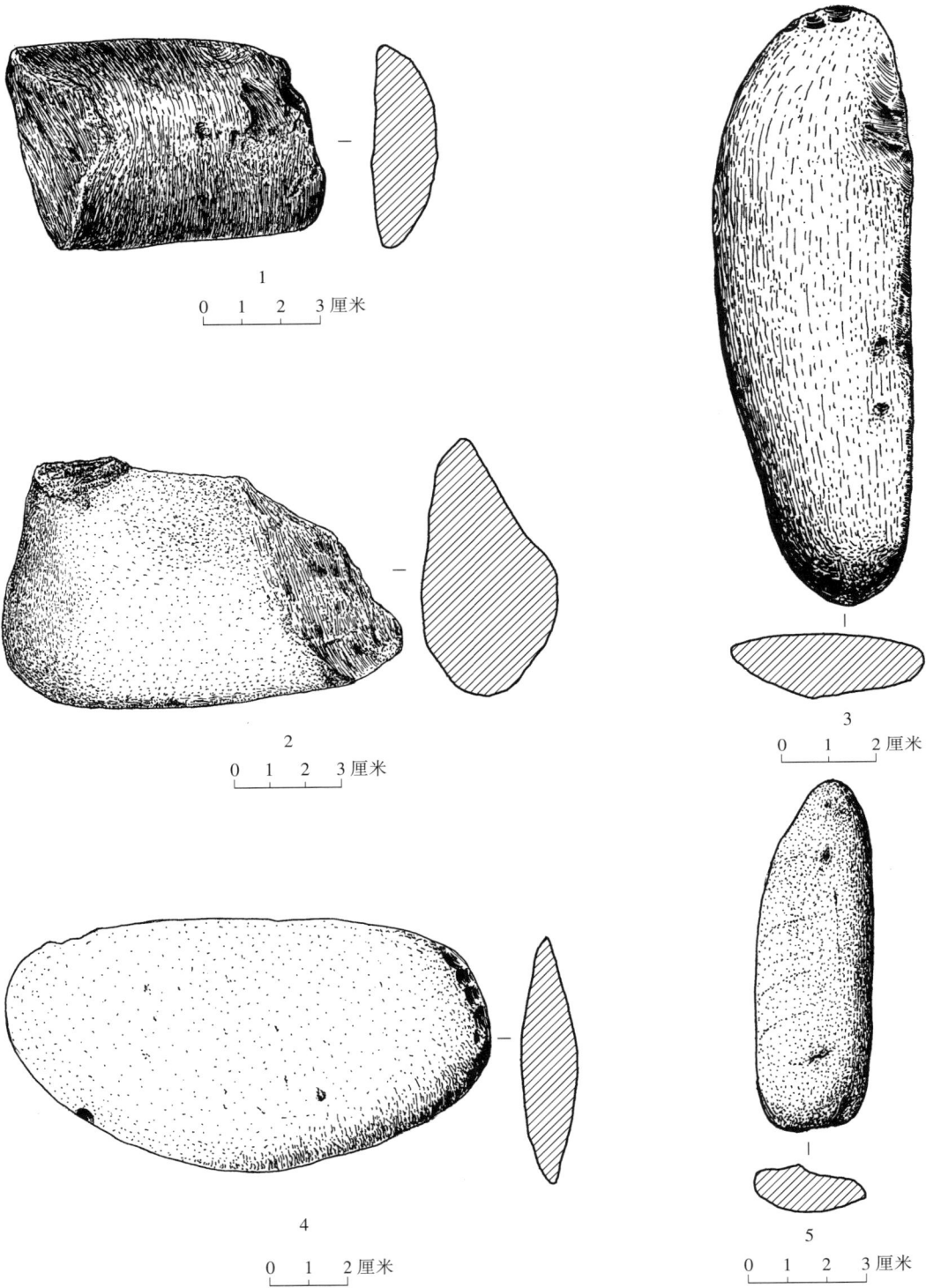

图三九　仙人洞遗址东区⑤A、④B、④A 层出土石制品

1. 1935 E10N10④B　2. 1992 E11N11⑤A　3. 1419 E11N11④A　4. 1322 E11N10④A　5. 1959 E10N12⑤A

标本 1945，I3 型石片。块状燧石原料，素台面。石片角 120°，长 19、宽 11、厚 3 毫米。

砍砸器：

标本 1981。原料为片岩砾石。刃角 65°，长 101、宽 75、厚 12 毫米。

石锤：

标本 1935 E10N10④B，扁长形石锤。原料为绢云母石英片岩，扁平长条形砾石。经过很重的使用，两端均已断掉，表面布满使用痕迹。残长 75、宽 54、厚 21 毫米，重 128.6 克（见图三九，1；图版一，8）。

④A 层

石制品数量稍多于④B 层。共发现 88 件。石核 1 件，石片 1 件，边刮器 1 件，石锤 3 件，断块，碎屑等 82 件（图四〇）。按岩性划分，石英 71.6%，燧石 26.8%，片岩 3.4%（图四一）。

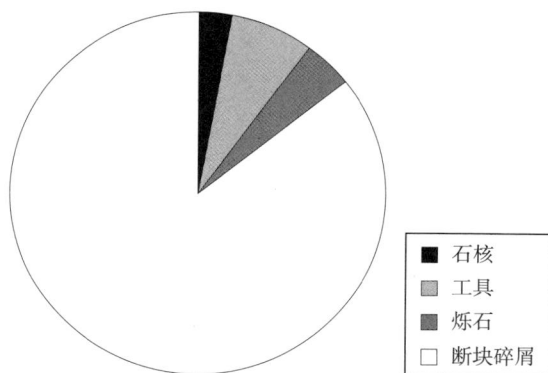

图四〇　仙人洞遗址东区④A 层石制品类型比例

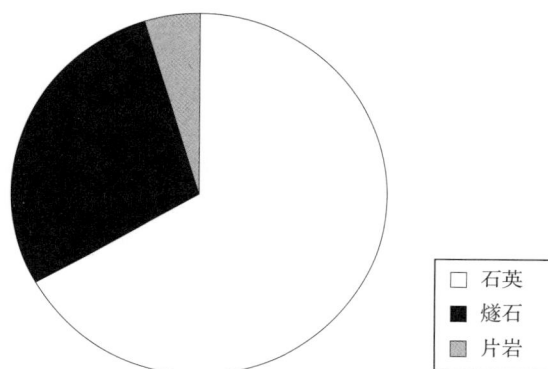

图四一　仙人洞遗址东区④A 层石制品原料比例

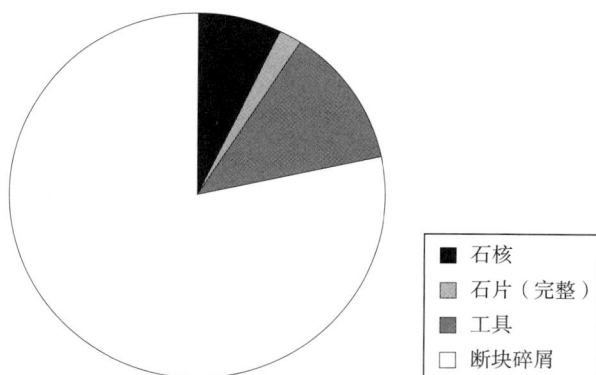

图四二　仙人洞遗址东区③A 层石制品类型比例

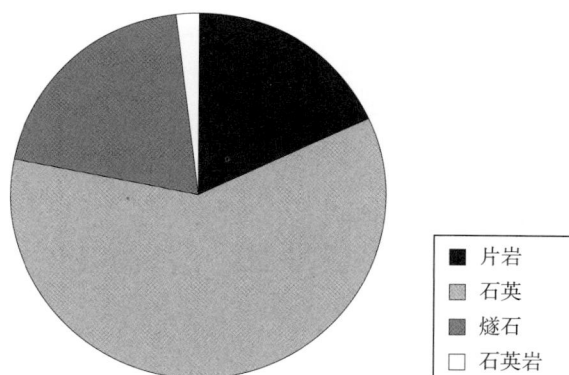

图四三　仙人洞遗址东区③A 层石制品原料比例

石核：

标本 1928，砸击石核。燧石原料，无法分辨原料的形状，已剥片至最后阶段。长 14、宽 12、厚 4 毫米。

石片：

标本 146，II3 型石片。燧石原料，素台面，长 21、宽 20、厚 5 毫米，石片角 104°。

表一　④A 层工具及剥片初级产品分类与岩性统计

	片岩	燧石	合计	%
石核		1	1	16.7
砸击石核		1		
完整石片		1	1	16.7
II3		1		
工具	3	1	4	66.6
石锤	3			
边刮器		1		
合计	3	3	6	100
%	50	50	100	

表二　工具尺寸测量统计（n = 4）

	长度（毫米）	宽度（毫米）	厚度（毫米）
最小值（min）	26	15	7
最大值（max）	129	66	30
平均值（avg）	99.5	41.5	19

边刮器：

标本 1921，直刃边刮器。原料为燧石石块，长 26、宽 15、厚 7 毫米，刃角 60°。

石锤：

标本 1419 E11N11④A，扁长石锤。原料为绢云母石英片岩扁长条形砾石。一侧边平直，一侧边为缓弧形。在平直的侧棱上有严重的使用痕迹。远端亦有使用痕迹。长 129、宽 41、厚 19 毫米，重 144.4 克（图三九，3；图版三，2）。

标本 1322 E11N10④A，扁平石锤。灰绿色绢云母石英片岩，扁平砾石。一侧为较厚的弧形背脊，相对侧为平直的较薄棱脊，侧棱及尖端均有使用痕迹。长 122、宽 66、厚 20 毫米，重 250 克（图三九，4；图版六，2）。

在东区的不同发掘单位中，④A 层发现的石制品数量最为丰富（表一、二）。但如图四〇所示，其中绝大部分是断块、碎屑类等加工石器的副产品。石核、石片以及经过第二步加工的工具尽管都只有 1 件，但清楚显示这里有一条硅质岩类原料的石器生产操作链的存在。而几件片岩石锤的存在，或也可能与石器生产有关，或另有他用。总之，从石制品遗存等情况来看，本区在④A 层形成期间，更可能是一石器加工区。

3. ③B 层

石制品数量不多，共发现 27 件。其中边刮器 1 件，砍砸器 1 件，长尖砾石 3 件，扁平—长圆砾石 6 件。还有 2 件石片，断块及碎屑 14 件。按岩性划分，片岩 11 件，燧石 6 件，石英 10 件。

石片共 2 件：

标本 1873，I3 型石片。燧石块状原料。自然台面，长 13、宽 22、厚 5 毫米，石片角 98°。

砍砸器：

标本 1894 E10N12③B，凸刃砍砸器。原料系灰绿色绢云母石英片岩，扁片状砾石。两个断边相交成一钝角，与另一弧形边形成扇形。弧形边缘上有数个单向加工的疤痕。经过使用磨蚀，疤痕的棱角已经模糊。两侧平面上亦留有许多斑点，似为砸击所致。长 98、宽 78、厚 20 毫米，重 213.3 克，刃角 60°（图四四，5；图版二，9）。

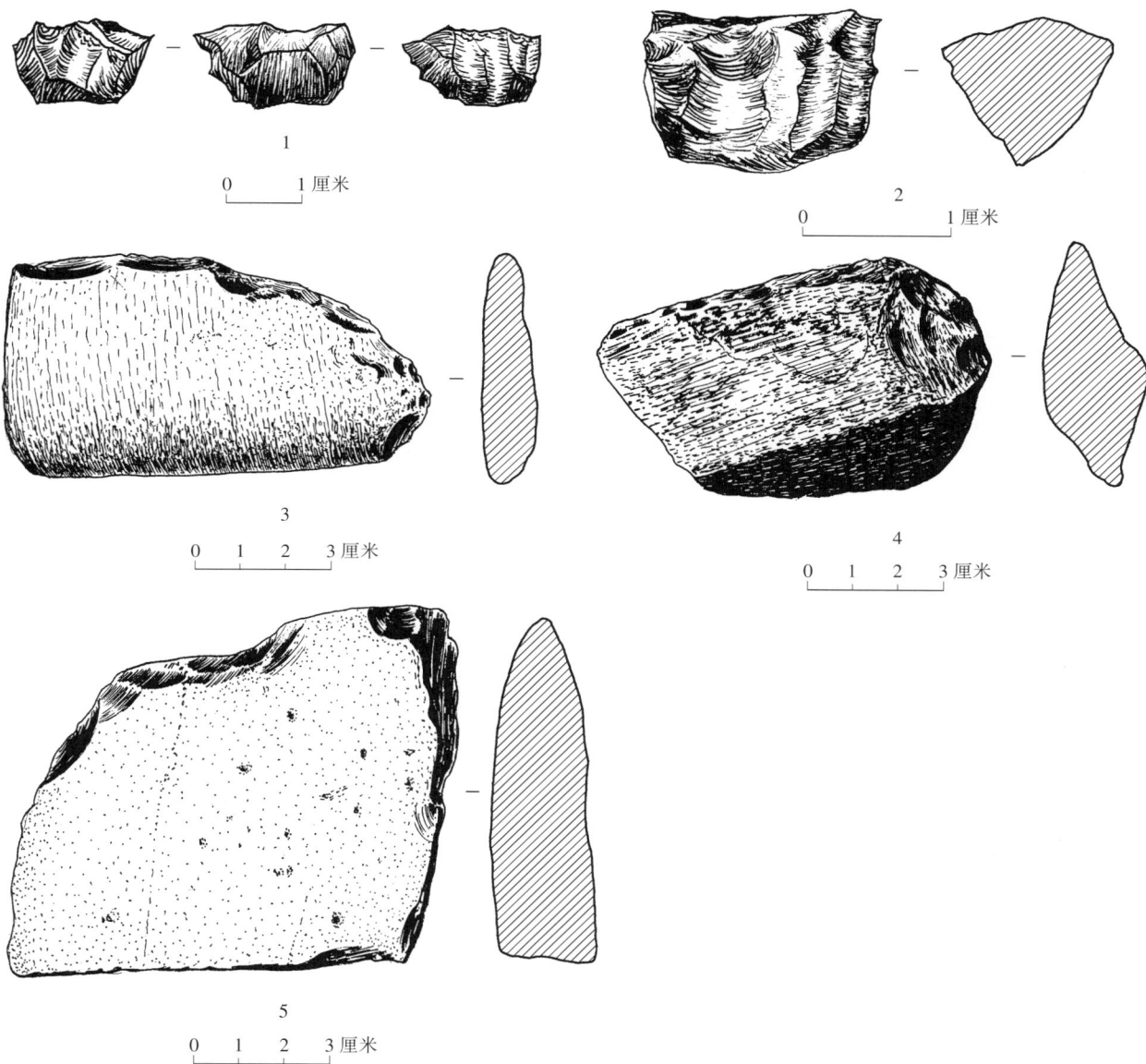

图四四　仙人洞遗址东区③A、③B 层出土石制品

1. 1269 E11N12③A　2. 1398 E11N11③A　3. 1396 E11N11③A　4. 1096 E11N11③A　5. 1894 E10N12③B

石砧：

标本 1863 E10N11③B，灰绿色绢云母石英片岩，扁平三角状砾石。上下两面均很平坦。上面可能是因使用而磨得较为平滑，亦带有砸痕底。侧边也带有零星的砸击或磕碰痕迹。长 161、宽 109、厚 30 毫米，重 660 克（图四五，2；图版一，2）。

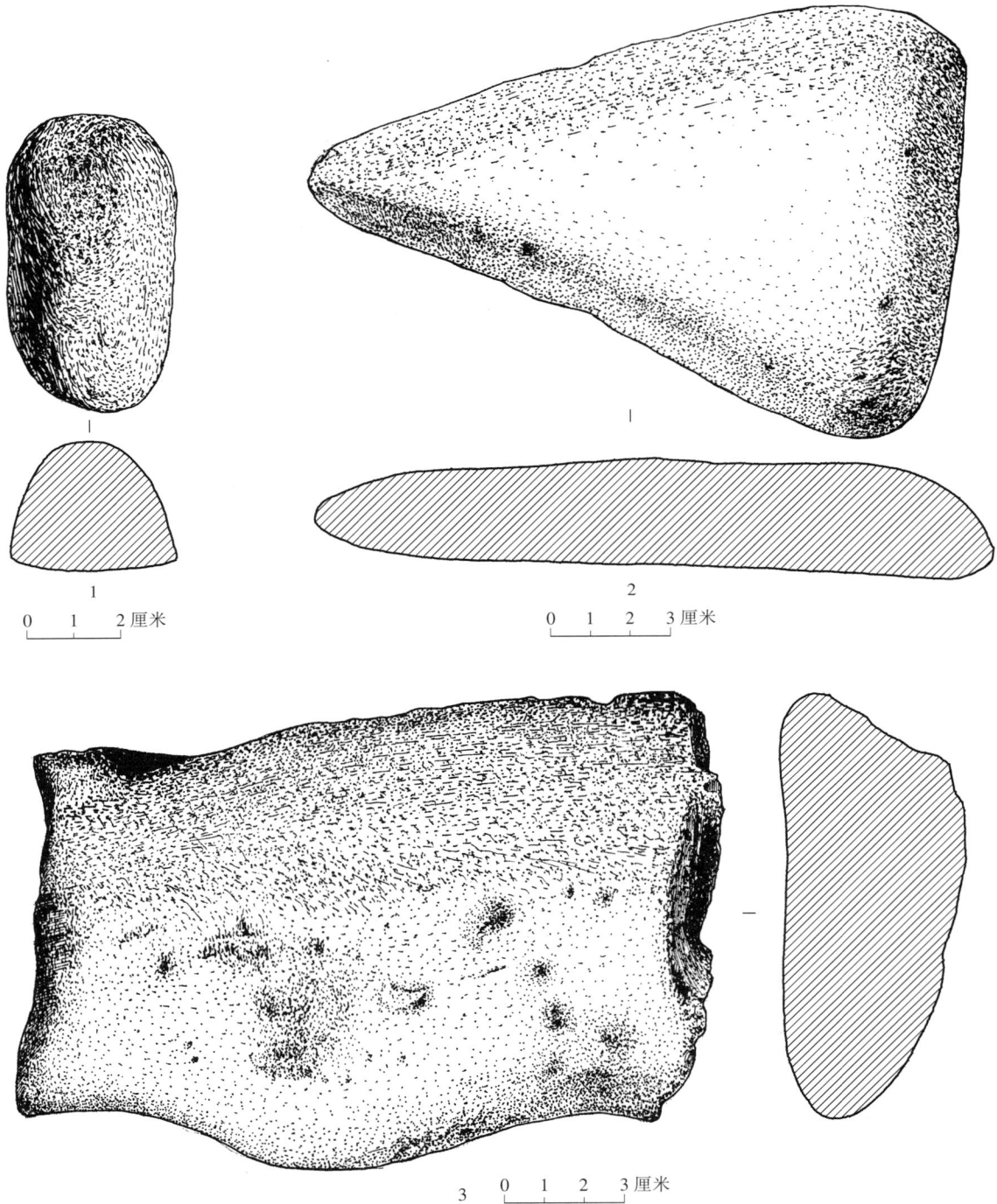

图四五　仙人洞遗址东区③A、③B 层出土石制品
1. 1190 E11N10③A　2. 1863 E10N11③B　3. 1271 E11N12③A

本层发现石制品总量不多，但工具所占比例很高。加上 2 件石片，工具与剥片初级产品的总数几乎与断块碎屑的数量相当。这种情况说明，当时人类在本区更多的活动与使用工具相关。

4. ③A 层

本层共发现石制品 55 件。包括石核 4 件，石片 1 件，砍砸器 2 件，石锤 2 件，石砧 1 件，长尖砾石 2 件。还有断块与碎屑等 43 件。按岩性划分，片岩者 18.2%，石英 60%，燧石 20%，石英岩 1.8%（表三、四；图四二、四三）。

石核包括锤击石核 1 件，似细石核 3 件：

标本 1398 E11N11③A，似细石核。原料为燧石。双台面，一侧为素台面，另一侧为自然台面。从侧面观，似楔形石核，但剥片面宽，与楔形石核有别。核体细小，石片疤窄长均匀，与典型的细石核接近。长 11、宽 13、厚 13 毫米，台面角 75°（图四四，2；图版一一，9、10）。

标本 1269 E11N12③A，似细石核。原料为黑色燧石，扁方形小石块。在石块较窄的两端剥片，石片疤窄长均匀。台面与核体均未有专门修理，其自然形状与典型细石器的船底形石核较为接近。长 19、宽 16、厚 11 毫米，台面角 85°，重 4.1 克（图四四，1；图版一二，5、6）。

边刮器（半月形石刀）：

标本 1096 E11N11③A，绢云母石英片岩，扁平砾石断块。沿断口长边单向修理出直刃。长 88、宽 58、厚 28 毫米，刃角 85°（图四四，4；图版四，8）。

砍砸器：

标本 1396 E11N11③A。灰黑色石英片岩，扁平矩形砾石，将一侧边与一端单向加工为弧形刃口。长 97、宽 51、厚 15 毫米，石片角 50°，重 121.3 克（图四四，3；图版四，6）。

石砧：

标本 1271 E11N12③A。黄褐色绢云母石英片岩，长条形砾石。底面平坦，两端断掉，从顶面观呈矩形。表面遗有斑驳不平的砸痕，可能是加工较硬材料所遗的砸痕。长 175、宽 112、厚 56 毫米，重 1259.8 克（图四五，3；图版一，4）。

石锤：

标本 1043，扁长石锤。灰绿色绢云母石英片岩，扁长形砾石，一端已断掉。在扁平面与侧边均有斑点状使用痕迹及磨蚀痕迹。长 96、宽 38、厚 16 毫米。

标本 1190 E11N10③A，长圆形石锤。浅黄褐色长圆形砾石。大部分已断掉，仅见使用部分系使用砾石的侧边，留下成片的砸击痕迹，显示以经过较长时间的使用，并砸击硬物，可能是加工石制品的工具，与片岩石锤的功能有所不同。长 62、宽 35、厚 29 毫米，重 82.7 克（图四五，1；图版一，9）。

表三　③A 层工具及剥片初级产品分类与岩性统计

	片岩	石英	燧石	石英岩	合计	%
石核			4		4	33.3
单台面			1			

	片岩	石英	燧石	石英岩	合计	%
似细石核		3				
完整石片		1			1	8.4
II3		1				
工具	6			1	7	58.3
石锤	1			1		
使用砾石	2					
砍砸器	1					
边刮器	1					
石砧	1					
合计	6	1	4	1	12	100
%	50	8.3	33.3	8.4	100	

表四　③A 层工具尺寸测量统计（n＝7）

	长度（毫米）	宽度（毫米）	厚度（毫米）
最小值（min）	54	29	15
最大值（max）	175	112	56
平均值（avg）	95.1	51.8	28.4

　　本层发现的石制品数量也相对较多。其中工具比例也较高，还有几件燧石原料的似细石核发现。除了石器加工以外，应该还有其他类型的活动存在，显然也是一个功能较为复杂的活动区。

　　5. ②B②层

　　本层共发现石制品16件。边刮器1件，砍砸器1件，砺石1件，石锤3件，长尖砾石2件。断块与残片等8件。按岩性划分，片岩7件，石英6件，燧石1件，石英1件，火成岩1件。

　　砍砸器（半月形石刀）：

　　标本1809 E10N10②B②，灰绿色绢云母石英片岩，片状扁平砾石。半边可能是有意修理去掉。在保留的弧形刃口上，形成许多使用痕迹。长99、宽55、厚10毫米，重26.7克（图四六，3；图版四，7）。

　　砺石：

　　标本1083 E11N10②B②，红褐色火成岩砾石，侧边大部分为大型剥片痕迹，剩余部分呈椭圆形，两面均已研磨形成平面。长91、宽90、厚50毫米，重715.9克（图四七，1；图版七，3）。

　　尖状砾石：

　　标本1077 E11N10②B②，灰绿色绢云母石英片岩砾石，一端尖状，带有明显使用痕迹。从尖端开始至20毫米处已磨蚀成明显的陡坎。长137、宽46、厚23毫米，重186.9克（图四六，2；图版一，5）。

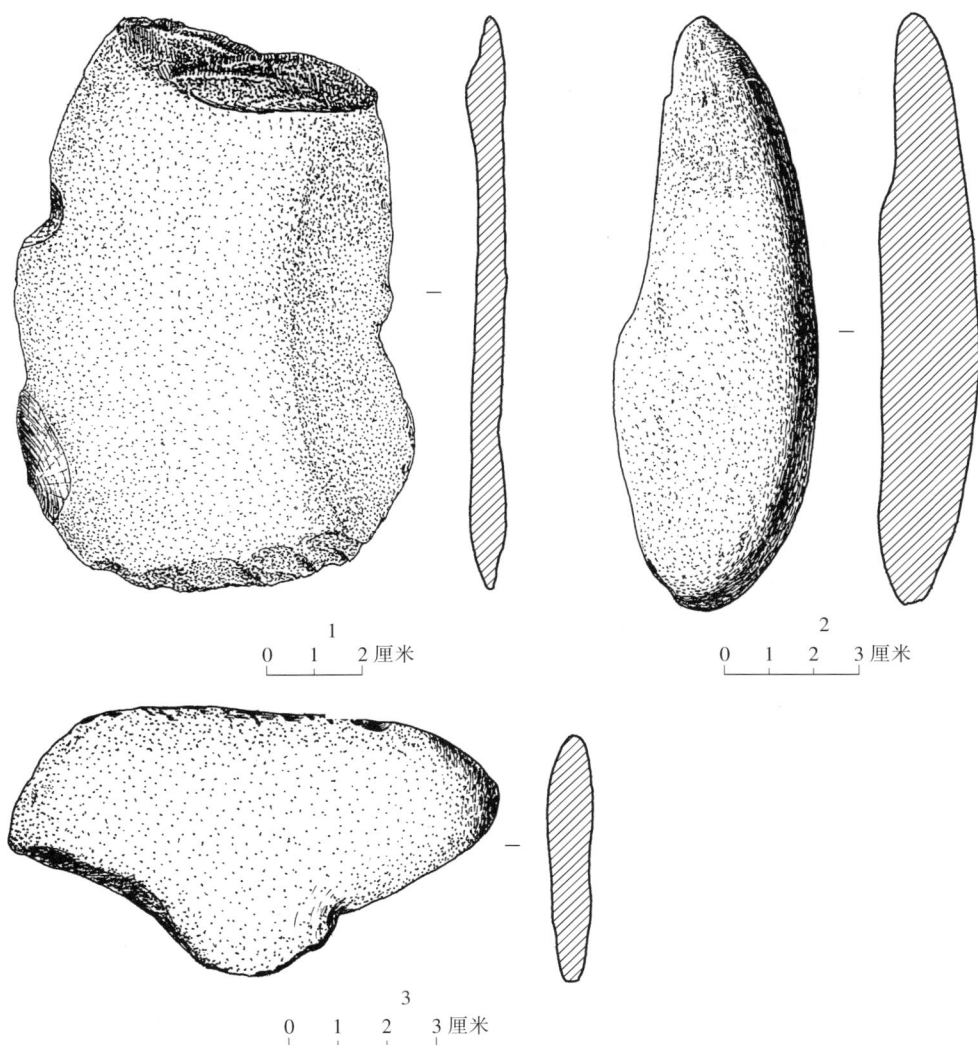

图四六　仙人洞遗址东区②B、②B②层出土石制品

1. 1782 E10N11②B　2. 1077 E11N10②B②　3. 1809 E10N10②B②

　　本层虽然出土的石制品数量很少，但其中工具所占比例高达半数以上。由此可见，当时人类在本区主要是使用工具，从事各种活动为主，而不是专门的石器加工区。

6. ②B 与②B①层

　　②B 与②B①两小层共发现石制品 36 件。石器与有使用痕迹的砾石共 13 件，其中砍砸器 2 件，边刮器 1 件，石锤 3 件，石砧 2 件，使用砾石 5 件，断块与碎屑等 23 件。依岩性划分，片岩者 13 件，石英 22 件，石英岩 1 件。

　　砍砸器：

　　标本 1782 E10N11②B，砍砸器（石铲）。灰褐色绢云母石英片岩，扁平片状砾石。周边均有打击痕迹，两端尤重，已形成矩形。主要使用部位在一端，单面修理，修成一略呈弧形的刃口。长 124、宽 86、厚 14 毫米，重 269.8 克，刃角 50°（图四六，1；图版一，7）。

1　0　1　2　3厘米

2　0　1　2　3厘米

3　0　2　4厘米

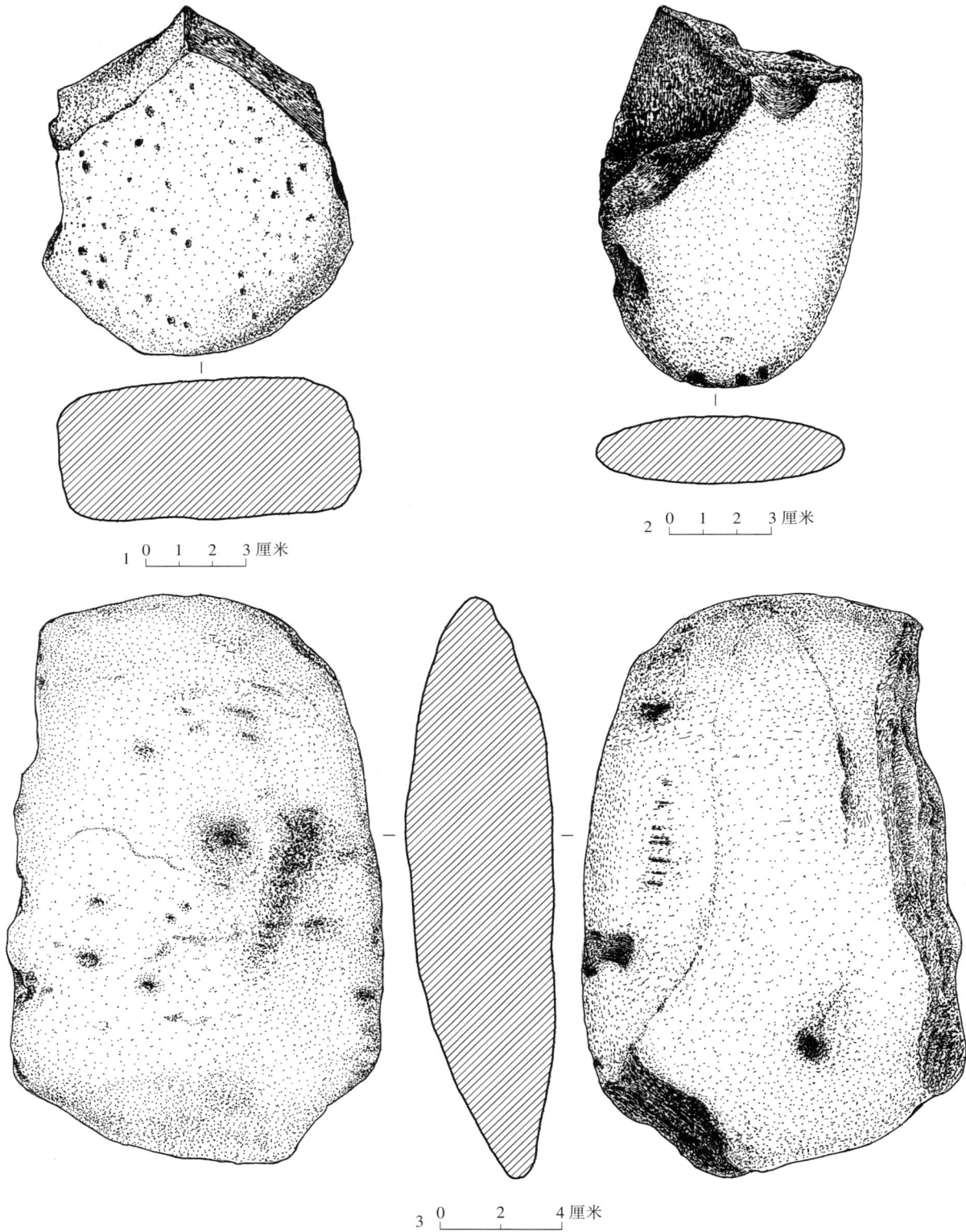

图四七　仙人洞遗址东区②B、②B②层出土石制品

1. 1083 E11N10②B②　2. 1762 E10N10②B　3. 1776 E10N11②B

石锤：

标本 1762 E10N10②B，圆形石锤。褐色石英岩砾石。圆形，突出的棱脊处遗有锤砸痕迹。长 86、宽 81、厚 57 毫米，重 572.5 克（图四七，2）。

石砧：

标本 1776 E10N11②B，灰绿色绢云母石英片岩，扁平大砾石。一侧经数次打击加工成直刃，刃角 75 度，可供砍砸之用。另在两平面上均有砸痕，其中一面尤为显著，除大面积砸痕外，还形成数个深浅不一的凹坑。长 192、宽 121、厚 49 毫米，重 1240.9 克（图四七，3；图版六，7、8）。

长尖砾石：

标本 1768 E10N10②B，灰绿色片岩，长杵状带尖砾石。尖端与侧边均有使用痕迹。长 135、宽 33、厚 24 毫米，重 145.8 克（图版三，4）。

②B 和②B①两层虽然发现的石制品数量很少，但是工具的比例较高，占总数的三分之一以上。所以这两层形成期间，本区也是以使用工具为主活动区。

7. ②A③层

本层共发现石制品 39 件。其中石锤 6 件，石锛 1 件，使用砾石 2 件，石片 1 件，还有断块与碎屑等 29 件。按岩性划分，石英 24 件，片岩 9 件，灰岩 3 件，燧石、石英岩与砂岩各 1 件。

石片：

标本 1333，I2 型石片。原料为燧石块。自然台面，长 19、宽 8、厚 4 毫米，台面角 103°。

石锛：

标本 1719 E10N11②A③，磨制石器。原料为石英岩杵状砾石。相对两面磨平，远端打制出一斜面，然后再经过磨制，但打制痕迹尚未完全磨平。长 95、宽 27、厚 20 毫米，重 77.6 克（图四八，2；图版二，1、4）。

石锤：

标本 1716 E10N11②A③，扁长石锤。灰褐色绢云母石英片岩。扁平长条形，一端略窄。使用痕迹集中在一侧棱与尖端。较宽端的平面上亦有一浅槽，应为使用所致。长 166、宽 62、厚 21 毫米，重 311.9 克（图四八，1；图版三，3）。

本区的功能特点与前几层相近，也应是以使用工具为主的复杂活动区。

8. ②A②层

本层共发现石制品 45 件。包括石片 1 件，砍砸器 1 件，边刮器 1 件，石锥 1 件，石锤 7 件，砺石 1 件，有使用痕迹的砾石 2 件，还有断块与碎屑等 31 件（图四九；表五）。按岩性划分，片岩占 37.8%，石英 40%，灰岩 13.3%，燧石 6.7%，石英岩 2.2%（图五〇；表六）。

石片：

标本 1281，II3 型石片。块状燧石原料，素台面，长 14、宽 19、厚 4 毫米，石片角 102°。

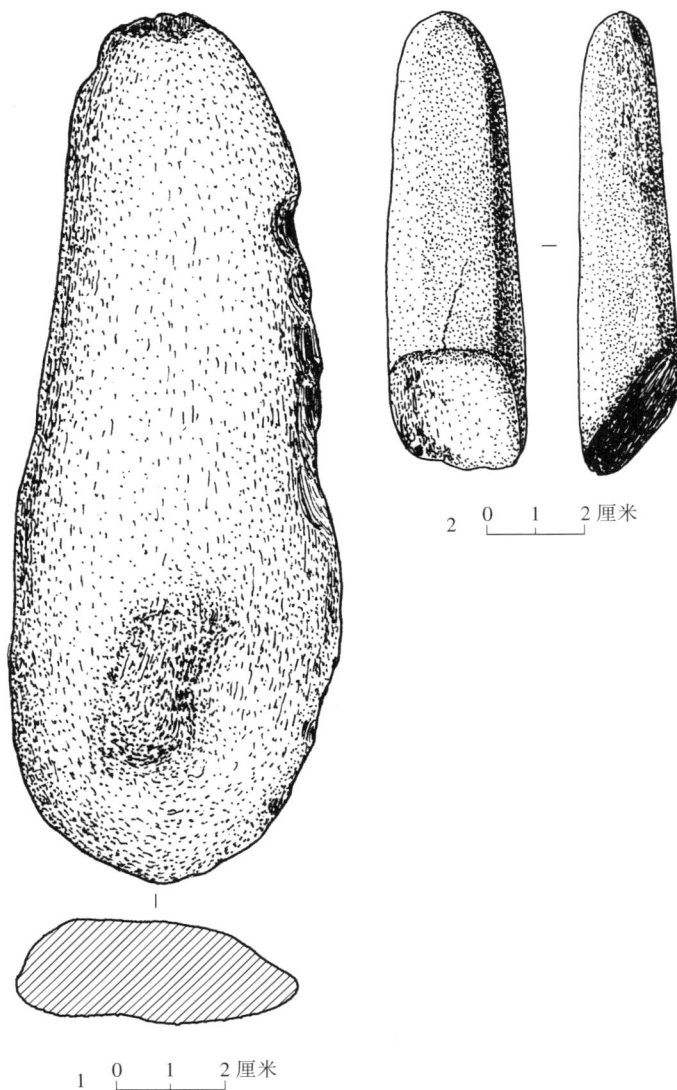

图四八　仙人洞遗址东区②A③层出土石制品

1. 1716 E10N11②A③　2. 1719 E10N11②A③

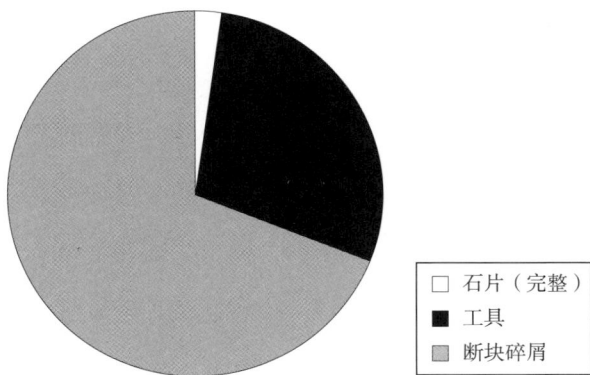

□ 石片（完整）
■ 工具
▨ 断块碎屑

图四九　仙人洞遗址东区②A②层石制品类型比例

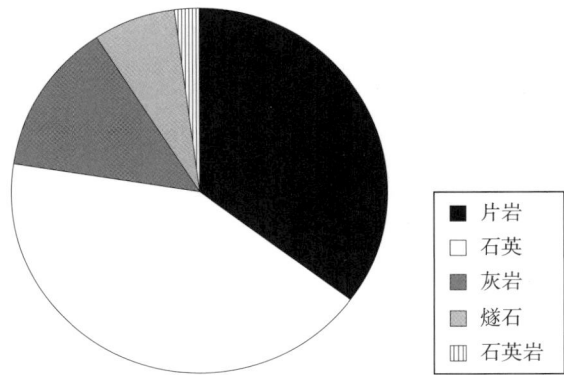

■ 片岩
□ 石英
▨ 灰岩
▨ 燧石
▥ 石英岩

图五〇　仙人洞遗址东区②A②层石制品原料比例

砍砸器：

标本 1689 E10N11②A②，直刃砍砸器。原料为块状灰岩，利用一自然斜面，单面加工出直刃。长 76、宽 57、厚 33 毫米，重 249 克，刃角 90°（图五一，1；图版七，2）。

边刮器：

标本 952 E11N10②A②，边刮器（半月形石刀）。原料为褐色绢云母石英片岩，扁平砾石。利用一侧自然薄边，并将较厚的一端经过打制修理，形成半月形刃口。长 86、宽 37、厚 9 毫米，重 38.6 克，刃角 45°（图五一，3；图版五，2）。

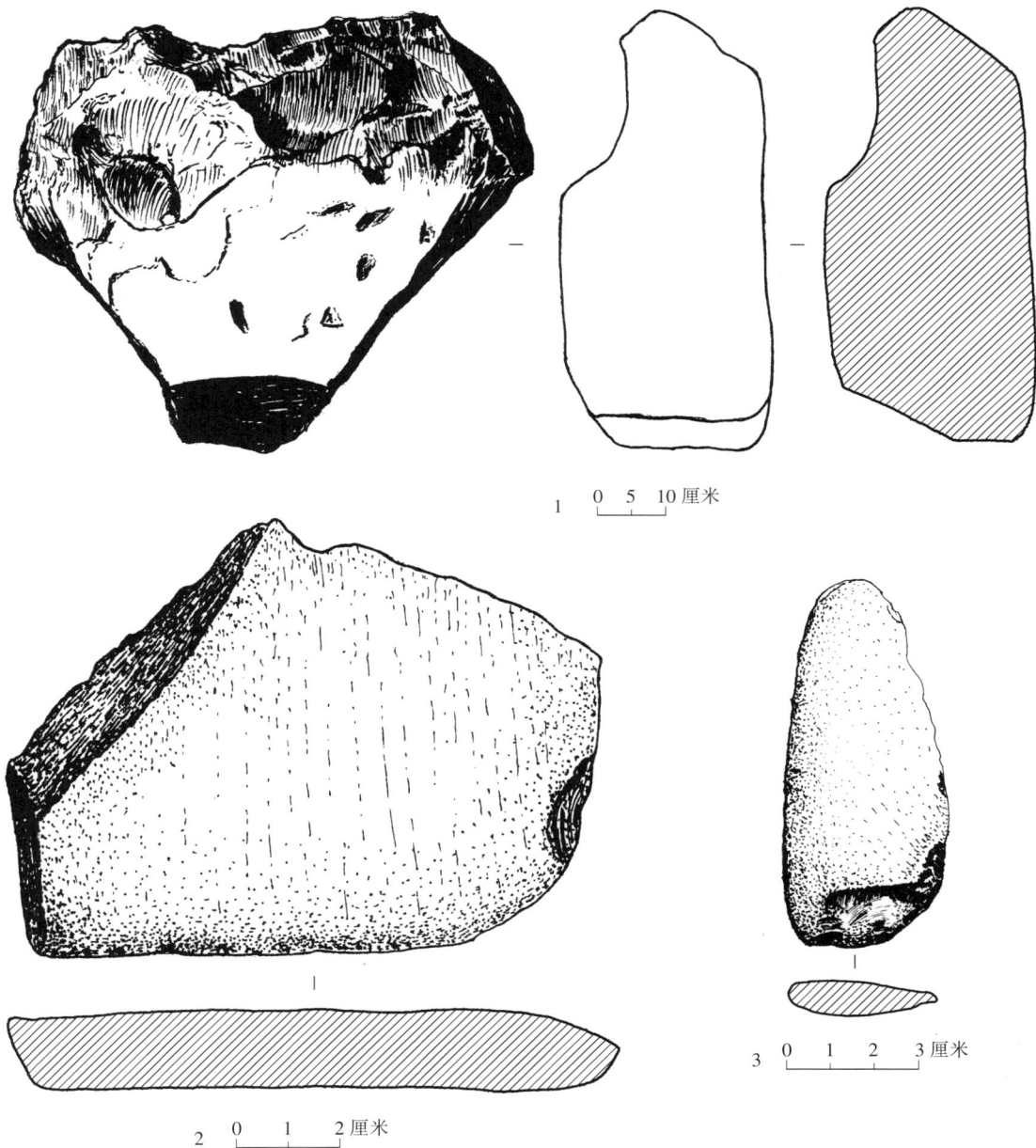

图五一　仙人洞遗址东区②A②层出土石制品
1. 1689 E10N11②A②　2. 1676 E10N10②A②　3. 952 E11N10②A②

砺石：

标本 1676 E10N10②A②，砺石（磨盘）。扁平片岩砾石，两面均经过较重的使用磨蚀，侧边已经断掉。长 111、宽 84、厚 16 毫米，重 289 克（图五一，2；图版四，2）。

表五　②A②层工具及剥片初级产品分类与岩性统计

	片岩	燧石	石灰岩	石英岩	合计	%
完整石片		1			1	7.1
II3		1				
工具	10	1	1	1	13	92.9
边刮器	1					
石锥		1				
砍砸器			1			
石锤	6			1		
使用砾石	2					
砺石	1					
合计	10	2	1	1	14	100
%	71.5	14.3	7.1	7.1	100	

表六　工具尺寸测量统计（n = 13）

	长度（毫米）	宽度（毫米）	厚度（毫米）
最小值（min）	20	11	9
最大值（max）	155	84	41
平均值（avg）	84.8	49.1	20.8

本层石制品数量较多。工具所占比例仍较高，占石制品总量的三成以上。整体情况仍与前几层相近，是以使用活动为主的复杂功能区。

9. Fea. 2

Fea. 2 系出现在②A①层下的一个遗迹单位。共发现石制品 33 件，包括边刮器 3 件，砍砸器 1 件，石锤 11 件，石砧 1 件，带有使用痕迹的砾石 7 件。还有石锤残块 2 件，砾石 2 件，断块 6 件（图五二；表七）。按岩性划分，片岩 32 件，燧石 1 件（图五三；表八）。

边刮器：

标本 1638 E10N10 Fea. 2，半月形石刀。灰绿色绢云母石英片岩，扁片状砾石。一侧边转向修出薄刃，相对侧边修钝，以便手握。使用磨蚀较重，在侧面的砾石面上有多条大致与刃缘垂直的线状痕。长 90、宽 59、厚 12 毫米，重 99.7 克，刃角 48°（图五四，1；图版四，3、4）。

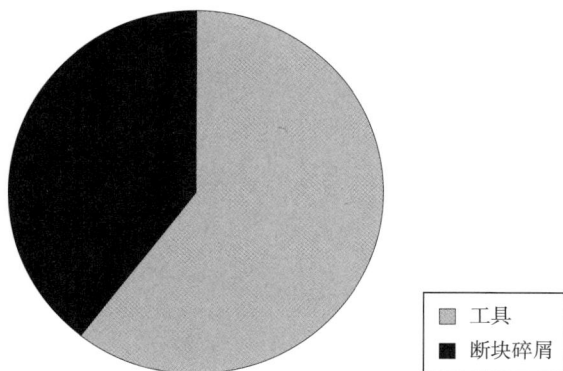

图五二 仙人洞遗址东区 Fea. 2 出土石制品类型比例　　图五三 仙人洞遗址东区 Fea. 2 出土石制品原料比例

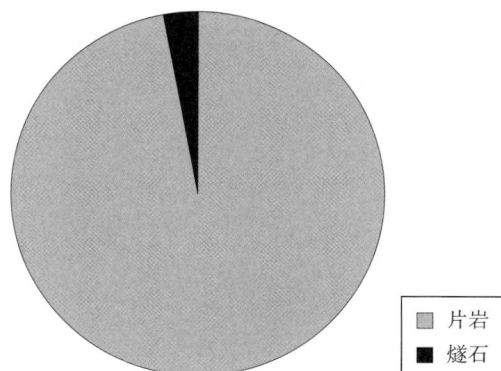

砍砸器：

标本 1637 E10N10 Fea. 2，直刃砍砸器，或石刀。灰绿色绢云母石英片岩，扁圆形砾石。通体单面加工，修成矩形。一侧长边为使用刃口，相对侧边为钝厚的手握处。使用较重，运动方向与刃缘垂直，刃缘上有多处与刃缘垂直的短痕。长 96、宽 65、厚 26 毫米，重 196.3 克，刃角 60°（图五四，2；图版四，5）。

石锤：

标本 1636 E10N10 Fea. 2，扁长形。灰绿色片岩，长条形扁圆砾石，一端已残断，另一端为舌形。使用痕迹主要集中于一侧之中部，形成一端显著的凹缺。长 114、宽 56、厚 18 毫米，重 187.3 克（图五四，4；图版三，9）。

标本 1643 E10N10 Fea. 2，灰绿色片岩，长条形扁圆砾石。两端均已残断。一端有较平齐的断口，可能是有意加工，另一端有数个疤痕，应系使用崩损。两侧平面近中心部位均有一条与长轴方向垂直的浅凹缺，可能为使用痕迹。长 126、宽 51、厚 25 毫米，重 294.5 克（图五四，3；图版五，3）。

标本 1625 E10N10 Fea. 2，或为带柄砍砸器。灰绿色片岩，长条形扁平砾石。远端截断。一侧边由近中间部分开始，单向加工至远端，形成一可供砍砸刃口，另一端为手握之处。长 205、宽 71、厚 28 毫米，重 568.9 克（图五四，5；图版一，1）。

砾石：

标本 1648 E10N10 Fea. 2，使用砾石或半月形石刀。灰绿色片岩，薄片状砾石。未经加工，直接使用砾石的薄直侧刃。背面亦可见与刃缘垂直相交的长线状痕迹。长 93、宽 69、厚 10 毫米，重 86.6 克（图五五，1；图版三，7）。

如地层一节所述，Fea. 2 系一人工掘坑，但具体用途尚不明确。除上述石制品，还有数量较多的动物骨骼碎片、蚌、螺壳，以及穿孔蚌器等。石制品中工具比例之高，是其他地层单位所远远不及的，应是一个与 Fea. 2 遗迹功能有关的特殊石器组合。

10. ②A①层

本层发现石制品共 28 件。包括边刮器 1 件，砍砸器 2 件，石锤 4 件，穿孔砾石 1 件，使用砾石 3 件。还有石锤残块 1 件，砾石 2 件，断块与残片 14 件。按岩性划分，片岩 22 件，石英 6 件。

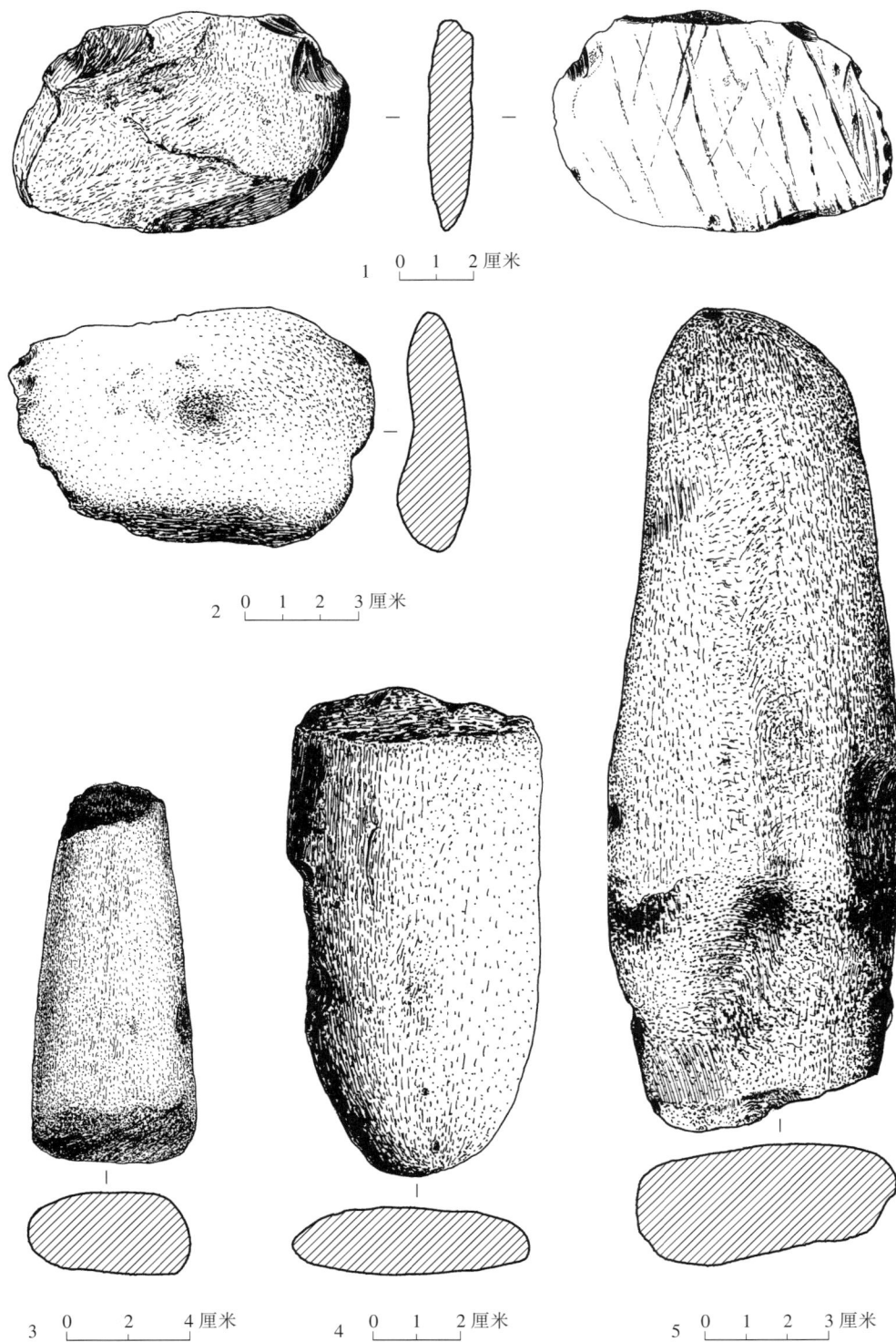

图五四　仙人洞遗址东区 Fea. 2 出土石制品

1. 1638 E10N10 Fea. 2　2. 1637 E10N10 Fea. 2　3. 1643 E10N10 Fea. 2　4. 1636 E10N10 Fea. 2　5. 1625 E10N10 Fea. 2

表七　Fea. 2 工具分类及岩性统计

	片岩	%
边刮器	3	13
砍砸器	1	4.3
石锤	11	47.8
使用砾石	7	30.4
石砧	1	4.3
合计	23	99.9
%	100	

表八　工具尺寸测量统计（n = 22）

	长度（毫米）	宽度（毫米）	厚度（毫米）
最小值（min）	39	8	5
最大值（max）	211	114	71
平均值（avg）	113.3	56.6	27.3

砍砸器：

标本 1595 E10N11②A①，砍砸器（石铲）。扁圆形片岩砾石。一端经过打制修理，另一端为舌形自然边，有不很明显的使用痕迹。长 108、宽 74、厚 12 毫米，重 160.4 克，刃角 60°（图五五，2；图版五，4）。

标本 1588 E10N11②A①，砍砸器（半月形石刀）。灰绿色绢云母石英片岩，扁平长条形砾石。一端及相邻侧边经过打制修理成较整齐的刃口，经过较重的使用，修理疤痕已很模糊。长 101、宽 54、厚 14 毫米，重 121.8 克，刃角 54°（图五五，4；图版七，7）。

石锤：

标本 1599，长圆形。灰绿色绢云母石英片岩，长圆形砾石。一端残断。侧棱及远端均有明显使用痕迹，尤以侧棱使用痕迹显著，一侧已形成一片缺口。长 134、宽 44、厚 43 毫米。

标本 900 E11N10 Fea. 2，石锤（磨棒？）。灰绿色火成岩，长杆形砾石。一端已残，另一端略呈尖状，通体已磨得十分光滑。长 109、宽 45、厚 33 毫米，重 231.9 克（图五五，3；图版三，1）。

穿孔砾石：

标本 1618 E10N12②A①，穿孔砾石（磨盘？）。可与标本 1616 E10N12②A①拼合，拼合后成一较完整的磨盘。原料为灰绿色绢云母石英片岩，扁平砾石。中部两面有对钻孔，但仍未钻通。长 126、宽 101、厚 34 毫米，重 1238.7 克（图五八，5；图版六，4、5、6）。

本层石制品组合的特点与前几个单位类似，工具比例高，与断块碎屑等副产品所占比例相当，占石制品的半数。其功能也当与前几者类似。

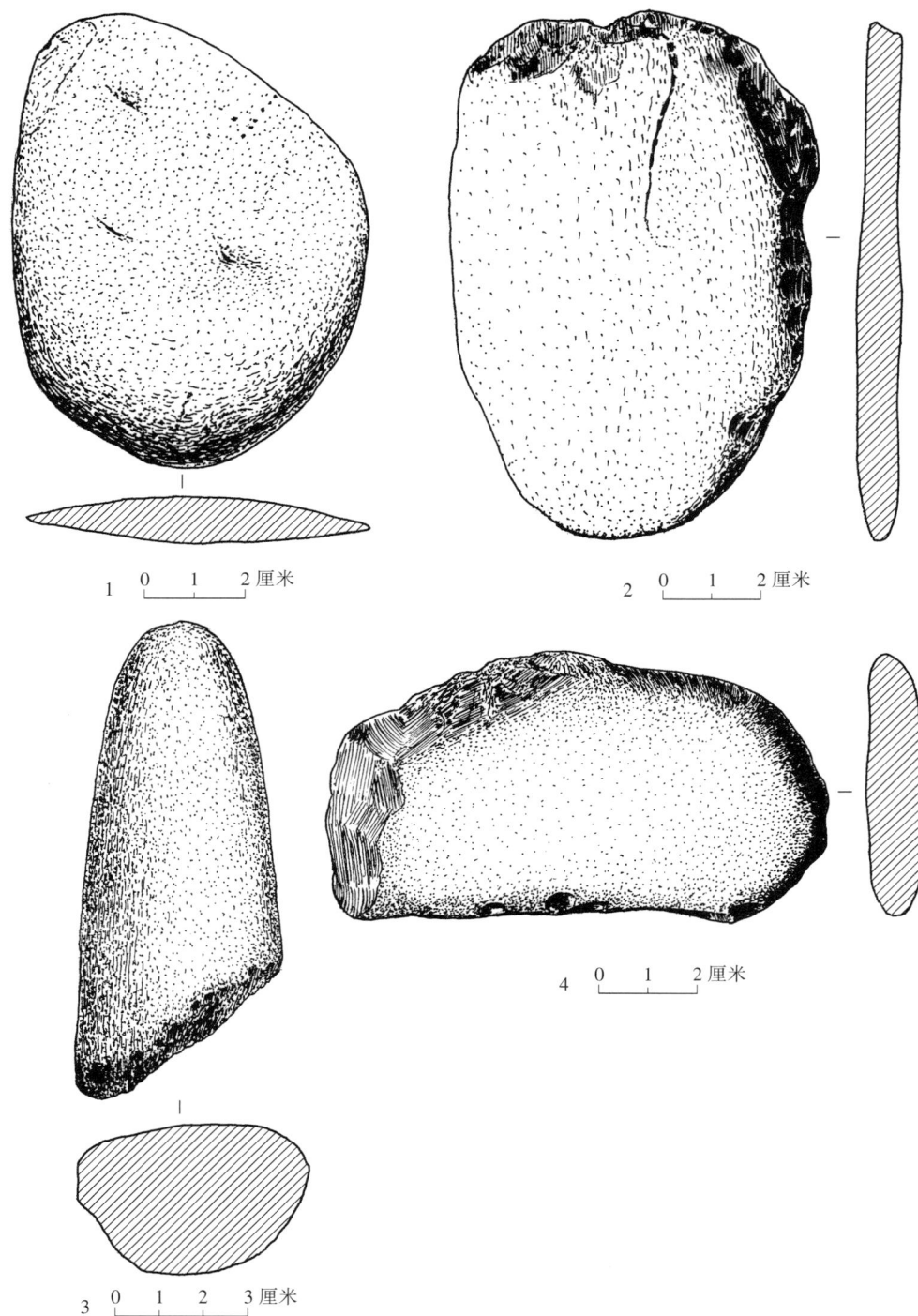

图五五　仙人洞遗址东区 Fea. 2、②A①出土石制品

1. 1648 E10N10 Fea. 2　2. 1595 E10N11②A①　3. 900 E11N10 Fea. 2　4. 1588 E10N11②A①

11. ②A 层

本层共发现石制品 76 件。包括石核 1 件，石片 1 件，砍砸器 4 件，边刮器 2 件，梭形器 2 件，重石 2 件，砺石 2 件（1 残），石锤 20 件（6 残），石砧 3 件，使用砾石 14 件。断块、残片及碎屑 25

件（图五六；表九）。按岩性划分，片岩占 69.7%，石英 26.3%，砂岩 2.6%，石英岩 1.3%（图五七；表一〇）。

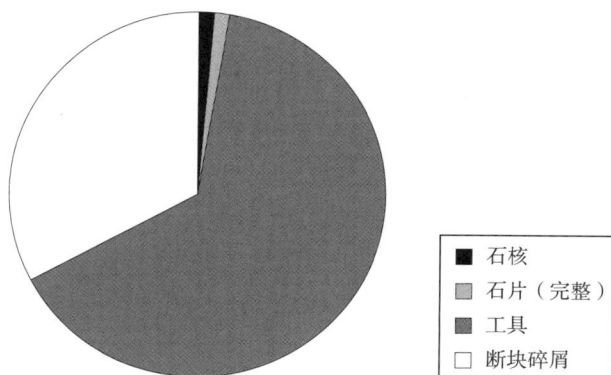

图五六　仙人洞遗址东区②A 层出土
石制品类型比例

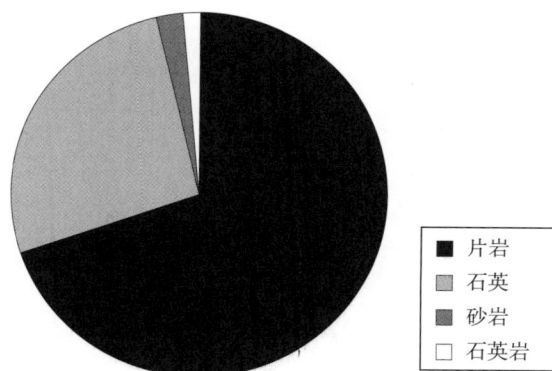

图五七　仙人洞遗址东区②A 层出土
石制品原料比例

梭形器：

标本 1478 E10N11②A，梭形器。灰绿色绢云母石英片岩，长条形砾石。磨制。两端成尖状，中间略宽，一面平，一面为浅平凹槽。整体形成梭形（图五八，2；图版二，2、3）。另一件标本 1569 E10N12②A，与此件制法与形制完全一致。长 91、宽 23、厚 13 毫米，重 41.6 克（图五八，3；图版五，9）。

边刮器：

标本 921 E11N12②A，灰绿色绢云母石英片岩，圆片状小砾石。一端有简单修理的两个疤痕构成的短刃口。长 61、宽 50、厚 8 毫米，重 39.2 克，刃角 45°（图五八，1；图版六，1）。

砍砸器：

标本 1371 E11N11②A，灰绿色绢云母石英片岩砾石。一侧截断，相对边修理出使用刃口。两平面上均有琢打圆点状痕迹，刃口已经过较严重的使用磨蚀。长 118、宽 81、厚 21 毫米，重 320 克，刃角 75°（图五八，4；图版三，6）。

标本 1470 E10N11②A，砍砸器（或舌形石铲）。灰绿色绢云母石英片岩，片状长条形砾石。两侧边平行，远端呈舌形，近端修出直刃，或可视为修整形状，加工出舌形石铲。长 185、宽 76、厚 14 毫米，重 389.8 克，刃角 60°（图五九，3；图版五，1）。

重石：

标本 1471 E10N11②A，扁圆形砾石，灰绿色绢云母石英片岩。在近圆心处两面对钻，孔径约 30 毫米。但在钻孔过程中断裂。长 111、宽 71、厚 35 毫米，重 379.9 克（图五九，1；图版三，8）。

标本 847 E11N10②A，长条形重石。灰绿色绢云母石英片岩，长条形扁圆砾石。一端呈窄舌状，另一端截断，断口处有使用痕迹。两平面各有一钻孔，可能系对钻未成功所遗。应是一中途放弃加工的长条形重石。长 162、宽 67、厚 31 毫米，重 561.7 克（图五九，4；图版一，3）。

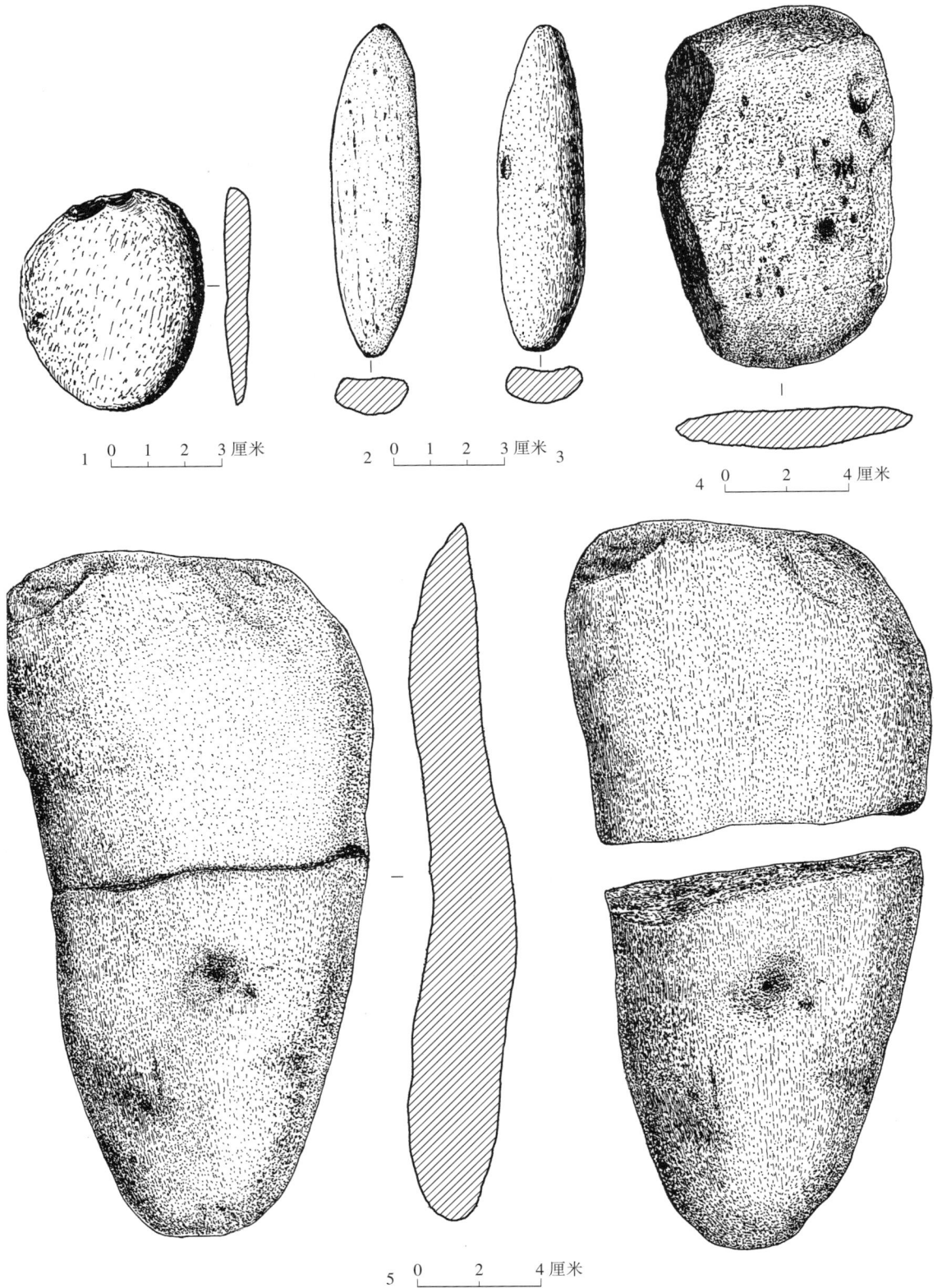

图五八　仙人洞遗址东区②A①、②A 层出土石制品

1. 921 E11N12②A　2. 1478 E10N11②A　3. 1569 E10N12②A　4. 1371 E11N11②A　5. 1618 E10N12②A①、1616 E10N12②A①

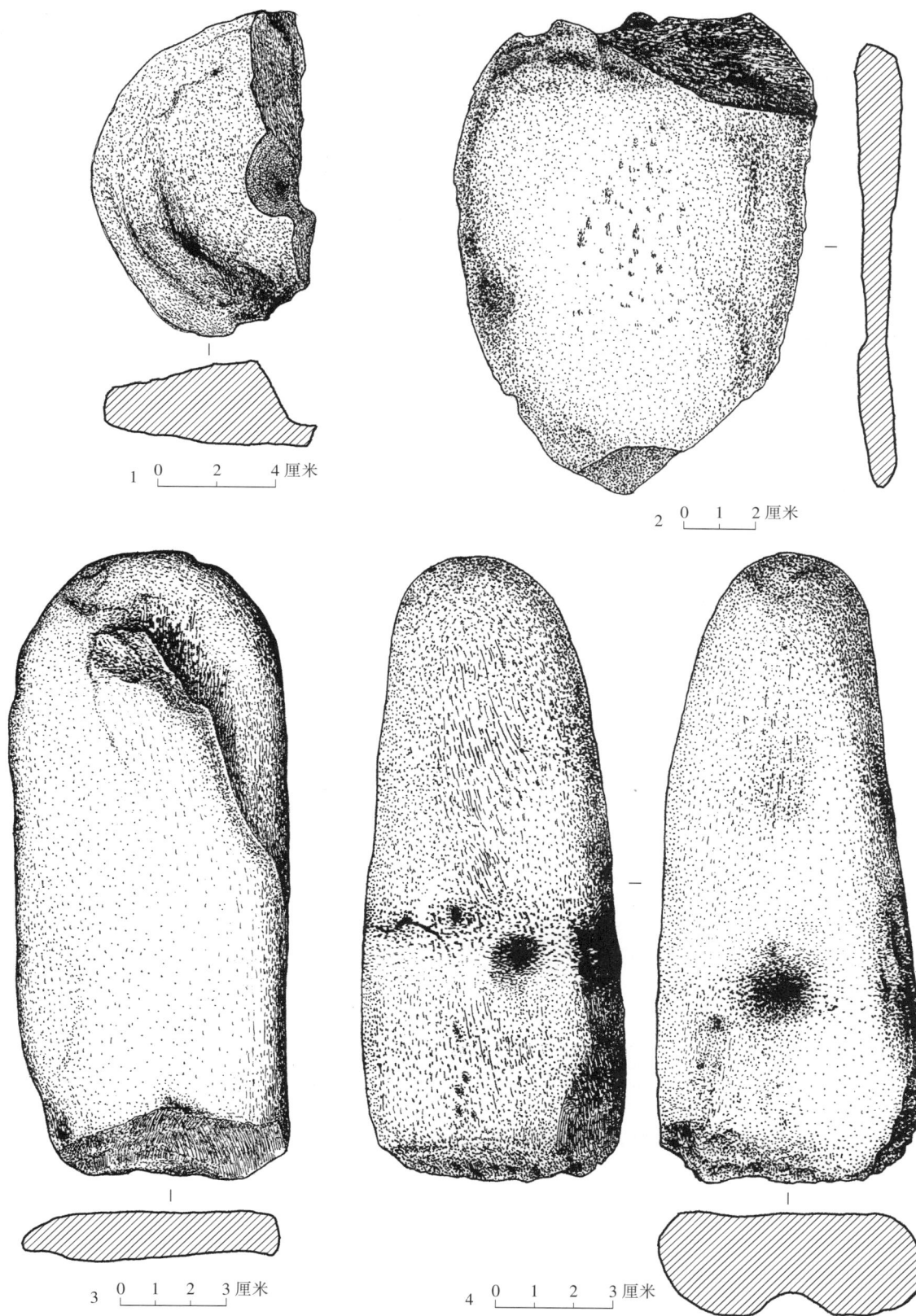

图五九 仙人洞遗址东区②A 层出土石制品
1. 1471 E10N11②A   2. 1577 E10N12②A   3. 1470 E10N11②A   4. 847 E11N10②A

砺石：

标本 1577 E10N12②A，黄褐色石英砂岩，扁平长条形砾石。两端已残，两平面均有研磨形成的凹面。长 138、宽 99、厚 34 毫米，重 705.5 克（图五九，2；图版四，1）。

表九　②A 层工具及剥片初级产品分类与岩性统计

	片岩	石英	石英岩	砂岩	合计	%
石核				1	1	2
双台面				1	1	
石片（整）		1			1	2
II3		1			1	
工具	46	1	1	1	49	96
边刮器	1	1			2	
砍砸器	4				4	
石锤	19		1		20	
石砧	3				3	
砺石	1			1	2	
重石	2				2	
梭形器	2				2	
使用砾石	14				14	
合计	46	2	1	2	51	100
%	90.2	3.9	2	3.9	100	

表一〇　②A 层工具尺寸测量统计（n = 34）

	长度（毫米）	宽度（毫米）	厚度（毫米）
最小值（min）	58	23	8
最大值（max）	258	149	79
平均值（avg）	110.7	64.6	28.4

本层的工具比例更高，占整个石制品的三分之二以上。工具中出现磨制精致的梭形器，还有穿孔的重石等新型工具。石器组合的功能进一步复杂化。

（二）西区的发现

仙人洞西区发掘面积很小，发现石制品的数量也不多。有的层位还未见文化遗物。以下按地层顺序，从下向上依次介绍：

1. ④B 层

本层发现的石制品很少，仅有石锤残块 1 件，断块与碎屑 7 件。石制品原料中石英与片岩各占 4 件。

石锤：

标本 1108，残块。扁长形。绢云母石英片岩，扁长砾石。残长 47、宽 39、厚 11 毫米。

2. ④A 层

本层共发现石制品 45 件。包括石核 1 件，边刮器 3 件，砾石 2 件，断块及碎屑 39 件（图六〇）。依岩性划分石英 30 件，燧石 13 件，片岩 2 件（图六一）。

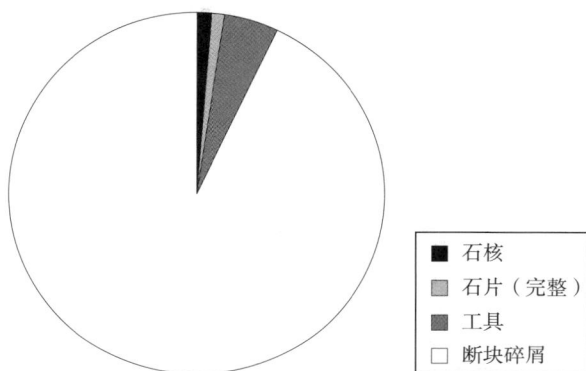

图六〇　仙人洞遗址西区④A 层出土
石制品类型比例

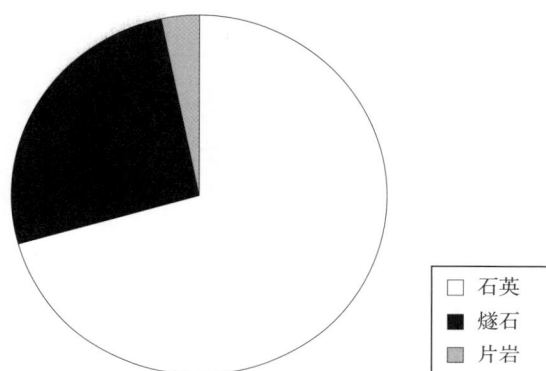

图六一　仙人洞遗址西区④A 层出土
石制品原料比例

石核：

标本 1213 E2N3④A，单台面石核。原料为一较厚的燧石小石片。以石片腹部为台面，向背面打击。远端有 3 个相连的小石片疤，构成齿状刃口。长 15、宽 17、厚 10 毫米，重 2.7 克，台面角 68°（图六二，1）。

边刮器：

标本 1349 E2N4④A，边刮器（使用石片）。素材为灰黄色燧石石片，保留有完整的台面、打击点、打击泡与锥疤等石片特征。背面有一不很规整的纵脊。远端仍保留砾石皮。右侧有正向修理的痕迹，从台面端几乎延续至远端。石片疤细小匀称，长度仅约 1 毫米。左侧近端亦有长 12 毫米的正向修理刃口，修理疤稍长，近 2 毫米。此类石料及打制技术是两遗址所仅见。长 58、宽 28、厚 11 毫米，重 14.9 克，刃角 37°（图六二，2；图版七，8）。

表一一　西区④A 层工具及剥片初级产品分类与岩性统计

	石英	燧石	合计	%
石核		1	1	25
单台面		1		

	石英	燧石	合计	%
工具	1	2	3	75
边刮器	1	2		
合计	1	3	4	100
%	25	75	100	

表一二 西区④A 层工具尺寸测量统计（n=3）

	长度（毫米）	宽度（毫米）	厚度（毫米）
最小值（min）	22	17	5
最大值（max）	58	28	11
平均值（avg）	39	22.7	8.7

本层石制品数量虽不多，但可以见到从采料、修形到剥片与第二步加工等石器生产操作链的完整系列产品。本层的石器原料以石英与燧石为主，剥片与第二步加工均以石锤直接打击技术进行。从成品工具来看，亦以边刮器等小型石器为主，具有明显的小型石器石片工业特点（表一一、一二）。

3. ③C②层

本层的石制品很少。仅见边刮器 1 件，断块与碎屑等 15 件。其中，石英 14 件，硅质岩 1 件，砂岩 1 件。

边刮器：

标本 1259，直刃边刮器。素材为黑色硅质岩石片。台面及背面均为砾石面，打击点不甚清楚，打击泡大而平坦。远端有反向修理痕迹，修理疤细小。长 46、宽 31、厚 7 毫米。

4. ③C①B

本层仅发现石片 1 件，断块、残片与碎屑等 36 件。依岩性划分，石英 27 件，石英岩 9 件，砂岩 1 件。

石片：

标本 1313 E2N4③C①B，I1 型石片。原料为石英岩砾石。自然台面，石片角 95°。边缘似有使用痕迹。长 33、宽 34、厚 7 毫米（图六二，3；图版一二，3）。

本层与③C②层的石制品数量均不多，石制品原料以石英等硅质岩类为主，石制品的类型则以断块碎屑等石器生产的副产品为主，显示该区的主要活动应是进行硅质岩类石器的生产。

5. ③C①A 层

本层发现石制品 32 件。包括边刮器 1 件，有使用痕迹砾石 1 件，断块及碎屑 30 件。依岩性划分，石英 26 件，片岩 2 件，灰岩 2 件，砂岩 1 件，石英岩 1 件。

边刮器：

标本 1034 E2N4③C①A，或半月形石刀。灰绿色绢云母石英片岩，扁平砾石。相邻的一侧及一端经过单向修理，形成齿状半月形刃口。长 50、宽 35、厚 7 毫米（图版六，3）。

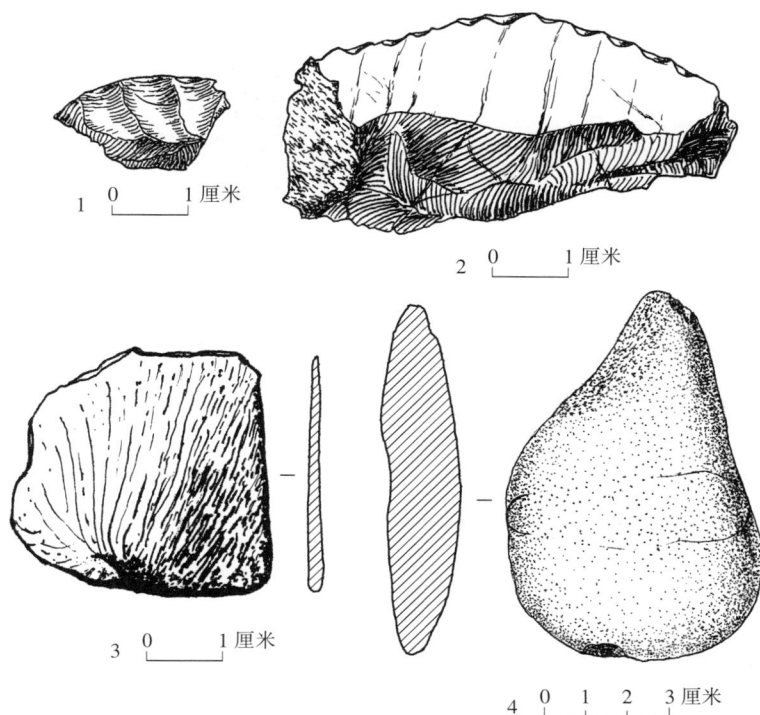

图六二　仙人洞遗址西区④A、③C①A、③C①B 层出土石制品
1. 1213 E2N3④A　2. 1349 E2N4④A　3. 1313 E2N4③C①B　4. 967 E1N4③C①A

使用砾石：

标本 967 E1N4③C①A，扁尖形。灰绿色绢云母石英片岩，扁圆带尖砾石。尖部一侧有明显的使用痕迹。长 89、宽 61、厚 21 毫米（图六二，4；图版二，8）。

本层石制品的种类与原料等虽与较早几个单位的发现仍较接近，但在工具组合方面出现片岩加工的边刮器以及直接应用的片岩砾石工具。

6. ③B②层

本层石制品共 25 件。石器及使用砾石稍多。其中边刮器 2 件，石锤 5 件，石砧 1 件，使用砾石 5 件。还有石锤残块 3 件，断块及碎屑 9 件（图六三；表一三）。依岩性计，片岩 19 件，石英 6 件（图六四；表一四）。

边刮器：

标本 1030 E2N4③B②，双直刃边刮器。素材为石英岩断块。远端与左侧有连续单向修出的两个直刃。长 46、宽 34、厚 20 毫米，重 30.7 克，刃角 58°（图六五，1；图版七，9）。

石锤：

标本 089，长圆形石锤。灰绿色绢云母石英片岩，长圆形砾石。一端已断。使用痕迹明显，锤砸斑点已连成片，呈浅凹坑状。长 108、宽 51、厚 41 毫米，重 349.2 克。

石砧：

标本 434－1。灰褐色绢云母石英片岩，扁长砾石。已残断。表面遗有砸击深坑。长 46、宽 59、

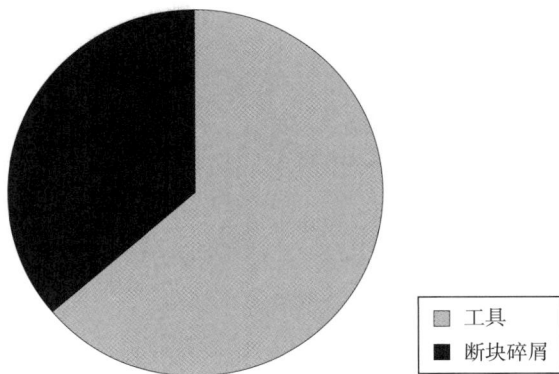

图六三　仙人洞遗址西区③B②层
出土石制品类型比例

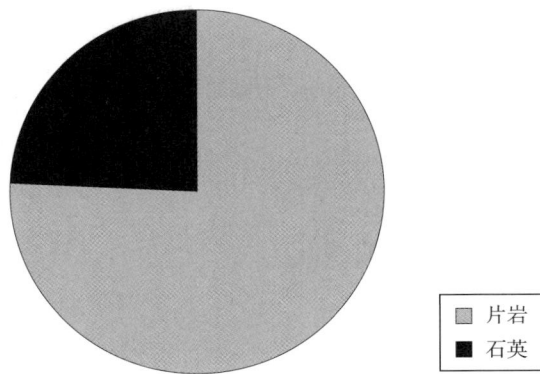

图六四　仙人洞遗址西区③B②层
出土石制品原料比例

厚24毫米。

砾石：

标本746 E1N3③B②，扁长形。灰绿色绢云母石英片岩，扁圆长条形砾石。一端已残。使用痕迹分布在侧棱，平面中部有一浅洼状痕迹。长96、宽78、厚18毫米，重260.1克（图六五，3；图版五，7）。

表一三　西区③B②层工具分类及岩性统计

	片岩	石英	合计	%
边刮器		2	2	15.3
石锤	5		5	38.5
使用砾石	5		5	38.5
石砧	1		1	7.7
合计	11	2	13	100
%	84.6	15.4	100	100

表一四　西区③B②层工具尺寸测量统计（n＝13）

	长度（毫米）	宽度（毫米）	厚度（毫米）
最小值（min）	35	10	6
最大值（max）	139	107	51
平均值（avg）	76.1	46	22.8

片岩在本层的石器原料占据主导地位，工具中更有近85%的高比例片岩原料。石器组合之中，片岩加工的大中型工具也占据了主导地位。这些特点使得本层的石器工业与前相比呈现出完全不同的面貌。

7. ③B①层

本层共发现石制品25件。其中边刮器1件，砍砸器3件，石锤2件，使用砾石1件。还有石锤残块4件，断块及残片14件。依岩性划分，片岩13件，石英10件，石英岩1件，砂岩1件。

边刮器：

标本 649 E3N3③B①，凸刃边刮器。素材为 II1 型黄色石英岩石片，背面带有砾石皮。反向加工出细小齿状刃缘，呈缓弧状，修理细致均匀，疤痕长约 1 毫米左右（图六五，2）。

砍砸器：

标本 071 E1N3③B①，砍砸器（石铲）。浅黄色绢云母石英片岩，片状砾石。远端单向修出缓弧形刃口，已经过较显著使用磨蚀。长 172、宽 104、厚 14 毫米，重 260.1 克，刃角 70°（图六五，4；图版二，7）。

石锤：

标本 776 E2N3③B①，扁长形。灰绿色绢云母石英片岩，扁长条形砾石。一端略尖。使用痕迹

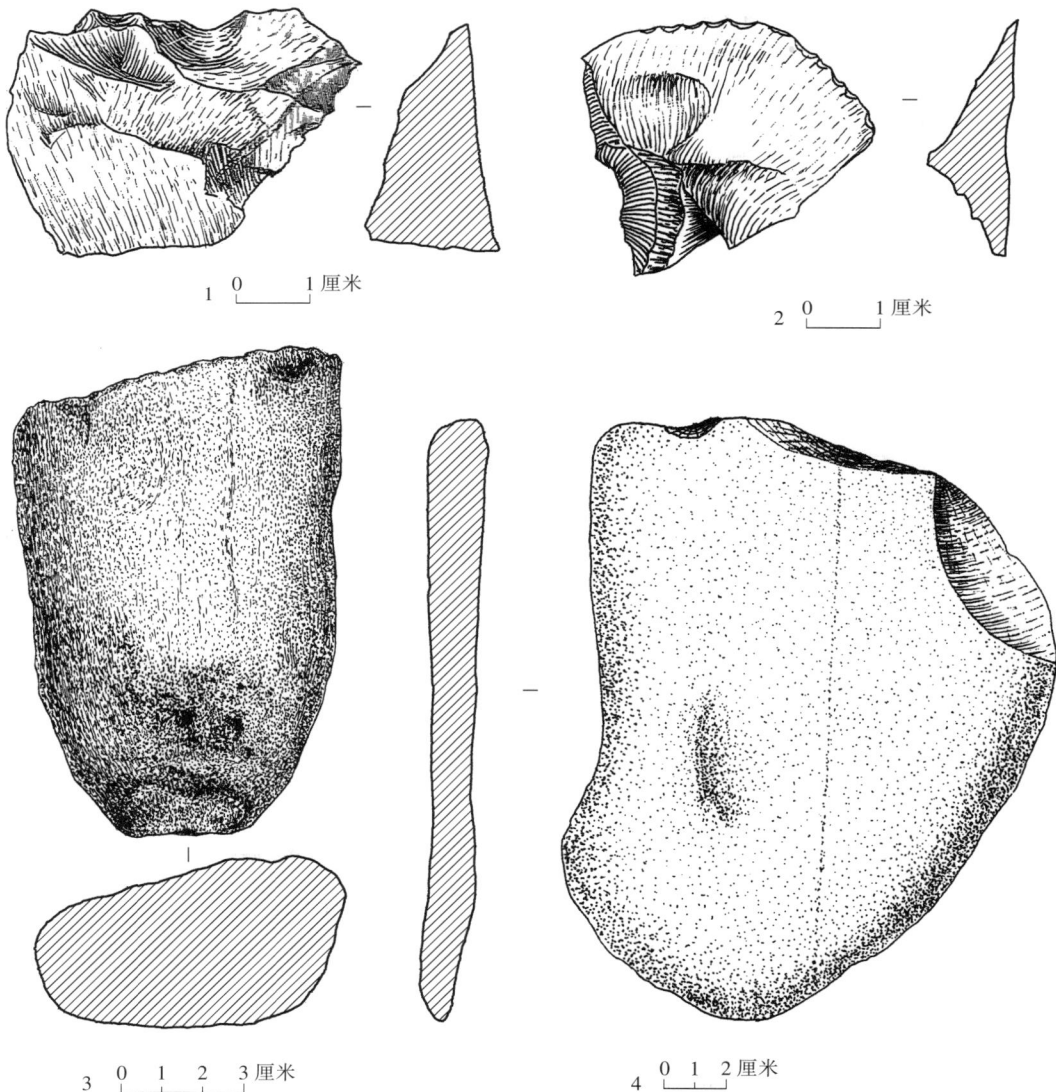

图六五 仙人洞遗址西区③B②、③B①层出土石制品

1. 1030 E2N4③B② 2. 649 E3N3③B① 3. 746 E1N3③B② 4. 071 E1N3③B①

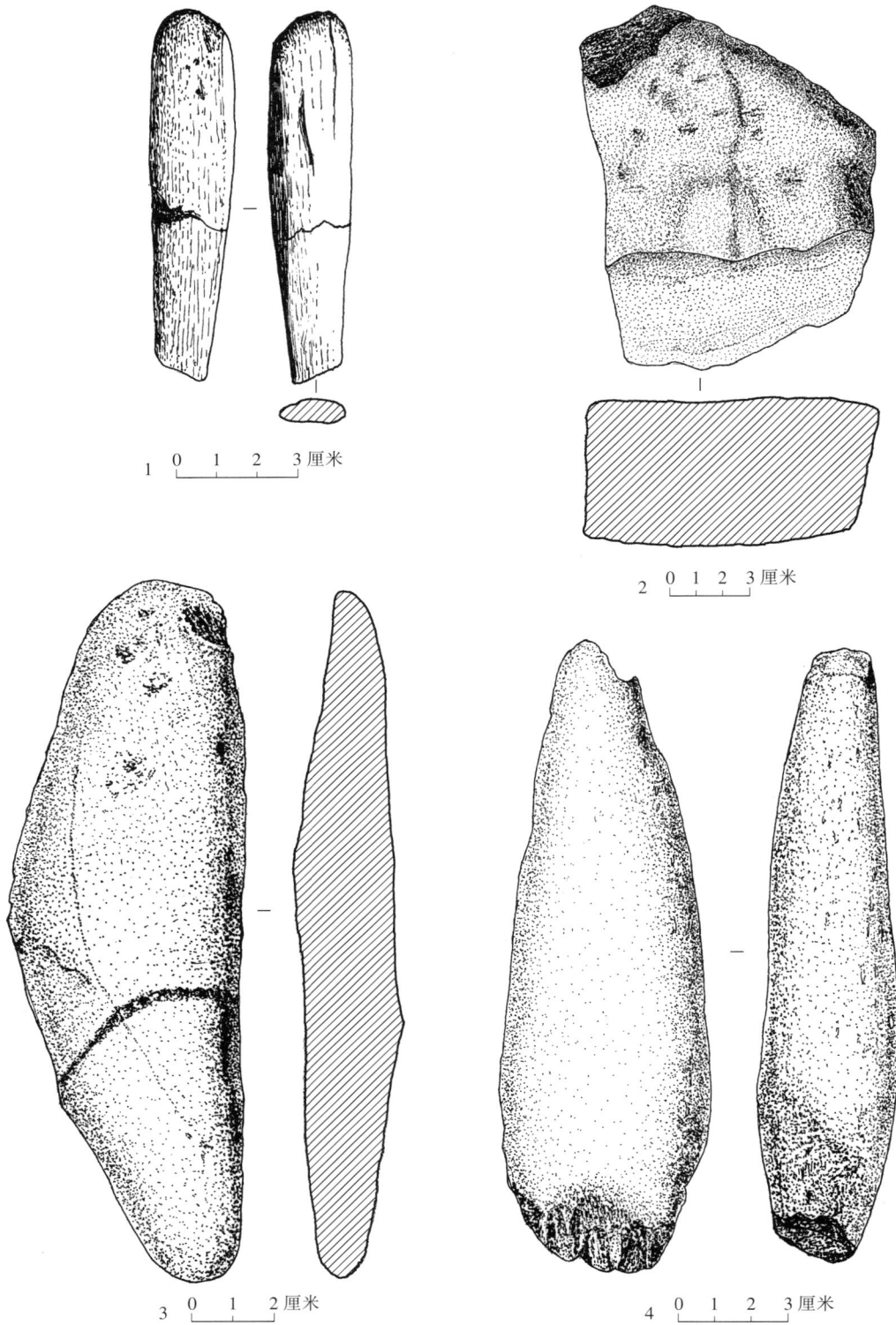

图六六　仙人洞遗址西区①B、②A、③B①层出土石制品

1. 605 E5N8②A　2. 612 E5N8②A　3. 776 E2N3③B①　4. 026－2①B

集中分布在宽端的平面及侧棱上，已残。长178、宽55、厚28毫米，重382.1克（图六六，3；图版七，5）。

本层的石器工业延续了③B②层的特点，片岩原料居主导地位，片岩大中型工具在石器组合中的主导地位更明显。

8. ②A～②B层

②B层仅发现断块及碎屑6件，5件为石英，1件为片岩。

②A层发现的石制品数量也不多，共有13件。包括石片1件，磨制石器1件，石砧1件，长尖状砾石2件。还有断块、残片及碎屑8件。依岩性划分，石英6件，片岩5件，石英岩1件，灰岩1件。

石片：

标本589，I2型石片。原料为石英岩砾石。自然台面。长34、宽28、厚12毫米，石片角105°。

磨制石器：

标本605 E5N8②A，石匕（或磨制尖状器）。灰绿色绢云母石英片岩，扁长条形砾石。磨制成匕首形，柄端稍圆钝，向尖部逐渐窄缩变尖，最尖端已残断。长76、宽20、厚12毫米，重28.9克（图六六，1；图版五，5、6）。

石砧：

标本612 E5N8②A，石砧（或磨盘）。灰绿色绢云母石英片岩，块状砾石。已残断。锤砸斑点分布在近边缘处，中部形成一浅凹坑。长127、宽97、厚54毫米，重1103.2克（图六六，2；图版七，4）。

②A和②B两层所发现的石制品数量都不多，但与前期相比，磨制石器的出现以及磨制技术的发展成为本阶段的突出特点。

9. ①B层

①B层发现的石制品数量亦不多，共发现19件。包括砍砸器2件，石锤3件，石砧1件，使用砾石2件。还有断块9件，砾石2件。按岩性划分，片岩11件，石英5件，砂岩2件，灰岩1件。

砍砸器：

标本332－2①B，砍砸器（或锛形器）。原料为灰褐色火成岩，扁圆形砾石。经过部分磨制，主要集中在刃口处。背面有较多与刃口垂直的线状擦痕，刃口内侧形成两个崩疤，已使用到废弃阶段。长129、宽53、厚32毫米，刃角45°（图六七，1；图版二，5、6）。

标本544，砍砸器（或石铲）。浅黄褐色绢云母石英片岩，扁圆状片状砾石。一侧刃有明显的砍砸崩痕。如视做石铲，崩损处则可能是为捆柄所做的特别修理。长114、宽79、厚11毫米，重173.1克，刃角70°。

石锤：

标本572 E5N8①B，圆形石锤。黄褐色砂岩砾石，卵圆形。使用痕迹集中于中部侧面，斑点状痕迹集中成片。长136、宽66、厚72毫米，重1002.9克（图六七，3；图版七，6）。

标本008①B，扁长形石锤。灰绿色绢云母石英片岩。长条形扁圆砾石，一面扁平，一面略鼓。一端已断掉。使用痕迹集中于突出面上。长119、宽58、厚28毫米，重320.8克（图六七，2；图版

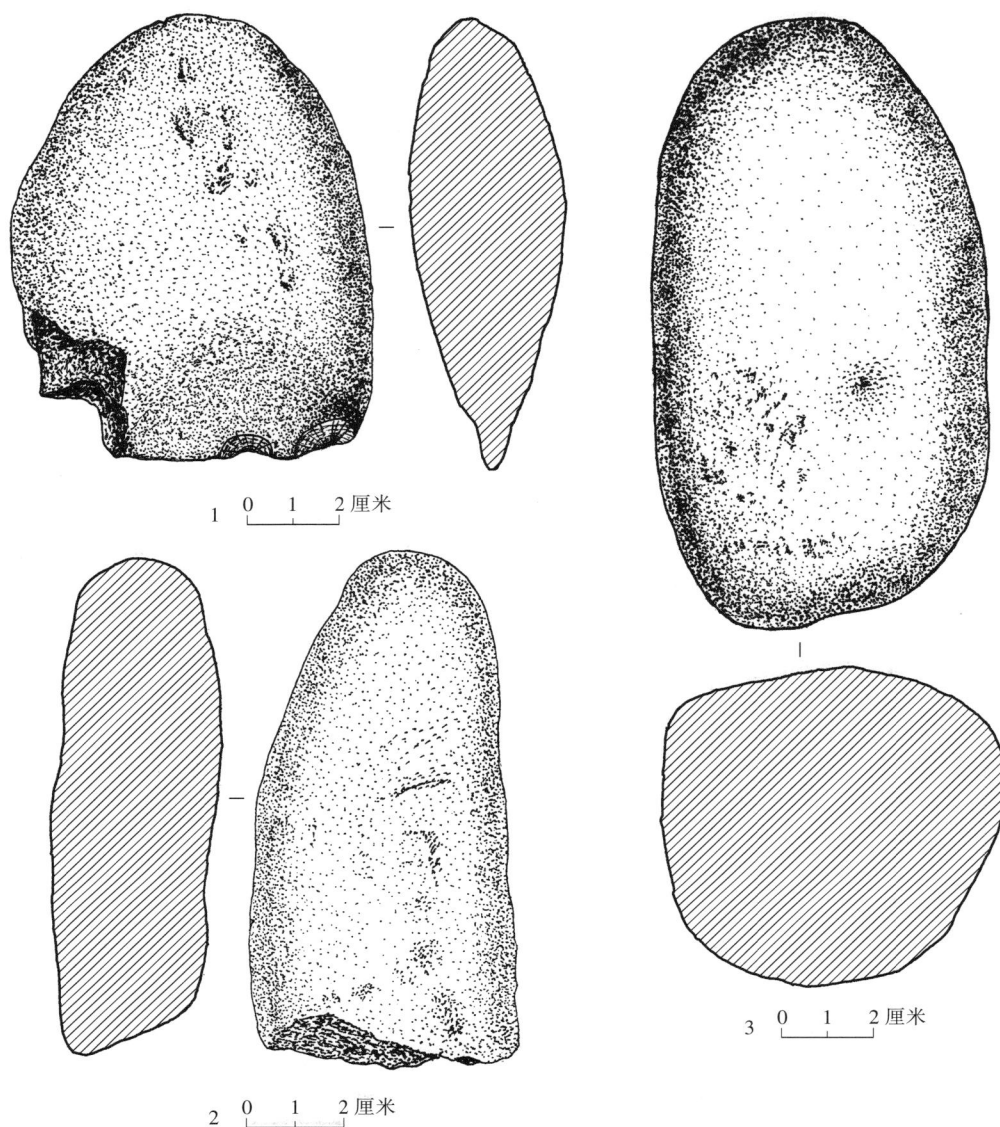

图六七　仙人洞遗址西区①B 层出土石器

1. 332 – 2①B　2. 008①B　3. 572 E5N8①B

三，5）。

使用砾石：

标本 026 – 2①B，长尖状砾石。灰褐色绢云母石英片岩。尖端有明显的使用痕迹，尾端侧面亦有锤砸使用痕迹。长 1146、宽 35、厚 25 毫米（图六六，4；图版一，6）。

（三）讨论

虽然本次发掘的面积很小，所获得的石制品数量有限，但仙人洞遗址东、西两发掘区的地层沉积连续，文化堆积单位关系清楚，仍为认识早期人类在这个洞穴的活动过程及其文化特点等提供了可能性。以下从石器原料、石器技术与生产操作链以及石器形态与功能的变化等方面综合讨论。

1. 石器原料

从东西两区发现的石器原料综合情况来看，仙人洞遗址的早期居民也偏重使用石英与燧石等原料来生产便携的利刃工具，即小型石片石器。依据发现石制品数量较多的几个地层单位的发现情况综合分析可知，与吊桶环遗址类似，本遗址也经历了一个从较多依赖石英与燧石等硅质岩原料，逐渐过渡到以本地片岩原料为主的发展过程（见图六八、六九）。

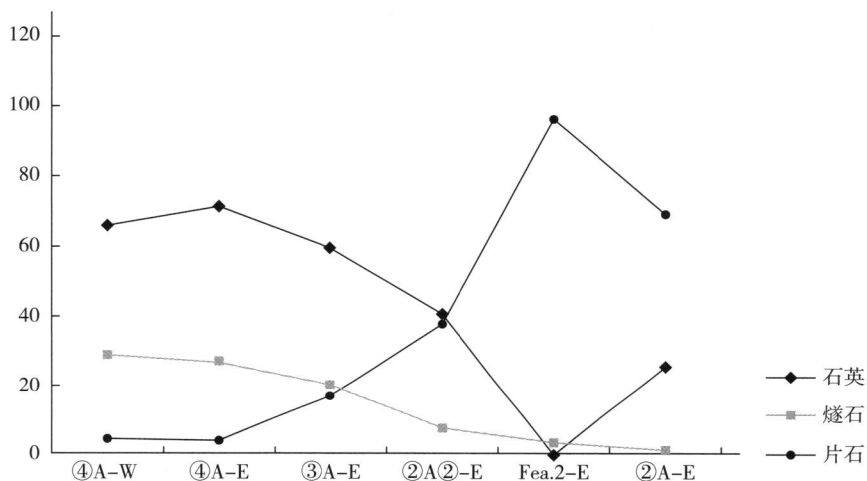

图六八　仙人洞遗址出土石制品原料比例变化

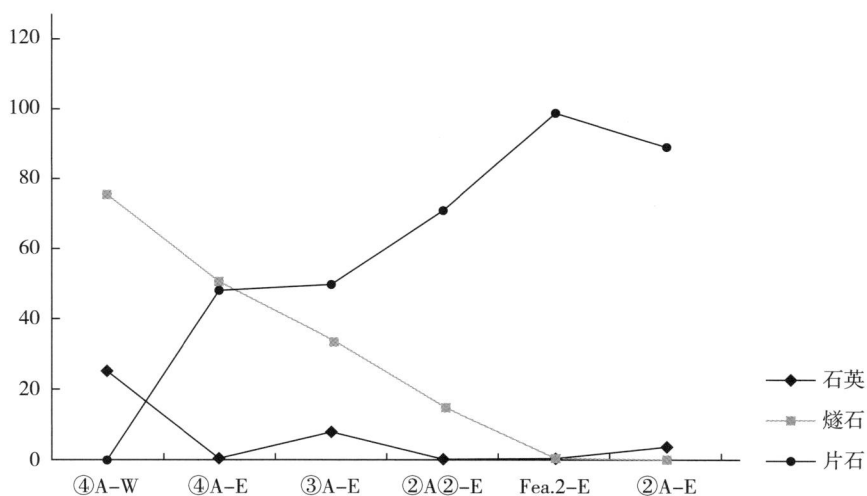

图六九　仙人洞遗址工具与剥片初级产品原料比例变化

比较两图可知，由于石英质量低劣量多的特点，虽然其在早期原料出现的比例较高，但其在成品工具中所占比例始终不高。而燧石与片岩原料的彼此消长，尤其是两者在工具原料比例变化方面，则更清楚地显示了仙人洞史前居民石料经济的发展特点。

2. 石器技术与生产

虽然石制品的数量有限，但综合不同地层单位的发现仍然可以归纳出仙人洞史前居民石器技术与生产过程的基本情况。与吊桶环类似，在开始居住之初，这里的石器生产也以石锤直接打击技术处理石料、修形、剥片以及进行第二步加工。针对小型优质燧石原料，亦使用砸击技术进行加工。由于原料特点的不同，也形成了处理劣质石英以及燧石材料的不同的操作链。

随着片岩原料的应用，片岩工具的加工技术不断成熟。与吊桶环相比，这里的片岩石器生产操作链的磨制环节更趋完善成熟，故有很精美定型的磨制石器的发现。

3. 石器形态与功能

仙人洞遗址不同阶段石器形态也有较明显的变化，具体也反映在工具组合中，主要是小型与大中型石器所占分量的彼此消长。具体变化指标仍以不同石器组合的工具长、宽及厚度的均值变化情况说明（见图七○、七一、七二）。

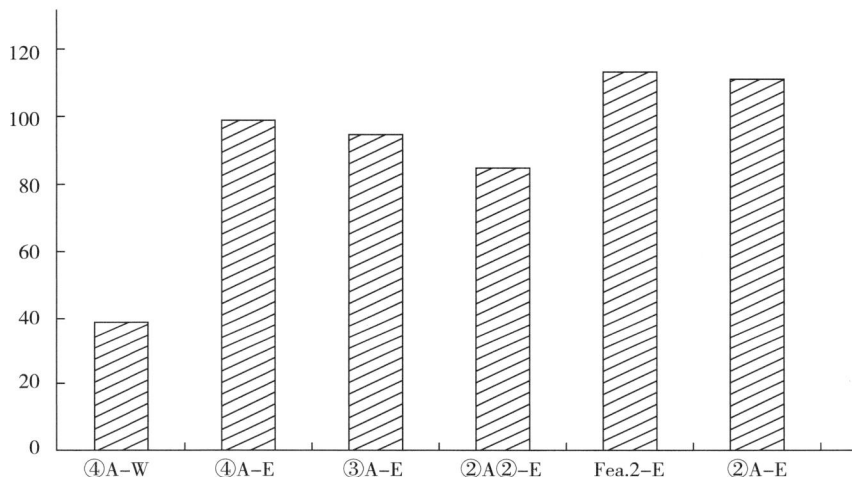

图七○ 仙人洞遗址出土工具长度均值柱状图

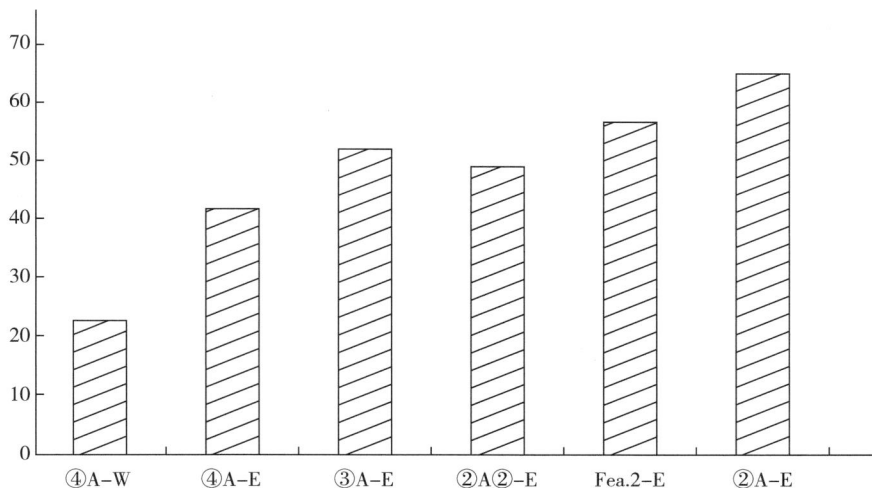

图七一 仙人洞遗址出土工具宽度均值柱状图

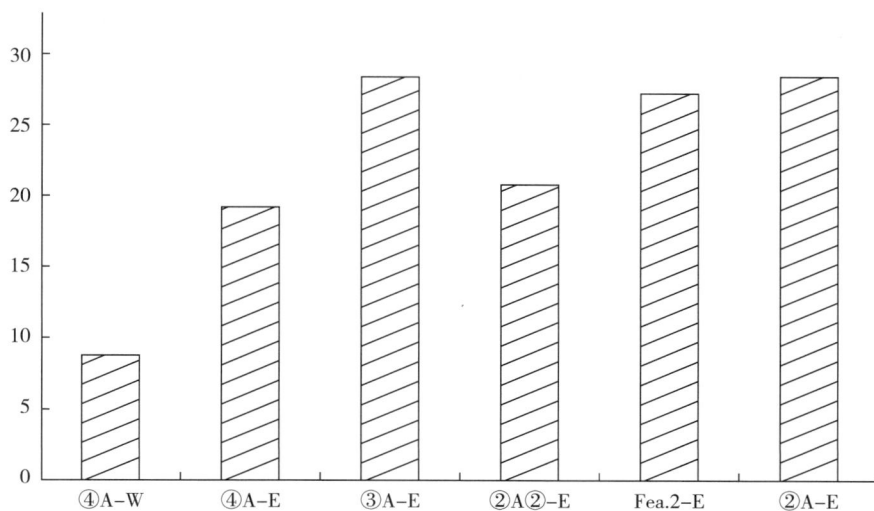

图七二　仙人洞遗址出土工具厚度均值柱状图

如上图所示，以④A－W为代表的工具组合，代表史前居民来到仙人洞遗址初期的情况。此时与吊桶环的早期相当，也以燧石与石英等原料加工的小型石片石器工具为主。本层及东西两区其他早期层位的发现也都是以硅质岩类的小型工具组合为主，文化遗存较少。这些情况暗示当时人类是流动性较大的狩猎—采集者。小型利刃便携工具是他们完成生计活动的基本工具，或者说承担着生产与生活的主要任务。

从④A－E层即东区的④A层开始，无论是工具形态，还是石器原料的变化，都反映仙人洞史前居民的工具组合开始发生明显变化。这种变化与发生在吊桶环遗址的过渡阶段的石器工业情况类似。主要是片岩原料的大、中型工具的使用导致工具尺寸均值的迅速增大。年代层的数据也显示，④A－E的绝对年代大致与吊桶环的过渡期H、G层相当。所以两者工具组合发生的类似变化，显然也有着相同的功能需求背景，即处理更多加工植物性资源的工作需要大、中型片岩工具承担。

③A－E层的工具情况则与吊桶环F、E及D层为代表的晚期工具组合相当。无论是工具组合与形态，或是石器原料及其加工技术，两者均具有明显的一致性。绝对年代的测定结果也说明两者大致处于同一时代。

只是仙人洞②A②层以晚的发现的时代更晚，在吊桶环遗址已经没有相应的发现。在这部分晚期的石器工业，无论是原料，还是加工技术也都主要延续着两遗址的主要传统，只是磨制技术的应用更加成熟，磨制石器在工具组合中所占分量也在逐渐增强。

4. 小结

综上所述，虽然仙人洞遗址东西两区出土的石制品数量不多，但通过对其石器原料、加工技术与程序、石器组合及形态变化等特点的观察，并与吊桶环的石器工业的相应比较，其发展特点也比较清晰可辨。

（1）以西区④A层为代表的早期遗存，大致与吊桶环K层位代表的早期文化相当，是这两个遗址最初居住者所留下的生活痕迹。

（2）以东区的④A层为代表的发现，大致可与吊桶环H层为代表过渡期对比，反映了仙人洞史前居民逐渐适应本地石器原料，可能是应对植物性资源处理需要的历史进程。

（3）以东区③A层为代表的遗存，则大致可与吊桶环F、E及D层为代表的晚期发现对比。

（4）以东区②A②以晚的发现为代表，是早期人类在本区发展一个新阶段的文化遗存，在传统石器技术的基础上，开始并发展了磨制石器技术的应用，使得本区史前文化的发展进入全新阶段。

二　陶器

仙人洞遗址1993、1995和1999三个年度的发掘，于西部发掘区①A、①B、②A、②B、②C、③A、③B①、③B②、③C①A、③C①B和东部发掘区①A、①B、②A、②A①、②A②、②A③、②B、②B①、②B②以及Fea. 1、Fea. 2、Fea. 4、Fea. 5、Fea. 7、Fea. 25、Fea. 26、Fea. 29等层状和坑状堆积中共出土陶片400余片。其中，两个发掘部位的①A层在60年代的两次发掘中出有近代瓷片和瓦片[1]，可知形成的年代相当晚近。这一层所出的陶片内容颇为庞杂，有一些新石器时代晚期以前的夹砂陶，比较多见的还是新石器时代晚期的细泥灰陶、夹蚌红陶和夹蚌褐陶（有的有红衣），可分辨的器类有盖和鼎等，也有不少的商代灰色或红色的印纹硬陶。本报告不作详细介绍。①A层下各堆积单位所出陶片共计282块[2]，年代都要早于新石器时代晚期，是以下报告的全部样本[3]。

（一）陶器质料、烧成颜色与制坯成形

仙人洞上述①A层下282块陶片有几项变异不是很大的指标将在此一并记述，这就是陶质、陶色以及坯体的成形方法。

1. 陶土与掺和料

这些陶片的胎质均由陶土及掺和料组成，即习称之夹砂陶。陶土具有多样性特征，以肉眼观察大致可分为两类。一类具粉沙质结构，含大量的粉沙粒度沙粒，这类陶片的陶土中还可以见到黏土团和大量的三氧化二铁（赤铁矿）结核。另一类陶片的陶土则比较细腻，接近黏土，一般很少见到杂质。可见这里陶土的来源并不是单一的。此前曾有研究者采仙人洞附近的红土与以前发掘所得陶片的陶土同做化学成分分析，认为二者化学组分相近，仙人洞古陶器陶土的来源就是附近的红土[4]。但所测陶片样本太少，尚不足以说明全部的问题。前一种含有三氧化二铁结核的陶土就应当是来自波动水环境下（如古河曲）形成的淤积土。而后一种陶土的来源不明，是否为经过淘洗所得也不得而知。

陶胎中的掺和料在陶片的断口和表面都可以看到，按质料可分为三种。第一种主要是粉碎的石英岩石，也有少量的长石等其他矿物。陶片中掺杂这类矿物的粒度大小不一，分选不好，最大的粒径接近10毫米，最小的仅有1.5毫米左右。石英颗粒没有磨圆，显然是粉碎后直接掺入陶土中的。这种掺和料的陶片数量最多，约占总数的77%。石英岩在仙人洞所在的大源盆地内未见矿源，但遗址中与陶片同时也出土石英小石器、石核及石片，因此推测石英原料的来源不会很远。第二种掺和料为细砂，砂粒具磨圆度，分选很好，粒径一般在1.5毫米左右，这种掺和料的陶片数量不多，仅占总数的3%。上述两种掺和料的陶片一般使用第一类陶土。第三种掺和料质地很软，与陶片的硬度一样，粒径一般在5~8毫米之间的最多，但也有达10毫米者，颗粒棱角分明，没有磨圆。这类掺和料多掺加于第二类陶土中，质地也与第二类陶土烧成后的感觉相同，它们在不同的陶片中有不同的颜色，但与所掺陶片的颜色相同，因此很可能是粉碎的陶片。这类掺和料的陶片约占总数的20%。

2. 烧成颜色

仙人洞陶器外表（内壁和外壁）的烧成颜色不一，但基本都是以各种褐色为基调的颜色，有各种明暗不一的褐色（7.5 YR 5/4[5]、7.5 YR 3/2、7.5 YR 6/6、10 YR 7/4、10 YR 6/4、10 YR 5/4、10 YR 5/3）、红褐色（5 YR 6/6、5 YR 5/4、5 YR 5/8、5 YR 4/3、5 YR 3/2）和灰褐色（10 YR 4/3、10 YR 3/3、10 YR 3/2）等。有的陶片内、外壁的颜色不一致，而多数陶片还有灰色或灰黑色的夹芯。这些都说明陶胎的烧成温度不高，陶胎的芯部烧成时未超过600℃，而只有外表烧成时的温度超过了600℃[6]。这种烧成现象表明。这些陶器很有可能是露天篝火堆烧的。多个标本的烧成温度测试结果为740℃~840℃之间。

3. 制坯成形

由仙人洞陶片的断口和断面观察可知，这里陶器坯体的成形方法有两种。一种是泥条成形法，一种好像是泥片成形法。其中泥条成形法又分泥条圈筑（或叠筑）法和泥条盘筑法两类。泥条圈筑法是仙人洞陶器上部最普遍的成形方法，用这种方法成形的陶器在破碎时往往从泥条接缝处断开，所以可以观察到泥条是与器口平行的，泥条宽度一般在3厘米左右，最窄的1厘米，最宽的也可达5厘米（做比较大的器物）。在泥条接缝处断开的陶片断口一端弧凸，另一端弧凹，再由陶器口片观察，可知弧凸的一端应在上，弧凹的一端在下，这样就可以推测出，在向上续接泥条时一般要用手由上至下挤压接缝处以使两泥条紧密黏接。这种方法制作的陶器，有时可以在器表看到泥条接缝处连续不平整的痕迹。泥条接缝处断裂的碴口无论是弧凸一端还是弧凹一端，其中部都比较平滑，可见泥条是预制好的，黏接时以湿手挤压接缝处，因此接缝处只有靠近壁面的部位才是黏接比较紧密的。还有一类泥条成形的情况略有不同，这种泥条接缝处断开的断口是斜的，从口部泥条断口观察，泥条从下往上接续时是由内壁向外斜接的，如果为倒筑则是由外向内斜接。这类泥条断口都比较粗糙，显示泥条黏接程度比前一类要好。泥条一般宽2厘米。这类泥条成形法仅见于下述条纹陶标本，数量不多，因此证据还不是很充分。

用泥条盘筑法制作的标本仅见一例1589 E10N11②A①（图版一三，6、7），此标本为一圜底器的器底，制作时以泥条一头做底的中心，另一头顺时针盘旋上接成底。在此器底内壁可以看见泥条的接缝。由于所有标本都是碎片，因此也就不能认定上述两种泥条成形方法是否同时施于一器。

泥片成形法，或称泥片贴塑法，即用泥片一层层贴塑成形，在陶片断口上可以看到胎体一般都有两三层，内层泥片一般稍厚，外层泥片一般较薄。这种成形方法只见于下述单面滚印绳纹陶。其成形过程也可能是和绳棍滚压的修整过程同时进行的，外层泥片因滚压而变得比较薄。从破裂陶片看不出泥片的大小。

（二）陶器的修整、装饰与器形

仙人洞陶器的这几项指标中修整一项是变异最大的，由于修整方法与装饰风格是相搭配的，而发掘又没有发现完整或可复原的器形，对器形的描述只能由陶片来推测，因此以下的分类主要将以陶器的修整方式为主要指标，同时参照上述陶质和成形方法的差别，并对各类陶器的装饰及其器形做最大程度的描述和复原。

陶器成形后的修整方式可由器表留下来的印记观察到，这些印记中比较醒目的一般习称为纹饰。仙人洞陶器的器表（包括内壁和外壁）大多都有各种纹饰，这些纹饰在陶器破碎后仍能在陶片上观察到，只是不那么完整，因此多少也会影响到观察的准确性，不过这种影响一般只限于对更细致分类的把握。这些纹饰大致有条纹、绳纹、编织纹和素面四类，而绳纹和编织纹还有很多的变化情况可做进一步的区分。再结合陶质、成形、装饰和器形等指标可将这些陶器分为条纹陶、绳纹陶、编织纹陶和素面陶等几类。

1. 条纹陶

条纹陶陶片共 23 块。陶胎胎体用第一类黏土，掺石英，成形方法属泥条圈筑法中的第二种情况，这种成形方式的陶器也只有条纹陶一类。陶色一般为深褐色，多无黑芯，内外壁陶色接近，个别内壁局部黑色。

这类陶器的外壁和内壁都有以平头齿形器刮抹（压）后留下的类似浅篮纹的平行条纹。所谓平头齿形器类似叉子，应以竹、木或骨料制成，平头齿宽一般 3 毫米，齿间距 1 毫米。在标本 764 E1N3③C①B 内壁留有刮抹时停顿的顿痕（图版一三，5、8、12；彩版一六，1~6），这种痕迹可以证明器壁上的条痕不是拍印而是刮抹所致，而一组顿痕的宽度似在 2~3 厘米，这也应当是刮抹工具齿形器的宽度。在近口部的陶片上可以观察到这种平行条纹一般是横向或略斜的（如标本 466 E1N3③C①B、185 E1N3③C①B），而且外壁为左下斜（依观察方向），内壁为右下斜，表明对内外壁施纹（刮抹）时的方向是相反的，这样可以使器胎泥片之间黏接更加紧密。

条纹陶的装饰只在器口部位发现两种，一种是在唇沿上压出"V"形凹槽，使口沿成锯齿状，齿间距约 0.6~1 厘米，如标本 466 E1N3③C①B（图版一三，1、2、3、4）；再有一种是在唇下 2~2.5 厘米处用直径 0.4 厘米左右的小棒由内壁向外顶出的一周圆窝，圆窝间距 1 厘米，外壁在相应部位则为一周顶出的泥突，如标本 466 E1N3③C①B、185 E1N3③C①B（图版一三，9、10、11）、174 E1N3③C①B（图版一三，13、14、15）、753 E1N3③C①A（图版一三，16、17；彩版一三，1~6）。

依条纹陶的口片和腹片来看，其器形应为锯齿形尖唇直口（圜底？）的"U"形罐或釜，器壁厚 1 厘米左右。

2. 绳纹陶

绳纹陶陶片共 130 块，陶胎有掺石英、细砂和碎陶片的三种情况，器物的成形方法则有泥条成形法和泥片成形法两种。

这里绳纹陶的特征是在器表内外壁两面或仅在外壁一面印有粗细、深浅不一的绳印痕迹。在一些痕迹比较清楚的陶片上可以看出绳印大多是双股"Z"绞结绳子留下的。绳纹的施纹方法可观察到两种，其中最主要的一种是在陶片表面有一道道平行的绳纹印痕，可以看出绳股的形状，这应当是绳拍拍打出来的。拍印绳纹在器物的外壁一般是竖向的，而内外壁均有绳纹的双面绳纹陶其内壁的绳纹一般则是横向的，也有内外壁绳纹的角度都略斜近 45°的，但内外壁绳纹的方向却都是相反的，内外壁绳纹印痕的形状在同一陶片上都是很相近的。这说明在拍打外壁时内壁垫有相同的绳拍，陶工在修整陶器时，内壁垫拍竖握，外壁绳拍横握，两拍拍打时垂直运动，这样方能在陶器的内外壁同时留下上述的痕迹。这里多数拍印绳纹的印痕都比较长，说明绳拍大多是扁平的，但也有一组一组绳印很短，一般在 1 厘米左右或不足 1 厘米者，而且内壁相应有竖向的条形垫窝，如标本 922 E11N11②A（图七三，7；图版一四，1、2、6）、1654 E10N10 Fea. 2（图七三，5；图版一四，3、4、5）、1502 E10N12②A（图七三，1；图版二三，1、2、3、4）、1659 E10N10 Fea. 2（图七三，2；图版一四，11、12、13）、1522 E10N12②A（图七三，6；图版二三，5、6、7）、1585 E10N11②A（图七三，3；图版一四，9、10、14）、1663 E10N10 Fea. 2（图七三，4；图版一五，7、8、9）等，这很像是棍拍拍印的结果，这里称之为棍拍绳纹陶。

另外，标本 1491 为一个泥条的断片，在泥条的接缝处发现有两层绳纹，可能是在制坯过程中接下一泥条之前已经拍过一遍，续接后又拍了一次所造成的，如果确是如此的话，那么这件陶器的成形与修整是交替进行的。不过这也有可能是陶器成形并修整一遍以后为加固起见在泥条接缝处抹泥并再拍一遍的结果。由于这件标本不完整，不能得出肯定的结论。标本 1529 也是一个泥条的断片，在其泥条的断口上有拍印绳纹，这不会是修整的痕迹，而是在制坯成形时为使泥条之间增加接触面积以黏接更加紧密的做法。

上述拍印的绳纹陶中，棍拍绳纹陶的数量不多，有些不易辨认，尽管个体之间还小有差异（如绳印的粗细等），这里也不再做进一步的分类。而大多数的扁平绳拍拍印的绳纹陶则有很多的变异情况，这里按照变异的几项指标——单面（外壁）拍印与双面拍印以及绳印的粗细再行细分如下。

双面绳纹陶：掺石英，绳径 1.5～2 毫米，如标本 438 E1N3③B②、375 E1N3③C①A，皆为器口片。其中标本 438 E1N3③B②外壁竖绳纹，内壁绳纹横向略斜（图七四，3；图版二三，11、12、13；彩版一〇，1～6），标本 375 E1N3③C①A 外壁竖绳纹或略斜，内壁绳纹被抹平但仍隐约可见。器口唇沿上有间隔 1 厘米压出的一周"V"形凹槽。器形大约是尖唇直口的"U"形罐或釜（图七四，1；图版一五，4、5、6）。

双面粗绳纹陶：掺石英，内外壁有方向相反的粗绳纹，绳径 2～3 毫米。如标本 657 E5N8②C，口片，唇下 1 厘米有间隔 1 厘米戳印圆窝。器形应与双面绳纹陶相似（图七四，2；图版一五，1、

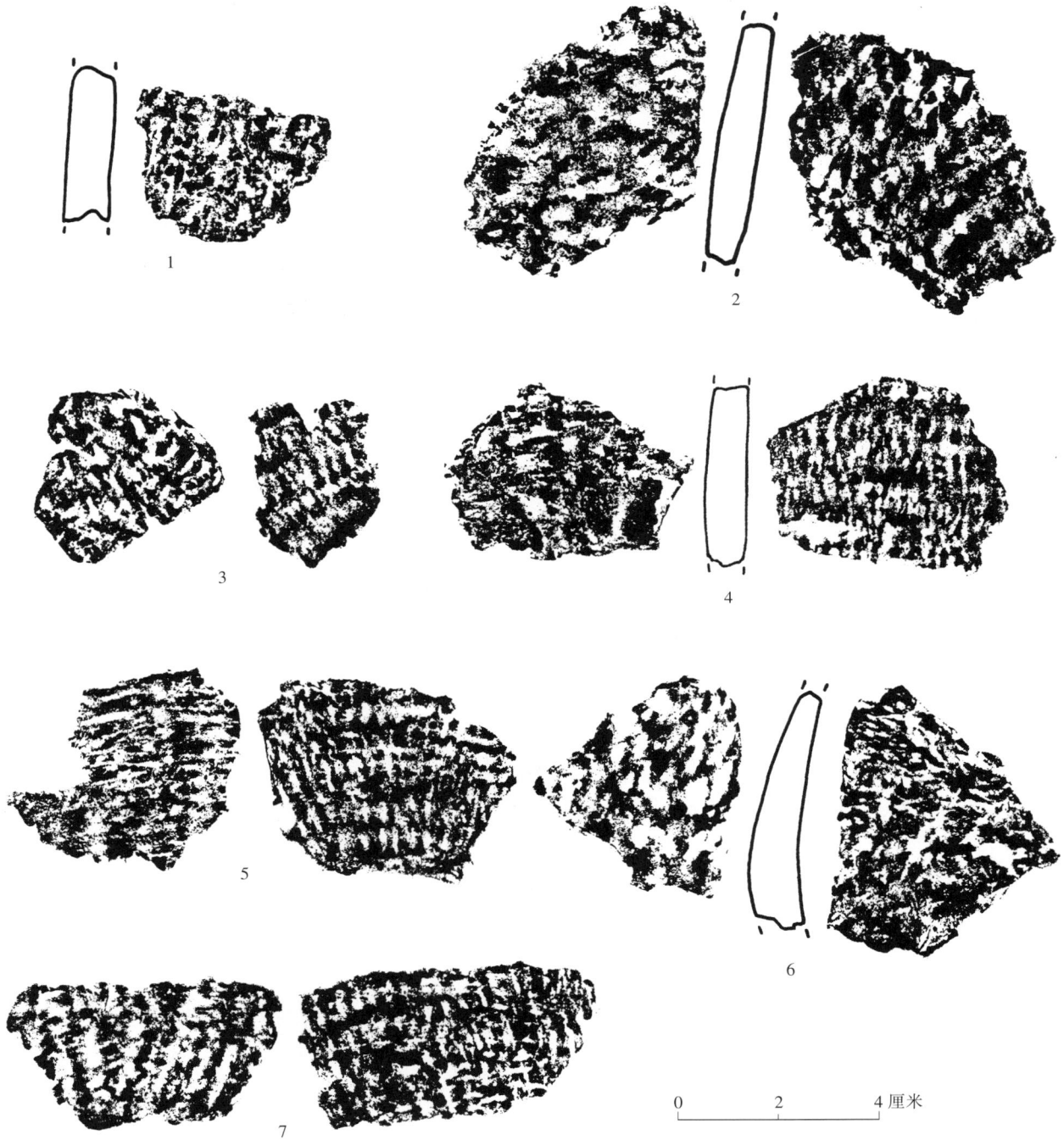

图七三　仙人洞遗址出土棍拍绳纹陶

1. 1502 E10N12②A　2. 1659 E10N10 Fea. 2　3. 1585 E10N11②A　4. 1663 E10N10 Fea. 2　5. 1654 E10N10 Fea. 2
6. 1522 E10N12②A　7. 922 E11N11②A

2、3）。

单面细绳纹陶：掺碎陶片，外壁绳纹细密，绳径 1 毫米左右，内壁平素无纹。如器口片标本 834 E11N11②A（图七五，9；图版二三，8、9、10）、1453 E10N10②A（图七五，1；图版一五，10、11、12）和器腹片标本 856 E11N10②A（图七五，8；图版一六，1、2、3）、913

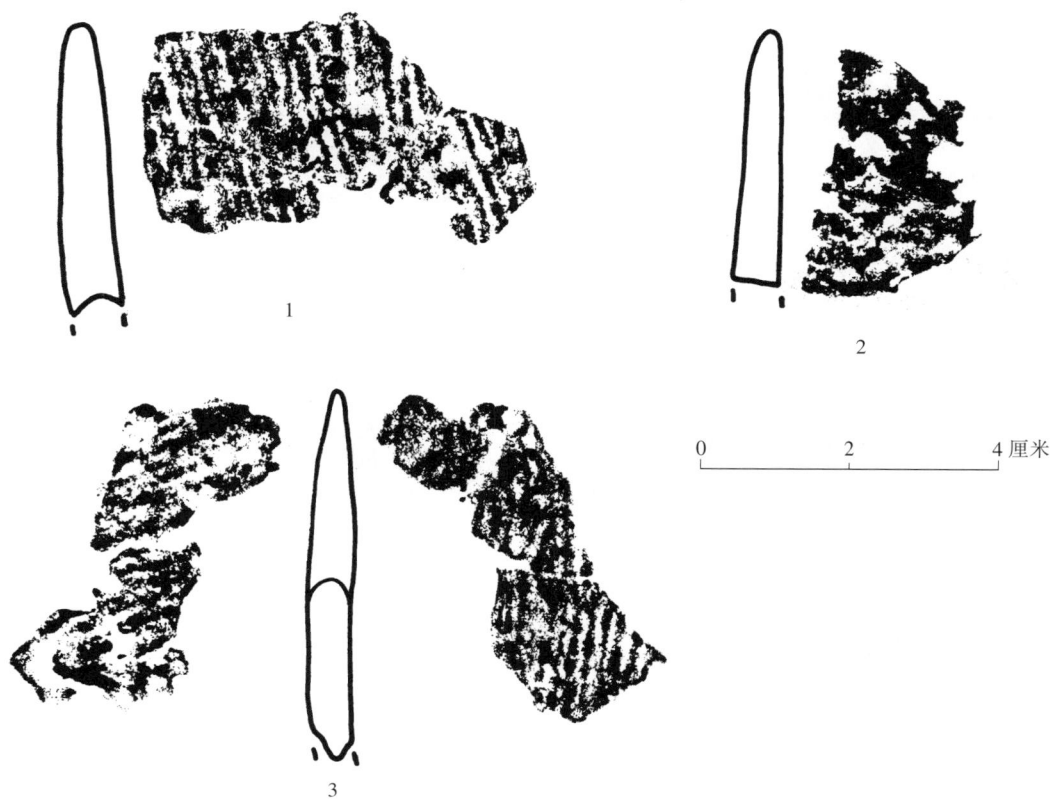

图七四　仙人洞遗址出土双面绳纹陶、双面粗绳纹陶
1. 375 E1N3③C①A　2. 657 E5N8②C　3. 438 E1N3③B②

E11N12②A（图七五，2；图版一六，4、5、6）、1028 E0N3③B②（图七五，6；图版一六，8、9）、663 E5N8②C（图七五，3；图版一四，7、8）、879 E0N3③B②（图七五，5；图版一六，10、11）、751 E1N3③B②（图七五，7；图版一六，7）、74 E1N3③B①（图七五，4）等。其中标本834 E11N11②A唇沿下0.5和2厘米处有两周戳印圆窝，上面的圆窝较小，直径0.3厘米，窝间距1厘米，下面的圆窝稍大，直径0.6厘米。标本913 E11N12②A上亦见圆窝，可能为近口部的陶片。标本751 E1N3③B②外壁有三道平行划线（阴弦纹）间距0.4厘米。标本663 E5N8②C外壁亦有横向划线，内壁有竖向杂乱划线。这类陶器的器形大约也是尖唇直口的"U"形罐或釜。

单面绳纹陶：又分为掺石英、碎陶片和细砂三种。外壁施较粗的绳纹，绳径2毫米，绳纹为竖向或略斜。掺石英和碎陶片的两种内壁原也有绳纹，但被抹平，有时隐约可见。掺细砂的内壁较光滑，不知原先是否有绳纹。掺石英的标本有1482 E10N11②A（图七六，1；图版一六，12、13、14；彩版一一，1~5）、800 E11N11②A（图七六，10；图版一七，1、2、3）、1466 E10N11②A（图七六，3；图版一七，7、8、9）、1487 E10N11②A（图版一七，4、5、6）、839 E11N11②A（图版一七，10、11、12）、601 E5N8②A（图七六，8；图版一八，10、13）、1483 E10N11②A（图七六，2；图版一八，1、2、3）、1504 E10N12②A（图七六，4；图版一八，4、5、6）、

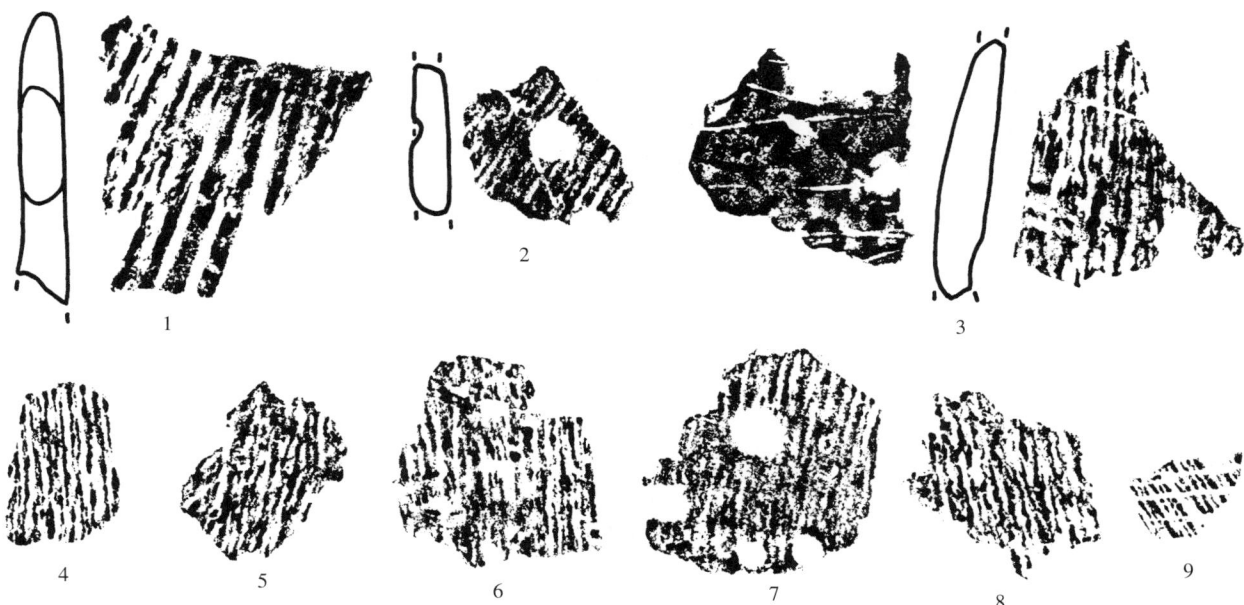

图七五　仙人洞遗址出土单面细绳纹陶

1. 1453 E10N10②A　2. 913 E11N12②A　3. 663 E5N8②C　4. 74 E1N3③B①　5. 879 E0N3③B②
6. 1028 E0N3③B②　7. 751 E1N3③B②　8. 856 E11N10②A　9. 834 E11N11②A

0　　　2　　　4厘米

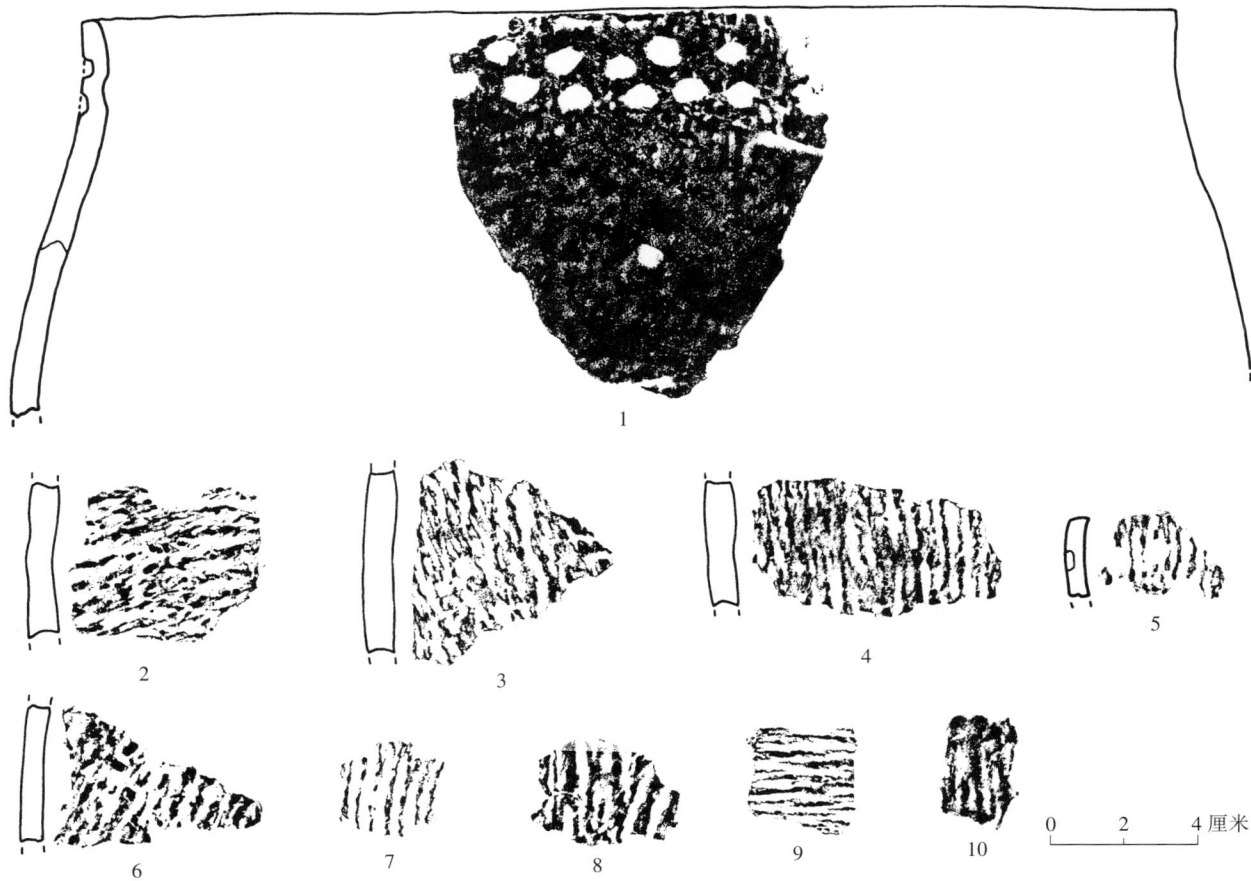

图七六　仙人洞遗址出土单面绳纹陶

1. 1482 E10M11②A　2. 1483 E10N11②A　3. 1466 E10N11②A　4. 1504 E10N12②A　5. 556 E5N8①B　6. 1454 E10N10②A
7. 558 E5N8①B　8. 601 E5N8②A　9. 554 E5N8①B　10. 800 E11N11②A（局部）

0　　　2　　　4厘米

1589 E10N11②A 等，其中 1482 E10N11②A、800 E11N11②A 和 522 E5N8①B 为器口片，唇沿上也拍有绳纹，1482 E10N11②A 唇沿下 1 厘米和 2 厘米处还有两周直径 0.6 厘米的戳印圆窝。1483 E10N11②A 外壁有后钻孔。这种陶器的器形是平唇直口有颈的鼓腹罐或釜，其中标本 1482 E10N11②A 的个体甚大，其口部残片在同心拟合的口径为 29.5、器壁厚 0.8 厘米。掺陶片的标本有 1454 E10N10②A（图七六，6；图版一八，7、8、9）、1469 E10N11②A（图版一六，15）等，都是腹片。掺细砂的标本有 556 E5N8①B（图七六，5；图版一八，11、12）、554 E5N8①B（图七六，9；图版一九，1、2、3）、558 E5N8①B（图七六，7；图版一九，4、5）、559 E5N8①B、656 E5N8②C 等，其中 556 E5N8①B 为口片，唇沿下也有两周圆窝，558 E5N8①B 为颈下部片，亦有圆窝，此片略有弧度，据此可推测器形也是直口有颈的鼓腹罐或釜。

交错绳纹陶：掺碎陶片。数量很少，外壁有交错拍印的绳纹，内壁光素无纹，器形不明，也可能是与单面绳纹陶或单面粗绳纹陶同属一类。如标本 839 E11N11②A（图七七，3；图版一七，10、11、12）、1448 E10N12①B（图七七，2）、1469 E10N11②A（图七七，1）。

再有一种绳纹的施纹方法不是拍印，而很像是滚印，而滚印的方法又有两种，一种应该是用绳子直接滚压，在这种施纹方法的陶片上可以看到一个个梭形米粒状的绳印。如标本 1520 E10N12②A（图七八，3；图版一九，6、7、8、9），外壁绳印略斜近 45°，内壁绳印为横向，又如标本 1484

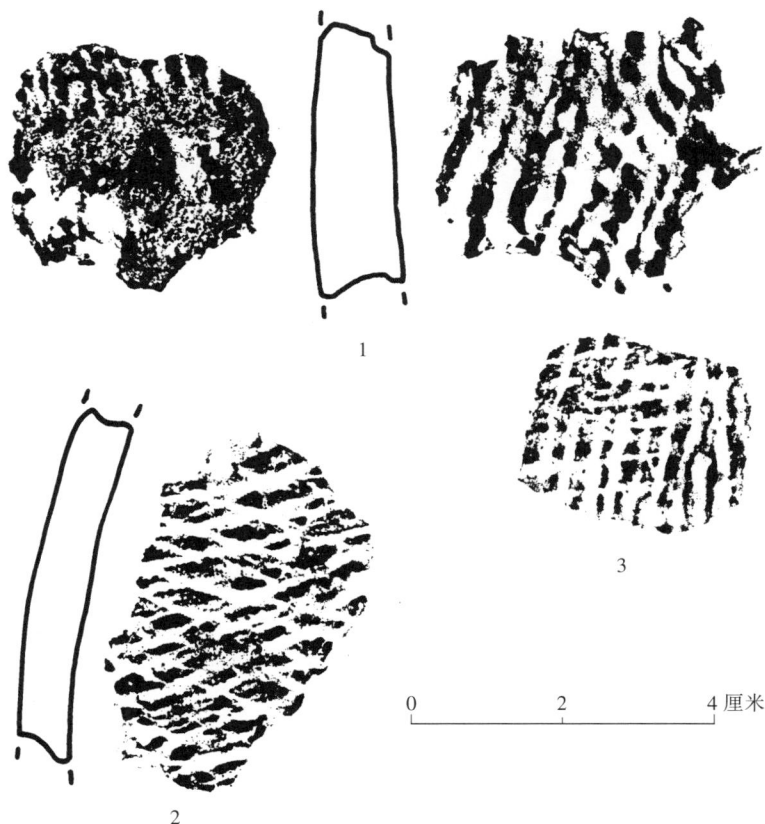

图七七　仙人洞遗址出土交错绳纹陶片

1. 1469 E10N11②A　2. 1448 E10N12①B　3. 839 E11N11②A

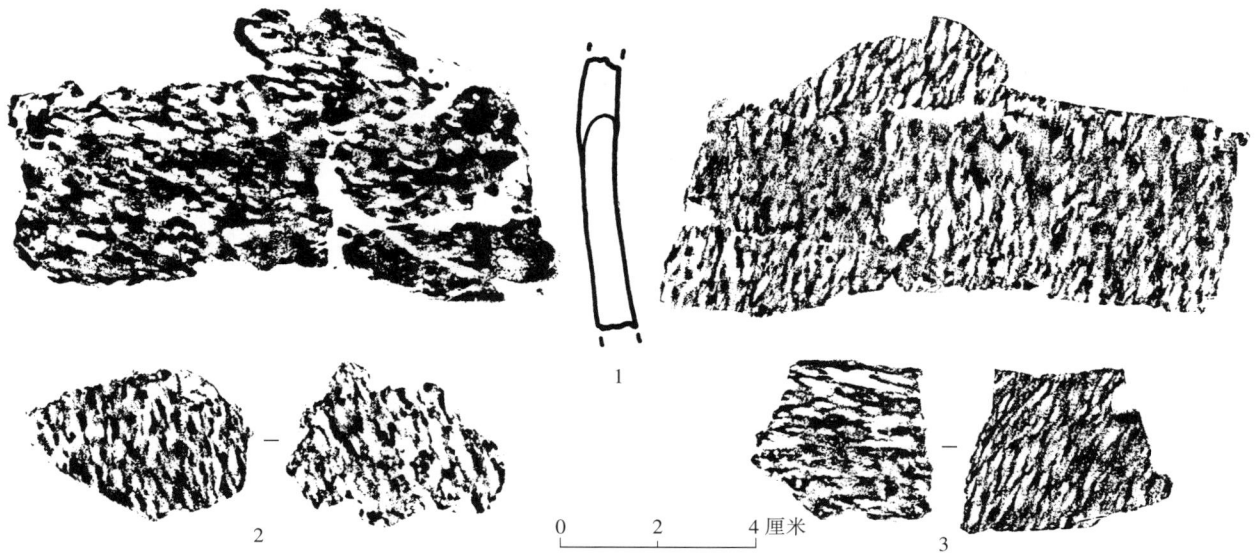

图七八　仙人洞遗址出土滚印双面绳纹陶
1. 1484 E10N11②A　2. 1491 E10N11②A　3. 1520 E10N12②A

E10N11②A（图七八，1；图版二〇，1、2、3、4、5、6；彩版一五，1~6），外壁绳印为竖向，内壁绳印略斜近45°。标本1491 E10N11②A（图七八，2）、1571、1489 E10N11②A、1521 E10N12②A等亦是此类做法。滚印绳纹的印痕较浅，有些比较模糊而难以辨认，因此数量的统计不是十分准确，但数量肯定是很少的，这里称之为滚印双面绳纹陶。

　　另一种应该是用缠绳棒滚压，绳印长而清晰，在器物颈部凹面上也能看见清晰的绳印，拍打是不能够做到的。这种绳印较粗，只见于器物的外壁，这里称为滚印单面粗绳纹陶。这类陶器是仙人洞唯一用泥片贴塑法成形的，胎体用第二类陶土，有掺石英和碎陶片者两种，一般内外壁均为浅褐色或黄褐色，有灰芯，或外壁黄褐内壁灰色。外壁滚压竖向规整粗绳纹，绳径2~2.5毫米，内壁光素无纹。如标本521 E5N8①B（图七九，1；图版一九，10、11、12；彩版九，1~6）、522 E5N5①B（图七九，3；图版二〇，7）、1438 E10N10①A（图七九，2；图版二一，1、2、3）、565 E5N8①B（图版二〇，8、9、10）等，其中521 E5N8①B为口片，在同心圆板上拟合的口径为16.5厘米，1438 E10N10①A为有弧度的颈部片，知器形为平唇或略斜的直口、有颈、鼓腹罐或釜，束颈十分明显。

　　3. 编织纹陶

　　编织纹陶陶片共52片，有掺石英和碎陶片者两种，都是用泥条圈筑法制坯成形的。

　　所谓编织纹陶只是一个权宜的名称，是指器物的外表拍印有编织纹样的陶器，但实际仔细观察这种纹样还是有不同的形态，如标本1487 E10N10②A（图八〇，5；图版一七，4、5、6）、617 E5N8②A（图八〇，3；图版二一，4、5、6）可以看出有经有纬类似席纹的编织纹；又如标本1706 E10N12②A②（图八〇，2；图版二一，7、8、9）、1587 E10N11②A①（图八〇，6；图版二一，10、11、12）、1641 E10N10②A②（图八〇，4）表面为杂乱的点状和条状纹样，类似新石器晚期以

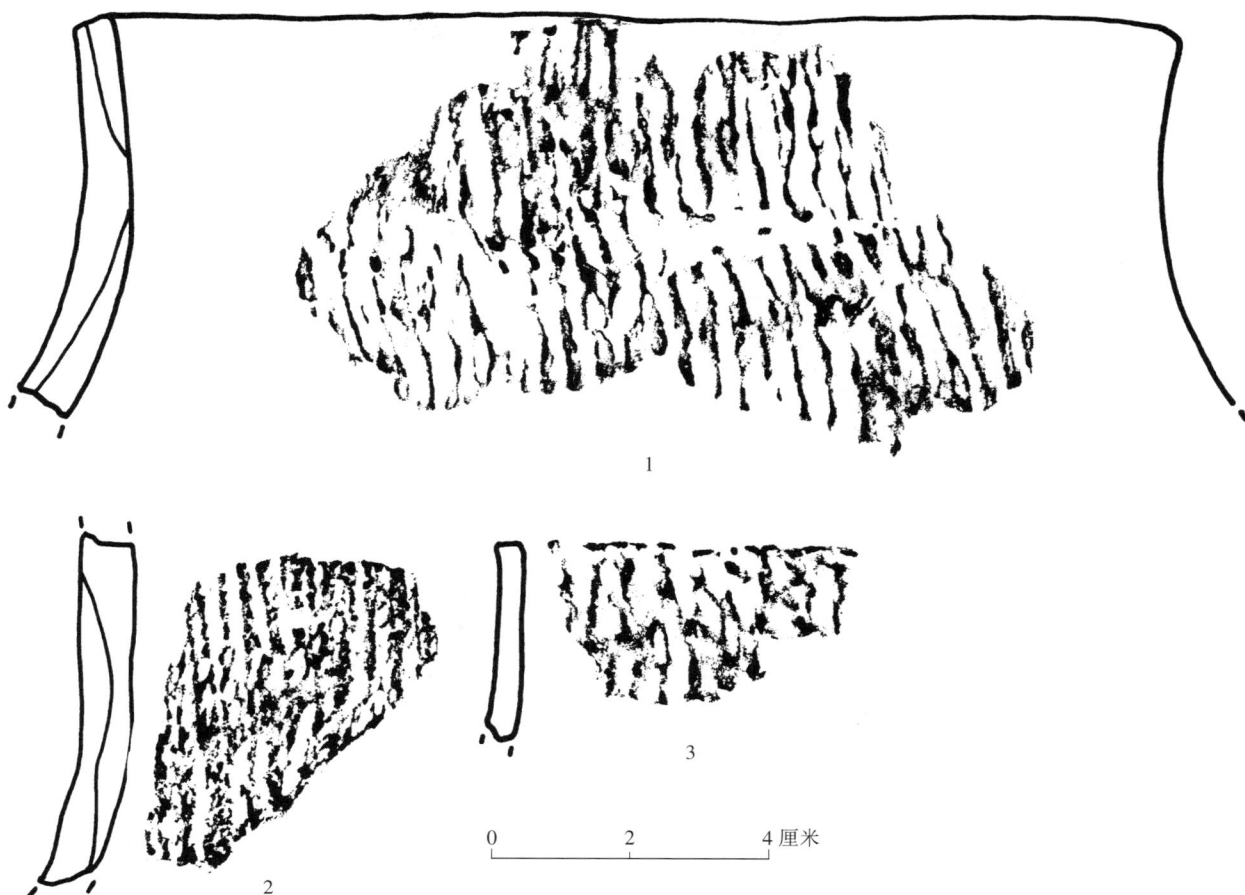

图七九　仙人洞遗址出土滚印单面粗绳纹陶

1. 521 E5N8①B　2. 1438 E10N10①A　3. 522 E5N5①B

后某些地区陶器上的"橘皮纹"；再如标本 1513 E10N12②A 表面纹样类似绳纹，但看不出绳子股，而更像是以鹿角作拍子拍出的纹路（图八〇，1；图版二二，1、2、3；彩版一二，1~5）。这其中，有类似席纹的陶片数量很少，其他的种类则数量很多，也可能有很少的标本是交错的绳纹，但因不易辨认也被归入此类。

这类陶片一般内外壁两面都有相同的纹样，但其中不少内壁又被再次用手抹平，只能隐约看到原来纹样的痕迹，只有很少一些内壁被完全抹平，看不出原来是否有纹饰。编织纹陶的器形如标本 1513 E10N12②A，为掺碎陶片的灰褐陶，泥条宽近 5 厘米，器壁厚 0.5~0.6 厘米，纹样见于外壁及唇沿上，内壁纹饰被抹平，口下有一漏斗形钻孔，口径 16 厘米（同心圆拟合数据），复原的形状应为圆唇敞口斜腹圜底深腹钵。

4. 素面陶

素面陶陶片有 14 片。陶质为掺石英者，成形方法为泥条圈筑。

这类陶片的特征是内外壁均被抹光，如标本 1446 E10N12①B（图版二二，8、9、10、11）、606 E5N8②A（图版二二，4、5、6、7）。这类陶器在修整过程中原本可能拍印有绳纹或编织纹，但后被

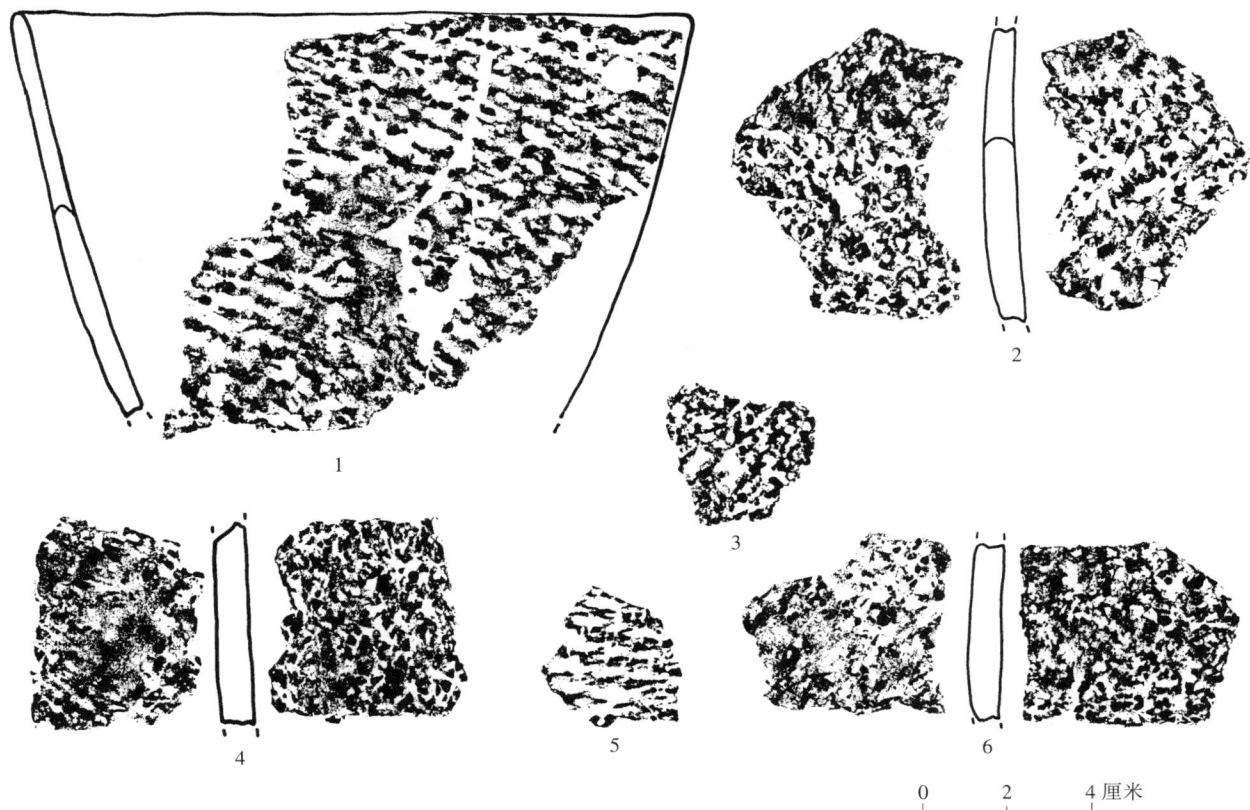

图八〇　仙人洞遗址出土编织纹陶

1. 1513 E10N12②A　2. 1706 E10N12②A②　3. 617 E5N8②A　4. 1641 E10N10②A②　5. 1487 E10N10②A　6. 1587 E10N11②A①

全部抹光，其中有一些特别小的陶片也不排除是上述绳纹陶或编织纹陶两面被局部抹光的碎片的可能。素面陶器形如标本606，泥条宽1～2厘米，唇沿被压成锯齿状，沿下1厘米处用小圆棒由外向内间隔1厘米戳印一周小圆窝，器壁厚0.6～0.7厘米，口径16.5厘米（同心圆拟合数据），形态为圆唇直口斜腹圜底深腹钵。

（三）各类陶器在各堆积单位中出现的情况

仙人洞①A层下出土的282块陶片分布在①A层以下各个堆积单位，以下将按上述分类分别对仙人洞东西两个发掘部位所出陶片分层进行统计，以观察不同类型的陶器在各个时期的分布情况。需要说明的是，所有282块陶片并不是每块都可以进行分类的，因为有些陶片十分碎小，甚至不能看出其掺和料的情况，有些则有内壁或外壁脱落的情况，以至不能准确判断其纹饰的类型。因此，下面的统计中除包括那些能够观察到全部分类特征的陶片之外，还有不能判断类型的"不明"一项。

仙人洞发掘区西部N8E5、N3E0、N3E1、N3E2、N3E3、N4E0、N4E1、N4E2、N4E3的层位是连续而相关的，所出陶片的分类统计情况如下表：

分类＼单位	条纹陶	双面绳纹陶	双面粗绳纹陶	单面细绳纹陶	单面绳纹陶	滚印单面粗绳纹陶	编织纹陶	素面陶	不明	总计
①B			4		5	12			8	29
②A	1		4		2		8		1	16
②B							3			3
②C			7	1	1		2			11
③A										0
③B①		1	5	1	2		5		5	19
③B②	1	2	5	8			2		2	20
③C①A	6	5						5	5	21
③C①B	10									10
总计	18	8	25	10	10	12	20	6	20	129

仙人洞东部发掘区 E11N10、E11N11、E11N12 所出陶片的分类情况统计如下表（包括 Fea. 1、Fea. 2、Fea. 4、Fea. 5、Fea. 7、Fea. 25、Fea. 26、Fea. 29 等单位）：

分类＼单位	条纹陶	双面绳纹陶	双面粗绳纹陶	单面细绳纹陶	单面绳纹陶	滚印单面粗绳纹陶	棍拍绳纹陶	滚印双面绳纹陶	交错绳纹陶	编织纹陶	素面陶	不明	总计
①B				1	2	1			1	2	1		8
②A				5	20	3		5	2	27	2	13	77
Fea. 1、Fea. 4、Fea. 25、Fea. 26、Fea. 29				1	3	1	1				2		8
②A①						1				1		2	4
Fea. 2、Fea. 5、Fea. 7					1		3			2		3	9
②A②	1	1	4		3		3				1	12	25
②A③	4	1										5	10
②B					2						3	5	10
②B①											1	1	2
总计	5	2	4	7	29	2	12	6	3	32	8	43	153

通过上述各堆积单位中各种类型的陶器统计可以看出，仙人洞发掘西部最先出现陶器的层位是③C①B层，这一层所出陶器为条纹陶，而且只有这一类。在随后的③C①A层中除有条纹陶外，又

出现了双面绳纹陶和素面陶，不过这一层中的 5 片素面陶都很细小，很难确定其性质。再往上的③B②层新出现了双面粗绳纹陶、单面细绳纹陶和编织纹陶，③B①新出现了单面绳纹陶，并且从这一层以后基本不见了条纹陶。③A 层未见陶片（而且也基本没有其他人工制品）。②C、②B、②A 层情况差不多，以双面粗绳纹陶、单面绳纹陶和编织纹陶为主，②C 层和②A 还各见一片单面细绳纹陶和素面陶，不见了双面绳纹陶。①B 层还有双面粗绳纹陶和单面绳纹陶，但新出现了滚印单面粗绳纹陶，而且以滚印单面粗绳纹陶为主。

仙人洞发掘东部最先出现陶片的层位是②B①层，但仅有 2 片，而且很碎小，往上的②B 层有 10 片，但同样只有指甲盖一般大小，因此，虽然这两层中有勉强可以判定为素面陶和单面绳纹陶的陶片，但也很难断定其性质。随后的②A③层只有条纹陶和双面绳纹陶，②A②还有双面粗绳纹陶、单面绳纹陶和棍拍绳纹陶。②A②以后不见条纹陶、双面绳纹陶和双面粗绳纹陶，新出现单面细绳纹陶、滚印双面绳纹陶和编织纹陶。②A 层新出现交错绳纹陶。①B 层新出现滚印单面粗绳纹陶。

仙人洞东部没有像西部③C①B 那样单出条纹陶的层位，东部最早的②B①、②B 和②A③层大致与西部③C①A 出土陶片的类型差不多。东部②A②、②A①、②A 以及其间的几个遗迹中所见陶片则应与西部③B②与②A 之间几个层位出土陶片的类型相同。而东、西两部的①B 层都有最晚出的滚印单面粗绳纹陶，应属同一时期的堆积。

（四）小结

根据碳十四年代测定和交叉断代可知，仙人洞早期陶器是中国也是世界上年代最早的陶容器制品之一。而且在这些出土早期陶器的地点中，仙人洞陶器的数量之多、类型之多以及系列之完整都是无出其右的。在 90 年代三个年度仅约 8.6 平方米的发掘面积中，出土于①A 层以下原生堆积中的陶片就有 282 片，相同层位和不同层位的陶器在质料、成形方式、修整方法、装饰和器形等方面都有很多的变化。

仙人洞陶器的陶土最早利用的是粉沙质的淤土，内含肉眼可看到氧化铁结核和镜下可分辨的黏土团，较晚还利用了一种比较纯的黏土。瘠性原料主要是粒度比较大的粉碎石英岩石，较晚还使用细沙和陶片作为掺和料。

这里陶器制坯成形和修整的工艺有多种，最早出现的条纹陶以斜接泥条的泥条圈筑法成坯，用平头齿形器在内、外壁刮抹修整，留下了平行的条纹，器口压成锯齿状并在口部装饰一周由内向外顶出的泥突，器形是直口的"U"形罐（釜）。条纹陶大多为深褐色，没有黑芯，烧成温度还是比较高的。

随后出现的绳纹陶较早，也是掺石英岩的，以后又有以碎陶片和细砂为掺和料的做法，成形方式大都是竖接泥条的泥条圈筑法。绳纹陶的修整方法有很多种，以扁绳拍拍打的方式为主，最早出现的是内外壁两面都留有绳纹的双面绳纹陶和双面粗绳纹陶，绳纹在内、外壁的方向是相反的，器形大致与条纹陶类似，口部也有压成锯齿状的，完整的双面粗绳纹陶器在 1962 年发掘时出土过一件。稍晚的拍印绳纹陶主要是外壁留下绳纹的单面绳纹陶，这类陶器在内壁原也应有绳纹，但被抹掉，根据绳纹粗细的不同又可分为单面细绳纹陶和单面绳纹陶。其中单面细绳纹陶都是掺碎陶片的，器形与双面绳纹陶很相似，在单面绳纹陶中出现的年代是最早的。单面绳纹陶既有掺石英岩和碎陶片的又有掺细砂的，器形与上述有较大的不同，是一种有颈的鼓腹圜底罐（釜），出现的年代较晚。

还有一些是数量比较少的以缠绳棍拍打修整的棍拍绳纹陶、以绳子直接滚压修整的滚印双面绳纹陶和交错绳纹陶，它们出现的年代大致在双面粗绳纹陶到单面绳纹陶之间。

再有就是以缠绳棍滚压修整的滚印单面粗绳纹陶，从陶质陶色都很有特点，制法也与其他类型的陶器不同，是以泥片贴塑法成形的，与单面绳纹陶的器形很像，也是有颈的鼓腹罐（釜），但束颈更甚，出现在仙人洞东西两个发掘部位的①B层，是仙人洞各类陶器中出现最晚的，它的器形和制法已经同新石器时代中期彭头山文化的同类器很相近了。

数量比较多的编织纹陶陶质有掺石英和掺碎陶片两种，也以泥条圈筑法成形，大概以缠绕各种编织物的拍子拍打修整，有的内、外壁都留有印痕，有的内壁又被抹平，器形是一种敞口斜腹圜底的深腹钵，年代大致与双面粗绳纹陶、单面细绳纹陶、单面绳纹陶共存。素面陶的数量不多，都是掺石英岩的，以泥条圈筑法成形，内、外壁均被抹平，有的可以约略看出壁面在抹平前也有纹样（推测是编织纹）。素面陶在较早与双面绳纹陶同时的层位中就有发现，但均是比较细碎的小陶片，因此不能肯定它们是素面陶还是绳纹陶局部被抹平的陶片，能看出形状的一件出于西部②A层中，是直口斜腹圜底的深腹钵，口部压成锯齿状。因此，编织纹陶和素面陶陶器很可能为盛器，而与条纹陶和绳纹陶的器类——釜在功能上有所不同。

三　骨角器

骨器，26件。主要器类有骨锥、骨针、骨镖、骨镞、骨铲以及刻纹骨片。

骨锥，12件。刃面较窄，并有锥尖。依锥尖数量的多少，可分为二型。A型为一端尖，B型为二端尖，主要为一端尖（仙人洞遗址只有A型）。

A型，一端尖，12件。依锥尖特征，可分为三亚型。

Aa型为秀长尖，Ab型为三棱尖，Ac型为扁钝尖，Ad型为圆钝尖（仙人洞遗址只有Aa、Ab、Ad三型）。

Aa型，秀长尖，8件。

标本1861 E10N11③B。两端尖，一面平，一面有脊棱，截面为菱形。骨片内面上端左侧打出一斜面，于上端形成一锥尖，再沿骨片两侧打制修整至下端形成一秀长状锥尖，骨内面打磨平齐光滑，骨表面微起脊棱，并于其左侧上端刮削出微凹的不规则的长方形斜面。器长5.75、宽1厘米（图八一，1）。

标本1331 E11N11②A③。系用鹿的趾骨打磨而成，上宽下窄，截面呈半环状，以骨片内面两侧进行打制修整，于下端骨片内腔近1/3处磨制修整，形成秀长尖锥尖，骨面右侧下端近1/3处存留有打制过程中形成的弧形凹缺。器长6.3、宽1.1、下端修理面长2厘米（图八一，2；图版二四，9）。

标本1473 E10N11②A。一端尖锐，一端粗阔，截面近平行四边形，上端保留有劈裂面，骨片内面左侧上部还可看到三个清晰的修整打击痕迹，在骨片左侧近2/3处，右侧从顶部对骨片进行打制，并进行了磨制修整，光滑平整，形成秀长状锥尖，锥尖部分磨制精细。整器长5.7、宽0.9、厚0.25厘米（图八一，3；图版二四，1）。

标本1474 E10N11②A。系用鹿的肢骨片打磨而成，上宽下窄，截面呈半环状，从骨片内面两侧进行打制修整，于骨片内腔下端近1/3处开始磨制修整，形成秀长状锥尖。器长5.5、宽0.85、下端修理面长1厘米（图八一，4；图版二四，5）。

标本728 E3N3③C①B。一端尖，一端保留有劈裂面，沿骨片内面两侧进行打击修整，至下端形成秀长状锥尖，锥尖微残。器长7.9、宽1.45、厚0.3厘米，左侧修理面长3.3、右侧修理面长4.6厘米（图八一，5；图版二四，7）。

标本747 E1N3③B②。系用鹿的肢骨片加工而成。上阔下窄，上端保留有劈裂面，沿骨片两侧

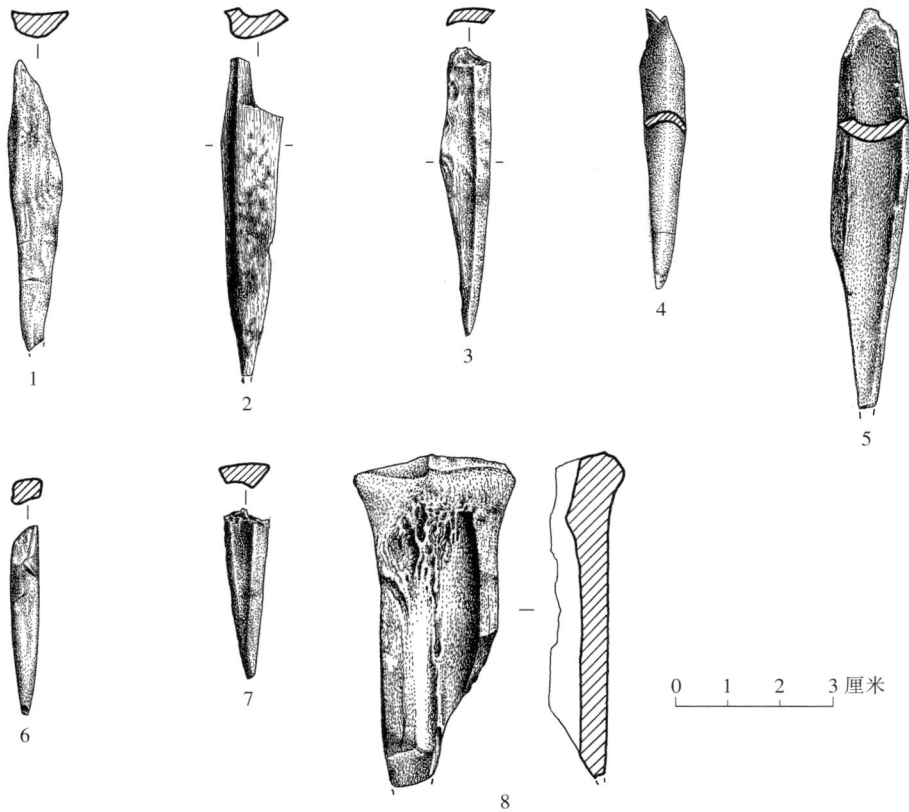

图八一　仙人洞遗址出土 Aa 型骨锥

1. Aa 型骨锥（1861 E10N11③B）　2. Aa 型骨锥（1331 E11N11②A③）　3. Aa 型骨锥（1473 E10N11②A）
4. Aa 型骨锥（1474 E10N11②A）　5. Aa 型骨锥（728 E3N3③C①B）　6. Aa 型骨锥（747 E1N3③B②）
7. Aa 型骨锥（011）　8. Aa 型骨锥（016）

进行打制修整，至下端形成秀长状锥尖，并加以精磨，通体光滑。器长 3.7、宽 0.5 厘米（图八一，6；图版二四，6）。

标本 011，采集。上阔下窄，上端保留有劈裂面，沿骨片内面两侧进行打制修整，至下端成秀长状锥尖，并加以精磨（骨表有腐蚀道）。器长 3.25、宽 0.8、厚 0.3 厘米（图八一，7；图版二四，2）。

标本 016，采集。系用一带骨节的肢骨片制成，于骨片内面右侧 1/2 处打击修整出一斜长面，对骨片内面左侧下端进行刮削，开出尖状刃口，并磨制成薄刃，刃尖部分已残，对顶部骨节凹出部分亦进行刮削修整，便于使用。器长 6.2、顶宽 3、刃面宽 0.7 厘米（图八一，8）。

Ab 型，三棱尖，3 件。

标本 1987 E11N10⑤A。整器由带腔体的鹿的肢骨片制成。一端尖锐，一端粗阔，器身断面呈半环状，上端保留有劈裂面，下端打制成一斜面后，然后再对其进行磨制，成三棱状锥尖。器长 5.91、宽 1.1、左侧修理面长 2.3、右侧修理面长 2.05、锥尖长 1.4 厘米，骨内面右侧上端打凿出一斜长台面（4.4 厘米长），以利把握（图八二，2；图版二四，8）。

标本 1963 E11N12⑤A。整器由带腔体的骨片制成，器身断面呈半环状，上端之劈裂面于骨表断裂处进行过磨制修整，下端顺着骨管两侧打磨成一三棱状锥尖。器长 4.5、宽 1.1、左侧修理面长 2.2、右侧修理面长 2、锥尖长 0.5 厘米（图八二，3；图版二四，3）。

标本 481 E1N3③C①A。系用一长骨片制成，上端保留有劈裂面，左侧从上端，右侧从 2/3 处沿骨片内面外缘进行打击修整，下端形成三棱状锥尖。上端左右两侧略加修整，形成凹弧状，以利把握。器长 4.5、宽 0.7、锥尖长 0.8 厘米（图八二，4；图版二四，4）。

Ad 型，圆钝尖，1 件。

标本 1192 E11N10③A。系用鹿的肢骨片打磨而成，两端尖，截面为半圆形，从骨片中段分别往两端进行打制修整，形成圆钝状锥尖，骨内面平直，骨表面外弧，两侧开出刃口，并磨制成薄刃，骨表面近中段有一横向刻划道，一侧打击修整出一弧状缺口，以利把握。器长 6.05、长径 1.7 厘米（图八二，1；图版二五，1）。

骨针，2 件。一般均系用鹿的肢骨片打磨加工而成。

标本 1532 E10N12②A。长条形，断面呈扁椭圆形，顶部残，通体磨制精细，光滑下端近针尖部数道刻划痕。残长 5.7、径粗 0.5 厘米（图八二，5；图版二五，2）。

标本 161 N3E1③C①A。上、下端均残，截面为扁椭圆形，通体磨光，磨制精细。残长 3.5、长径 0.65、短径 0.4 厘米（图八二，6）。

骨镖，3 件。大多用鹿角的残段打磨加工而成，少数用鹿的肢骨加工而成。

标本 1871 E10N12③B。系用鹿角的一段劈取一半制成。上端残，在一骨片上保留骨表的一面，另一面则加上磨制成较为光滑的平面，使器身断面呈半圆形，并顺着骨片两侧加工使下端成一扁钝尖锥状，同时在正、反两面刻划连续或不连续的不规则的横道，正面的横道数要多于反面的横道数刻划。整器残长 3.6、宽 1.4、厚 0.5 厘米（图八二，7；图版二八，1）。

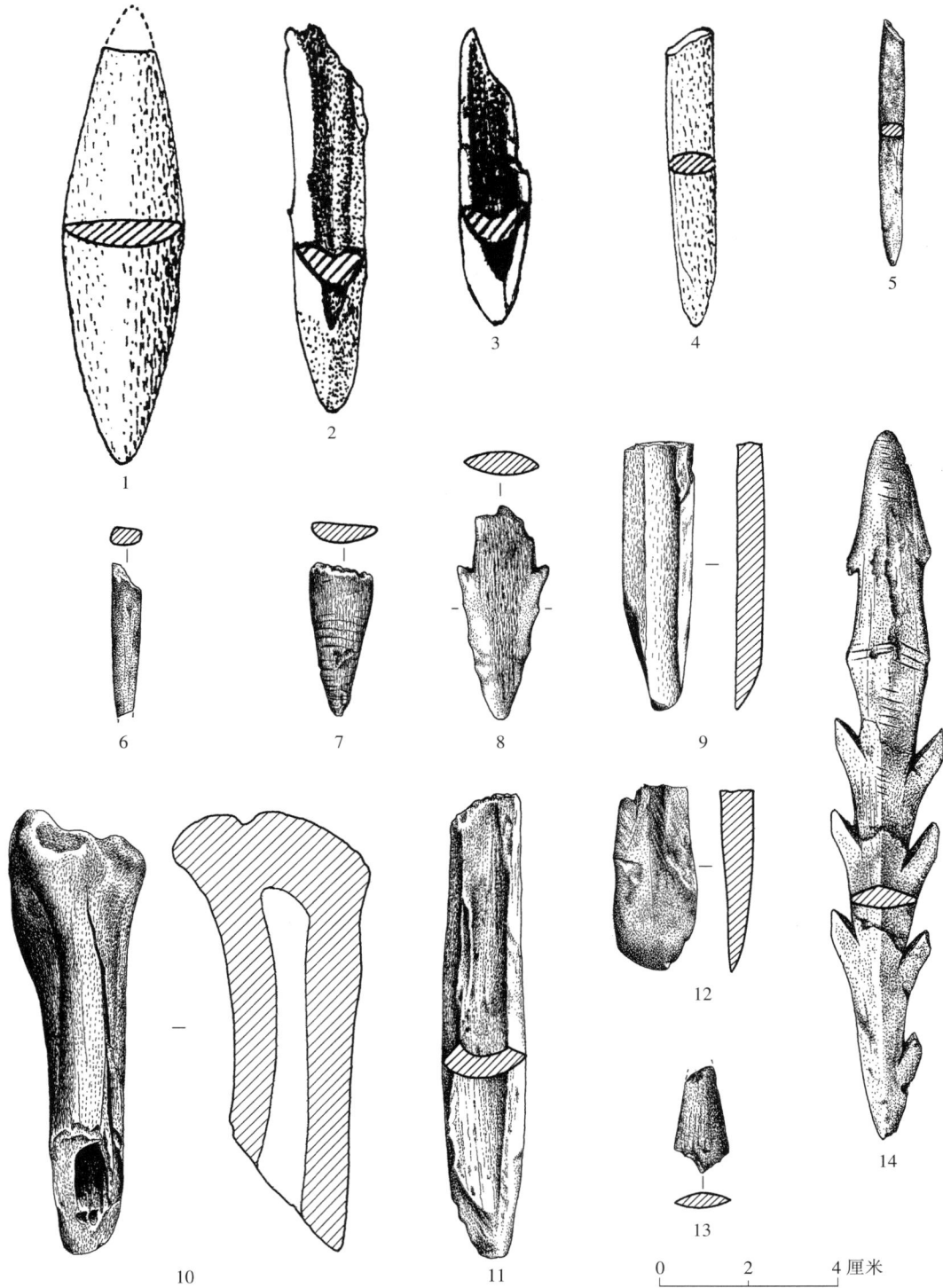

图八二　仙人洞遗址出土骨器

1. 1192 E11N10③A　2. 1987 E11N10⑤A　3. 1963 E11N12⑤A　4. 481 E1N3③C①A　5. 1532 E10N12②A
6. 161 N3E1③C①A　7. 1871 E10N12③B　8. 1736 E10N11②A③　9. 1745 E10N12②A③　10. 1763 E10N10②B
11. 1759 E10N12②A③　12. 674 E5N8③A　13. 1889 E10N12③B　14. 1373 E11N11②B

标本 1373 E11N11②B。系用鹿角的一段劈取一半制成，镖尖微残，骨内面微弧（柄部起脊），骨表面起脊棱。上端柄部呈等腰三角形，两面起脊，两侧有两个对称的凸节（一侧凸节已残），凸节面宽 0.15 厘米。两侧共有 7 个倒钩，骨表面左侧 3 个，右侧 4 个，前三列排列基本对称，前三列倒钩锯切成形后，顺着锥尖进行刮削，开出刃口，并磨制成薄刃，骨表面脊棱及脊棱两侧均锥刻数道横道，其中柄部脊棱处锥刻十六道，柄部与第一列倒钩之间脊棱上锥刻 5 道，两侧锥刻 10 道，第一列与第二列倒钩之间脊棱上锥刻 6 道。器长 16.5、宽 2.45、倒钩缺深 0.9~1.35 厘米（图八二，14；图版二五，7）。

标本 1736 E10N11②A③。柄部残，仅剩镖尖和一对倒钩，系用鹿角的一段劈取一半制成，骨内面稍经磨制，倒钩为锯切磨制而成，镖尖呈等腰三角形。残长 4.9、宽 2.0 厘米（图八二，8；图版二五，6）。

骨铲，4 件。依刃部特征，可分为三型。A 型为倾斜刃；B 型为尖状刃；C 型为圆钝刃。

A 型，倾斜刃，2 件。

标本 1745 E10N12②A③。系用鹿的肢骨片加工而成。将一打击成的骨片表面左侧下端进行刮削形成一刃面，并开出倾斜状刃口，上端粗阔，较为平整。器长 6.1、宽 1.5、刃宽 1.15 厘米（图八二，9；图版二五，8）。

标本 1763 E10N10②B。系用鹿的右侧桡骨上端打磨而成。于骨管侧面下端打击修整出一倾斜状刃，刃尖部加以磨制，对顶部骨节凸出部分加以修磨，以便使用，刃尖部分因使用缘故，留存有崩痕。器长 10.3、顶宽 4.4、刃面斜长 3.5 厘米（图八二，10；图版二五，3）。

B 型，尖状刃，1 件。

标本 1759 E10N12②A③。系用一鹿的肢骨片制成，在一肢骨上截取一段（上端保留有劈裂面），顺着骨片内面两侧进行打制修整，至下端则修制出一尖状刃口，并加以磨制，形成薄刃。器长 10.7、宽 1.8、厚 0.7、刃宽 1.15 厘米（图八二，11；图版二五，9）。

C 型，圆钝刃，1 件。

标本 674 E5N8③A。系用鹿的肢骨片打磨而成。把一骨片修整为一长条形，于骨片内面下端刮削出一圆钝状刃口，并磨制成薄刃，骨表面亦进行刮削、打磨，痕迹十分明显，骨内面右侧修理出一弧形斜面，以利把握，使用刃部亦留存有使用过程中形成的崩痕。器长 4.2、宽 1.9、刃面宽约 0.9 厘米（图八二，12；图版二五，5）。

骨镞，4 件。均系用鹿角的一段加工而成。

标本 1889 E10N12③B。下宽上窄，尖端已残。截面呈椭圆形，整器磨制精细，骨片两侧均开出刃口，并磨制成薄刃。残长 2.4、宽 1.2、厚 0.35 厘米（图八二，13；图版二五，4）。

标本 1870 E10N12③B。扁平三角形，截面呈菱形，一面弧，一面起脊棱，两侧刮削出刃口，并磨制成薄刃。器长 3.1、长径 1.5、短径 0.45 厘米（图八三，1；图版二六，2）。

标本 1891 E10N12③B。上端平齐，下端残，一面弧一面起脊棱，并于骨片起脊棱一面两侧开出刃口，磨制成薄刃，截面为扁椭圆形。器残长 3.9、顶宽 1.4 厘米（图八三，2；图版二六，1）。

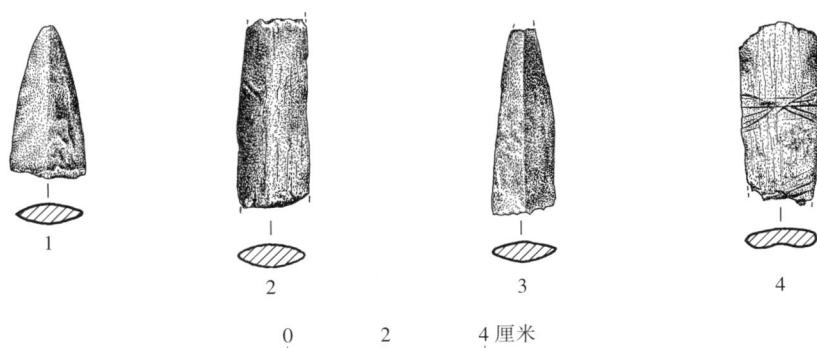

图八三　仙人洞遗址出土骨镞与刻纹骨片
1. 骨镞（1870 E10N12③B）　2. 骨镞（1891 E10N12③B）　3. 骨镞（1139 E2N3 ②A①/Fea. 3）
4. 刻纹骨片（1813 E10N10②B②）

标本 1139 E2N3 ②A①/Fea. 3。上端斜平，下端微残，截面为扁椭圆形，一面起脊棱，一面于上端近 1/3 处开始微起脊棱，两侧边缘开出刃口，并磨制成薄刃。器长 3.8、顶宽 1.2 厘米（图八三，3；图版二六，4）。

刻纹骨片，1 件。

标本 1813 E10N10②B②。为一长条形鹿的肢骨片，两端均残，截面呈半环状，一面外弧一面内弧，外弧一端刮削出一弧形凹面，表面刻划一相向而对的箭镞形（另一图案已缺失，只留存几条横道）。骨内面两侧刮削出一外弧斜面，上锥刻连续的双横道，构成一波浪状图案。器残长 3.7、宽 1.6、厚 0.25 厘米（图八三，4；图版二六，3）。

角器，22 件。器类主要有角锥、角铲、刮削器、抛掷器、角斧、角拍等。

角锥，5 件。依锥尖数量分为二型。A 型为一端尖，B 型为两端尖（仙人洞遗址只有 A 型）。

A 型，一端尖，5 件。依锥尖的形状，分为两亚型。Aa 型为秀长尖，Ab 型为三棱尖。

Aa 型，秀长尖，3 件。

标本 1397 E11N11③A。一端尖锐，一端粗阔，截面为梯形，上端保留有劈裂面，从上端开始，沿骨片两侧进行打制，并稍加修整，在下端近 1/3 处进行磨制修整，形成秀长形锥尖，锥尖部分磨制较为细微。器长 5.4、宽 1.1、锥尖长 1.8 厘米（图八四，1；图版二六，5）。

标本 1332 E11N11②A③。（角锥）一端尖，一端粗阔，整器由带腔体的骨片制成（鹿角的一段），器身断面呈半环状，上端保有劈裂面，同时沿骨体内面两侧打制成一束腰状长方体，并稍加磨制修整，下端打制成一三棱状锥尖，并加以磨制修整。整器长 7.1、宽 2.3、厚 1.3、锥尖长 0.8 厘米（图八四，2；图版二六，9）。

标本 1547 E10N12②A。（角锥）系用鹿角的一段打击成骨片制作，上端粗阔，下端尖锐，截面呈半环状，上端左侧从骨体外面近 1/2 处向下进行打磨。右侧从骨片内面外侧 2/3 强处向下进行打磨，在下端形成一三棱形锥尖，两侧磨制均较为精细。器长 3.1、宽 1.5、锥尖长 1.1、左侧修理面长 1.9、右侧修理面长 2.5 厘米（图八四，3；图版二六，8）。

Ab 型，三棱尖，2 件。

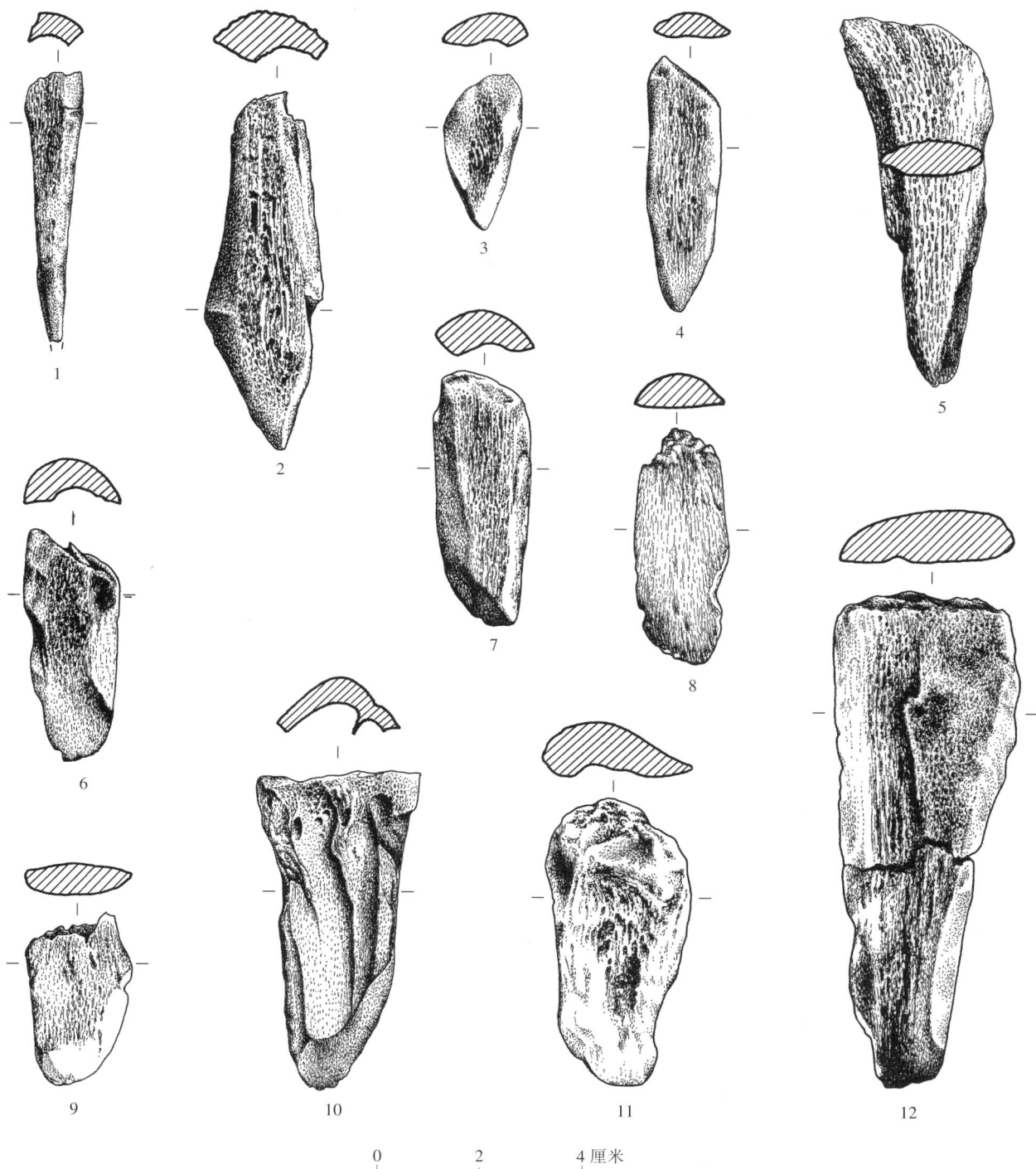

图八四　仙人洞遗址出土角锥、角铲

1. Aa 型角锥（1397 E11N11③A）　　2. Aa 型角锥（1332 E11N11②A③）　　3. Aa 型角锥（1547 E10N12②A）

4. Ab 型角锥（1876 E10N12③B）　　5. Ab 型角锥（1695 E10N11②A②）　　6. A 型角铲（1877 E10N12③B）

7. A 型角铲（1612 E10N12②A①）　　8. A 型角铲（1789 E10N11②B）　　9. A 型角铲（1806 E10N10②B②）

10. A 型角铲（1170 E11N12②B）　　11. A 型角铲（1884 E10N12③B）　　12. A 型角铲（1853 E10N10③B）

标本 1876 E10N12③B。一端尖锐，一端粗阔，截面呈半环状，上端保留有劈裂面，于骨片内面两侧近中部进行打磨修整，形成扁钝形锥尖，而以左侧及锥尖修磨较为精细。器长 5.1、宽 1.5、厚 0.55、左侧修理面长 2.9、右侧修理面长 1.4、锥尖长 0.4 厘米（图八四，4；图版二六，6）。

标本 1695 E10N11②A②。系用鹿角一段劈裂为骨片而制成，沿骨片内面两侧以上端一直打制修整至下端，于下端一面外弧，一面平齐，刮削出一三棱状锥尖，骨片内面修整平齐，上端刮削出一微弧凹面，以利把握使用，锥尖微残。器长 7.5、宽 2.6、厚 0.9 厘米（图八四，5；图版二六，7）。

角铲，14 件。依刃部特征，可分为两型。一型为单侧刃（A 型），一型为双侧刃（B 型）。

A 型，单侧刃，7 件。

标本 1884 E10N12③B。为一鹿角片制成，其在骨体内面进行刮削形成刃面，下端开出圆钝状刃口，右侧边缘因使用缘故，形成一线弧状缺口。器长 5.7、刃宽 2.7、左侧刃长 4.4、右侧刃长 43.5 厘米（图八四，11；图版二七，4）。

标本 1877 E10N12③B。系用鹿角的一段打击成骨片，然后在骨片内面左侧近 2/3 处，进行打制刮削至下端，形成一圆钝状刃面，并开出倾斜形刃口，并磨制成薄刃，磨制较为精细，顶端从骨表向内打凿出连续的 3 个凹槽，呈波浪状排列，此凹槽是制作遗留下来的制作痕迹，还是器物本身所必备的特有的功能性构造，有待考证。器长 4.7、宽 1.9、刃面长 2.1 厘米（图八四，6；图版二七，5）。

标本 1853 E10N10③B。上阔下窄，整器呈倒梯形，截面为半圆形。系用鹿角的一段打击成骨片，然后沿骨片内面两侧进行打击修整，至下端开出圆弧形刃面，再磨制成尖状刃。器长 9.86、宽 3.6、刃宽 1 厘米（图八四，12；图版二七，8）。

标本 1806 E10N10②B②。系用鹿角的一段打击成骨片，并于骨片内面下端刮削出一倾斜形刃口，并开出一圆钝状刃口，再磨制成薄刃，上端于顶部从骨表向内锥凿出呈波浪状排列的两道凹槽。器长 3.5、宽 2、厚 0.7、刃面宽 0.9 厘米（图八四，9；图版二七，1）。

标本 1170 E11N12②B。系用鹿角的一段打击成骨片，然后在骨片内面下端进行刮削，刮削出倾斜形刃面，并对刃部进行磨制，成弧形薄刃，上端磨制加工成平顶。器长 6.26、顶宽 3.1、刃宽 1.1 厘米（图八四，10；图版二七，9）。

标本 1789 E10N11②B。系用鹿角的一段打击出一上端粗阔、下端扁平的骨片加工制作而成，骨内面整体进行刮削，至下端开出圆钝状刃面，并至刃面下端磨制成薄刃，骨表面上端左侧打制修整出一斜长台面，右侧亦打出一小斜台面，以利把握。刃部可明显看出使用后形成的裂缺和崩痕。器长 4.8、宽 1.7、刃宽 1 厘米（图八四，8；图版二七，3）。

标本 1612 E10N12②A①。系用一长条形骨片制成，截面为半环形，顶部保留有劈裂面并稍加修整。在骨内面左侧进行刮削，于下端形成倾斜状刃面，然后进行精磨。整个刃面磨制精细，形成一定的光洁度。器长 5.1、宽 1.9、厚 0.8、刃宽 0.6 厘米（图八四，7；图版二七，2）。

B 型，双侧刃，7 件。

标本 1874 E10N12③B。系用鹿角的一段一面加工成斜刃并稍加磨制而成，一侧刃面较为平直，且露出骨腔体，一侧刃面呈弧状，并留存有使用痕迹（裂缺）。整器长7.3、宽2.5、厚2.1、平直刃面长2.6、弧状刃面长1.75厘米（图八五，1；图版二七，7）。

标本1816 E10N11②B②。系用一动物角制成，刃部截面呈圆形，顶部残。整器磨制光滑。器残长8.1、径粗1.7厘米（图八五，7；图版二七，6）。

标本1772 E10N11②B。完整。系用自然脱落的无角柄鹿角加工而成，眉枝砍掉，取主枝骨料，一面斜磨而成，刃端存留有使用时形成的崩疤。整器长13.2、宽4.6、厚2.4、刃面长7.1厘米（图八五，3；图版二八，9）。

标本1765 E10N10②B。残。系用自然脱落的无角柄的鹿角（斑鹿）加工而成，左侧部分保存角环到眉枝分枝之处，眉枝砍断，主枝有人工砍砸的痕迹，似为骨器未加工成形之物。但主枝残断处似有使用过程中形成的摩擦痕迹，表明虽未加工成形，但仍作为工具使用。残长4.2、宽3.6、角环径2.4厘米（图八五，2）。

标本1773 E10N11②B。系用角柄处砍断的鹿角主枝加工而成，角柄砍断处修整为一较光滑的斜面，角部下端砍砸出一斜面，但未进一步加以磨制，整个主枝面部光滑，似为使用过程中手握摩擦而形成，下端似有使用时形成的崩疤。残长15.6、径2.5厘米（图八五，6）。

标本1693 E10N11②A②。系用带基部的鹿角制成单面刃截面呈圆形，于骨面两侧相交处下端刮削出一尖状刃口，并磨制成薄刃，整个刃面呈椭圆形，上端基部局部修整，打凿修磨，以利把握，下端刃部留存使用后形成的崩痕。器长10.05、上端基部斜长5.6、长径2.35、短径1.9、刃面长3.4、宽1.7厘米（图八五，4；图版二八，4）。

标本1467 E10N11②A。上宽下窄，整器基本上为长条形，截面为不规则长方形，上端较为平齐，系用鹿角的一段打击成骨片，再沿骨片内面两侧进行打击修理，至下端开出圆钝状刃口，再磨制成薄刃，刃部磨制较为精细，刃尖部分留存有使用过程中形成的裂缺。整器长12.5、宽4.0、厚1.7、刃面宽约0.85厘米（图八五，5；图版二八，8）。

刮削器，1件。

标本1881 E10N12③B（刮削器）。系用鹿角的一段加工制作而成。长条形，截面呈椭圆形，两端较为平直，骨内面修整较为平整，并于两侧开出刃口，再磨制成薄刃，在刃部可以较为明显地看出使用过程中所形成的裂缺。器长9.9、宽1.95、厚0.8、刃宽0.4~0.6厘米（图八六，1；图版二八，5）。

抛掷器，2件。

标本1054 E1N3③C①B/Fea.3。系用一动物角制成，截面呈圆形，于内弧一面顶部刻凿出两个"V"形凹槽，一凹槽宽0.3、深0.2，一凹槽宽0.3、深0.3厘米。上端于外弧一面打凿修整出一长1.9、宽1.15厘米的斜状平面，并于距0.3厘米处锥刻一道浅凹槽。内弧一面下端打制修整出一长约2.1厘米的弧形斜面。器长6.3、径粗1.45厘米（图八六，3；图版二八，7）。

标本1840 E10N11③A。系一动物角制成，顶部有较明显的切凿痕迹，骨表面有些许不甚明显的刻划道，角部下端一侧刮削出一弧形凹面。器长10.4、最大径2.05厘米（图八六，2；图版二八，6）。

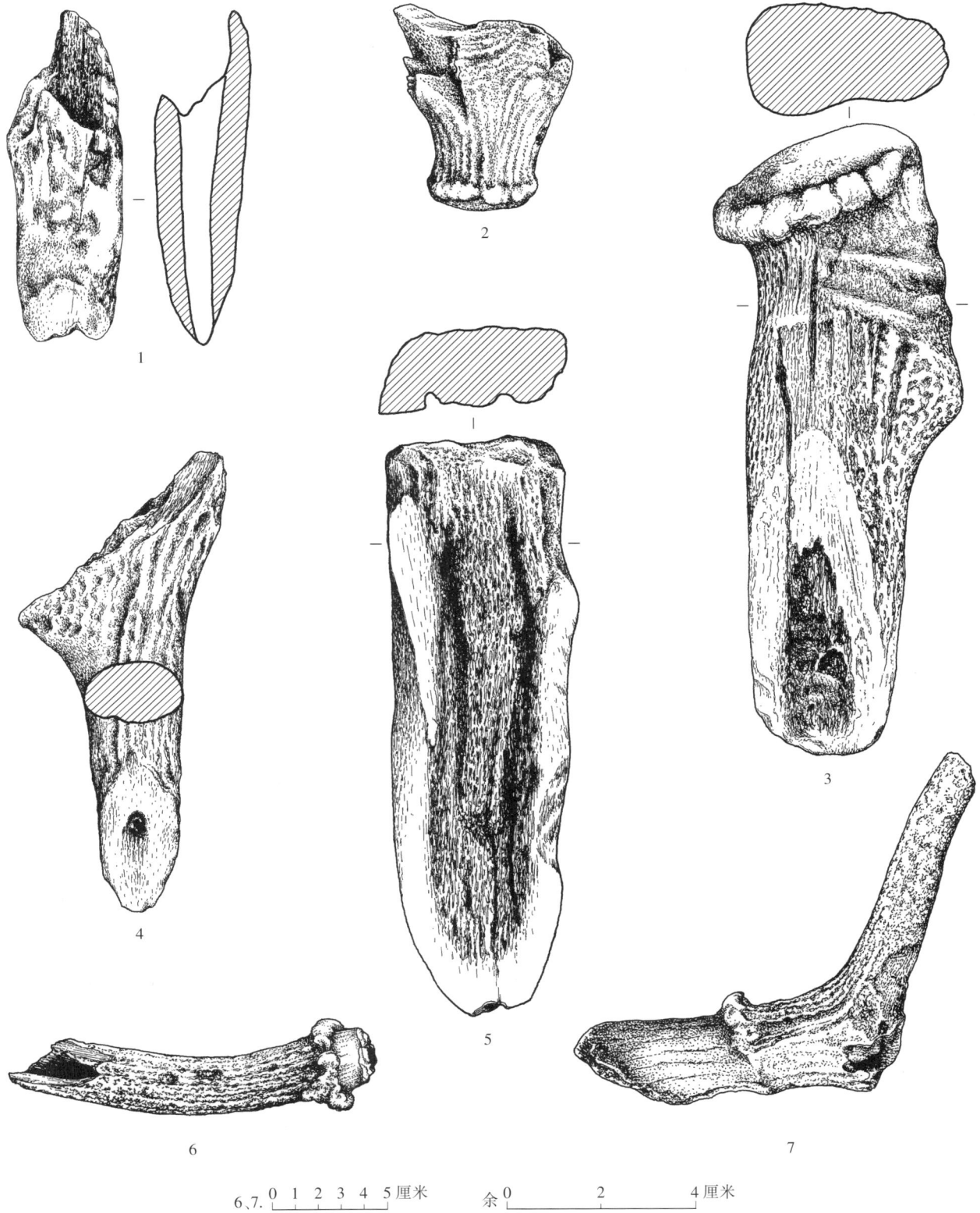

6、7. 0 1 2 3 4 5厘米   余 0   2   4厘米

图八五 仙人洞遗址出土 B 型角铲

1. B 型角铲（1874 E10N12③B）   2. B 型角铲（1765 E10N10②B）   3. B 型角铲（1772 E10N11②B）   4. B 型角铲
（1693 E10N11②A②）   5. B 型角铲（1467 E10N11②A）   6. B 型角铲（1773 E10N11②B）   7. B 型角铲（1816 E10N11②B②）

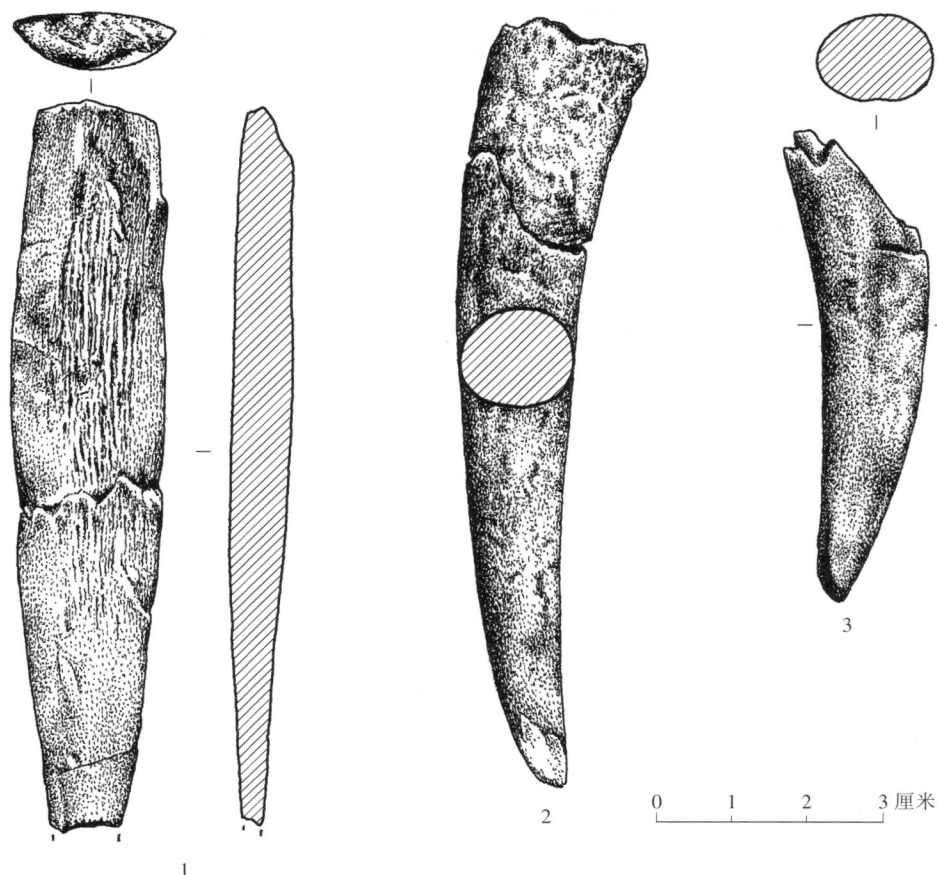

图八六　仙人洞遗址出土刮削器、抛掷器

1. 刮削器（1881 E10N12③B）　2. 抛掷器（1840 E10N11③A）　3. 抛掷器（1054 E1N3③C①B/Fea. 3）

四　蚌器

蚌器，39 件。依孔洞的不同，可分为三型。

A 型为单孔，B 型为双孔，C 型为无孔。

A 型，单孔，23 件。

标本 1179 E11N10③A。属褶纹冠蚌，蚌体宽大，背部呈半圆弧状，壳体厚重，表面较光。在蚌体前闭壳肌痕处有使用而形成的缺口和崩疤，壳体后端打凿有一孔洞，其方式主要由壳体腹部向背部方向进行。因而腹部洞体边缘可观察到打钻形成的弧状痕迹以及产生的崩疤。而琢制则主要由背部向腹部方向进行，尤其是在孔洞的上端缘部，琢制痕迹明显，长径 10.4、短径 6.6 厘米，腹部最大孔径为 2.5 厘米，背部最大孔径为 3.3 厘米（图八七，1；图版三二，7）。

标本 1803 E10N10②B②。属褶纹冠蚌，蚌体较宽大，壳体较轻薄。孔洞由壳体腹部向背部方向进行打凿琢制而成，腹面孔洞边缘有三个连续的较为明显的打击面，其功能近似于镰或刀，具有切割之功效。长径 7.2、短径 4.6、孔径 3.3 厘米（图八七，2；图版三二，3）。

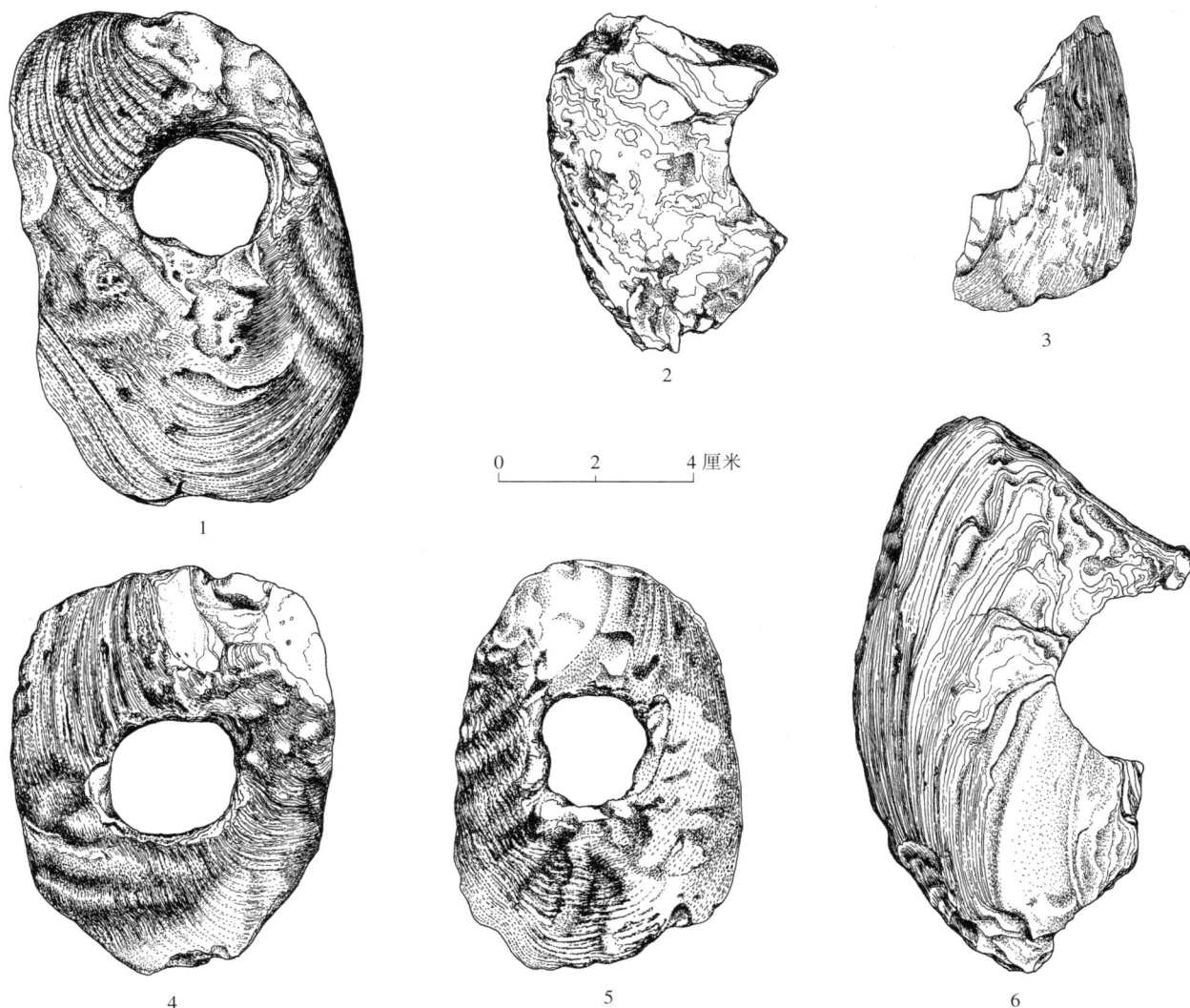

0　　2　　4 厘米

图八七　仙人洞遗址出土 A 型蚌器（一）

1. A 型（1179 E11N10③A）　2. A 型（1803 E10N10②B②）　3. A 型（1062 E11N10②B①）　4. A 型（1766 E10N10②B）
5. A 型（1791 E10N11②B）　6. A 型（1002 E11N10②B）

　　标本 1062 E11N10②B①。属褶纹冠蚌，蚌体较宽大，孔洞由壳体腹部向背部方向打凿琢制而成，腹面孔洞边缘形成两个明显的丰弧状的打击面，洞缘稍加修整，蚌体背面右侧下端加工修理出一长约 5.4 厘米的较为锋利的刃面，用于刮削和切割，腹面右侧下端因砸击使用形成崩疤，崩疤上端断面及腹面右侧上端稍加修整，形成较为平滑的面，以利把握使用。长径 6.2、短径 3.3、孔径 2.0 厘米（图八七，3）。

　　标本 1766 E10N10②B。属褶纹冠蚌，蚌体较宽大，上宽下窄，蚌体前闭壳肌痕处有使用过程中所形成的疤痕和裂缺。孔洞基本位于壳体正中，其加工方式主要是由壳体腹部向背部方向进行打凿，琢制而成，并对洞缘稍加修整。长径 8.8、短径 6.5 厘米，腹部孔径 2.7、背部最大孔径为 2.9 厘米（图八七，4）。

标本 1791 E10N11②B。属褶纹冠蚌，蚌体较宽大，厚重，上窄下宽，蚌体下端因使用的缘故，形成 5～6 个崩疤，孔洞位于壳体中部偏上，其加工方式亦是由壳体腹部向背向方向进行打凿琢制而成，腹面孔洞边缘打击点明显，孔径为 2 厘米，背面孔洞边缘则形成较为明显的脱落面，孔径为 2.3 厘米，从使用痕迹观察，上述两件蚌器似用于砸坚果，敲骨吸髓，挖掘根茎类植物之砍、砸、挖掘功效。长径 8.7、短径 5.9 厘米（图八七，5）。

标本 1002 E11N10②B。属褶纹冠蚌，蚌体较宽大，孔洞由壳体腹部向背部方向打凿琢制而成，壳体腹面洞缘打凿痕迹较明显，两面孔洞边缘均稍加修整。长径 11.8、短径 6.3、孔径 3.5 厘米（图八七，6；图版三二，2）。

标本 973 E11N10②A③。属褶纹冠蚌，蚌体较厚，似为完整蚌器残损后再重新加工、使用，壳体后端打凿一孔洞，打凿方式为由壳体腹部向背部方向进行，并加以修整，壳体背部左侧腹部边缘磨制出一光滑台面，缘边形成较为锋利的刃部。残长 6.0、宽 4.9、孔径 2.5 厘米（图八八，1；图版三二，4）。

标本 1013 E11N12②A③。属褶纹冠蚌，蚌体较宽大，孔洞加工方式沿续前段的作风，由壳体腹部向背部方向进行打凿琢制而成，对洞缘稍加修整。长径 5.8、短径 4、孔径 2.1 厘米（图八八，3；图版三二，5）。

标本 1733 E10N11②A③。属褶纹冠蚌。残，仅剩壳体下部，孔洞位于壳体中部，由腹部向背部方向打凿，并稍加修整。壳体下端修整为刃面。残长径 3.3、短径 3.2、孔径 1.0 厘米（图八八，2；图版三二，6）。

标本 1731 E10N11②A③。属褶纹冠蚌。残，壳体轻薄，似为未加工成形之器，或为蚌刀。壳体背部左侧缘边修整为一稍锋利的刃部。残长径 3.7、短径 3.4、孔径 0.9 厘米（图八八，4；图版三二，8）。

标本 1694 E10N11②A②。属褶纹冠蚌。壳体轻薄。孔洞由背、腹部两面对钻而成。长径 2.6、短径 2.0、孔径 0.9 厘米（图八八，5）。

标本 1512 E10N12②A。属褶纹冠蚌。残，两面对钻琢制而成，主要由内腹部向背部钻琢，壳背部进行了部分钻琢。残长径 6.8、短径 3.2、孔径 0.8 厘米（图八八，7）。

标本 1546 E10N12②A。属褶纹冠蚌。残，壳体较厚重，孔洞位于壳体后端，由腹背两面对钻琢制而成。残长径 4.2、短径 3.8、孔径 0.8 厘米（图八八，8）。

标本 1511 E10N12②A。属褶纹冠蚌。残，孔洞两面对钻琢制而成，主要由内向外，壳体外壳面及边缘均进行过仔细地磨制。残长径 4.9、短径 2.6、孔径 0.7 厘米（图八八，9；图版三二，1）。

标本 1537 E10N12②A。属褶纹冠蚌。残，壳体较小，孔洞两面对钻琢制而成。残长径 2.6、短径 2.1、孔径 0.5 厘米（图八八，6；图版三三，8）。

标本 836 E11N11②A。属褶纹冠蚌。完整，壳体较大，孔洞两面对钻，主要由外向内打钻，然后两面进行琢制。残长径 9.7、短径 6.7、孔径 1.6 厘米（图八九，1；图版三三，6）。

标本 840 E11N11②A。属褶纹冠蚌。残，壳体较大，两面对钻而成。残长径 12.9、短径 6.0、孔

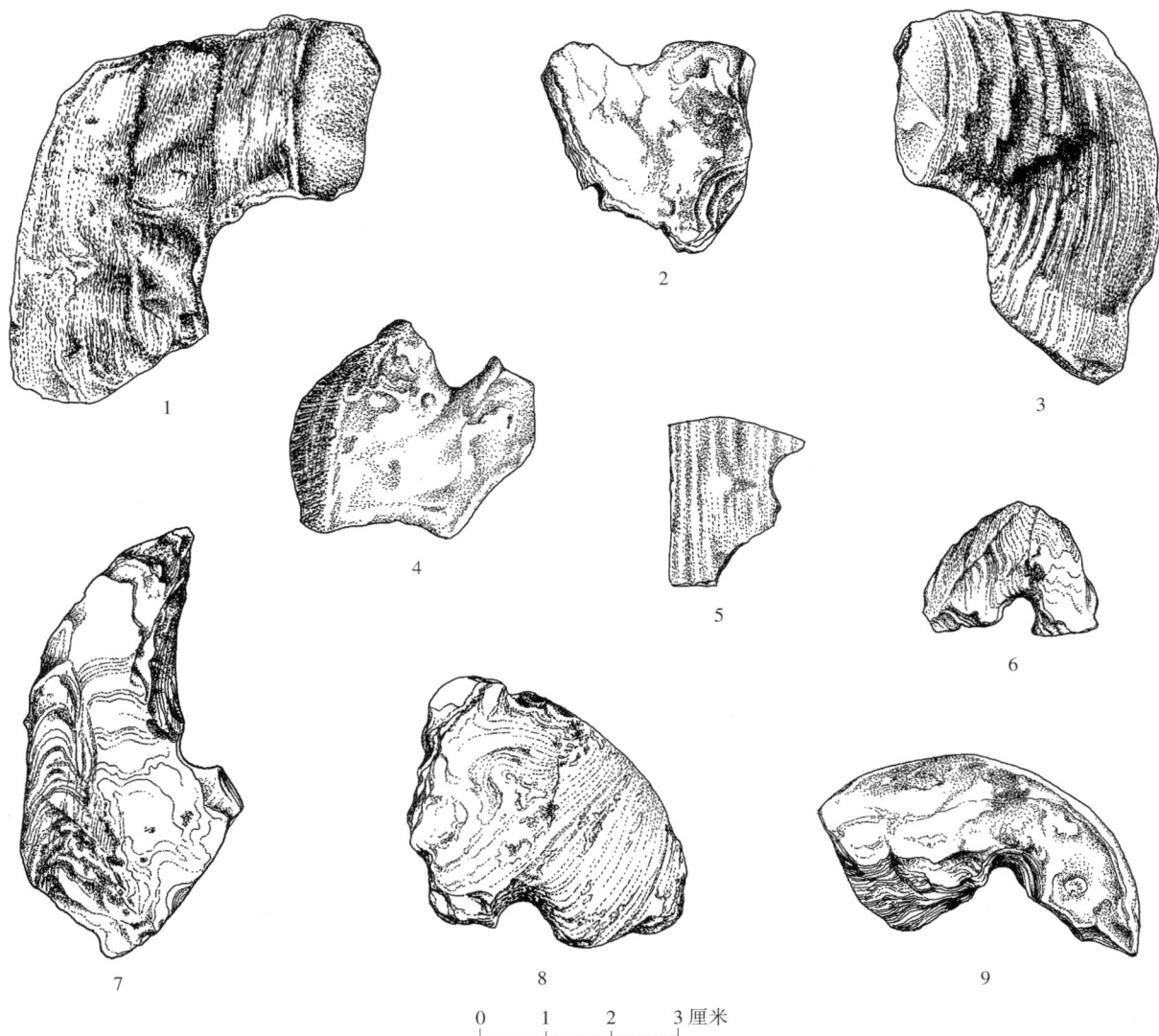

图八八　仙人洞遗址出土 A 型蚌器（二）

1. A 型（973 E11N10②A③）　2. A 型（1733 E10N11②A③）　3. A 型（1013 E11N12②A③）　4. A 型（1731 E10N11②A③）
5. A 型（1694 E10N11②A②）　6. A 型（1537 E10N12②A）　7. A 型（1512 E10N12②A）　8. A 型（1546 E10N12②A）
9. A 型（1511 E10N12②A）

径 2.2 厘米（图八九，2；图版三三，4）。

　　标本 594 E5N8②A。属褶纹冠蚌，壳体轻薄。残，孔洞由壳体背、腹部两面对钻而成，壳体下端存留使用时形成的崩疤。长径 3.7、短径 3.4、孔径 0.6 厘米（图九○，1）。

　　标本 592－1②A（1964 年地层采样）。属褶纹冠蚌，壳体较为厚重。残，孔洞由壳体背、腹部两面对钻而成。背部右侧缘边修磨为刃部，刃面有使用时形成的崩疤。长径 3.2、短径 2.5、孔径 0.6 厘米（图九○，2）。

　　标本 592－2②A（1964 年探方取样出土）。属褶纹冠蚌，壳体较为轻薄。孔洞由壳体背、腹部两面对钻而成，壳体背部右侧缘边修磨为刃面，刃部存留有使用时形成的微小崩疤。长径 4.5、短径

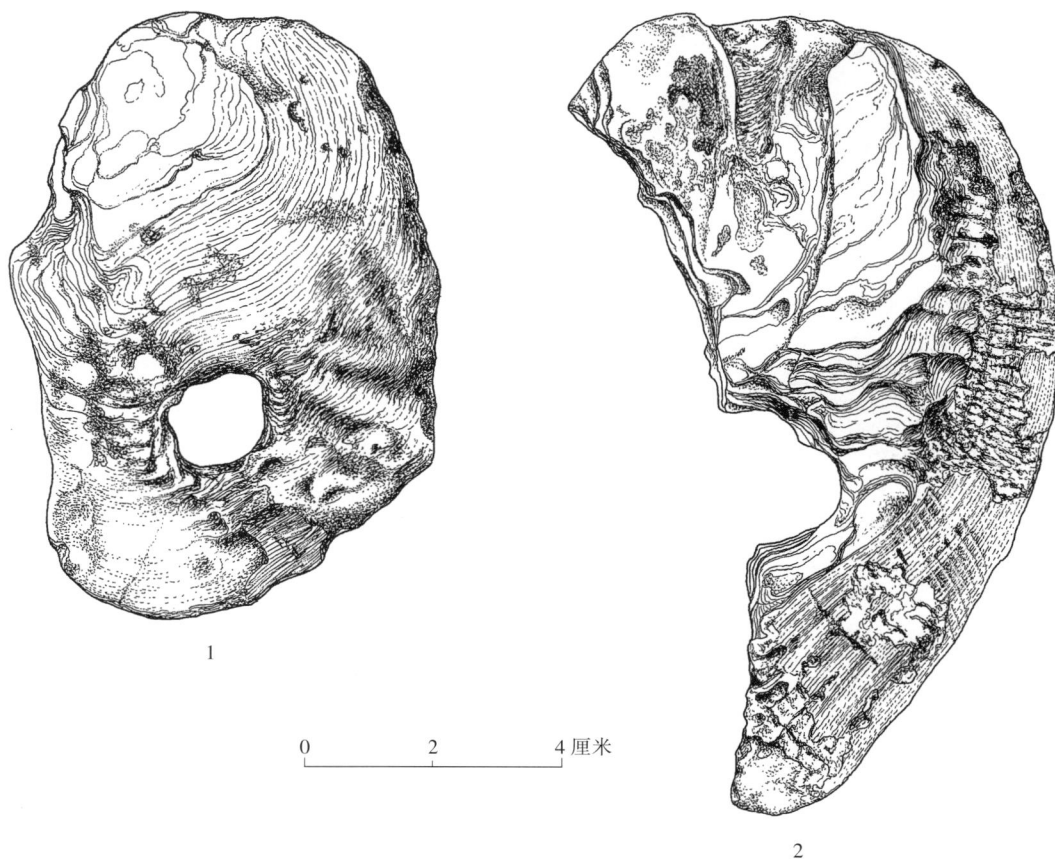

图八九　仙人洞遗址出土 A 型蚌器（三）
1. A 型（836 E11N11②A）　　2. A 型（840 E11N11②A）

2.4、孔径 0.7 厘米（图九〇，3）。

标本 1647 E10N10 Fea.2。残，属褶纹冠蚌，壳体较为轻薄。孔洞由壳体背、腹部两面对钻而成，背部右侧缘边修磨为刃面，刃部有使用时形成的崩疤。长径 4.0、短径 2.0、孔径 0.5 厘米（图九〇，4）。

标本 1633 E10N10 Fea.2。残，属褶纹冠蚌，壳体较为厚重，孔洞由壳体背、腹部两面对钻而成，背部右侧缘边修磨为刃面，刃部有使用时形成的崩疤。长径 3.6、短径 3.4、孔径 0.6 厘米（图九〇，5；图版三三，9）。

标本 714－2 采：1。残，属褶纹冠蚌，壳体较为轻薄。孔洞由壳体背、腹部两面对钻而成，壳体背部右侧和顶端缘边修磨光滑。长径 3.9、短径 3.8、孔径 0.7 厘米（图九〇，6；图版三三，3）。

B 型，双孔，11 件。

标本 424 E2N3③B②。属褶纹冠蚌。洞径较小，壳体小，两孔洞均由两面对钻琢制而成。长径 5.2、短径 4.8、左孔径 1.3、右孔径 0.8 厘米（图九一，4；图版三三，7）。

标本 1709 E10N11②A③。属褶纹冠蚌，壳体较厚重。孔洞由背、腹两面较为均匀的对钻琢制而成，主要由内向外进行打琢而成，壳体下缘端均匀形成使用而成的崩疤。长径 6.3、短径 6.8、左孔

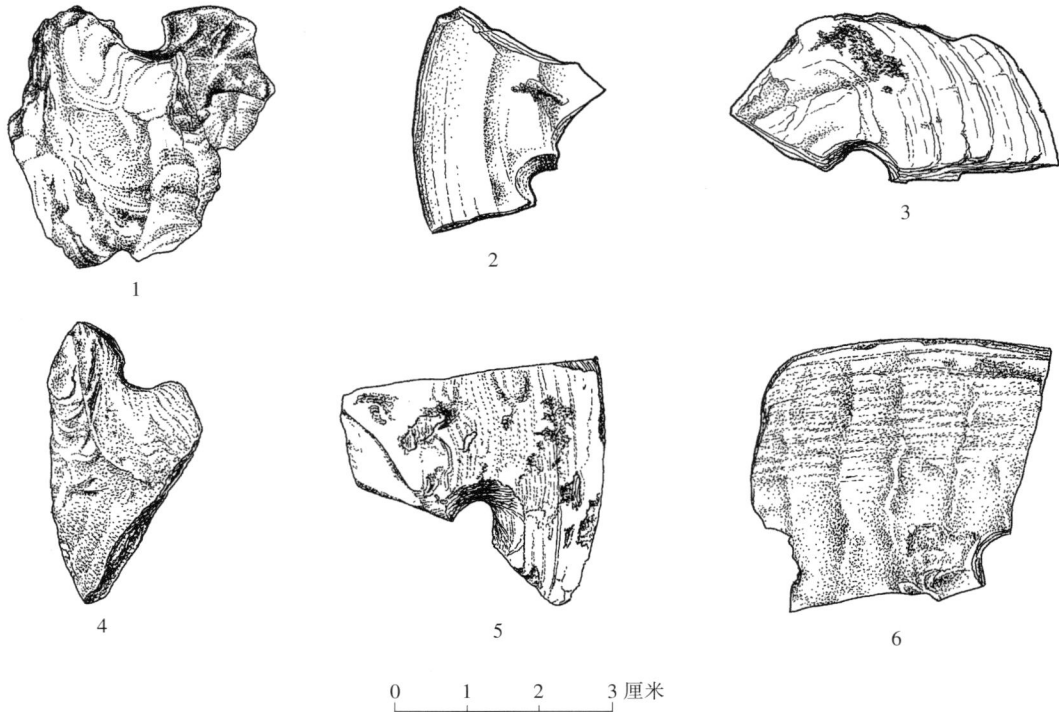

图九〇　仙人洞遗址出土 A 型蚌器（四）

1. A 型（594 E5N8②A）　2. A 型（592‑1②A，1964 年地层采样）　3. A 型（592‑2②A，1964 年探方取样出土）
4. A 型（1647 E10N10 Fea.2）　5. A 型（1633 E10N10 Fea.2）　6. A 型（714‑2 采：1）

径 1.0、右孔径 1.2 厘米（图九一，1；图版三三，2）。

标本 1746 E10N10②A③。属褶纹冠蚌，壳体较轻薄。孔洞由壳体背部向腹部钻琢而成，均稍微钻琢而成。长径 5.6、短径 3.9、左孔径 0.4、右孔径 0.2 厘米（图九一，5）。

标本 1729 E10N11②A③。属褶纹冠蚌，壳体较厚重。孔洞由背、腹部两面较为均匀的对钻琢制而成，腹部缘面磨制平整光滑，形成一台面，壳体下端因使用而形成波浪状崩疤。壳体背部左侧下端形成一裂缺面。长径 6.9、短径 6.4、左孔径 1.1、右孔径 0.9 厘米（图九一，2；图版三三，1）。

标本 1583 E10N11②A①。孔径较小。两孔均对钻琢制而成，但壳体较厚部位的孔洞主要由外向内，较薄部分孔洞为均匀、对称。长径 5.5、短径 4.1、上孔径 0.6、下孔径 0.7 厘米（图九一，6；图版三三，5）。

标本 1519 E10N12②A。属褶纹冠蚌，壳体较厚重。孔径较小。一孔对钻琢制而成（壳体背部右侧部位），一孔主要由内面向外打琢而成（壳体背部左侧部位）。长径 3.9、短径 4.2、左孔径 0.6、右孔径 0.7 厘米（图九一，8；图版三四，3）。

标本 1531 E10N12②A。属褶纹冠蚌，壳体较轻薄。孔径较小。一孔对钻琢制而成（壳体下端部分），一孔主要由内面向外打琢，并稍加修整而成（壳体上端）。长径 5.7、短径 3.8、上孔径 0.6、下孔径 0.7 厘米（图九一，7）。

标本 1538 E10N12②A。属褶纹冠蚌，壳体较厚重。洞径较小。两孔均为先打制成雏形，然后在

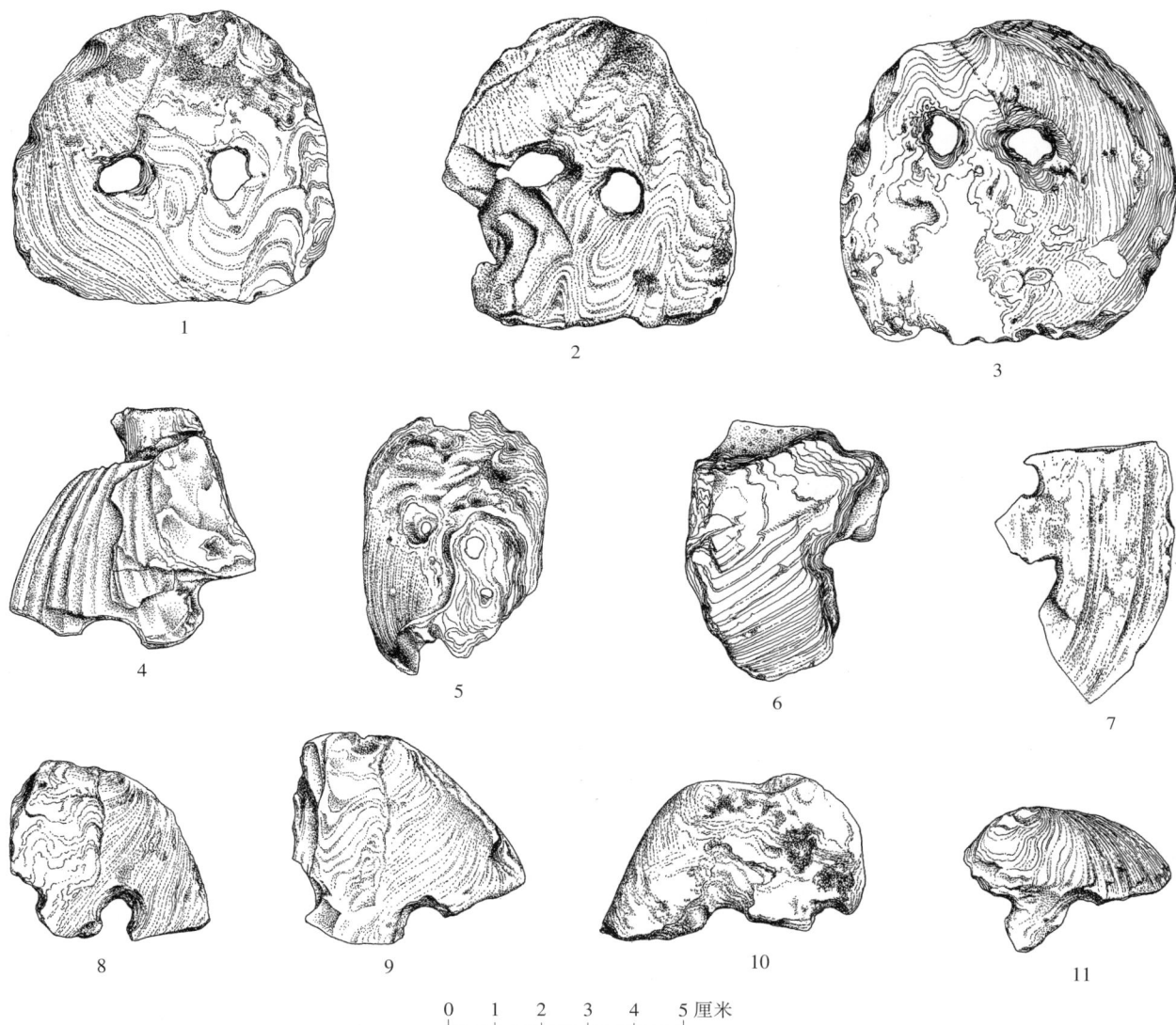

图九一 仙人洞遗址出土 B 型蚌器

1. B 型 (1709 E10N11②A③) 2. B 型 (1729 E10N11②A③) 3. B 型 (1538 E10N12②A) 4. B 型 (424 E2N3③B②) 5. B 型 (1746 E10N10②A③) 6. B 型 (1583 E10N11②A①) 7. B 型 (1531 E10N12②A) 8. B 型 (1519 E10N12②A) 9. B 型 (1493 - 2 E10N11②A) 10. B 型 (592 E5N8②A) 11. B 型 (1620 E10N10 Fea. 2)

孔洞外缘加以琢制修整，主要由背部向腹部方向打琢。长径 7.1、短径 7.0、左孔径 0.8、右孔径 0.9 厘米（图九一，3）。

标本 1493 - 2 E10N11②A。属褶纹冠蚌，壳体较厚重。孔洞位于壳体近顶部较厚部位，右侧孔洞由两面打钻琢制而成。位于壳体左侧部位之孔洞，由腹部向背部单向琢制而成。长径 4.6、短径 4.9、左孔径 0.9、右孔径 0.8 厘米（图九一，9；图版三四，8）。

标本 592 E5N8②A。两孔均对钻琢制而成，壳体较厚部分由内向外，较薄部分由外向内，孔径较小。长 4.7、短径 5.6、左孔径 0.8、右孔径 0.6 厘米（图九一，10）。

标本 1620 E10N10 Fea. 2。属褶纹冠蚌，壳体较厚重。双孔位于壳体近顶端处，孔洞均由双面对钻而成，主要由背部向腹部加工，下端残。长径3.2、短径4.4、左孔径0.5、右孔径0.7厘米（图九一，11）。

C型，无孔，5件。

标本616 E5N8②A。属褶纹冠蚌，壳体较厚重。壳体下端存留使用时形成的崩疤。长径7.9、短径4.7厘米（图九二，1；图版三四，6）。

标本1493－1 E10N11②A。属褶纹冠蚌。个体较小，壳体较厚重，加工痕迹不明显，壳体下端存留有使用时形成的崩疤。长径5.9、短径5.0厘米（图九二，4；图版三四，4）。

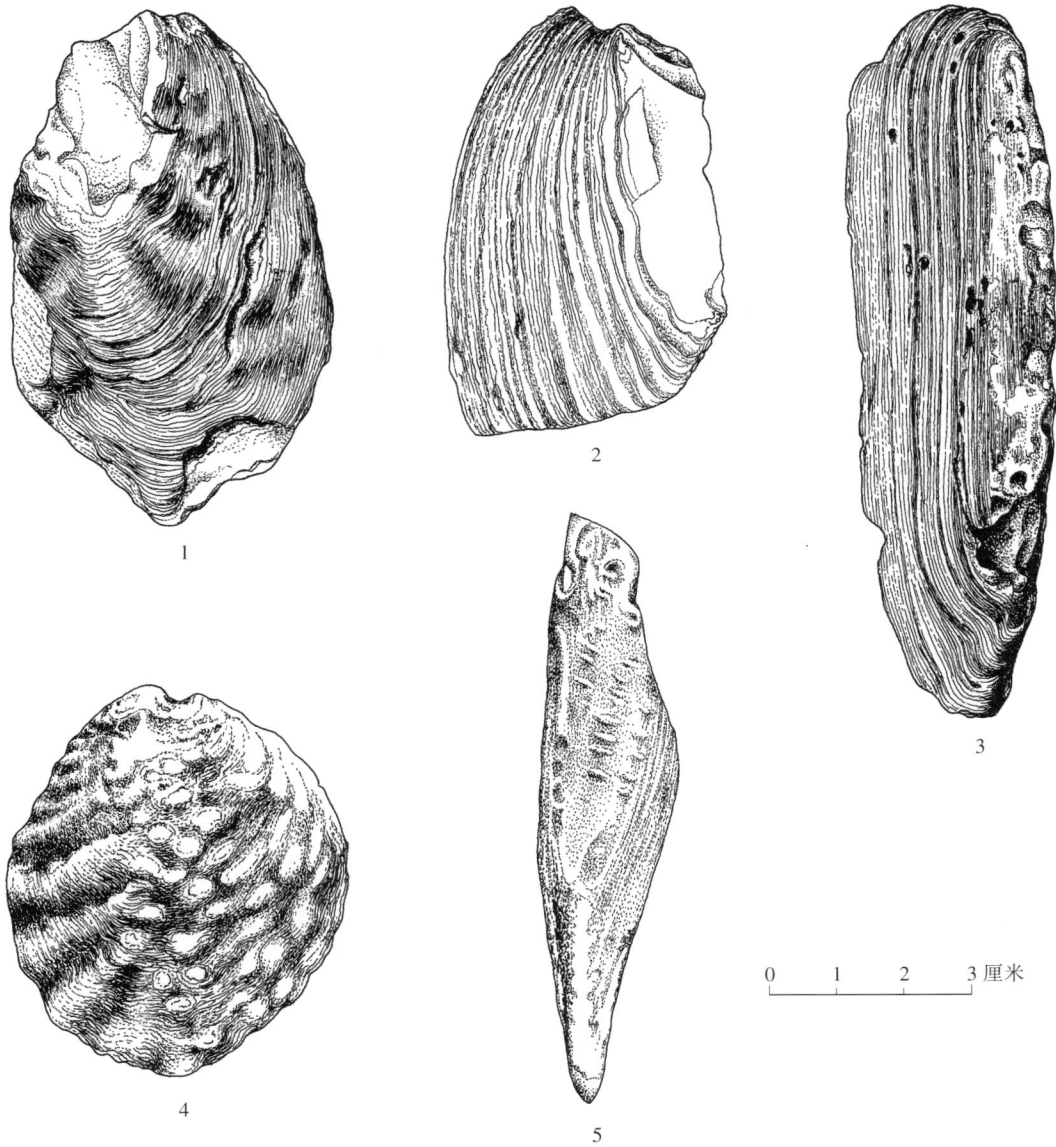

图九二　仙人洞遗址出土C型蚌器

1. C型（616 E5N8②A）　2. C型（714－1采）　3. C型（1696 E10N11②A②）　4. C型（1493－1 E10N11②A）

5. C型（714－2采：2）

标本 714－1 采。属褶纹冠蚌，顶端打制修磨成一直边，壳体背部左侧修磨成一较为锋利的刃面，下端存留使用时形成的崩疤。长径6.5、短径4.2 厘米（图九二，2）。

标本 1696 E10N11②A②。属椭圆背角无齿蚌。加工痕迹不明显，壳体背部左侧下段似修整为一较为锋利的弧刃，壳体下端存留使用时形成的崩疤。长径10.9、短径3.0 厘米（图九二，3）。

标本 714－2 采：2。属椭圆背角无齿蚌。壳体较为轻薄，壳体背部左侧近顶端存留打击时形成的崩疤，壳体背部右侧打制修整为似三角形的两斜边，左侧下端修整为内收的斜边，至下端形成一锥尖，可能为蚌锥。长径9.0、短径2.0 厘米（图九二，5）。

注释

［1］江西省文物管理委员会：《江西万年大源仙人洞洞穴遗址试掘》，《考古学报》1963 年第 1 期；江西省博物馆：《江西万年大源仙人洞洞穴遗址第二次发掘报告》，《文物》1976 年第 12 期。

［2］这是经拼对整理后得到的陶片数目，发掘后未经整理之前的登记数要多一些。

［3］本节对陶器的描述还参考了 David V. Hill（Andover Foundation for Archaeological Research）和 Pamela Vandiver（Smithsonian Center for Materials Research and Education）对标本的观察结果。参见 David V. Hill：《从江西万年县两处新石器时代洞穴出土的陶瓷的初步分析》，Pamela Vandiver：《距今 26000 年至 10000 年东亚旧石器时代陶制品及陶器的发展》，《古陶瓷科学技术 3——国际讨论会论文集（ISAC'95）》，李家治、陈显求主编，1995 年。

［4］方府报：《江西万年新石器时代粗陶的研究》，《古陶瓷科学技术 2——国际讨论会论文集（ISAC'92）》，李家治、陈显求主编，1992 年。

［5］Munsell Soil Color Chart（Munsell 土壤色度表）数据，下同。

［6］参见佐佐木干雄：《宝墩遗址出土陶器的烧成方法》，成都市文物考古研究所等编：《宝墩遗址》185～189 页，有限会社阿普，2000 年。

第三节　兽骨

　　仙人洞发掘区位于洞口，分西区和东区。由于洞口中部堆积没有发掘，西区和东区的地层是单独划分的，所以分区进行整理。分析的方法是逐一对动物骨骼进行鉴定，包括动物种属、骨骼名称、位置（左/右），并观察骨骼表面的特征，辨认是否有人工肢解的痕迹或被火烧过。按地层进行统计分析。可鉴定标本数（NISP）是指能鉴定动物种类标本的数量，最小个体数（MNI）是根据同一种动物解剖学位置最多的计算，分地层进行计数。具有人工痕迹的骨骼和烧骨是当时人类肢解动物和烧烤动物后留下的直接证据，因此进行统计和分析。

　　动物骨骼对照标本有北京大学考古文博学院保存的现生的动物骨骼标本和中国科学院动物研究所标本室收藏的动物骨骼标本。

一　仙人洞西区动物骨骼[1]

1. 动物骨骼的种属鉴定

　　动物骨骼是 1993 年和 1995 年发掘出土的。发掘探方编号为 E4N5、E4N6、E0N4、E1N4、E2N4、E3N4，发掘面积 2.6 平方米，深 178 厘米。地层堆积从上往下分为：①A、①B、②A、②B、②C、③A、③B②、③C①A、③C①B、③C②、④A 和④B 等 12 层。整理的标本共 2397 件，其中不能鉴定动物种类的肢骨片、碎骨有 1139 件，约占总数的 47.5%。可以鉴定动物种类的标本有 1258件，动物分类如下：

　　　　爬行纲 Reptilia
　　　　　　龟鳖目 Chelonia
　　　　　　　　龟科 Emydidae
　　　　　　　　　龟 *Chinemys* sp.
　　　　鸟纲 Avesves
　　　　哺乳纲 Mammalia
　　　　　　食肉目 Carnivora
　　　　　　　鼬科 Mustelidae
　　　　　　　　獾 *Meles meles*
　　　　　　　犬科 Canidae
　　　　　　　　狼 *Canis Lupus*
　　　　　　　　狐 *Vulpes* sp.
　　　　　　偶蹄目 Artiodactyla
　　　　　　　鹿科 Cervidae

梅花鹿 *Cervus nippon*

　　獐 *Hydrotes inermis* swinhoe

猪科 Suidae

　　野猪 *Sus scrofa* Linne

奇蹄目 Perissodactyla

　　犀科 Rhinocerotidae

　　　　犀 *Rhinoceros* sp.

灵长目 Primates

　　猴科 Cercopithecidae

　　　　猕猴 *Macaca mulatta*

兔形目 Lagomorpha

　　兔科 Leporidae

　　　　野兔 *Lepus* sp.

各种动物骨骼的数量和分布见表一五。

表一五　西区动物骨骼数量（NISP）统计表

层位	犀	鹿	小型鹿	野猪	狼	狐	獾	食肉类	野兔	猕猴	鸟	龟	不确定（n）	合计
①B		12		1	1	1		2		1				18
②A		8						3		1				12
②B		6												6
②B①											1	1	47	49
②C		6		2				1						9
③A		8		1				1						10
③B①		102		1				1			2		280	386
③B②		275	107	2				1	1		7	11	223	627
③C①A		80		6				3				1		90
③C①B	1	297	4	3				5			12		248	570
③C②		86	37	1	2			1			14	6	290	437
③C②B		1												1
④A		108		1				2					49	160
④B		20											2	22
合计	1	1009	148	18	2	1	1	20	1	2	36	19	1139	2397

2. 烧骨

被烧过的动物骨骼有 311 件，除③C②B 层外，各层均有分布，但数量不等，其中数量超过 50 件的层位有③C②、③C①B、③B②和③B①；分布相对集中的区域有③C②层的 E0N3（43 件）、③C①B 层的 E2N4（43 件）、③B②的 E3N3（29 件）和③B①层的 E2N3（38 件）（表一六）。烧骨的动物种类有龟的背甲 1 件，鹿的残角块、肢骨片、腕骨、跖骨残块、跟骨、距骨和趾骨等 34 件，小型鹿的下颌骨残块、肢骨片和跖骨残块 48 件、2 件鸟的肢骨残块和不能确定动物种类的肢骨片 175 件。这些烧骨很破碎，有的已被烧焦，可能是动物食用废弃后作燃料，烧骨集中分布处可能是用火的地方。

表一六　西区烧骨分布与数量统计表

层位	数量	各探方分布数量							
		E0N3	E1N3	E1N4	E2N3	E2N4	E3N3	E3N4	E5N8
①B	4								4
②A	2								2
②B	2								2
②B①	1				1				
②C	4								4
③A	2								2
③B①	59			12	38	1	8		
③B②	86	4	19	13	1		29	20	
③C①A	13		4	1	5	1	2		
③C①B	68	5	17	2	1	43			
③C②	57	43	2	1	8	3			
③C②B	0								
④A	12	1	8	1	1	1			
④B	1				1				
合计	311								

3. 有人工痕迹的骨骼观察

具有人工痕迹的标本计有 69 件，主要分布在③C②～③B①层，其他几层仅有 1 件或没有（图九三）。人工痕可分为砍痕、敲击和砸击痕以及切割痕，主要保留在鹿的头骨和肢骨上，是肢解动物和敲骨食髓留下的。

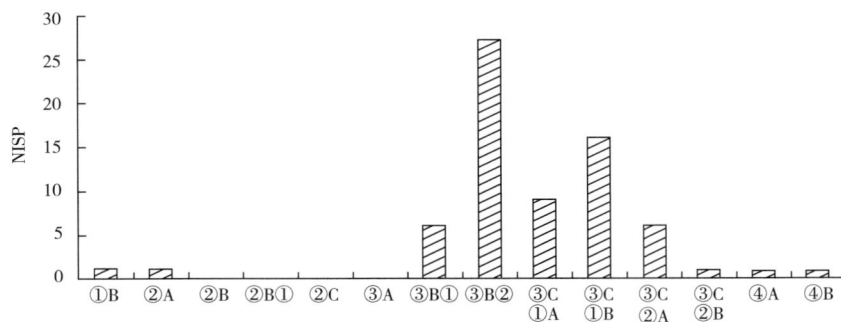

图九三　仙人洞遗址西区具有人工痕迹的骨骼分布图

4. ③C①B 层 Fea. 3 的动物骨骼

动物骨骼共有 326 件，其中有鹿的头骨残块、角残块、肩胛骨、肱骨、尺骨、腕骨、髋骨、股骨、胫骨、跟骨、距骨、掌骨、跖骨和趾骨等 144 件，猪的距骨和趾骨等 3 件，犀牛牙残块 1 件，鸟肢骨 8 件和不确定种类的肢骨片、脊椎残块、肋骨残块和碎骨 170 件。烧骨 44 件，是鹿的残角片、跖骨片和肢骨片。有 15 件骨骼上保留有人工痕迹，其中 12 件鹿的桡骨、胫骨、掌骨、跖骨和肢骨片上有敲击和砍痕，其余 3 件是不能确定动物种类的下颌骨残块、肩胛骨残块和肢骨碎块，上有敲击和切割痕。

Fea. 3 底部是红烧土层，其上有深褐色和灰褐色土，内含大量动物骨骼和石制品等，推测是当时人类生活的活动面。人们将猎物带回洞内，肢解、烧烤，分享食物。

5. 小结

1993 年和 1995 年仙人洞西区发掘面积仅有 2.5 平方米，出土的动物骨骼有 2000 余件，从早到晚骨骼分布较为集中的层位是③C②~③B①，烧骨和人工痕迹的骨骼分布的趋势也与骨骼分布相似（图九四、九五），推测此间应是人类在洞内活动的主要时期，其间的③C①A 层形成时期，由于水进入洞内，人类活动明显减少，因而骨骼数量也明显降低。

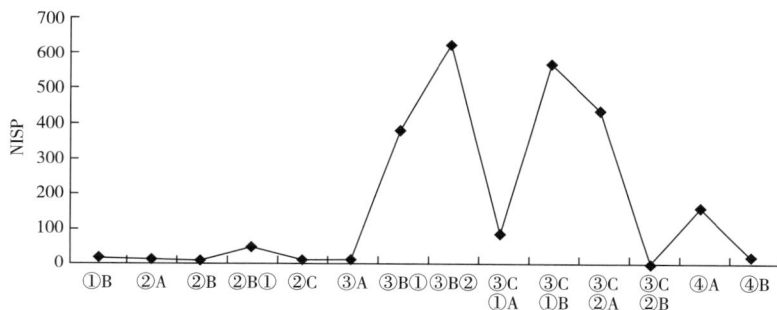

图九四 仙人洞遗址西区动物骨骼数量统计图

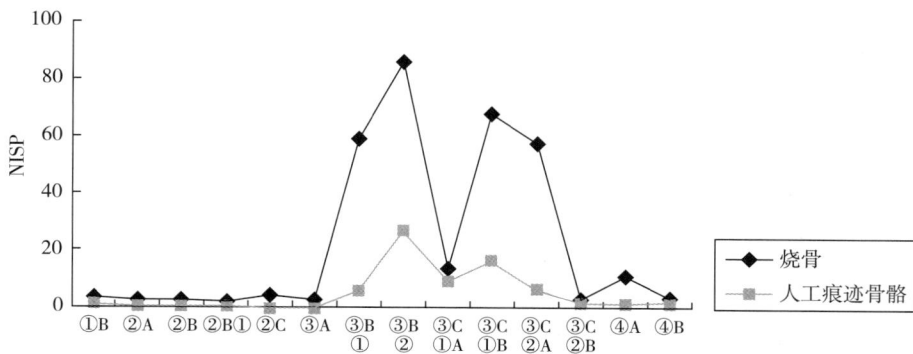

图九五 仙人洞遗址西区烧骨和人工痕迹骨骼数量统计图

当时人类以采集和狩猎为生。人们在洞口附近居住，将猎物和采集的食物带回住地，肢解动物、烧烤和分享食物。

二　仙人洞东区动物骨骼

1. 动物骨骼的种属鉴定

仙人洞东区的动物骨骼是 1995 年和 1999 年发掘获得。发掘面积共 6 平方米，探方编号分别为
E10N10、E10N11、E10N12、E11N10、E11N11 和 E11N12。地层从上到下分为：①A、①A①、①B、
①C、②A、②A①、②A②、②A③、②B、②B①、②B②、③A、③A①、③B、④A、④B、⑤A、
⑤B、⑤C、⑥A、⑥B 和⑥C。

可鉴定标本（NISP）共有 6635 件，动物种类有：

爬行动物 Reptilia

　　龟鳖目 Chelonia

　　　　龟科 Emydidae

　　　　　　龟 *Chinemys* sp.

　　　　鳖科 Trionychidae

　　　　　　鳖 *Pelodiscus* sp.

哺乳动物 Mammalia

　　偶蹄目 Artiodactyla

　　　　鹿科 Cervidae

　　　　　　梅花鹿 *Cervus nippon*

　　　　　　獐 *Hydropotes inermis*

　　　　　　毛冠鹿 *Elaphodus cephalophus*

　　　　　　赤麂 *Muntiacus muntjak*

　　　　　　黄麂 *Muntiacus reevesi*

　　　　猪科 Suidae

　　　　　　野猪 *Sus scrofa*

　　食肉目 Carnivora

　　　　犬科 Canidae

　　　　　　貉 *Nyctereutes procyonoides*

　　　　熊科 Ursidae

　　　　　　黑熊 *Selenarctos thibetanus*

　　　　鼬科 Mustelidae

　　　　　　猪獾 *Arctonyx collaris*

　　　　　　青鼬 *Martes flavigula*

　　　　　　石貂 *Martes foina*

　　　　灵猫科 Viverridae

　　　　　　花面狸（*Paguma larvat*）

　　　　猫科 Felidae

　　　　　　豹 *Panthera pardus*

　　　　　　豹猫 *Felis bengalensis*

　　兔形目 Lagomorpha

　　　　兔科 Leporidae

　　　　　　野兔 *Lepus* sp.

　　啮齿目 Rodentia

　　　　松鼠科 Sciuridae

　　　　　　巨松鼠 *Ratufa gigantea*

　　灵长目 Primates

　　　　猴科 Cercopithecidae

　　　　　　猕猴 *Macaca mulatta*

　　　　　　金丝猴 *Phinopithecus roxellana*

　鸟类 Avesves

　　鸡形目 Galliformes

　　　　雉亚科 Phasianinae

　　　　　　野鸡 *Gallus* sp.

　　　　　　雉 *Phasianus* sp.

　　雁形目 Anseriformes

　　　　鸭科 Anatidae

　　　　　　鸭 *Anas* sp.

还有一种大型涉禽，未定属种。

分类记述如下：

（1）爬行动物

有鳖和龟两种，均为背甲和腹甲残块。

（2）哺乳动物

梅花鹿　数量最多，计有 5422 件，最小个体数 120 个，分别占总数的 81.7% 和 48.8%。梅花鹿的骨骼在各层分布的数量不均衡，其中②A①和③B 层数量超过 600 件，③A 和②B②层 500~600件，②A 和②B 层 400~500 件，②A① 和②A③ 300~400 件，②A② 和④B 层 200~300 件，⑤A 层100~200 件，而①A、①B、②B③、③A①、⑤B、⑥A 和⑥B 层不足 100 件（图九六）。

鹿角：没有保存完整的鹿角，主要是鹿角残块，其中有些保存有砍痕，因而这些鹿角是当时人类砍断的。

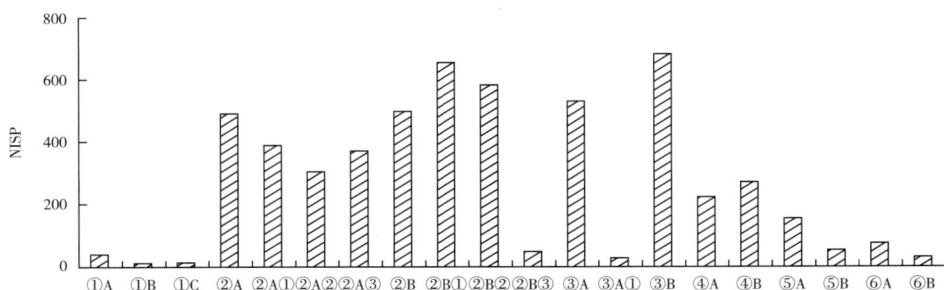

图九六　仙人洞遗址东区梅花鹿遗骸数量分布统计图

标本 1007 E11N10②B，是一件自然脱落的右侧角，眉枝被砍去，可能是一件工具。这件鹿角应是狩猎时采集到的，随后带回住地，再制成工具。

标本 1162 - 1 E11N12②B/Fea. 4，右侧角的第 3、4 分枝残块，在分枝下有两处砍痕，应是人为砍断的。

标本 899 - 14 E11N10②A①，保存左侧角的角柄，在角环附近留有砍痕，是在该处将主枝砍断（彩版一七，7）。标本 1366 - 36 E11N11②A，右侧角的角柄，在角柄保留有砍痕，也是在角环处将主枝砍去（彩版一七，5）。这两件标本所代表的个体应是在秋冬季节捕捉到的，屠宰后从头上砍断的鹿角。

标本 1823 - 13 E10N11②B①/Fea. 4，是出生后第二年长出的幼年鹿角（彩版一七，6），代表幼年个体。

下颌骨：数量较多，有 45 件，保存部位有下颌前部、下颌枝及带有部分颊齿的下颌体残段。从下颌体保存的牙齿看，仅有一件带有 dm2 - M1 的幼年个体（彩版一七，8），其余的恒齿都出齐。大部分属于牙齿磨蚀不重的青年个体（彩版一八，7），只有少数标本的牙齿磨蚀到牙冠底部，属于老年个体（彩版一七，9）。鹿的死亡年龄以青年为主，幼年和老年个体不多。有的下颌骨体上保留有砸击痕，如标本 1192 - 83 E11N10③A，在下颌体上保留有砸击痕，是肢解动物物时留下的痕迹（彩版一八，8）。

小型鹿：种类有獐、毛冠鹿、赤麂和黄麂四种。

牙齿和骨骼明显比斑鹿的小，由于标本很残破，鉴定种属很困难。根据角、下颌骨前部和下颌枝的髁突等特征鉴定，种类至少有獐、毛冠鹿、赤麂和黄麂四种。由于这四种鹿的体型大小相似，很难将其骨骼区分开，所以都归于小型鹿统计数量。计有 376 件，最小个体数 21 个，各占总数的 5.7% 和 8.5%。从⑤A 层以上都有发现，以可鉴定标本数计算，其中③B 层最多，有 84 件，其次为 ②A 层（69件），②B②层（45 件）和②A③层（41 件）②A②层（32 件），其余各层都不足 30 件（图九七）。

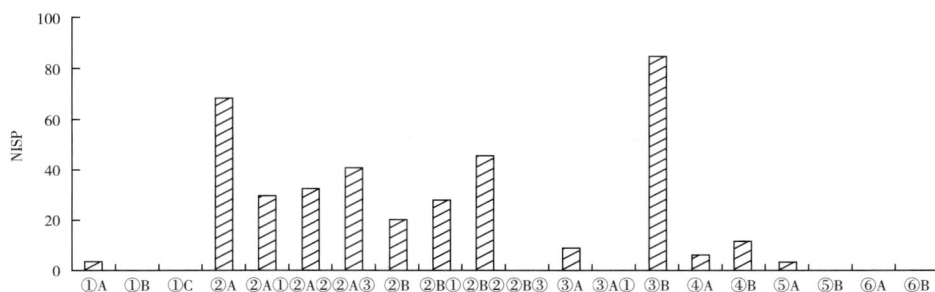

图九七　仙人洞遗址东区小型鹿骨骼数量分布统计图

獐：标本 1671 - 8 E10N10②A①/Fea. 2，保存齿隙到 P4 段，颏孔在 P2 的下前方，延伸成沟槽状，特征与獐的相同（彩版一七，11）。

毛冠鹿：标本 1335 - 12 E11N11②A③，右侧下颌枝残块，髁突较宽，特征与对比的毛冠鹿标本相似。

麂：标本 1907 - 6 E10N12③B，右侧下颌骨残块，带 P2 - M3 齿列。P2 - M3 长 68.4，P2 - P4 长 26.5，M1 - M3 长 42 毫米（彩版一八，6）。下颊齿的长度与一种体形较大的赤麂（Muntiacus muntjak）相似（P2 - M3 长 68.5 ±3.3 毫米）[2]。

还有一种体型小的麂，可以标本 1664 - 2 E10N10②A①/Fea. 2，右侧下颌骨残块，保存 M1 - M3（彩版一八，3）。M1 - M3 长 35.5 毫米，与北京大学考古文博学院标本室保存的黄麂（Muntiacus reevesi）大小接近，后者的 M1 - M3 长 33 毫米。

野猪

共有标本 98 件，最小个体数 24，仅占总数的 1.5% 和 9.7%。骨骼散布在各层，其中以②B②层数量最多，计有 22 件；其次为②A 层（16 件）和②A③层（13 件），其余各层不足 10 件（图九八）。

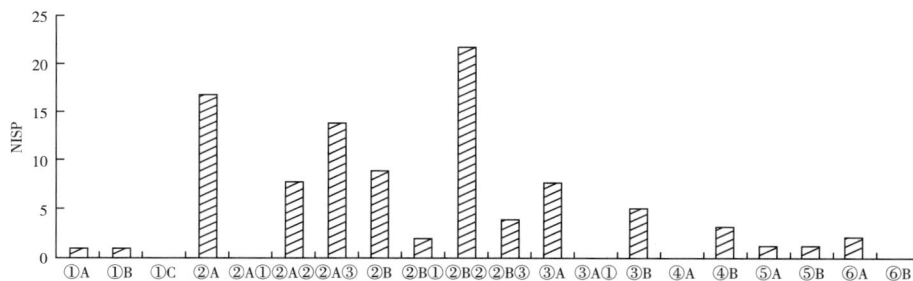

图九八　仙人洞遗址东区野猪遗骸数量分布统计图

根据牙齿的萌出、磨耗程度和长骨骨骺愈合的特征，分层鉴定猪的死亡年龄。全部标本最少代表 24 个个体，其中 M3 萌出的成年个体 14 个，约占总数的 58.3%，其余的均为 M3 未萌出的未成年个体，年龄在 3 月龄到 1.5 岁之间（表一七）。发现一件桡骨（1832 - 11 E10N10②B②），下端已经愈合；还有一件猪的左下 M3（1678 - 12 E10N10②A②），齿尖磨出梅花图形，因而推测在成年个体中有死亡年龄大于 3.5 岁的壮年个体。

表一七　东区野猪死亡年龄统计表（MNI）

层位	M1 未出	M1 萌出	M2 萌出	P2 - P4	M3 萌出	合计
①A			1			1
①B			1			1
②A		1		1	1	3
②A②				1	1	2
②A③		1			2	3

层位	M1 未出	M1 萌出	M2 萌出	P2 – P4	M3 萌出	合计
②B					2	2
②B①					1	1
②B②		1			1	2
②B③		1				1
③A					1	1
③B	1				1	2
④A					1	1
④B					1	1
⑤A					1	1
⑤B					1	1
⑥A				1		1
合计	1	4	2	3	14	24

猪的遗骸数量不多，死亡年龄以成年个体为主，推测应是野猪。

食肉目 50 件，其中 24 件可以鉴定属种，种类有貉、猪獾、果子狸、青鼬、石貂、豹猫和豹等。

貉　11 件，最小个体数 6 个，发现于②A、②A①、②A②、②A③、③A 和③B 层。材料有上、下颌骨和肢骨。标本 1907 – 1 E10N12③B，貉右侧上颌骨残块，保存有上裂齿（彩版一七，4）；标本 1899 – 23 E10N12③B，貉左侧下颌骨，保存有 M1 – M2 齿列（彩版一八，4）。貉的牙齿测量数据见表一八。

表一八　貉牙齿测量表（单位：毫米）

标本编号	骨骼名称	P4（长/宽）	M1（长/宽）	M2（长/宽）
1899 – 23 E10N12③B	下颌骨		13/5. 3	7/4. 5
1273 – 42 E11N12③A	下颌骨	8. 4/4. 2	13. 8/5. 8	
1366 – 11 E11N11②A	下颌骨		13. 7/5. 6	7/5
1907 – 1 E11N12③B	上颌骨	10. 6/6. 5		

猪獾　6 件，最小个体数 6，发现于①A、②A、②A①、③B 和④B 层。

标本 1597 – 2 E10N11②A①，猪獾的左侧上颌骨，带 P4 – M1（彩版一七，3）。M 1 较窄，呈菱形，为猪獾特征。P4 长/宽：8/6、M1 长/宽：14. 1/9. 2 毫米。标本 1491 – 17 E10N11②A，猪獾右侧下颌骨，带 M1，M1 窄长（彩版一八，2）。猪獾的牙齿测量见表一九。

表一九　猪獾牙齿测量表（单位：毫米）

标本编号	骨骼名称	M1（长/宽）
1491 – 17 E10N11②A	右下颌	16/6

标本编号	骨骼名称	M1（长/宽）
1579 – 14 E10N12②A	右下颌	13.6/5
1904 – 13 E10N12③B	左下颌	16.5/6.2

花面狸（*Paguma larvat*）　2 件，最小个体数 1，发现于②A 层。

标本 1366 – 12 E11N11②A，果子狸右上 M1，齿尖低矮且圆钝，牙齿长/宽为 6.3/7.5 毫米（彩版一七，2）。

青鼬 1 件，发现于②A 层。

标本 1578 – 2 E10N12②A，青鼬左侧下颌骨，除下颌支残缺外，基本保存完好，带 P2 – M1（彩版一八，1）。牙齿特征与石貂相似，但明显大，I1 – M2 齿列长 42.7、P2 – P4 长 18.5、M1 – M2 长 16.1 毫米。M1 长/宽为 12/5.3 毫米。M1 前下颌骨高 10.8 毫米。

石貂 1 件，发现于②A② 层。

标本 1576 – 1 E10N12②A，石貂右侧下颌骨，带 P2 – M1（彩版一九，7）。P4 具有明显的下后附尖，M1 较窄长，下后尖小且紧靠原尖内侧，因而三角座较窄长，下次尖明显，下内尖呈平缓的嵴，与下次尖构成低矮的跟座，I1 – M2 齿槽长 35 毫米，P2 – P4 长 15 毫米，M1 长 9.4、宽 3.8 毫米，M1 前下颌骨高 9.5 毫米。

豹猫 1 件，发现在②A 层。

标本 922 – 1 E11N12②A，豹猫左侧下颌骨，带 C – M1 齿列（彩版一八，5）。豹猫的下颌骨测量数据见表二〇。

表二〇　豹猫下颌骨测量表（单位：毫米）

测量项目		数据
下颌骨长	I1—角突	65.6
	I1—髁突	65
	I1—喙突	65
下颌骨体高	P2 前	11
	M1 前	11.5
下颌枝高	角突—喙突	29.7
	角突—髁突	13.5
齿列长	I1—M1	36
	C—M1	34.8
	P2—M1	21.5
	P2—P4	13.5
牙齿（长/宽）	M1	8.5/3.6

豹1件，发现在②A层。

标本 1596 – 5 E10N11②A①，左侧下 M1（彩版一九，3）。M1 长 16.8、宽 6 毫米。

还有 26 件食肉类残肢骨，未定种。

兔形目

野兔：16 件，最小个体数 8，分布在④B 到②A 层，材料主要有下颌骨和肢骨残块。

标本 1821 – 9 E10N11②B①/Fea. 4 是一件保存较好的野兔右侧下颌骨（彩版一九，5）。下颊齿长 16.1 毫米。

啮齿目

2 件，其中 1 件是啮齿类门齿，另 1 件是巨松鼠的左侧下颌骨。

巨松鼠　左侧下颌骨（1575 – 8 E10N12②A），带 C、M2 和 M3，P4 – M3 长 18.3 毫米，M2 长/宽 4/4.1、M3 长/宽 4.5/4 毫米（彩版一七，10）。

灵长目

猕猴

计有 6 件标本，最小个体数 4，发现于②A、②A①、③B 和④B 层。材料有牙齿、尺骨、肱骨和指骨等。

标本 1994 – 16 E11N11④B，右侧上 M3，牙齿长 10.1、宽 9.4 毫米（彩版一七，1）。

金丝猴（Phinopithecus）：计有 2 件标本，发现在②A①和①B 层。

标本 1664 – 1 E10N10②A①/Fea. 2，左下颌骨，带 C – M1 齿列（彩版一九，4）。C – M1 长 32 毫米，C 长/宽为 9.1/5.3、P3 为 9/5、P4 为 6.4/6、M1 为 8/6.5 毫米。下颌骨在 M1 后高 26.2 毫米。

标本 1450 – 5 E10N12①B，左侧上颌骨，保存 P3、M2 和 M3（彩版一九，6）。P4 – M3 长 33.6 毫米。P3 长/宽为 5/6.2、M2 长/宽为 8.2/8.5、M3 长/宽为 9.2/8.3 毫米。

（3）鸟类

主要是肢骨，共 183 件，其中 137 件是残肢骨，未定种，46 件能确定种类，有野鸡、雉和鸭以及一种大型涉禽（彩版二○，1、2、3、5、6）。根据其中保存较完好的喙骨和肱骨计算最小个体数，代表 32 个个体，野鸡和雉的分布在各个层位，野鸭的仅见于②A 和②A①层（表二一）。

表二一　鸟类最小个体数（MNI）统计表

层位	野鸡	雉	野鸭
②A	2	4	2
②A①	2		1
②A②		1	
②A③	2		
②B	1	1	
②B①	2	2	

续表二一

层位	野鸡	雉	野鸭
②B②	2	1	
③A	2	1	
③B	3	1	
④A	1		
④B		1	
合计	17	12	3

2. 具有人工痕迹的骨骼

保留有人工痕迹的骨骼共 155 件，从⑤A 以上各层都有发现，但数量分布不均匀，其中较为集中的层位是②B（27 件）和③A（30 件）（图九九）。人工痕迹包括砍痕、砸击痕和切割痕三种，其中砍痕 22 件、砸击痕 128 件、切割痕 5 件。代表的动物种类以鹿为主，计有 137 件，还有一件小型猫科动物的肢骨片，其余的不能鉴定种类。

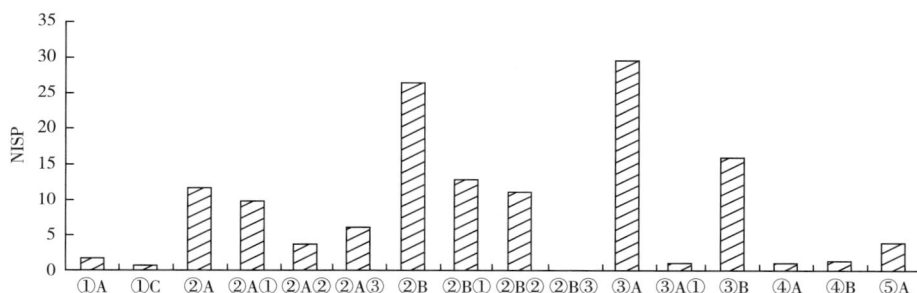

图九九　仙人洞遗址东区具有人工痕迹骨骼数量分布统计图

鹿的骨骼和角上可看到砍痕、砸击痕和敲击痕等（表二二）。这些痕迹是肢解动物和敲骨食髓时留下的。鹿是当时人类的主要猎物，人们是将捕猎的猎物带回营地肢解，并砸开肢骨取食骨髓。鹿角上的砍痕和切锯痕应与制作工具有关。

表二二　鹿骨骼上的人工痕迹统计表

骨骼名称	部位	特征	数量	骨骼名称	部位	特征	数量
尺骨	上端关节	砍痕	2	下颌骨	体	砍痕	1
股骨	骨体	敲击痕	2	下颌骨	枝	砍痕	1
股骨	骨片	砸击痕	1	掌骨	上段	砍痕	1
肢骨	骨片	砍痕	1	掌骨	上端	砸击痕	1
肩胛骨	关节窝	砍痕	1	掌骨	上前	敲击痕	1
角	断口	切锯痕	2	掌骨	中部	敲击痕	1

骨骼名称	部位	特征	数量	骨骼名称	部位	特征	数量
角	角枝	砍痕	2	掌骨	中前	敲击痕	4
角		切锯痕	1	掌骨	骨片	敲击痕	2
角尖		砍痕	4	肢骨	残块	敲击痕	4
近端指骨	上端关节	砸击痕	1	肢骨	骨片	砍痕	1
近端指骨	下	砸击痕	1	肢骨	骨片	敲击痕	33
近端指骨	后面	砸击痕	1	肢骨	骨片	敲击痕	8
胫骨	骨体	敲击痕	4	跖骨	上后片	敲击痕	1
髋骨		砍痕	2	跖骨	上前	敲击痕	1
桡骨	上端关节	砸击痕	3	跖骨	中片	敲击痕	1
桡骨	上段	切割痕	1	跖骨	中前	敲击痕	4
炮骨	上端关节	砍痕	1	跖骨		砸击痕	3
炮骨	下端	砸断	1	中间指骨	上端	敲击痕	1
头骨	额及角柄	砍痕	2	中间指骨	中间	砸断	1
下颌骨		敲击痕	2	中间指骨	下端	砸断	1

3. 烧骨

烧骨共 134 件，其中能辨认的有梅花鹿的骨骼 112 件，小型鹿的 6 件，猪的 2 件，其余 14 件是不能鉴定动物种类的肢骨残片。烧骨在各地层的分布不均匀，其中最多是②A②和②B②层各有 20 件，最少的只有 1 件，如⑤B、⑥A 和⑥B 层（表二三；图一〇〇）。

表二三　烧骨分布和数量（NISP）统计表

	E10N10	E10N11	E10N12	E11N10	E11N11	E11N12	合计
①A				3	1		4
②A		2	2	1	1	7	13
②A①				1	4		5
②A②	3			16			19
②A③		2	3		1		6
②B		3	1	8	1		13
②B①		2		5		3	10
②B②	2	1	1	2	13	1	20
③A				10	1		11
③B	1	4	4				9
④A	2		3				5

	E10N10	E10N11	E10N12	E11N10	E11N11	E11N12	合计
④B	7				6		13
⑤A		1		1		1	3
⑤B					1		1
⑥A	1						1
⑥B				1			1
合计	16	15	14	48	29	12	134

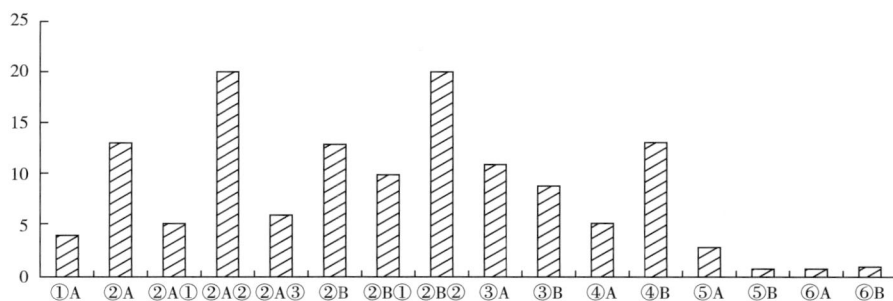

图一〇〇　仙人洞遗址东区烧骨数量分布统计图

4. 东区动物骨骼分布及人类活动

按地层从早到晚记述如下：

⑥B：26 件，主要是梅花鹿的牙齿、跖骨片、下颌残块和肢骨片，发现于 F18 火堆灰烬层中。

⑥A：82 件（包括遗迹中发现的骨骼，下文同），其中梅花鹿 73 件、野猪 2 件、鸟 1 件、不确定 6 件。分布在 E10N10（11 件）、E10N11（25 件）、E11N12（42 件）和 E11N10（4 件）。在 E10N10 有 1 件烧骨（鹿的肢骨片）。Fea. 17 烧火堆发现的动物骨骼有 41 件，是梅花鹿的头骨残块、脊椎骨、肱骨、骶骨、股骨、胫骨、蹠骨、距骨、指（趾）骨和牙齿等，其中跟骨结节和胫骨下端未愈合，是 1 个亚成年个体。

⑤B：48 件，其中梅花鹿 47 件，野猪 1 件。分布在 E10N10（6 件）、E10N12（4 件）、E11N11（20 件）和 E11N12（18 件）。在 E11N11 有 1 件烧过的鹿牙（下 M1/M2）。

⑤A：168 件，其中梅花鹿 149 件，小型鹿 2 件，野猪 1 件，小食肉类 1 件，不确定 16 件。分布在 E10N10（35 件）、E10N11（10 件）、E11N12（28 件）、E11N10（61 件）、E11N11（6 件）和 E11N12（28 件）。在 E10N11、E11N10 和 E11N12 各有 1 件烧骨，分别是鹿的距骨、胫骨和肢骨片。

④B：299 件，其中梅花鹿 272 件，小型鹿 11 件，野猪 3 件，猪獾 1 件，野兔 1 件，猕猴 1 件，不确定 10 件。分布在 E10N10（100 件）、E10N11（50 件）、E10N12（48 件）、E11N10（32 件）、E11N11（23 件）和 E11N12（46 件）。烧骨 13 件，分布在 E10N10（7 件）和 E11N11（6 件），其中 2 件是小型鹿的近端指骨和肢骨片，11 件是梅花鹿的头骨、下颌骨、桡骨、髋骨、胫骨、跟骨和掌

跗骨残块。跟骨的结节还没有愈合，属于青年个体。在 E11N10 有 1 件梅花鹿的肢骨片有人工砍痕。Fea. 5 烧火堆中有 14 件骨骼，其中有梅花鹿的头骨、桡骨、掌骨、股骨、胫骨、跗骨等 12 件，其中的跟骨结节和跗骨下端未愈合，为亚成年个体；还有 2 件被烧过的小型鹿的指骨和肢骨片。Fea. 16 石圈火堆中有梅花鹿的下颌骨残块、颈椎、桡骨、掌骨、股骨、距骨和跗骨等 11 件骨骼，其中下颌骨带 dm3 – M2，跗骨下端关节未愈合，为 1 岁左右的幼年个体；还有 1 件幼年小型鹿的下颌骨（dm3 – M1）和 1 件野兔的下颌骨。此层至少先后有两批人在此活动，烧烤食物。

④A：238 件，其中梅花鹿 222 件，小型鹿 5 件，小型食肉类 1 件，鸟 2 件，龟鳖类 2 件，不确定 6 件。分布在 E10N10（52 件）、E10N11（37 件）和 E11N12（149 件）。烧骨 5 件，在 E10N10 有 2 件烧骨，E11N12 有 3 件烧骨，为梅花鹿的跗骨、距骨和肢骨片。在 E10N10 有 1 件鹿的肢骨片上有敲击痕。烧骨和有敲击痕的骨片，应与人类活动有关。

③B：788 件，其中梅花鹿 684 件，小型鹿 84 件，野猪 5 件，黑熊 1 件，鸟 7 件，不确定 7 件。分布在 E10N10（139 件）、E10N11（293 件）和 E11N12（356 件）。烧骨 8 件，分布在 E10N10 有 1 件、E10N11 有 3 件、E11N12 有 4 件，是梅花鹿的肩胛骨、肱骨、股骨、腕骨、掌骨和牙齿等。有人工痕迹的骨骼 16 件，分布在 E10N10 有 5 件，E10N11 有 7 件，E10N12 有 4 件，其中 1 件梅花鹿的肩胛骨上有肢解动物的砍痕，其余的是斑鹿的桡骨、股骨、跗骨和肢骨片，上有砸击痕。Fea. 10 烧火堆有 22 件鹿的骨骼，包括鹿的上颌骨、下颌骨、牙齿、胫骨、距骨、跗骨以及鹿角残块等。Fea. 11 烧火堆有鹿的下颌骨、尺骨、股骨、跗骨、脊椎骨等 21 件，其中股骨和跗骨的下端关节都没有愈合，属于亚成年个体。Fea. 13 烧火堆发现 61 件鹿的骨骼，有脊椎骨、肩胛骨、肱骨、桡骨、掌骨、髋骨、髌骨、跟骨、跗骨、距骨、指骨、下颌骨华人牙齿等，其中跟骨结节、距骨下端未愈合，下颌骨上 P4 正萌出，代表一个亚成年个体。先后有三批人群在此肢解和烧烤动物，敲骨食髓，分享食物。

③A①：仅有 24 件，都是梅花鹿的骨骼，分布在 E10N10 有 23 件，E11N10 有 1 件鹿角残块，上有砍砸痕。鹿角上的砍砸痕是人类活动的证据。

③A：593 件，其中梅花鹿 531 件，小型鹿 8 件，野猪 5 件，貉 1 件，野兔 1 件，鸟 35 件，鳖 3 件，不确定 9 件。分布在 E10N10 有 14 件，E10N11 有 16 件，E10N12 有 9 件，E11N10 有 221 件，E11N11 有 107 件，E11N12 有 226 件。烧骨 8 件，其中分布在 E11N10 有 7 件，E11N11 有 1 件，为鹿的指骨、跟骨、掌跗骨和下颌骨等残块。具有人工痕迹的骨骼 30 件，其中在 E11N10 有 28 件，E11N11 和 E11N12 各有 1 件，其中梅花鹿的指（趾）骨从中间砸断，桡骨、掌骨和肢骨片上是敲击痕。Fea. 7 烧火堆有 57 件鹿的骨骼和 1 件猪的下颌骨。鹿的骨骼有下颌骨残块、牙齿、脊椎骨、肋骨、肩胛骨、肱骨、掌骨、腕骨、髋骨、髌骨、胫骨、跟骨、距骨、指骨等，其中有 2 件右侧距骨，最少代表 2 个个体。有 1 个鹿的跟骨结节、胫骨上关节和桡骨下关节没有愈合，属于亚成年个体。猪下颌骨的 M1 还没有萌出，是一个 3 ~ 4 月的小猪。人类在此肢解了 2 只鹿和一个小猪仔，烧烤享用后，再砸碎长骨取食骨髓。

②B③：68 件，其中梅花鹿 43 件，野猪 4 件，鸟 2 件，龟 1 件，不确定 18 件。分布在 E11N10。

②B②：658件，其中梅花鹿583件，小型鹿45件，野猪22件，鸟3件，不确定5件。分布在E10N10有197件，E10N11有72件，E10N12有108件，E11N10有77件，E11N11有124件，E11N12有80件。烧骨20件，分布在E10N10有2件，E10N11有1件，E10N12有1件，E11N10有2件，E11N11有13件，E11N12有1件。具有人工痕迹骨骼11件，其中1件梅花鹿的残头骨上有砍痕，其余的是梅花鹿的掌骨、趾骨和肢骨片，可见砸击的痕迹。Fea.6烧火堆有鹿的头骨残块、脊椎骨、下颌骨、桡骨、股骨、距骨、指（趾）骨等12件。

②B①：767件，其中梅花鹿654件，小型鹿27件，野猪2件，野兔1件，鸟32件，龟2件，不确定49件。分布在E10N11有117件，E10N12有31件，E11N10有60件，E11N12有559件。烧骨10件，分布在E10N11有2件，E11N10有5件，E11N12有3件。具有人工痕迹的骨骼13件，其中1件鹿角和1件鹿的桡骨有切割痕，其余的是鹿的下颌骨、距骨和肢骨片留有砍砸痕。Fea.4有鹿的头骨、鹿角残块、下颌骨、牙齿、脊椎骨和前后肢骨骼等487件，其中有6件左侧下颌骨残块保留有P3，这些鹿骨最少代表6个个体。还有27件小型鹿的下颌骨、肋骨、肱骨、尺骨、桡骨、股骨、胫骨、距骨和指（趾）骨等，3件野兔的下颌骨、肱骨和胫骨，2件猪的髋骨和指骨，14件鸟的骨骼和1件啮齿类的门齿，共计543件动物骨骼。这些动物遗骸是人们在此多次活动后留下的。Fea.3烧火堆有29件鹿的下颌骨、牙齿、肱骨、掌骨、胫骨、跟骨、距骨和砸碎的肢骨片，有1枚左下dm3，跟骨结节未愈合，最少有1个幼年鹿，在此被肢解和烧烤后享用。

②B：605件，其中梅花鹿498件，小型鹿20件，野猪9件，小型食肉类2件，鸟17件，不确定59件。分布在E10N10有42件，E10N11有198件，E10N12有75件，E11N10有168件，E11N11有62件，E11N12有60件。烧骨13件，分布在E10N11有3件，E10N12有1件，E11N10有8件，E11N11有1件。具有人工砸击痕迹的骨骼有27件，都是鹿的掌骨、距骨、胫骨和肢骨片，分布在E10N10有6件，E10N11有18件，E10N12有1件，E11N11有2件。

②A③：698件，其中梅花鹿374件、小型鹿41件、野猪14件、小食肉类1件、野兔2件、鸟38件、鳖6件、不确定222件。分布在E10N11有237件，E10N12有101件，E11N10有101件，E11N11有179件，E11N12有80件。烧骨6件，分布在E10N11有2件，E11N12有3件、E11N11有1件。人工敲击痕迹的骨骼6件，是梅花鹿的下颌骨、尺骨、掌骨及肢骨片，分布在E10N11有3件，E11N10有1件、E11N11有2件。

②A②：436件，其中梅花鹿302件、小型鹿32件、野猪8件、鸟6件、鳖2件、不确定86件。分布在E10N10有50件、E10N11有24件，E10N12有56件，E11N10有265件，E11N11有18件，E11N12有23件。烧骨20件，分布在E10N10有3件、E11N10有17件。有3件鹿角残块有砍痕，1件鹿的掌骨片上有砸击痕，分布在E10N10、E11N10和E11N11。

②A①：473件，其中梅花鹿388件、小型鹿29件、猪獾1件、小型食肉类1件、金丝猴1件、鸟6件、龟5件、不确定42件。分布在E10N10有278件、E10N11有70件、E10N12有79件、E11N10有19件，E11N11有27件。烧骨5件，分布在E11N10有1件、E11N11有4件。具有人工痕迹的骨骼有10件，其中有1件鹿的头骨残块的角基部和1件鹿角残块上有砍痕、1件鹿角残块上

有切割下料的痕迹，7 件鹿的跗骨、指骨和肢骨片上有敲击痕，这些骨骼分布在 E10N10 有 6 件、E10N11 和 E11N10 各有 1 件、E11N11 有 2 件。人类在此肢解和烧烤动物，敲骨取髓。还从鹿的头骨上砍下鹿角，下料制作角器。Fea. 2 有动物骨骼 254 件，其中鹿骨 206 件，有头骨、上颌骨、下颌骨、牙齿、鹿角残块、脊椎骨、肋骨及四肢骨等，其中有 3 件左侧下颌残块带有 P4，有件右侧下颌带 dm1 – dm3，最少代表 3 个成年个体和一个幼年鹿。还有小型鹿、貉、金丝猴、野兔和鸟的骨骼。

②A：716 件，其中梅花鹿 489 件、小型鹿 69 件、野猪 17 件、果子狸 2 件、青鼬 1 件、豹猫 1 件、小型食肉类 6 件、野兔 1 件、鸟 62 件、鳖 2 件、龟 1 件、不确定 65 件。分布在 E10N10 有 31 件，E10N11 有 177 件，E10N12 有 243 件，E11N10 有 67 件，E11N11 有 90 件，E11N12 有 108 件。烧骨 13 件，分布在 E10N11 有 2 件，E10N12 有 2 件、E11N10 和 E11N11 各有 1 件、E11N12 有 7 件。有 2 件鹿的髋骨上有砍痕、9 件鹿的掌、跗骨和肢骨片上有敲击痕。

图一〇一是东区动物骨骼分布统计图，从各层动物骨骼的分布看，在仙人洞一直有人类活动。在⑥B ~ ③A 下文化层，发现的遗迹主要是烧火堆，每个烧火堆有 1 个或 2 个鹿和少量的野兔，推测当时人群不是很大，人们将狩猎的猎物带回洞内，肢解、烧烤食用后，还将肢骨敲开取食骨髓。人们是以采集和狩猎来获取生活资料。②B② ~ ②A 上文化层，骨骼的数量较下文化层明显增多，上文化层骨骼的数量占总数的 66%，烧骨和具有人工痕迹的骨骼数量占总数的 64% 和 61%。其中②A①的 Fea. 2 人工掘坑中的骨骼，最少有 3 个成年个体和一个幼年个体的梅花鹿、1 个小型鹿、1 个貉、1 个金丝猴、1 个野兔和 2 个野鸡。在②B 发现有完整的鱼叉，30 件蚌器中除 1 件发现于③A 层外，均发现在上文化层。这些现象说明，上文化层形成时期，人群的数量增多，人类较长时间在洞内活动，这可能与经济形态的改变有关。人类的生产活动除了采集和狩猎以外，还从事捕鱼和捕捞河蚌、野鸭等水生动物，蚌器的出现可能与采集稻谷有关。人们能较长时间在一个固定的地方居住，可能与原始农业的出现有关。

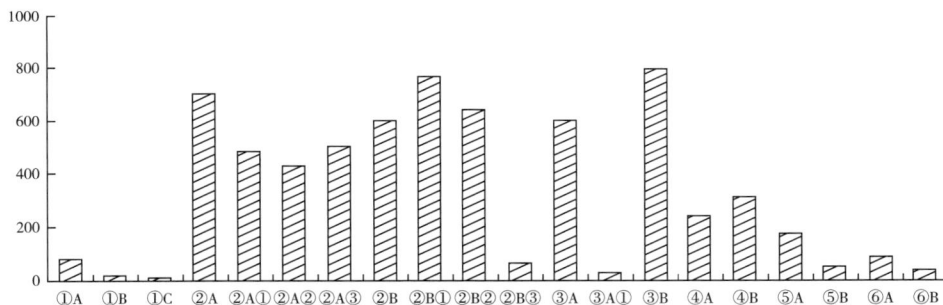

图一〇一　仙人洞遗址东区动物骨骼数量统计图

三　仙人洞及其附近地区气候环境变迁

除仙人洞西区发现有犀牛以外，西区和东区发现的动物种类基本相同，可以东区的动物群来探讨仙人洞堆积时期的气候。据¹⁴C 测定，仙人洞东区下部地层的⑥B 层距今约 24500 ± 370 年，上部的②A 层距今约 10456 ± 118 年，属地质时代的更新世晚期。东区动物群的种类有梅花鹿、獐、毛冠鹿、赤麂、黄麂、野猪、黑熊、貉、花面狸、青鼬、猪獾、石貂、豹猫、豹、野兔、猕猴、金丝猴、巨松鼠、一种大型涉禽、野鸡、雉、鸭、鳖、龟、褶纹冠蚌、椭圆背角无齿蚌和矛蚌等 26 种。除犀牛、石貂、金丝猴和巨松鼠以外，它们现在在江西都有分布。亚洲现生犀牛有分布在东南亚和南亚的印度犀（Rhinoceros unicornis）、爪哇犀（Rhinoceros sondaicus）和苏门答腊犀（Diicerorhiuus sumatrensis），是一种适应温暖气候的热带、亚热带动物[3]。石貂在我国分布于北部及西北部，多栖息在干寒高原和山地[4]。我国现生金丝猴有分布在四川和甘肃境内的岷山、邛崃山、大小凉山山脉，陕西秦岭山脉和湖北神农架等地的常绿落叶阔叶林和针阔叶混交林或针叶林中的川金丝猴（Rhinopithecus roxellanae）；分布在贵州梵净山一带海拔 1400 ~ 1800 米阔叶林中的黔金丝猴（Rhinopithecus brelichi）和分布在云南和西藏自治区的横断山脉中段的云岭山脉海拔 3200 ~ 4200 米的高山暗针叶林中的滇金丝猴（Rhinopithecus bieti）。川金丝猴的现代分布主要局限于北亚热带，栖息的环境是寒冷而潮湿的高山森林；贵州梵净山的黔金丝猴分布于我国中亚热带典型的森林生态环境中；滇金丝猴是分布在高寒森林的种类[5]。巨松鼠分布在云南、广西和海南，主要栖息在热带森林中[6]。这几种动物发现的层位是：犀牛发现在西区③C①B 层的 Fea. 3，¹⁴C 年代为距今 16915 年；石貂发现于东区的②A② 层、金丝猴发现在②A① 和①B 层，巨松鼠发现在②A 层。②A 和②A① 的¹⁴C 年代约在距今 11000 年左右。它们在不同层位的发现可能暗示在更新世晚期该区气候有过冷暖的波动。

现代生态学研究表明动物群的分异度与气候环境有直接的关系，分异度越高，气候环境越好。动物群的分异度是用组成动物群种属的数量和每种动物的数量的一个函数值表示，即信息函数 H(S)。均衡度高说明动物群内不同种类的动物个体分布均匀，相反则表明每种动物的个体数分布不均匀[7]。仙人洞东区各层动物群的构成和数量统计见附表一、附表二和图一○二，分异度和均衡度计算结果见表二四和图一○三。

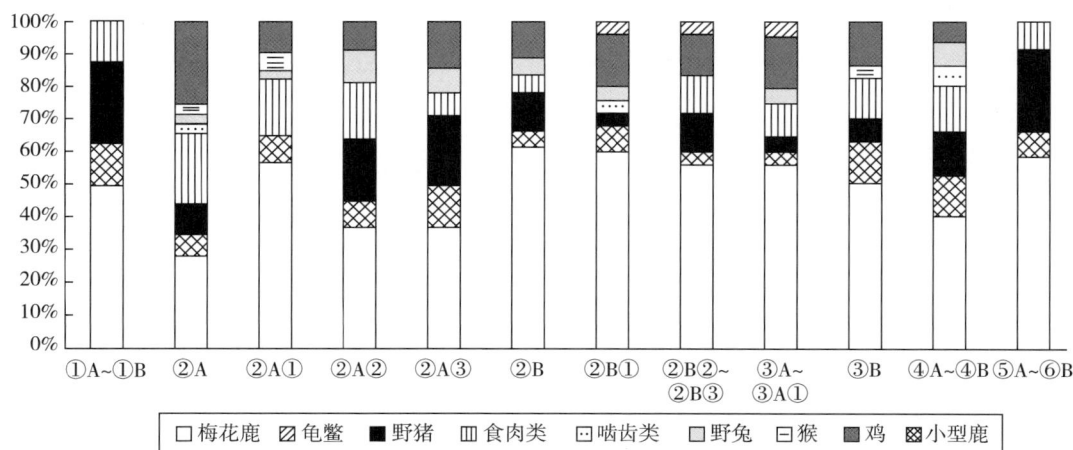

图一○二　仙人洞遗址东区各层动物群组成百分比统计图（MNI）

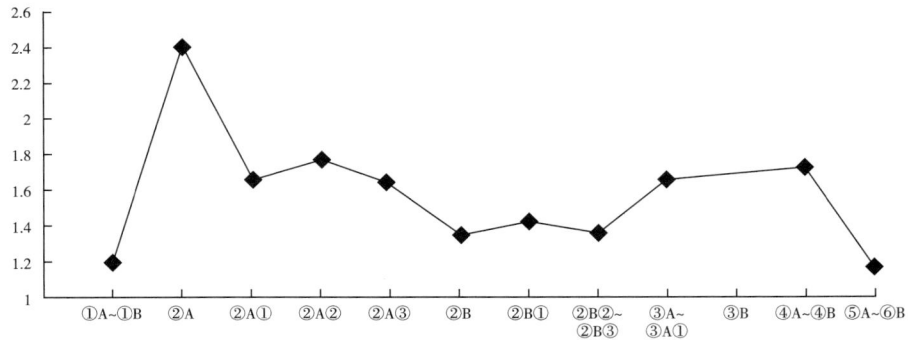

图一〇三 仙人洞遗址东区动物分异度统计图

由图一〇三可见仙人洞洞穴堆积时期，气候变化可分为5个阶段，第一阶段⑥B～⑤A层，动物种类贫乏，仅有梅花鹿、小型鹿、野猪和一种食肉动物等4种动物，共10个个体。第二阶段④B～③A层，其中④B层有梅花鹿、小型鹿、野猪、食肉类、猪獾、野兔、猕猴和雉等8种动物，共13个个体。分异度1.738，均衡度0.7107，均衡度高，说明种间个体分布比较均匀。③B层有梅花鹿、小型鹿、野猪、貉、黑熊、食肉类、猪獾、猕猴、野鸡和雉等10种动物，共30个个体。分异度1.7063，均衡度0.5509。③A层有梅花鹿、小型鹿、野猪、貉、食肉类、野兔、野鸡、雉和鳖等9种动物，共19个个体。分异度1.6596，均衡度0.5841。这一阶段食肉类动物种类明显增多，还有猕猴等林栖动物和鸟类，气候较前期明显好转。第三阶段：②B②～②B层，分异度下降，食肉动物种类减少，只有貉，不见猕猴，其他种类基本相似，这一阶段气候应有所恶化。第4阶段；②A③～②A①，分异度增高，其中②A③层有梅花鹿、小型鹿、野猪、貉、野兔和野鸡等6种动物，计14个个体，分异度1.6308，均衡度0.8513；②A②层有梅花鹿、小型鹿、野猪、石貂、食肉类、野兔和雉等7种，共11个个体，分异度1.7678，均衡度0.8369。这两层的均衡度偏高，可能是种间个体分布较均匀使分异度高。②A①有梅花鹿、小型鹿、豹、貉、食肉类、猪獾、野兔、猕猴、金丝猴、野鸡和野鸭等11种动物，计34个个体。分异度1.6463，均衡度0.4716。这一阶段气候好转。第5阶段：②A层，动物群由梅花鹿、小型鹿、野猪、貉、果子狸、青鼬、猪獾、豹猫、小型食肉类、巨松鼠、野兔、猕猴、野鸡、雉和野鸭等15种动物组成，最小个体数为32个，分异度2.3982，均衡度0.7336，均衡度虽然高，但与均衡度相似的前一阶段的②A②层和②A③层相比，分异度明显增高，因而可以认为这一阶段是气候最好时期。①A～①B，动物种类减少，只有梅花鹿、小型鹿、野猪和猪獾，计8个个体，分异度1.213，均衡度0.8409。由于①A层被后期扰乱，计算结果没有指示意义。

表二四 仙人洞东区各层动物群分异度和均衡度统计表

层位	分异度 ［信息函数 H（S）］	均衡度（E）	种（S）	优势种	MNI
①A ~ ①B	1.213	0.8409	4	斑鹿	8
②A	2.3982	0.7336	15	斑鹿	32

续表二四

层位	分异度 [信息函数 H（S）]	均衡度（E）	种（S）	优势种	MNI
②A①	1.6463	0.4716	11	斑鹿	34
②A②	1.7678	0.8369	7	斑鹿	11
②A③	1.6308	0.8513	6	斑鹿	14
②B	1.348	0.54996	7	斑鹿	18
②B①	1.4277	0.5211	8	斑鹿	25
②B②	1.3662	0.5601	7	斑鹿	20
③A	1.6596	0.5841	9	斑鹿	19
③B	1.7063	0.5509	10	斑鹿	30
④B	1.738	0.7107	8	斑鹿	13
⑤A～⑥B	1.1683	0.8041	4	斑鹿	10
合计					234

　　仙人洞东区各层动物群的分异度说明，在 18000 年前到 11000 年前的更新世晚期，由于受全球最后大冰期的影响，江西地区的气候也经历了一个由温凉向温暖湿润的变化，在 11000 年之前的晚更新世之末的②A②～②A①层发现有石貂和金丝猴等喜冷的动物，气温仍然较现在稍凉爽，到②A层出现热带森林动物巨松鼠，可能进入全新世气候明显好转，气候较现在温暖湿润。这个结果与江西定南大湖泥炭剖面的孢粉分析结果大体耦合，孢粉分析认为大约 18330～15630 年前植被景观是落叶阔叶林，气候温凉偏湿；距今 15630～11600 年，孢粉植被逐步过渡为落叶（桤木）常绿（栲/石栎）阔叶混交林，气候温和湿润[8]。

注释

[1] 西区的动物骨骼是杨梦菲整理的，并完成学士论文：《江西万年仙人洞新石器时代洞穴遗址西区动物骨骼的初步鉴定与研究》，北京大学考古文博院考古专业九六级学士论文。本区的报告主要是依据她整理的资料综合写成的。

[2] 盛和林等著：《中国鹿类动物》165 页，华东师范大学出版社，1992 年。

[3] 文焕然等：《中国历史时期植物与动物变迁研究》216～227 页，重庆出版集团、重庆出版社，2006 年。

[4] 《中国动物志兽纲》第八卷，食肉目，128～133 页。

[5] 全国强、谢家骅主编：《金丝猴研究》，上海科技教育出版社，2002 年。

[6] 黄文几等：《中国啮齿类》83～85 页，复旦大学出版社，1995 年。

[7] 胡松梅：《分异度、均衡度在动物考古中的应用》，《考古与文物》1999 年第 2 期，92～96 页。

[8] 吕海波：《南岭地区末次盛冰期以来古植被古气候的演化》，南京师范大学自然地理学专业，2006 年硕士论文。

附表一　仙人洞遗址东区动物骨骼统计表（NISP）

层位＼种属	梅花鹿	小型鹿	野猪	黑熊	貉	果子狸	青鼬	猪獾	豹猫	石貂	豹	食肉类未定种	野兔	啮齿类	松鼠	猕猴	金丝猴	鸡	鸭	雉	鸟类（未定种）	鳖	龟	不确定	合计
①A	38	3	1					1																38	81
①B	13		1														1								15
①C	12																							5	17
②A	489	69	17		3	2	1	2	1			10	2		1	2		4	4	7	26			67	707
②A①	388	29			2			1			1	3	2			2	1	3	1		3			42	478
②A②	302	32	8							1		1	1							1	1			78	425
②A③	374	41	14		1								2					2			7			60	501
②B	498	20	9									4	2					2		2	17			59	613
②B①	654	27	2										4	1				2		3	32		2	49	776
②B②	583	45	22		1							1						4		1	3			5	665
②B③	43		4									1									2		1	18	69
③A	531	8	8	1	1							1	1					2		1	35	3		6	597
③A①	24																								24
③B	684	84	5		3			1				2				1		4		1	8			7	801
④A	222	5																1			2			6	236
④B	272	11	3					1				1	2			1				1				13	305
⑤A	149	2	1									2												16	170
⑤B	47		1																						48
⑥A	73		2																		1			5	81
⑥B	26																								26
合计	5422	376	98	1	11	2	1	6	1	1	1	26	16	1	1	6	2	24	5	17	137	3	3	474	6635

附表二　仙人洞遗址东区动物最小个体数（MNI）统计表

种属 ＼ 层位	①A	①B	②A	②A①	②A②	②A③	②B	②B①	②B②	②B③	③A	③A①	③B	④A	④B	⑤A	⑤B	⑥A	⑥B	合计
梅花鹿	2	2	9	19	4	5	11	15	12	2	10	1	15		6	2	2	2	1	120
小型鹿	1	1	2	3	1	2	1	2	1				4	1	1	1				21
野猪	1	1	3		2	3	2	1	2	1	1		2	1	1	1	1	1		24
豹				1																1
豹猫			1																	1
果子狸			1																	1
貉				1			1		1		1		1		1					6
黑熊											1									1
青鼬			1																	1
石貂					1															1
食肉类（未定种）	1		1	3	1		1	1	1	1					1	1				12
猪獾			2	1				1			1		1							6
啮齿类				1																1
松鼠			1																	1
野兔			1	1	1	1		1			1		1		1					8
猕猴			1	1									1		1					4
金丝猴			1	1																2
野鸡			2	2		2	1	2	2		2		3	1						17
雉			4		1	1	1	2	1				1		1					12
野鸭			2								1									3
鳖										1										1
龟											1		1							2
合计	5	4	32	34	11	14	18	25	20	5	19	1	30	3	13	5	3	3	1	246

第三章　吊桶环遗址

第一节　地层堆积

吊桶环遗址位于大源盆地西南部的一座海拔高度为96.2米的山冈上，距仙人洞遗址的直线距离为800米左右，两遗址的海拔高相差为40米，因形如一水桶吊环，故被当地老乡称为吊桶环，其实质是由于岩石经长期地质作用而形成的岩棚，其特点是在古老的岩石比较陡直的断面上，软质岩石被风化或侵蚀，坚硬的岩石就突出来，是可以遮日避风的场所。吊桶环遗址有两面石壁，没有由岩石构成的出入口，露于旷野的一侧是朝向东南。

1993～1999年，中美联合农业考古队对吊桶环遗址进行了为期三年的考古发掘，共揭露40平方米（图一〇四）。现将三年发掘的文化堆积层介绍如下（为了较为科学完整地介绍地层堆积形成过程，每个自然或文化层下开口的遗迹择其要者，放置于整个地层堆积中一并介绍，而不再作为单独的遗迹介绍）（图一〇五、一〇六、一〇七）。

A层：距水平基线 -6～45厘米，距地表 -6～45厘米，层厚0～28厘米。表土层，灰褐色土，土质较为疏松，结构松散，内夹少量颗粒较小的角砾石，出土遗物有布纹瓦片、青砖块、青花瓷片、影青瓷片以及少量兽骨等。A层下开口的遗迹有Fea. 7。

Fea. 7：该灰坑分布于TW4N1、TW2N1、TW1N1、TW5N1东北部、TW3N0北部、TW2N0北部、TW1N0北部、TWE0N1西南角、TW0N0西北角。该灰坑所在的TW1～5N1这5个探方是发掘区北面第一排探方，再往北相邻探方均未发掘，故该灰坑只清理一部分，已清理部分呈残椭圆形，坑底凹凸，东南坑壁斜直，灰坑东西长460、南北残宽161、深33～97厘米（图一〇八）。Fea. 7打破Fea. 26、Fea. 2、Fea. 15，同时Fea. 7被Fea. 23、Fea. 24打破。坑内填土土质结构较为疏松，由于其中夹杂砂红色风化石灰岩，土色褐中偏红，红褐色土中夹大量细碎的角砾石和风化岩碎块，出土遗物有瓷片、青砖块、布纹瓦片以及少量兽骨等。

B层：深黄褐色土，结构较为松散，内杂部分较多小块的角砾石。出土遗物有方格纹泥质灰陶片、酱褐釉瓷片以及部分螺壳及兽骨。开口于B层下的遗迹有Fea. 1、Fea. 5、Fea. 11。

Fea. 1：该灰坑分布于TE1S2北部、TE1S1南部、TE0S2东北角、TE2S2西北角、TE2S2西北角，坑口为椭圆形，坑底较平，坑口长径170、宽径113、深10～24厘米（图一〇九）。Fea. 1打破Fea. 5、Fea. 11。坑内填土土质较黏，黄褐色土，内夹角砾石，伴出少量兽骨。

Fea. 5：该灰坑分布于TE2N0、TE2N1、TE1N0（除西南角一小部分外的全部面积）、TE1S1东北角、TE2S2东北角、TE0N0（东北一小块）。灰坑所在的TE1N0、TE1S0、TE2N0探方的北面相邻探

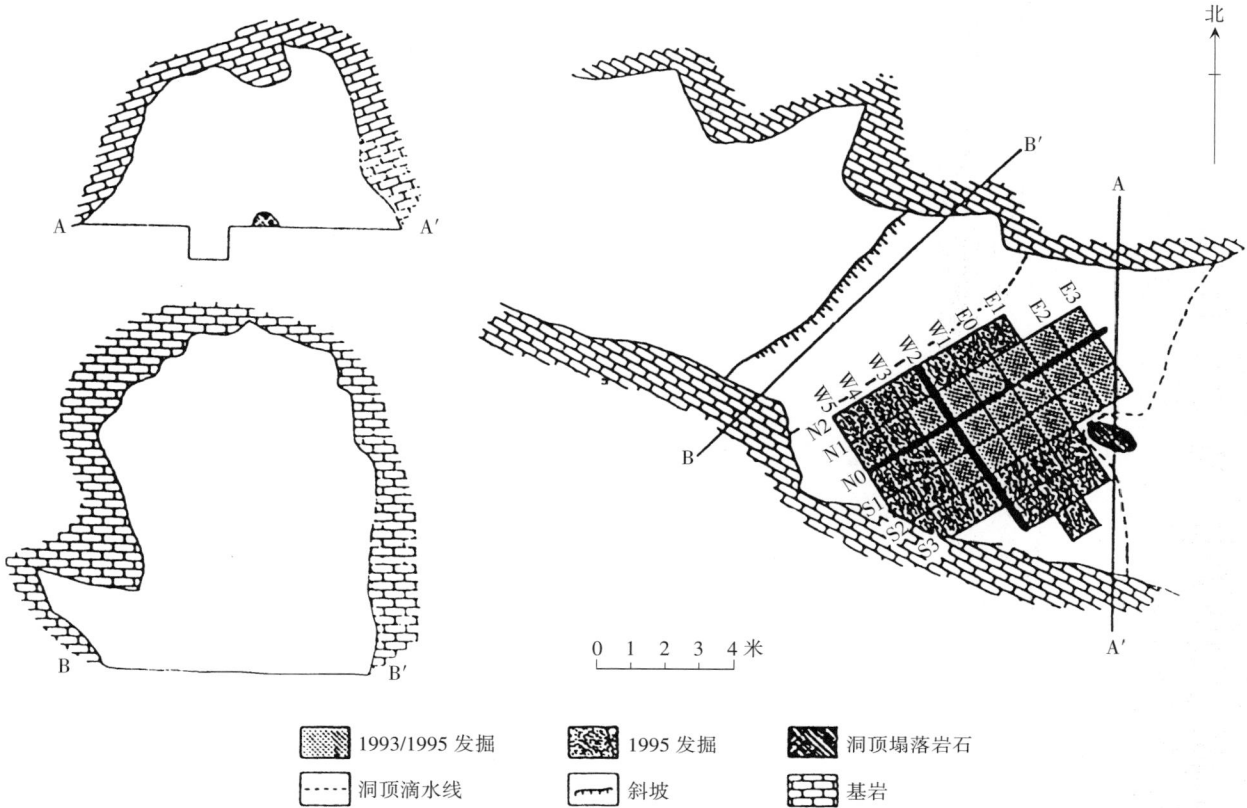

图一〇四 吊桶环遗址平、剖面图及探方分布图

北

| | 1993/1995 发掘 | | 1995 发掘 | | 洞顶塌落岩石 |
| | 洞顶滴水线 | | 斜坡 | | 基岩 |

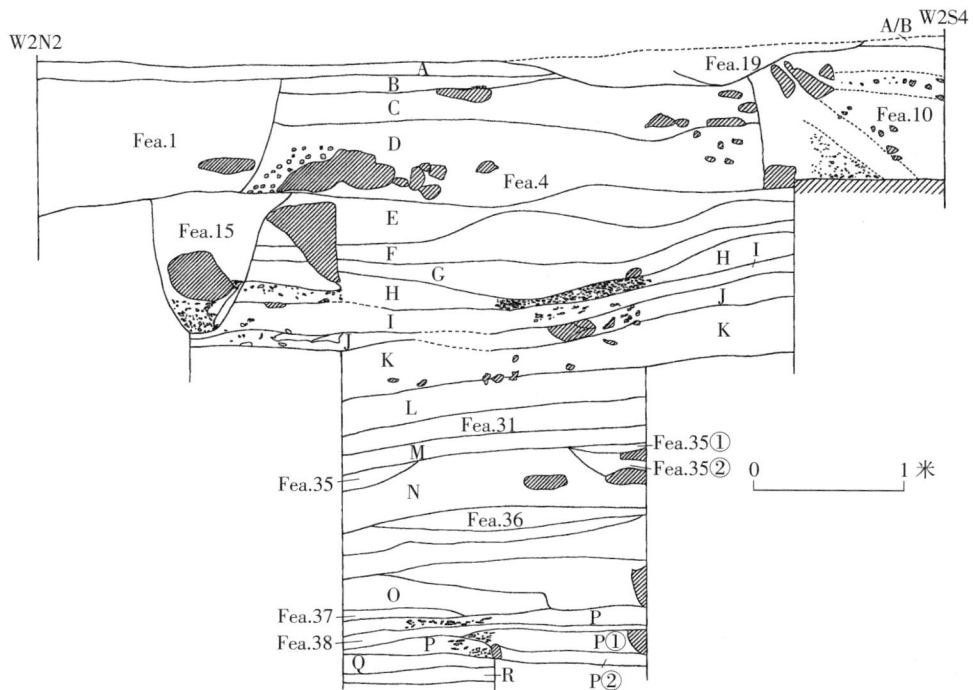

图一〇五 吊桶环遗址 W2N2 ～ W2S4 剖面图

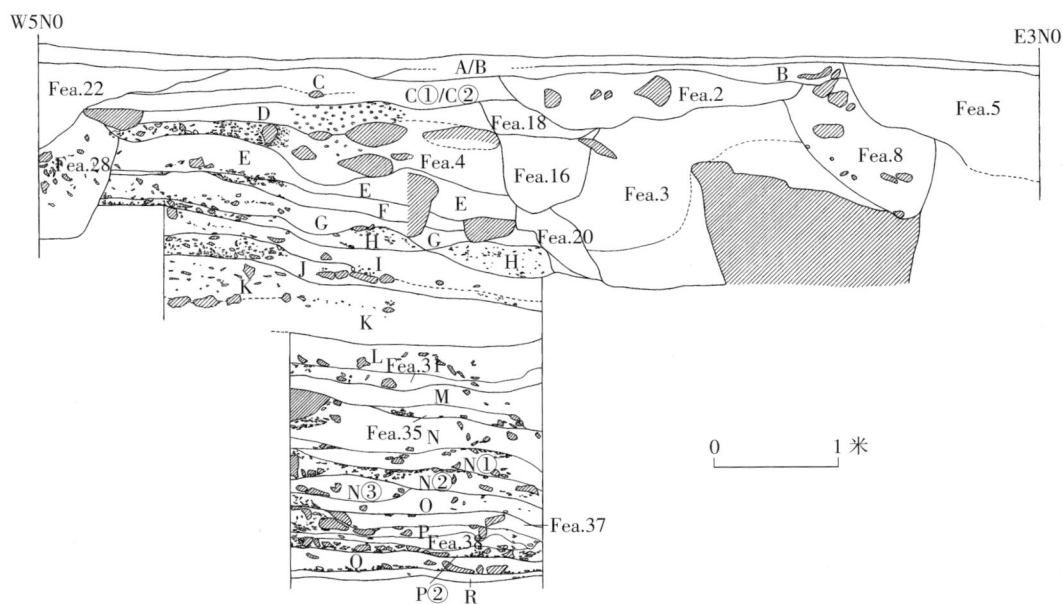

图一〇六　吊桶环遗址 W5N0～E3N0 剖面图

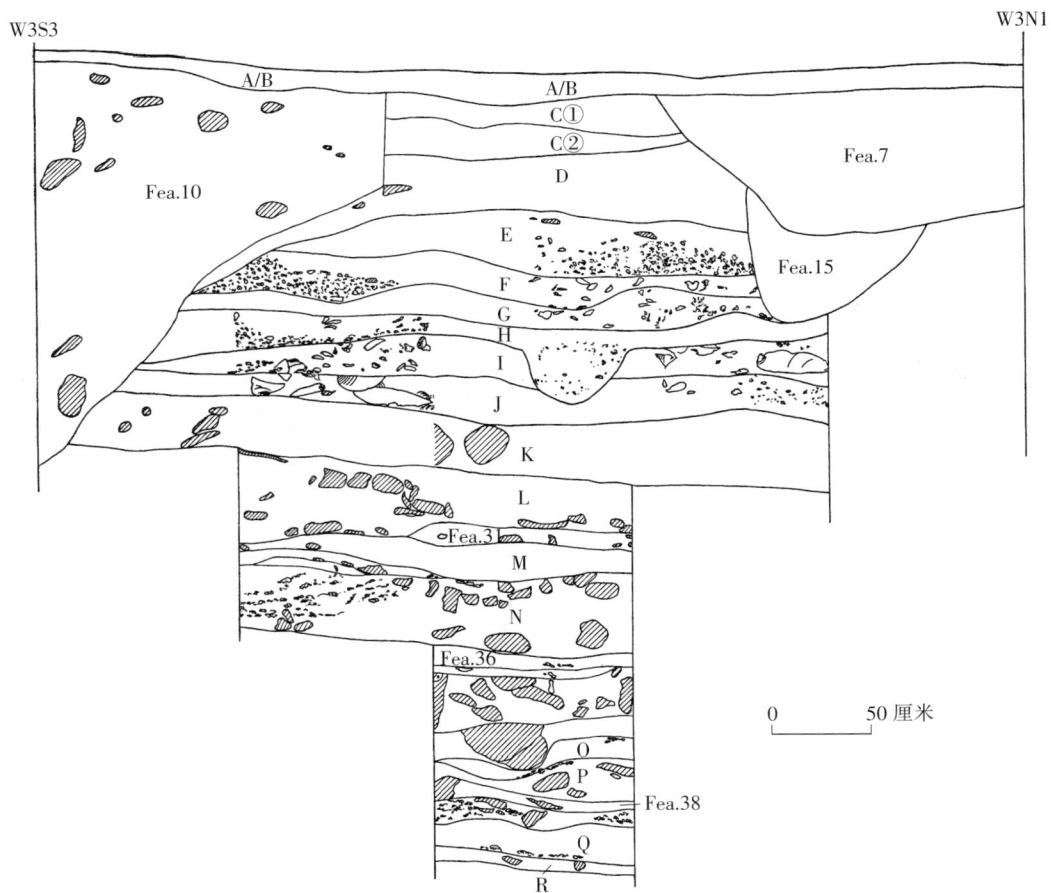

图一〇七　吊桶环遗址 W3S3～W3N1 剖面图

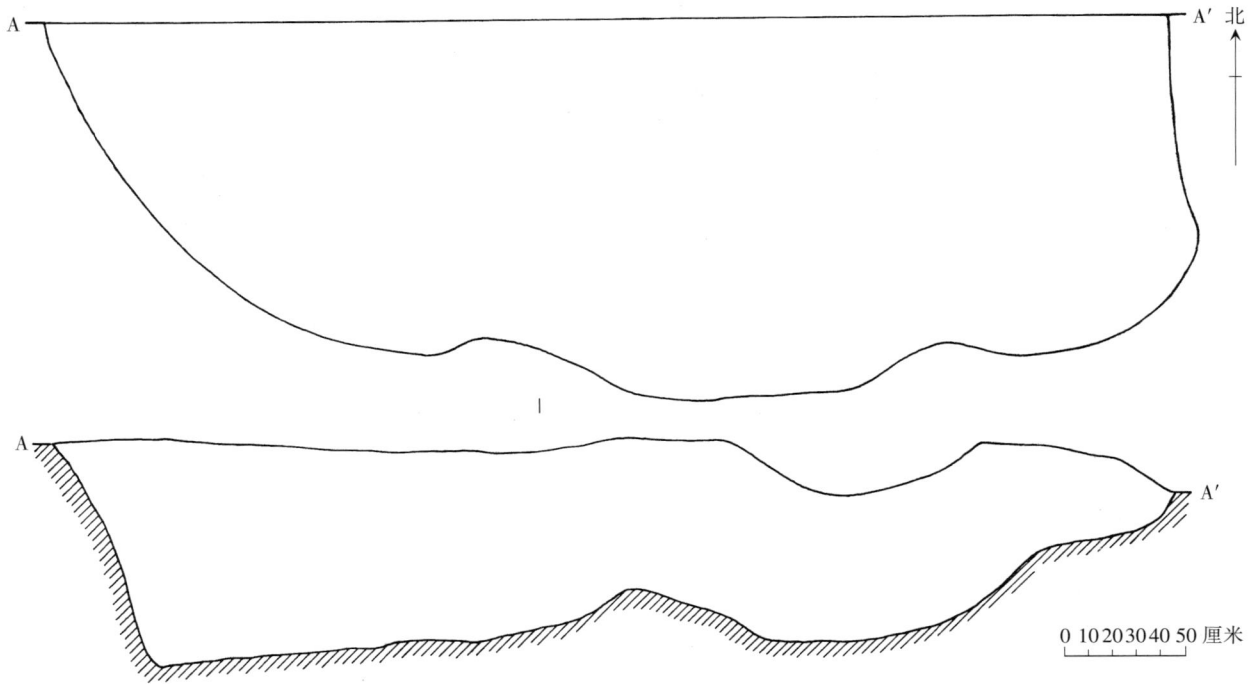

图一〇八　吊桶环遗址 Fea. 7 平、剖面图

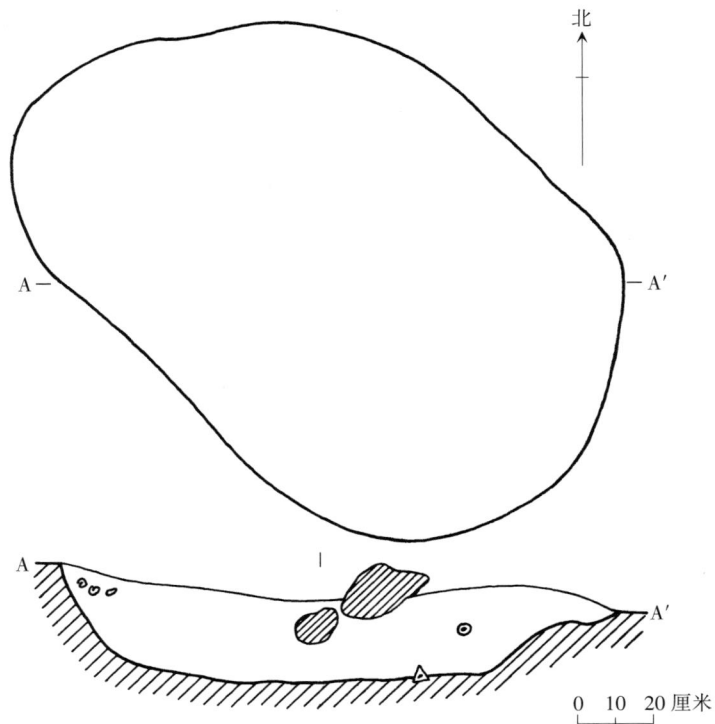

图一〇九　吊桶环遗址 Fea. 1 平、剖面图

方和 TE2N0、TE2S1、TE2S2 探方的东面相邻探方均未发掘，故已清的该灰坑呈平面三角形，从以露的该灰坑一段坑边看，该灰坑应为圆形。坑底呈平缓锅底状。坑东西残径 210、南北残径 274、深 95 厘米。Fea. 5 打破 Fea. 8 和 Fea. 11，同时 Fea. 5 被 Fea. 14 打破。坑内填土为黄褐色土，土质松散，夹杂较大块的角砾石。

Fea. 11：该灰坑分布于 TE1S2、TE0S2 东南角、TE1S1 东南角、TE2S1 西南角、TE2S2 西南角。该遗迹所在 TE0S2、TE1S2、TE2S2 三个探方的南面邻方未发掘，TE2S2 东面邻方也未发掘，故本灰坑揭露不全，已清理部分平面呈不规则形，坑底呈锅底形状。坑口东西残长 257、南北残长 145、坑深 68 厘米（图一一〇）。Fea. 11 打破 Fea. 21，同时 Fea. 11 被 Fea. 1、Fea. 5 打破，坑内填土为黄褐色土，内夹风化的石灰岩石块，土质较松，坑底部集中出土石英石块、石器、兽骨、兽牙等遗物。

C①层：距水平基线 11～47、距地表 10～38 厘米，层厚 0～33 厘米。土质松软，结构细密，内杂

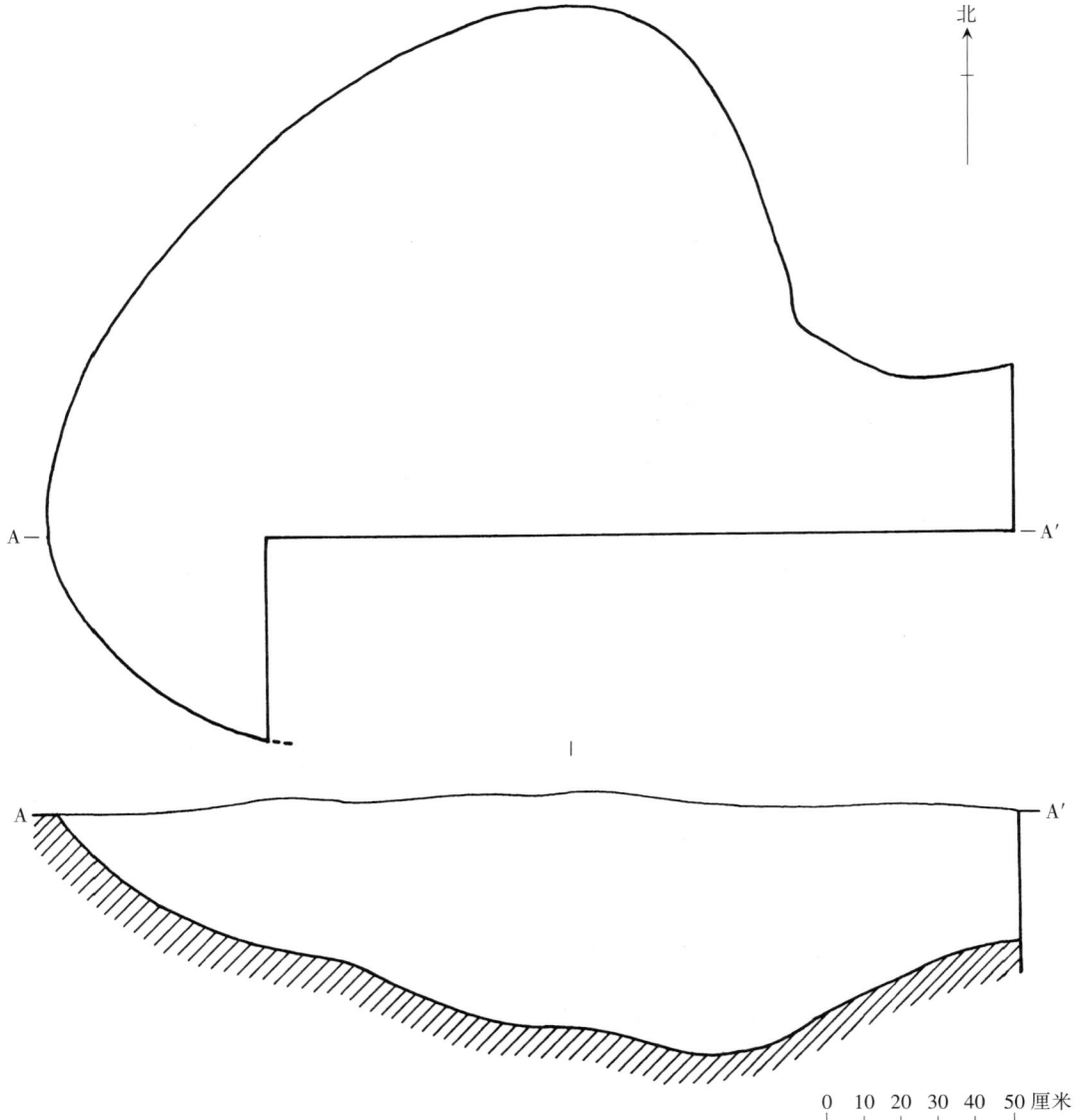

图一一〇 吊桶环遗址 Fea. 11 平、剖面图

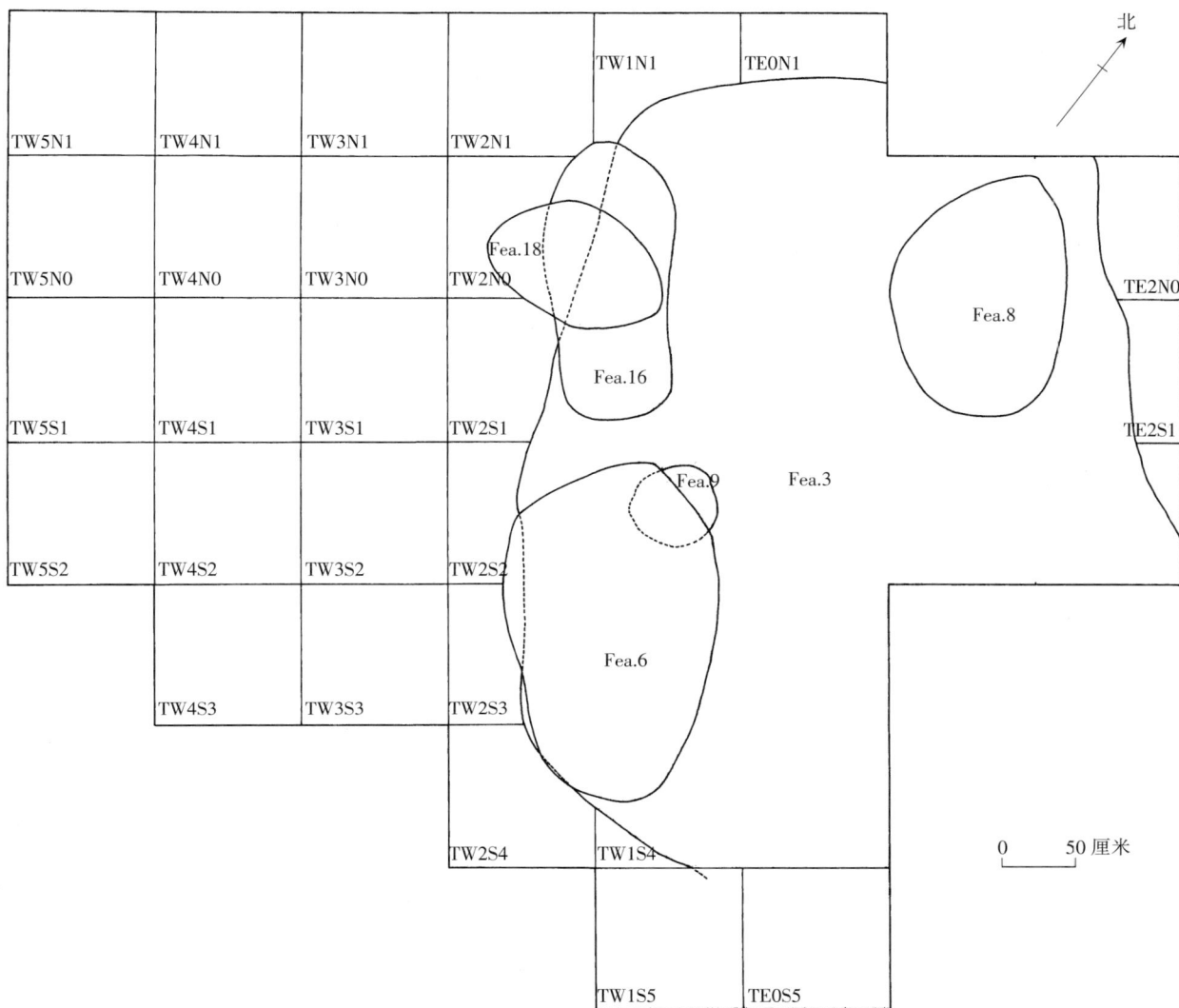

图——— 吊桶环遗址开口于 C 层下遗迹分布图

少量粉末状风化石灰岩，浅黄色土，土与石块结合较为紧密。出土遗物不多，只有少量兽骨。

C②层：距水平基线 37~44、距地表 25~38 厘米，层厚 0~19 厘米。土质相对紧密。质地较坚硬，内夹大量片状的风化及半风化的石灰岩块，深黄色土，出土少量兽骨及石英块（图———）。

D 层：距水平基线 49~60、距地表 34~47 厘米，层厚度：0~28 厘米。浅黄褐色土，土层结构较为紧密，内杂部分砾石，呈层状结构，此层包含物主要为兽骨、兽牙等动物遗骸。D 层下开口的遗迹有 Fea. 20、Fea. 4、Fea. 16、Fea. 3、Fea. 15（图——二）。

Fea. 20：该灰坑分布于 TW1S2 北部、TW1S1、TW2N0 东部、TW1N0 西南部，呈束腰椭圆形，长径 190、短径 60~83、深约 63 厘米（图——三）。坑底凹凸不平。Fea. 20 被 Fea. 3、Fea. 16 打破。坑内填土为灰褐色土，内夹数量较多的风化石灰器，土质较为松软，包含物主要为兽骨、烧骨及少量石器及石英块和燧石片。

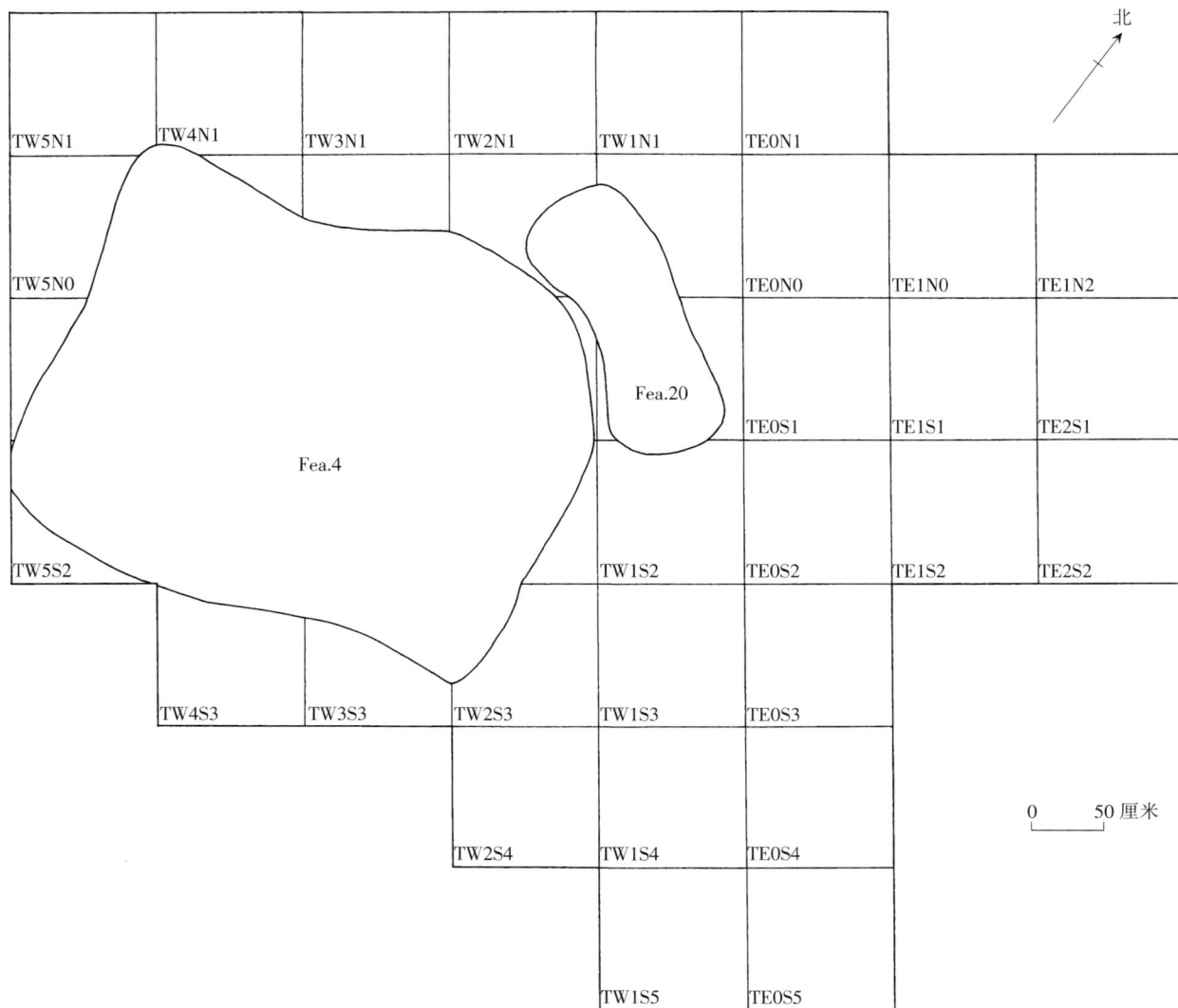

图一一二 吊桶环遗址开口于 D 层下遗迹分布图

Fea. 4：该坑平面呈圆方形。坑南北长285、东西宽360、深0～55厘米。坑底斜平，呈凹凸状。该灰坑分布于TW5S2东北角（占本方近三分之二面积）、TW5S1东南角（占本方三分之二面积）、TW5N0东南角、TW5N1东南角（仅挂一点）、TW4S3东北部、TW4S2、TW4S1、TW4N0（除东北角一点的全部面积）、TW3S3北部、TW3S2、TW3S1、TW3N0南部、TW2S3西北角（图一一四）。Fea. 4分别被Fea. 3、Fea. 16、Fea. 10、Fea. 15、Fea. 22、Fea. 26打破。坑内填土为浅黄色土，土质较为疏松，内夹大量形体较大、石质较硬的石灰岩，这些石灰岩均未风化，且犬牙交错与土层交错在一起。在这些石灰岩块上分布大量的兽牙、烧骨以及少量的磨制石器、砍砸器，兽骨大量为筒骨及动物的牙床部位。

Fea. 16：该灰坑分布于TW2S1东北角、TW1S1西南角、TW2N0东南角。坑口呈椭圆形，坑底呈锅底状。坑口长径192、短径87、坑深63厘米（图一一五）。Fea. 16打破Fea. 3，同时Fea. 16被

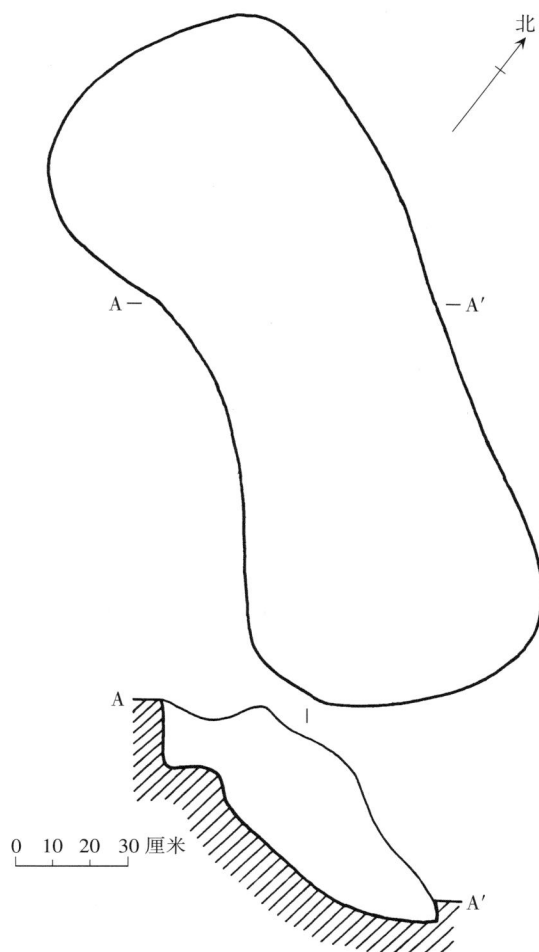

图一一三　吊桶环遗址 Fea. 20 平、剖面图

Fea. 18 打破。坑内填土土质结构极为紧密，残黄色土中夹杂大量白色和红色的风化石灰岩及部分较为坚硬的角砾石，土色黄中偏红，呈一种斑驳的杂色，出土遗物为大量兽骨及少量烧骨，磨制石器、石英块等，部分兽骨有磨制痕迹。

　　Fea. 3：该灰坑分布于 TW1N1 东南角、TE0N1 南部、TW2N0 东南角、TW1N0（除西北角一点的全部面积）、TE0N0、TE1N0、TE2N0 西部、TW2S1 东部、TW1S1、TE0S1、TE1S1、TE2S1 西部、TW2S2 东部、TW1S2、TE0S2、TE1S2、TE2S2（除东北角一块的全部面积）、TW2S3 东部、TW1S3、TE0S3、TW2S4 东北角、TW1S4（除西南角一部分的全部面积）、TE0S4。该遗迹所在的探方 TE0N1、TE0S3、TE0S4、TE2S2 东面邻方 TE1N1、TE1S3、TE1S4、TE3S2 均未发掘，又 TE1N0、TE2N0 北面相邻方 TE1N1、TE2N1 均未发掘，还有 TW1S4、TE1S2、TE2S2 南面邻方 TW1S5、TE1S3、TE2S3 均未发掘。在 TE0S4 南面邻方 TE0S5 虽然发掘了，但没有 Fea. 3 在此探方分布的原始资料，故 Fea. 3 揭露不完整。从已清理的坑口平面看呈椭圆形，坑口南北残径 554、东西残径 446 厘米，坑深不一，有的地方还未发掘至底，已清理深度达 200 厘米（图一一六）。Fea. 3 打破 Fea. 20，同时被 Fea. 6、

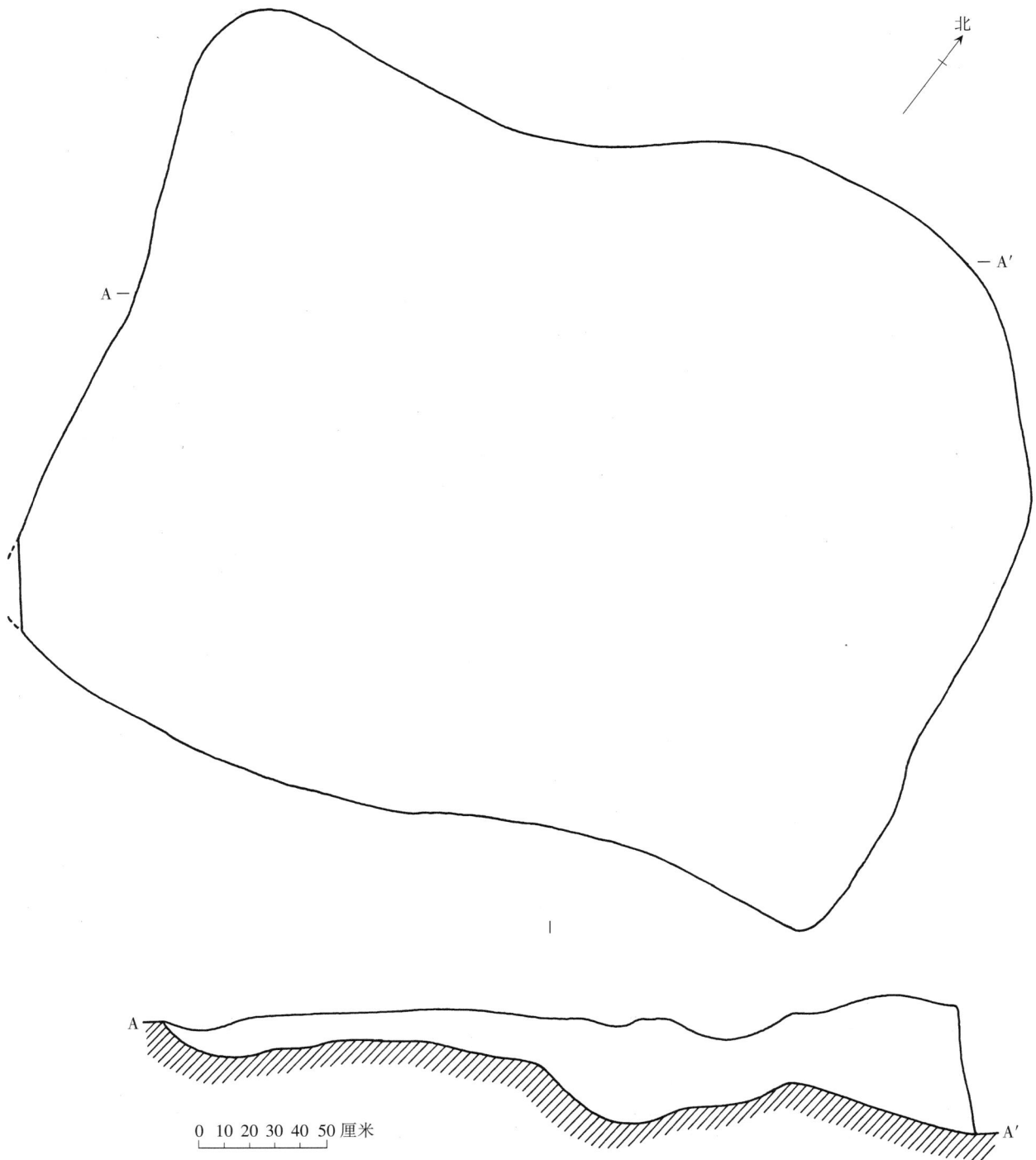

图——四　吊桶环遗址 Fea. 4 平、剖面图

Fea. 1、Fea. 5、Fea. 8、Fea. 11、Fea. 13、Fea. 18、Fea. 16 打破。坑内填土为黑褐色土，内夹大量风化石灰岩和大量细碎的兽骨及烧骨，还有部分石器和石英块，兽骨大都细碎，叠压分布，基本围绕坑内的大块石灰岩分布。

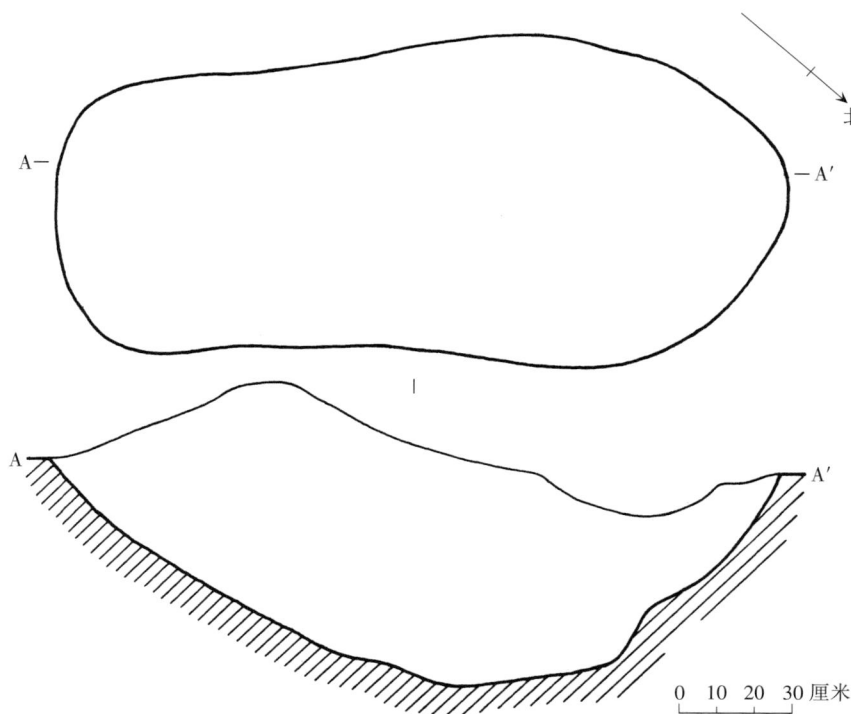

图一一五　吊桶环遗址 Fea. 16 平、剖面图

Fea. 15：该灰坑分布于 TW4N0 东北角、TW3N0 北部、TW2N0（除该探方西南角和东南角各一点点面积外的全探方面积）、TW2S1（近北壁一小块）、TW4N1 东南角、TW3N1 南部、TW2N1 西南角。该灰坑平面呈椭圆形，长径 267、短径 60～108、坑深 15～123 厘米不等。坑底呈西深东浅二层台式，深处平缓（图一一七）。Fea. 15 打破 Fea. 16，同时 Fea. 15 被 Fea. 7 打破。坑内填土主要为黄褐土，土色黄中偏红，由于填土中夹杂大量略呈红色和白色的风化石灰岩石，土质相对比较疏松，坑底为一大型石灰岩石，其中一半已风化，一半还较为坚硬。因此填土中最大特征即为黄褐土中杂有大量细碎的风化岩石，并使土色呈一种斑驳的杂色，出土遗物较为丰富，主要为大量的兽骨，包括少量兽牙和烧骨。

D①层：距水平基线 56～86、距地表 38～64 厘米，层厚 20～53 厘米。土质松软细腻，结构较为紧密，棕红色土，内杂少量块状或片状石灰岩石，包含物主要为兽骨，部分兽骨有火烧的痕迹，并有少量螺、蚌壳。

E 层：距水平基线 61～163、距地表 56～138 厘米，层厚 0～37 厘米。土质松软，疏松，结构松散，土色为浅灰绿，内夹少量细碎的角砾石，沙性较重，在整个发掘区主要分布于南部，北部被晚期的地层打破，整体呈西南—东北、东南—西北方向由高至低倾斜分布，出土遗物主要为与兽骨伴出的石英石块以及少量烧骨，部分区域胶结紧密，钙化程度较高。

F 层：距水平基线 61～181、距地表 58～155 厘米，层厚度：0～33 厘米。为黄褐土，内杂大量的呈片状的石灰岩石，土质较疏松，内含少量兽骨、烧骨及少量石器。

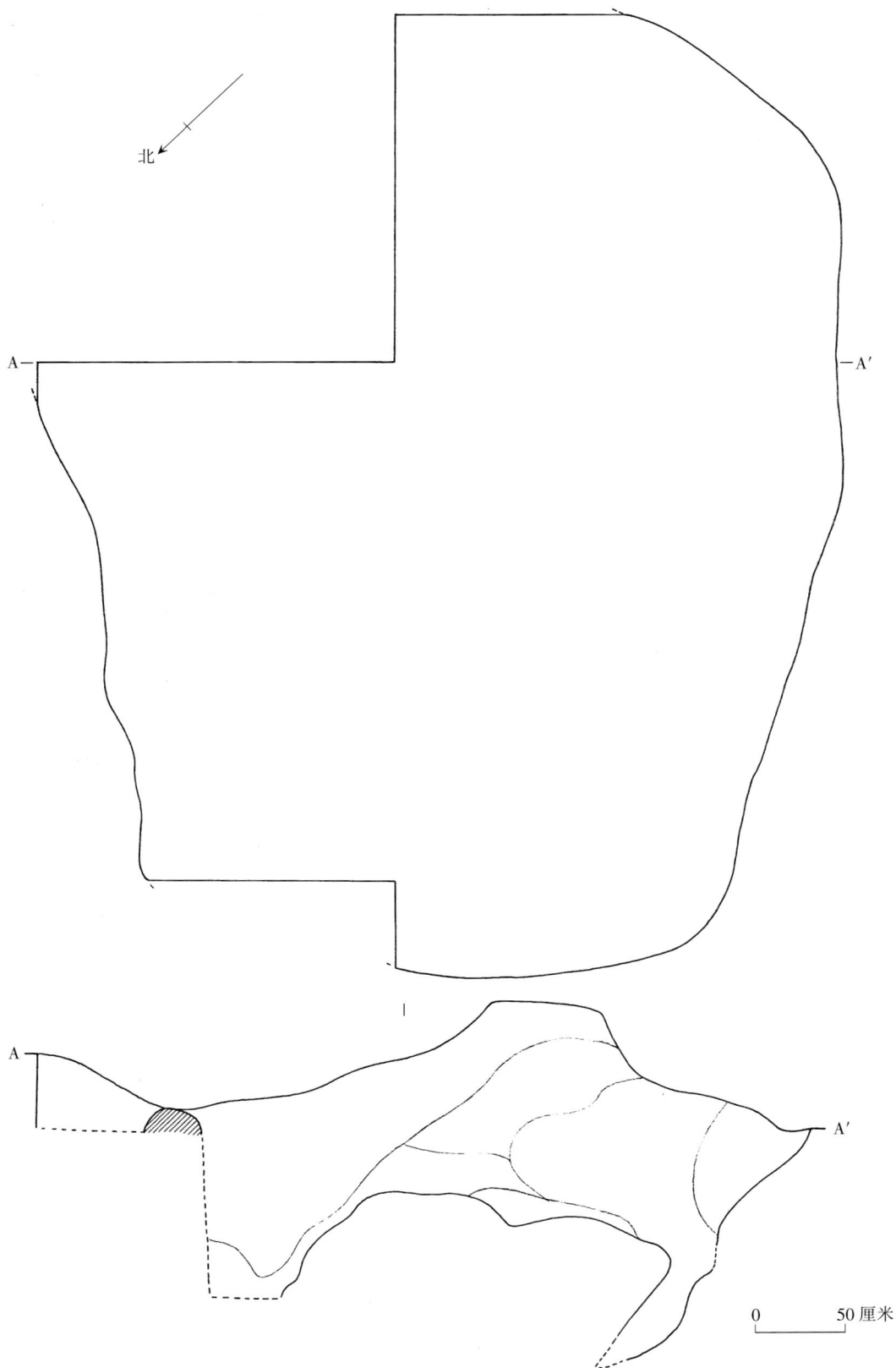

北

0　　　50厘米

图一一六　吊桶环遗址 Fea. 3 平、剖面图

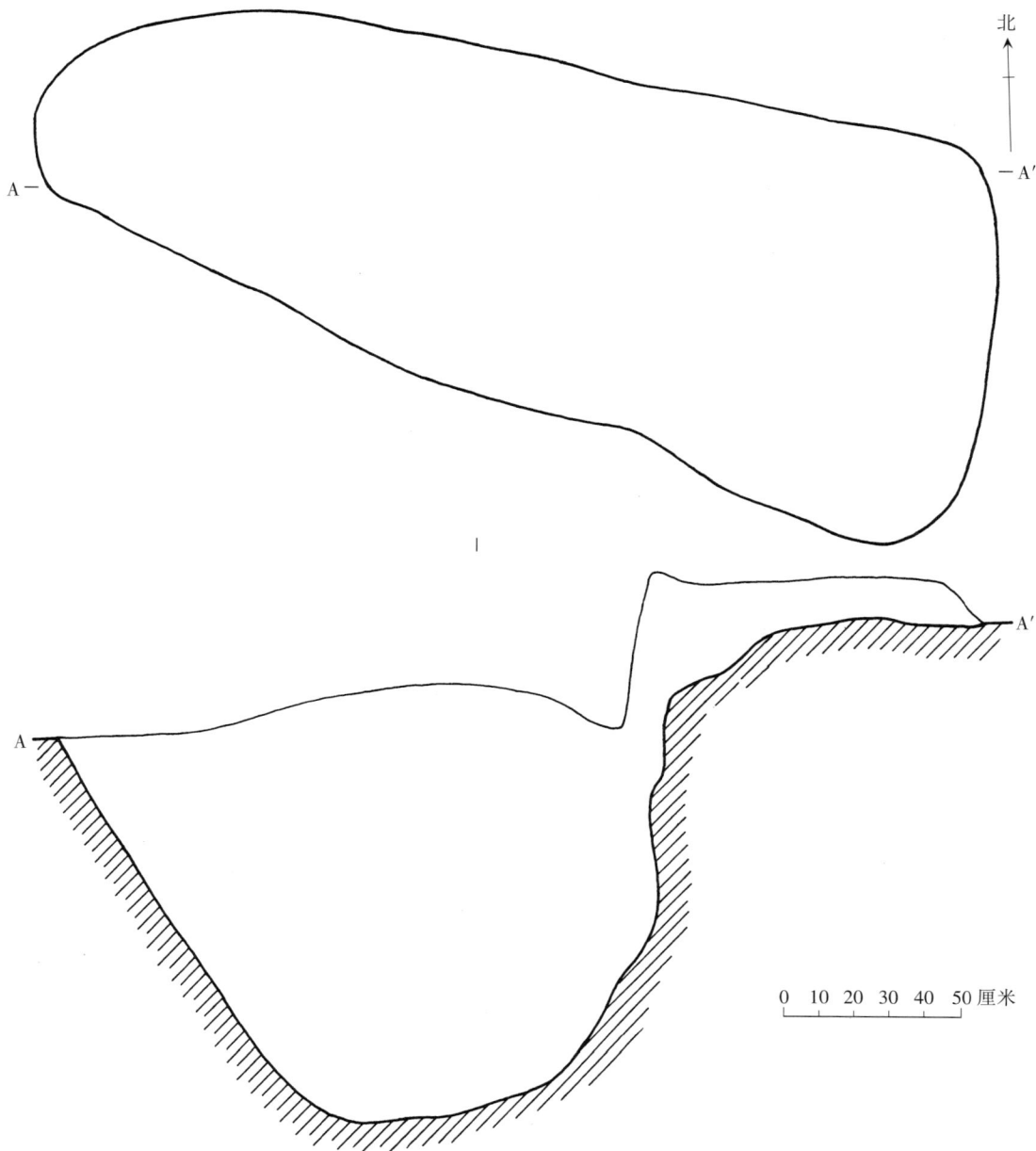

图一一七 吊桶环遗址 Fea. 15 平、剖面图

　　G层：距水平基线 61～192、距地表 58～166 厘米，层厚度：0～28 厘米。为灰绿色土层，土色黄中偏绿。土质疏松，土层中夹杂有大量的石英块和角砾石，部分区域受洞顶渗漏影响，有轻微钙化现象，出土遗物有穿孔蚌器、兽骨及伴出的石英石块及少量烧骨。

　　H层：距水平基线 76～193、距地表 73～168 厘米，层厚 2～40 厘米。黄褐色砂质土，夹大块角砾石，呈不规则分布，粒径 3～10 厘米不等，整个层自南向北呈坡状堆积，出土遗物有兽骨，石英石块燧石核等，部分区域有胶结、钙化现象（图一一八）。

　　I层：距水平基线 95～220、距地表 92～195 厘米，层厚 0～35 厘米。土色褐中偏黄，土质较疏

北

TW5N1	TW4N1	TW3N1	TW2N1	TW1N1	TE0N1		
TW5N0	TW4N0	TW3N0	TW2N0	TW1N0	TE0N0	TE1N0	TE2N0
TW5S1	TW4S1	TW3S1	TW2S1	TW1S1	TE0S1	TE1S1	TE2S1
TW5S2	TW4S2	TW3S2	TW2S2 Fea.30	TW1S2	TE0S2	TE1S2	TE2S2

TW4S3　TW3S3　TW2S3　TW1S3　TE0S3

TW2S4　TW1S4　TE0S4

0 20 40 60 厘米

TW1S5　TE0S5

图一一八　吊桶环遗址开口于 H 层下遗迹分布图

松，内夹大量片状的石灰岩石，从其堆积的层状特征看，似在堆积过程中有水流冲积的作用，出土遗物为少量兽骨和石英石块及细小石器。

J层：距水平基线 104～229、距地表 104～204 厘米，层厚 2～60 厘米。为黑褐色砂质土，富含有机质，间杂棕褐色土，有炭屑，并杂有少量角砾石，所含遗物有较多兽骨，并有较细小石器，以及蚌器、燧石核、燧石片。整层呈南高北低之坡状堆积。层面上普遍分布有成片之石灰岩块堆积，与 I 层之间形成一明显界面。

K层：距水平基线 114～239、距地表 113～214 厘米，层厚度：7～52 厘米。棕红土，土质结构较为紧密，层上部有风化程度较浅的片状角砾石分布，层底部分布有个体较大的片状、风化程度较浅的石灰岩块，本层出土遗物主要为数量不多且零星分布的动物兽骨，主要出土物为数量较多的燧石核、燧石片和燧石叶，以及石英石片，并伴出少量蚌壳、螺壳等少量的水生动物遗骸，整层由西往东倾斜分布，呈西高东低之状。

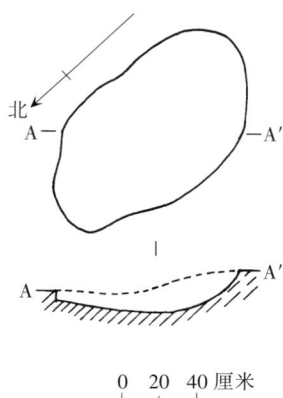

图——九 吊桶环遗址 Fea. 30 平、剖面图

0 20 40 厘米

L 层：距水平基线 208～277、距地表 201～252 厘米，层厚 21～50 厘米。土质疏松，结构松软，深黄色土。L 层下开口的遗迹有 Fea. 31。

Fea. 30：该灰坑已发掘面积，仅分布在 TW2S2、TW1S2、TW2S3（除西南角一块）、TW1S3，灰坑仅 TW1S2 西南角露了一段边，其余由于已发掘四个探方的四邻探方均未发掘，因此，该灰坑的实际范围和形状均不详，已清理的平面，东西、南北各残长 200、深 15 厘米，坑底呈起伏波浪式（图一一九）。坑内填土为黄褐色土，土质较为板结，内杂一定数量的分布不均匀的炭灰，炭灰堆积较为明显集中的区域出土少量兽骨，应是一烧火堆。

M 层：距水平基线 252～315、距地表 245～290 厘米，层厚 4～40 厘米。土质较为疏松，浅黄色土。内含少量石灰岩块，较为纯净。M 层下开口的遗迹有 Fea. 35（图一二〇）。

Fea. 35：该灰坑分布已清理的 TW3S1、TW2S1、TW3S2、TW2S2（除 TW3S1 西北角和 TW2S1 东北角一小块）的全部面积，由于已发掘四个探方的四邻方都未发掘，因此，该灰坑仅在 TW3S1 西北

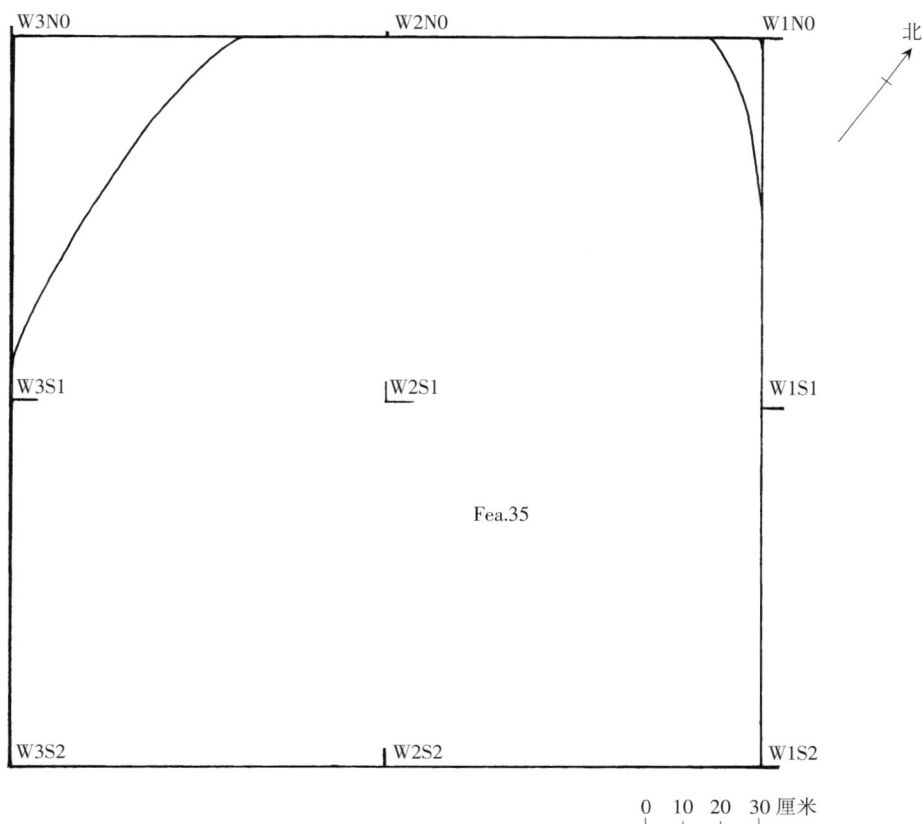

0 10 20 30 厘米

图一二〇 吊桶环遗址开口于 M 层下遗迹分布图

角和 TW2S1 东北角露了一段坑边外，该灰坑的实际面积和形状均不详。从已清理的四个探方看，该
灰坑东西、南北各残长 200、深 23.5 厘米，坑底平。坑内填土分两层（图一二一）。Fea. 35 为一烧
土层，由于用火原因，土色呈砖红色，板结较为严重，其整体呈圆形，烧土堆边缘用石块堆围成一
圈形、底部用石灰岩石块堆成一平面，形成一平底圆形的烧土堆。底部 N 层之上铺设了一层较为细
腻的浅褐黄色土和细碎的石英石块，形成一平整的活动面。

　　N 层：距水平基线 270～355、距地表 264～330 厘米，层厚 20～41 厘米。棕黄色土，土质松软，
夹杂大量形态各异、大小不等的石灰岩石块。N 层下开口的遗迹有 Fea. 36（图一二二）。

　　Fea. 36：该坑在已发掘的面积中，分布于 TW3S1（除东北角一点）、TW2S1（除北部一段）、TW3S2
（除西南角部分）、TW2S2 的全部探方面积。由于仅发掘了四个探方，其四个探方的相邻探方又未发掘，故
该灰坑仅在 TW3S1 东北角和 TW2S1 北部以及 TE3S2 西南角露了两段坑边。其余实际面积和灰坑形状均不
详。从已发掘清理部分看，该坑残长 200、残宽 105～195、深 18 厘米。坑底近平（图一二三）。坑内填土
为浅灰褐色土，土质疏松，沙性较重，夹有一定数量的炭屑和部分兽骨，应是一烧火堆。

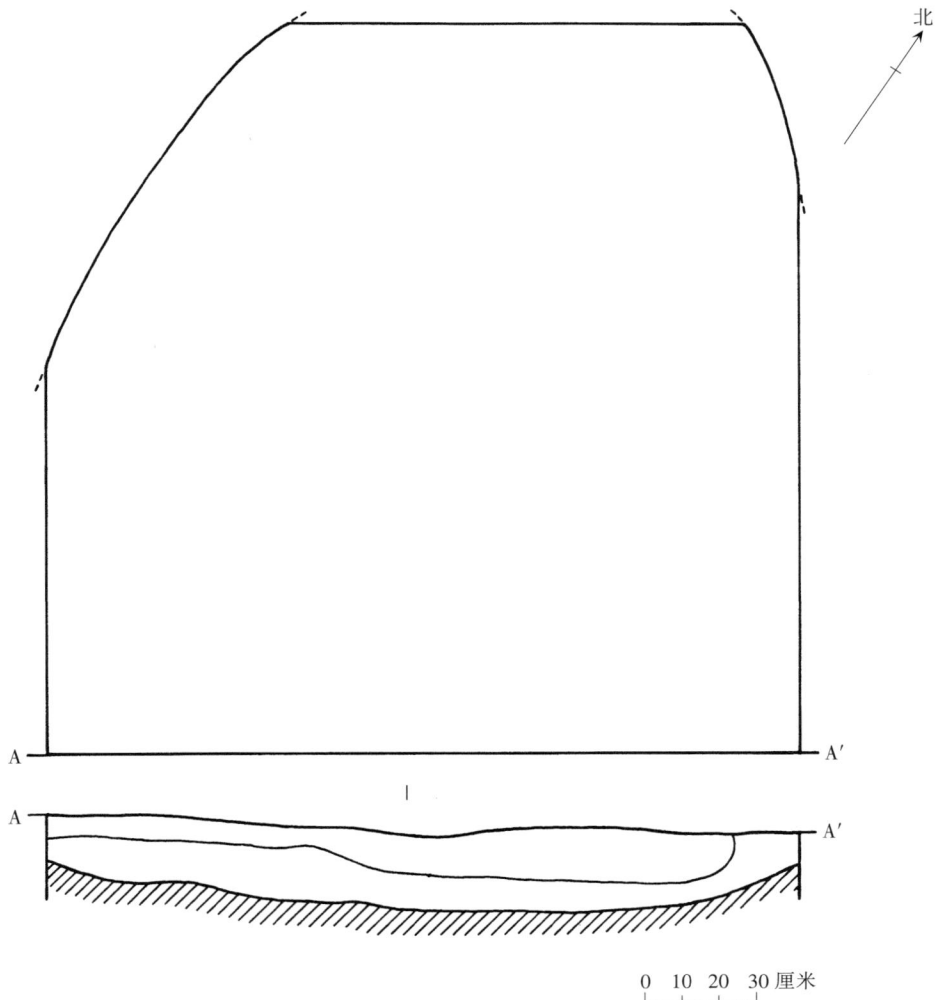

图一二一　吊桶环遗址 Fea. 35 平、剖面图

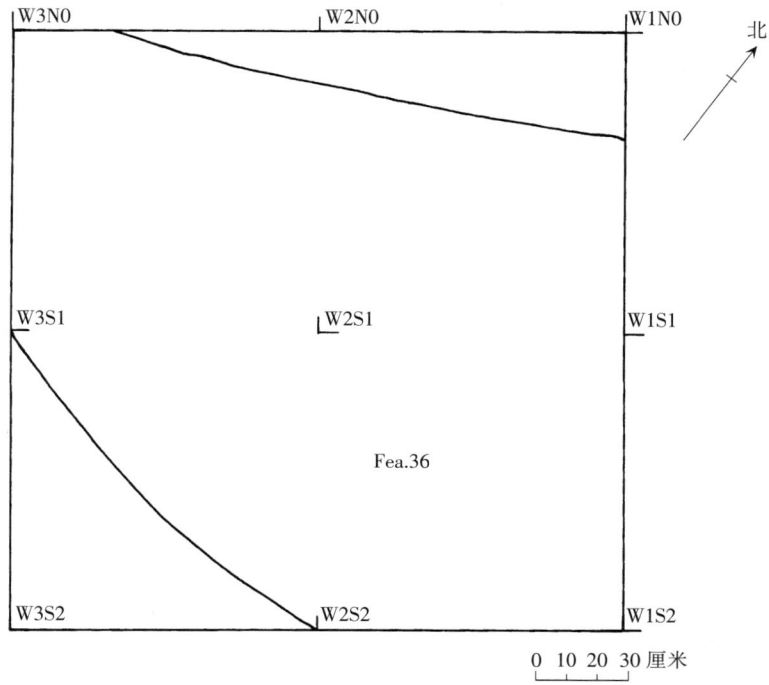

图一二二　吊桶环遗址开口于 N 层下遗迹分布图

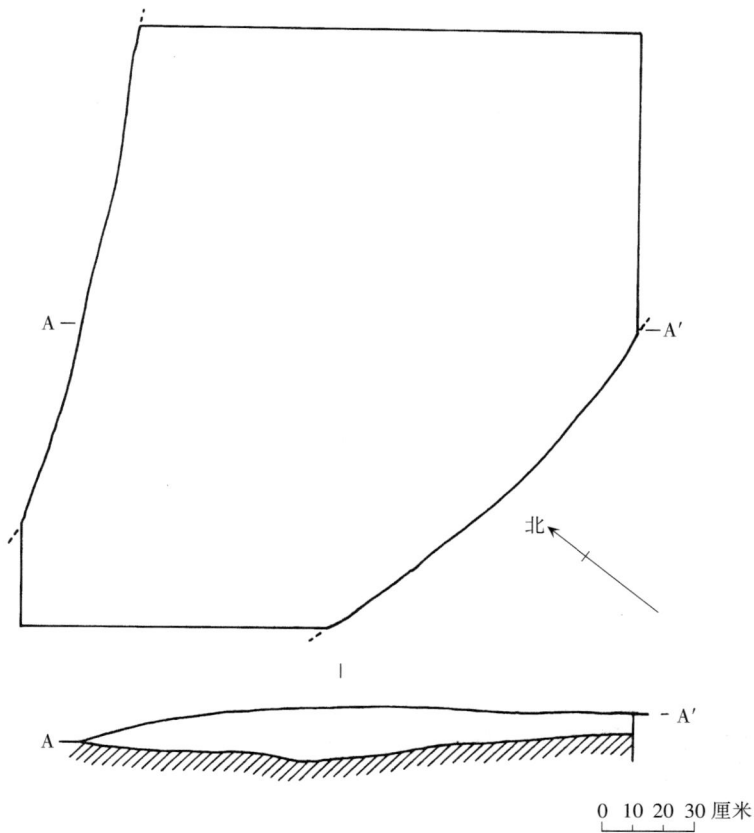

图一二三　吊桶环遗址 Fea. 36 平、剖面图

N①层：距水平基线 321～387、距地表 310～362 厘米，层厚 0～17 厘米。土质松软，结构疏松，包含纯净，浅黄色土，稍泛白，以整个地层分布和成因看，似为 Fea. 35 之底部的铺垫土。

N②层：距水平基线 321～404、距地表 313～379 厘米，层厚 1～32 厘米。土质较为板结，结构致密。

N③层：距水平基线 384～401、距地表 315～376 厘米，层厚 0～46 厘米。浅黄色土，土质松软，呈砂性，夹杂个体较大的石英石块。

O 层：距水平基线 360～419、距地表 346～414 厘米，层厚 0～24 厘米。土质松软，稍呈砂性，浅黄色土。O 层下开口的遗迹有 Fea. 37（图一二四）。

Fea. 37：该坑分布于 TW2S1（除该方南部一段）。由于 TW2S1 的两邻探方发掘近 F3 处未再往下挖，造成该灰坑在 TW3S1 内的分布情况不清楚。但根据 TW3N0 的南部面（也就是 TW3S1 的北部面）上有 Fea. 37 地层，所以，Fea. 37 延伸到了 TW3S1 探方内，再因为 TW3S1 的北邻方和 TW2S1 的北、东邻方未发掘相同深度，故 Fea. 37 实际面积和形状均不详，从已揭示的剖面看，Fea. 37 东西残长 171、南北残长 79、深 12 厘米，坑底较平（图一二五）。坑内填土为灰褐色土，土质疏松，中夹数量较多的灰烬，应是一烧土堆。

P 层：距水平基线 371～443、距地表 356～430 厘米，层厚 0～24 厘米。土质松软，黏性较大，

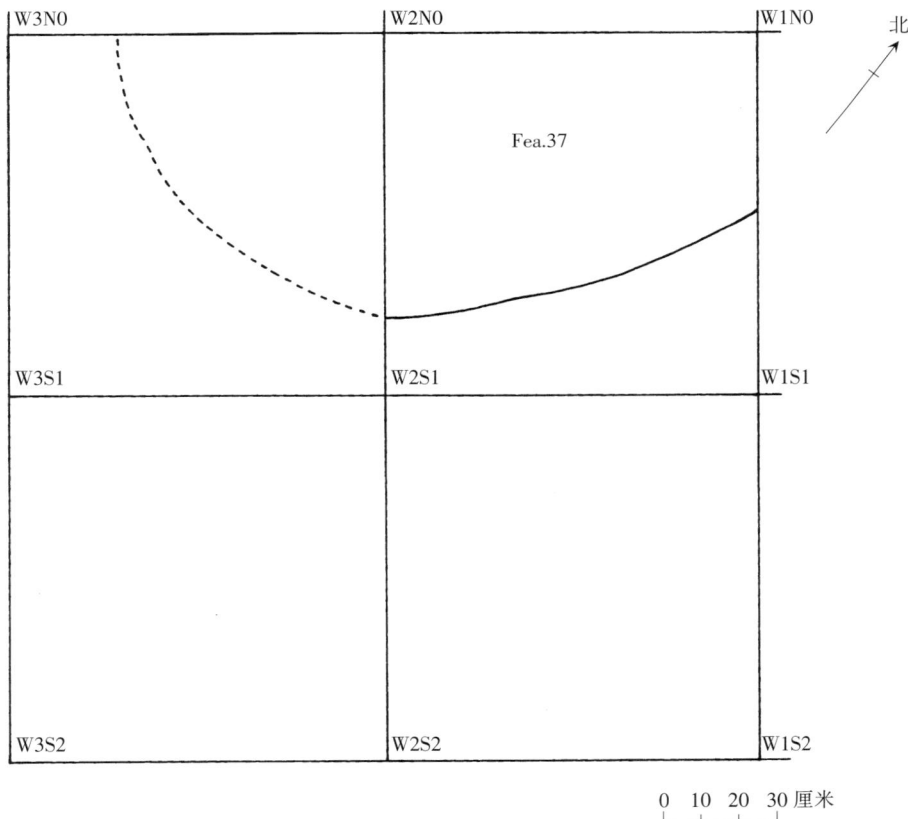

图一二四　吊桶环遗址开口于 O 层下遗迹分布图

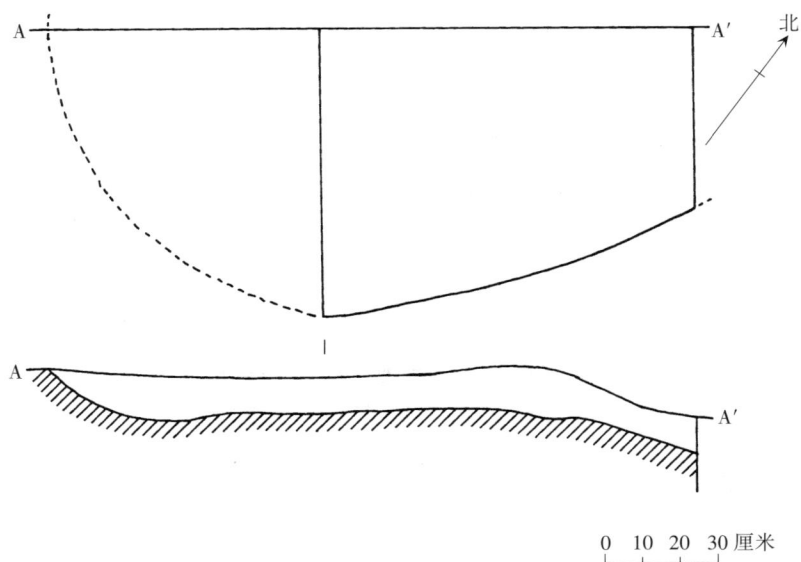

图一二五 吊桶环遗址 Fea. 37 平、剖面图

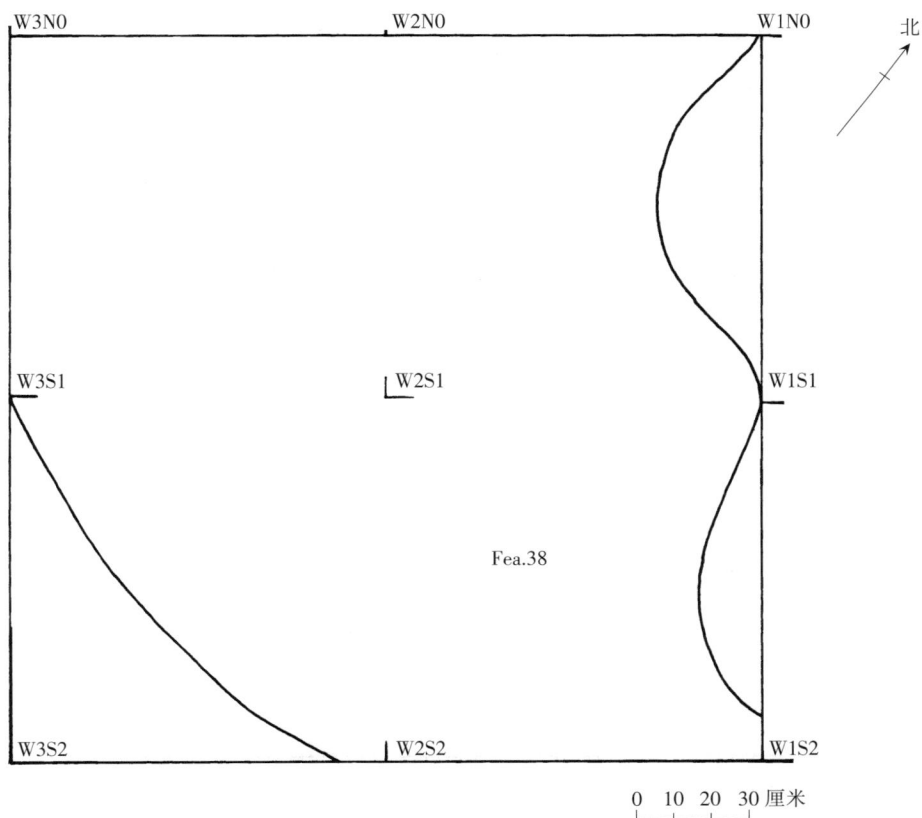

图一二六 吊桶环遗址开口于 P 层下遗迹分布图

土色为黄褐色中偏红，内杂大量的大小不等呈颗粒状的石灰岩石。P 层下开口的遗迹有 Fea. 38（图一二六）。

Fea. 38：该坑分布已发掘的四个探方 TW3S1、TW2S1（除东部一小块）、TW3S2（除西南角部位）、TW2S2（除东部一块）。由于已发掘的四个探方的四邻在同等处未发掘，Fea. 38 仅在 TW3S2 西南角和 TW2S1 东部，TW2S2 东部清理两段坑边。该灰坑的实际面积和形状不详，从已清理范围看，该坑东南、西北残长 200、深 3~10 厘米，坑较浅，坑底较平（图一二七）。坑内填土土质疏松，内夹少许炭灰，部分土质土色接近红烧土状，底部局部有大块石灰岩石块作为其底面，应是一烧火堆。从整个遗迹分布看，Fea. 38 之下即无任何遗迹，可能人类活动即始于 P①层层面。

P①层：距水平基线 391~433、距地表 382~400 厘米，层厚 0~35 厘米。黄褐土，土质松软，黏性较大，中夹大量杂乱无章的细碎的石灰岩石块，呈不规则分布，局部有几块大块石灰岩石，Fea. 38 即利用了大石块作为烧火堆的底面。

P②层：距水平基线 391~460、距地表 376~455 厘米，层厚 0~20 厘米。黄褐土，土质松软，中杂大量呈片状分布的石灰岩石块。

Q 层：距水平基线 403~426、距地表 388~437 厘米，层厚 0~19 厘米。土质松软，浅黄色土，

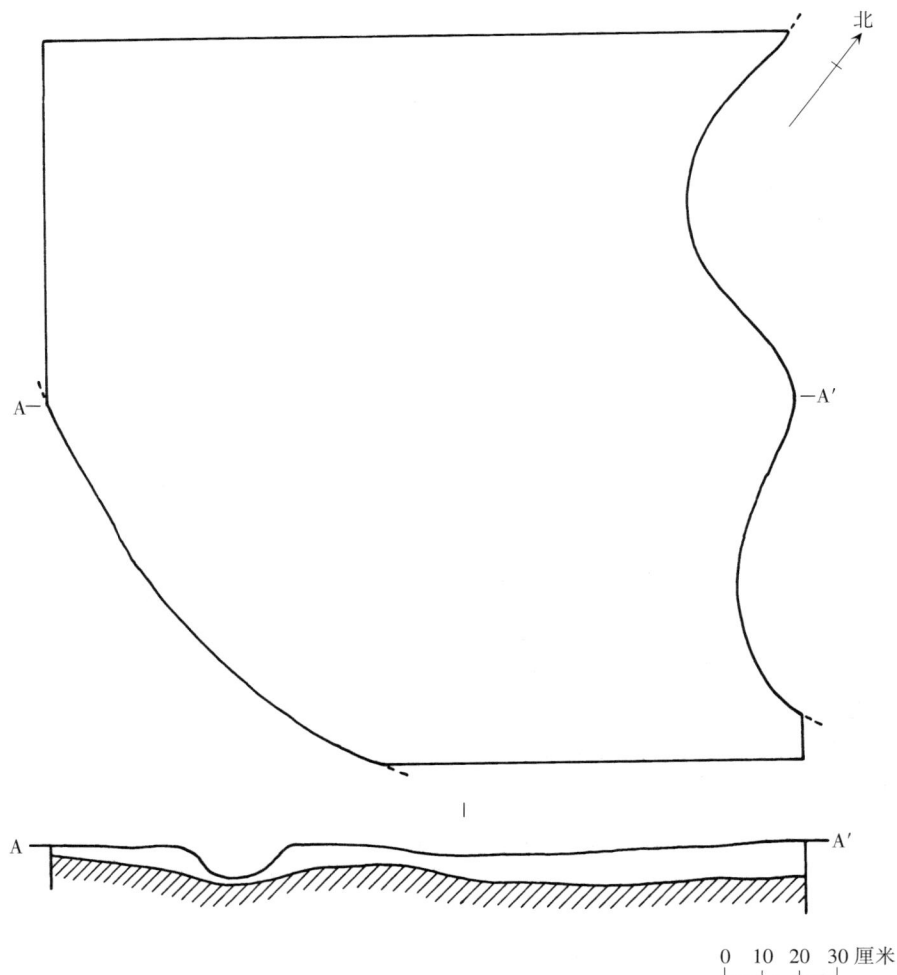

图一二七　吊桶环遗址 Fea. 38 平、剖面图

稍有黏性。

各层下还有一些坑状堆积描述如下：

1. Fea. 19

该灰坑分布于 TW2S4 北部（并向探方外西方延伸，未扩方发掘），TW1S4 西北角，TW3S3 东北角（并向探方南方延伸，未扩方发掘），TW2S2 全部，TW1S3 西部，TW3S2 东南角（该探方大部分），TW2S2 西南角（该探方大部分面积），TW1S2 西南角（仅分布一小部分在西南角）。开口于表土层下，打破 Fea. 10 及 A/B 层。平面呈圆角长方形，长 245、宽 135~180、坑深 28 厘米，坑底呈锅底状，部分地方凹凸不平。该灰坑西南方向的 TW3S4 探方未发掘，故 Fea. 19 西南角残缺，使 Fea. 19 平面不完整（图一二八）。

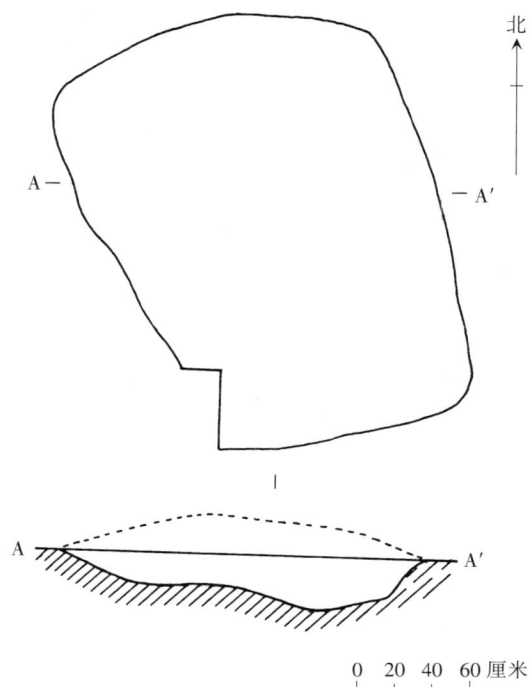

图一二八　吊桶环遗址 Fea. 19 平、剖面图

2. Fea. 25

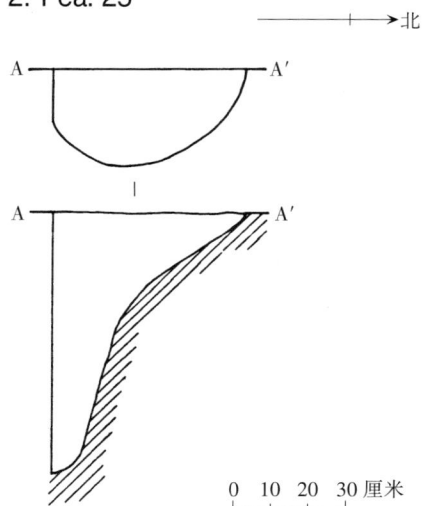

图一二九　吊桶环遗址 Fea. 25 平、剖面图

3. Fea. 27

该灰坑分布于 TW5N1 西部，由于该探方西侧相邻探方未发掘，故已清理部分平面残呈半圆形，坑底呈锅底形。开口于 A/B 层下，打破 Fea. 4 和 Fea. 22。坑口径南北残长 91、东西残宽 35、坑深 37 厘米（图一三〇）。

该灰坑分布于 TW5S2 西北角，跨 TW5S1 西南角。TW5S2 和 TW5S1 西侧探方未发掘，故已清理的该灰坑平面呈半圆形。坑底为尖锥状。坑口径南北残宽 53、东西残长 27、坑深 67 厘米。开口于 A/B 层下，该灰坑与开口同一地层 A 层下的 Fea. 22，两灰坑无直接打破关系，但 Fea. 25 打破 Fea. 4 和 Fea. 28，同时 Fea. 25 又被 Fea. 10 打破（图一二九）。

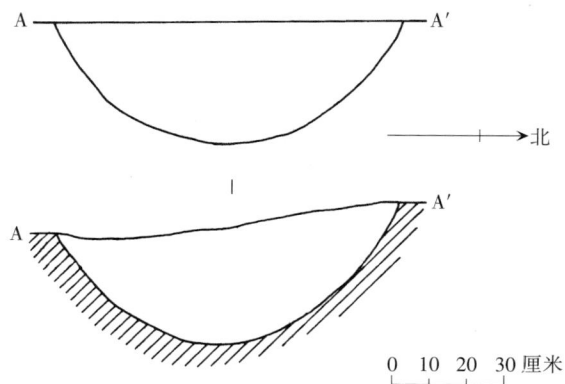

图一三〇　吊桶环遗址 Fea. 27 平、剖面图

4. Fea. 22

该灰坑位于 TW5N1、TW5N0，并分布于 TW5S2 北部、TW5N1 南部，（占该探方三分之二余面积），TW4S2 西北角、TW4N1 西部、TW4N0 西部（占该探方三分之二余面积）。该灰坑所在的TW5N0 等西侧相邻探方未发掘，使该灰坑未全部清理，已清理的平面呈椭圆形。坑口南北长径 295、东西残短径 172 厘米，坑底南高北低，深 65～94 厘米，呈一缓坡底。Fea. 22 开口于 A／B 层下，打破Fea. 4、Fea. 26、Fea. 28、Fea. 29，同时 Fea. 22 南部被 Fea. 25 打破（图一三一）。

5. Fea. 26

该灰坑位于 TW5N1，并分布于 TW5N0 北部。该灰坑所在的探方西侧和北探方未发掘，故该灰坑清理不完整，从清理部分看应为椭圆形，南北残长径 136、东西残短径 95 厘米。坑底呈锅底状，坑深 91 厘米。Fea. 26 开口于 A／B 层下，被 Fea. 27、Fea. 22 打破（图一三二）。

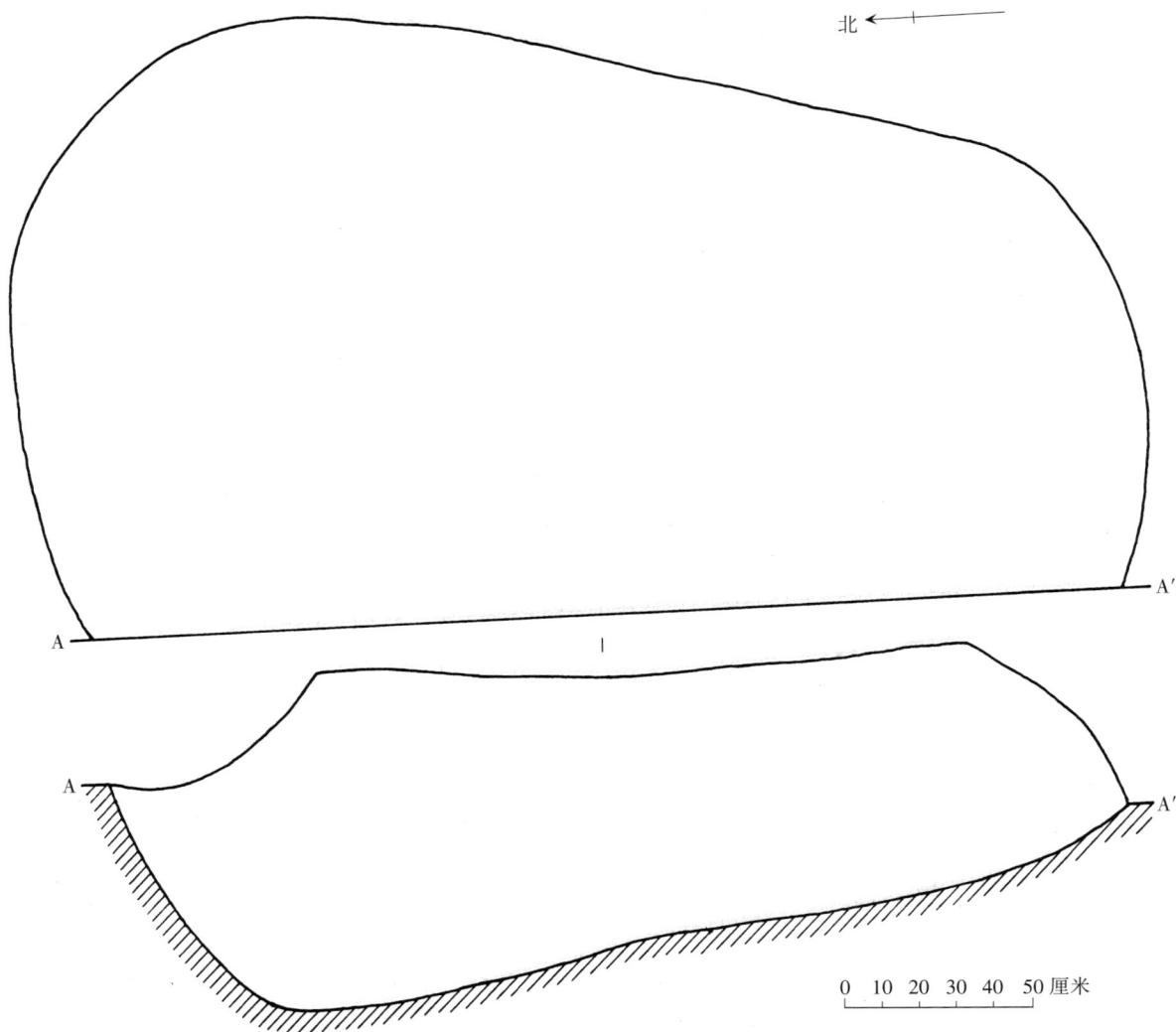

图一三一　吊桶环遗址 Fea. 22 平、剖面图

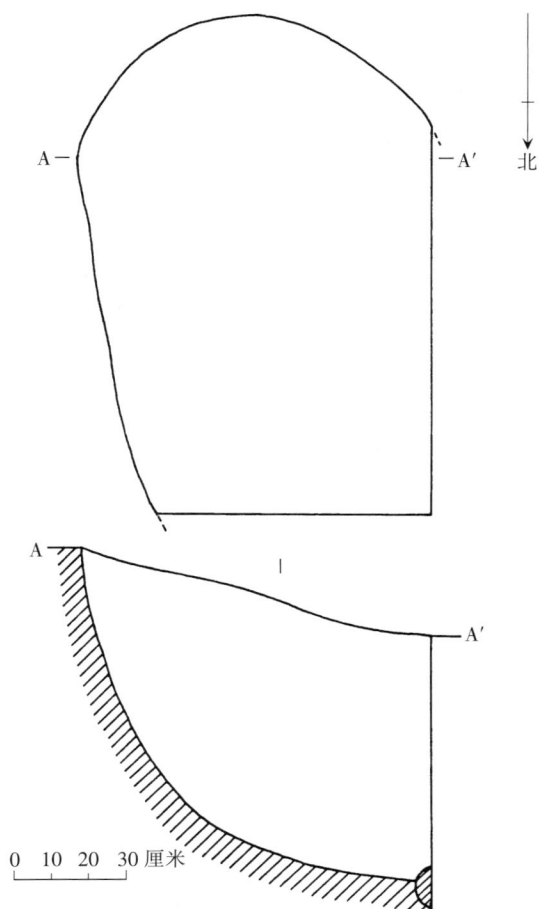

图一三二　吊桶环遗址 Fea. 26 平、剖面图

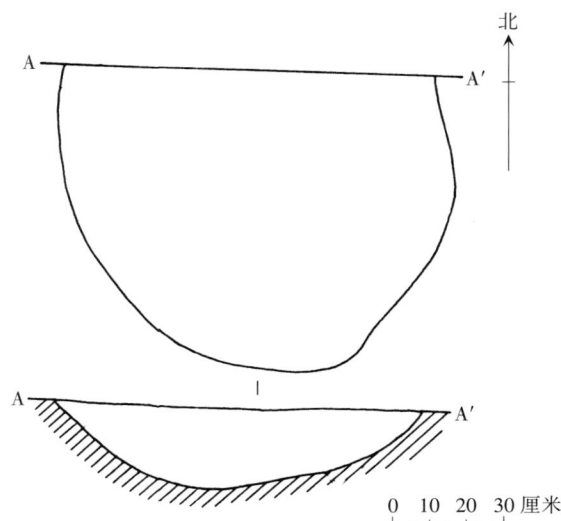

图一三三　吊桶环遗址 Fea. 23 平、剖面图

6. Fea. 23

该灰坑位于 TW2N1，并分布于 TW1N1 西北角（部分）。由于 TW2N1 探方北面邻方未发掘，致使该灰坑北部不详，从清理部分看，坑表面呈圆形，坑底呈锅底状，坑东西口径 110、南北残口径 85、深 22 厘米。Fea. 23 开口于 A/B 层下，打破 Fea. 7（图一三三）。

7. Fea. 24

该灰坑分布于 TW1N1 东北角、TE0N1 西北角。由于该灰坑所在的两个探方北面相邻探方未发掘，致使该灰坑北部不详，从清理部分看，为半圆形，该灰坑应为圆形。东西口径 120、南北残径 45、深 18 厘米。Fea. 24 开口于 A/B 层下，打破 Fea. 7（图一三四）。

8. Fea. 14

该灰坑分布于 TE0N1 东南角、TE0N0 东北角、TE1N0 西北角。该灰坑所在的探方 TE0N1 东侧相邻探方未发掘，因此 Fea. 14 清理不完整。从清理部分看，Fea. 14 呈椭圆形，坑底呈锅底状，南北口径 109、东西已知口径 61、坑深 30 厘米。Fea. 14 开口于 A/B 层下，打破 Fea. 5、Fea. 2、Fea. 3（图一三五）。

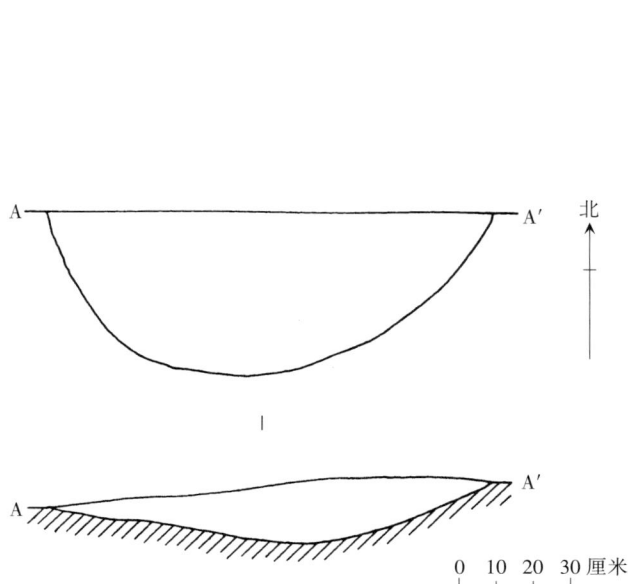

图一三四　吊桶环遗址 Fea. 24 平、剖面图

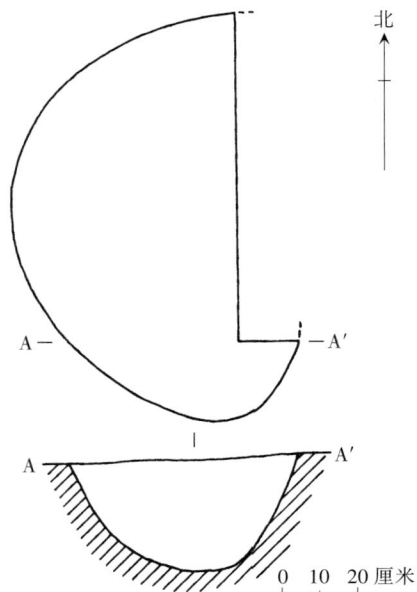

图一三五　吊桶环遗址 Fea. 14 平、剖面图

9. Fea. 28

该灰坑分布于 TW5N0 西南角、TW5S1 西部（分布该探方四分之三面积）、TW5S2 西北角。该灰坑所在三个探方的西面均未发掘，故该遗迹揭露不完整，已清理部分平面呈半椭圆形，发掘深至 80 厘米未继续往下清理，因此，本灰坑实际深度和坑底形状不详。坑南北口径 219、东西残径 80 厘米。Fea. 28 开口于 A/B 层下，被 Fea. 25、Fea. 22、Fea. 29 直接打破（图一三六）。

10. Fea. 13

该灰坑位于 TW2S2 北部、TW2S1 南部，坑口呈椭圆形，坑口北端深，南端浅。坑口东西口径 65、南北口径 108、坑深 8~20 厘米。Fea. 13 开口于 A/B 层下，打破 Fea. 3（Fea. 3 与 Fea. 21 合并为 Fea. 3）（图一三七）。

11. Fea. 29

该灰坑位于 TW5N0 西北角，Fea. 29 北面延伸到邻方 TW5N1 内，可 TW5N1 内开口于 A 层下的 Fea. 26 未清理至底，故 Fea. 26 下面的 Fea. 29 未露坑口，因此，已清理的 Fea. 29 在探方 TW5N1 内的情况不详。已清理的部分应似椭圆形的一部分，另外，TW5N0 和 TW5N1 两探方西面邻方未发掘，这一位置该灰坑情况不详。该残灰坑东西残径 58、南北残径 29、坑深 79 厘米，坑底为圆底状。Fea. 29 开口于 A/B 层下，打破 Fea. 28，同时被 Fea. 22、Fea. 26 打破（图一三八）。

12. Fea. 10

该灰坑已发掘部分分布于 TW4S3、TW4S2 东南角。TW3S3（除东北角一小部分的全部面积）、TW3S2 西南角、TW2S3 西南角、TW2S4（除东北角一小部分的全部面积）、TW1S4 西南角、TW1S5（除东北角的一点的全部面积）、TE0S5 西南角。由于该遗迹所在的探方 TW5S2、TW3S3、TE0S5 的南面邻方和 TW4S3、TW2S4、TW1S5 的南面和西面邻方均未发掘，故 Fea. 10 平面形状不详，已清理的

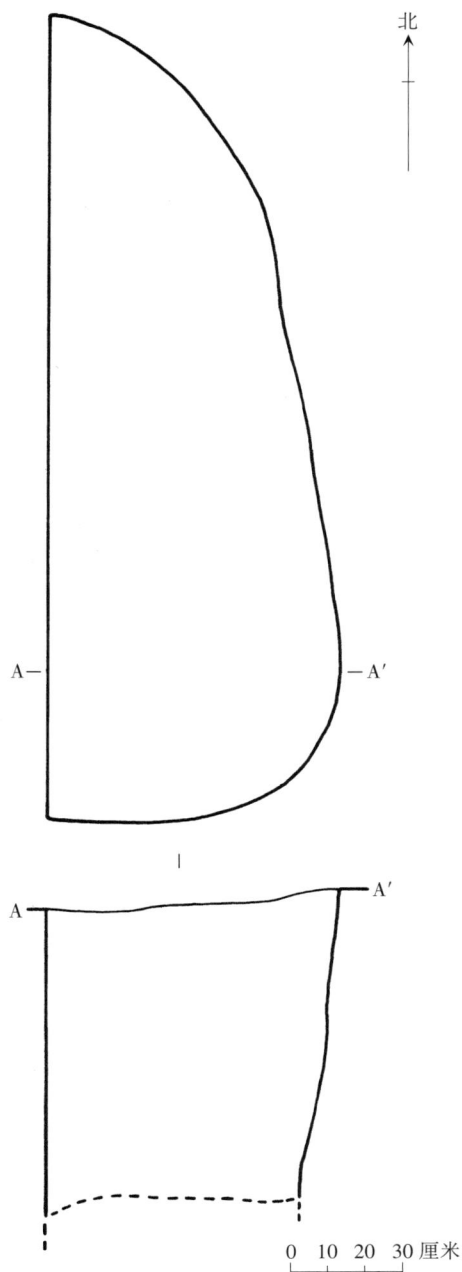

图一三七　吊桶环遗址 Fea. 13 平、剖面图

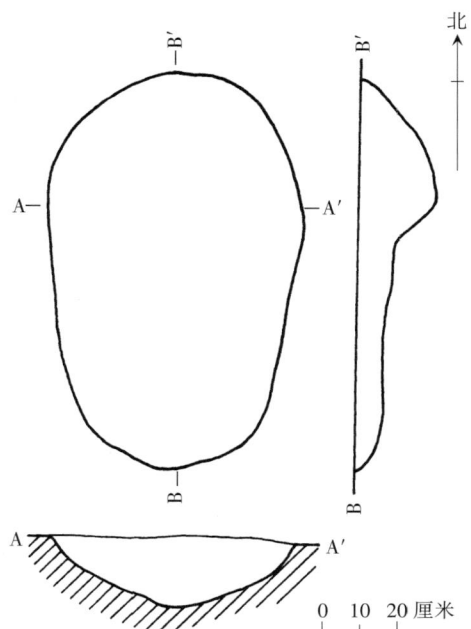

图一三六　吊桶环遗址 Fea. 28 平、剖面图

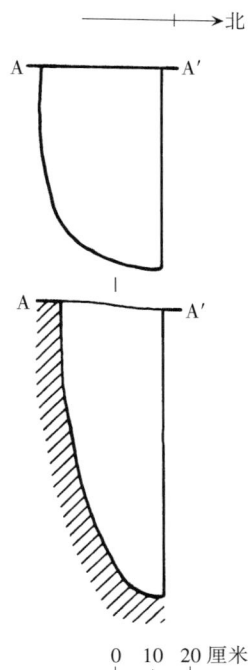

图一三八　吊桶环遗址 Fea. 29 平、剖面图

仅仅是该遗迹一小部分，灰坑总面积无法估算。从已清理的个别地方看，坑深约 204 厘米。Fea. 10 开口于 A/B 层下，打破 Fea. 3（图一三九）。

北

A —   — A′

A   A′

0 10 20 30 40 50厘米

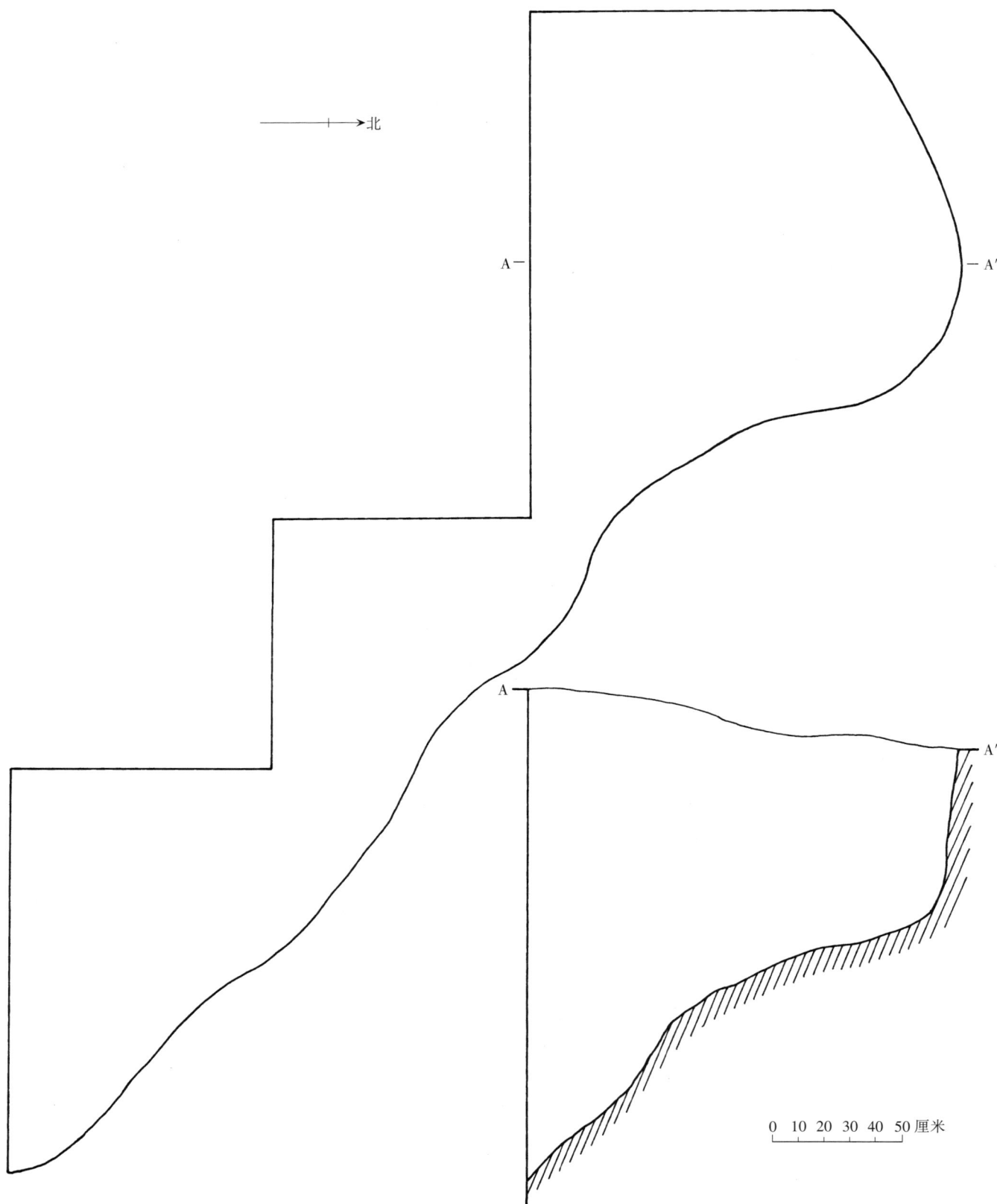

图一三九　吊桶环遗址 Fea. 10 平、剖面图

13. Fea. 2

该灰坑分布于 TE0N0、TE1N0 西部、TE0S1 西北角（约占探方一半面积）、TE1S1 西北角（占极一小角）、TW1S1 北部（占探方四分之三面积）、TW2S0 东南角、TTW1S0（除西北角极小一角）、TW1N1 东南角、TWE0N1 南部（西南角为主）。平面呈椭圆形，坑底凹凸不平。长径 264、短径 128、坑深 42 厘米。Fea. 2 开口于 A/B 层下，打破 Fea. 3、Fea. 18，同时被 Fea. 4、Fea. 7、Fea. 5 打破（图一四〇）。坑内填土土质疏松，结构松散，深褐色土层中夹杂大量已风化的呈颗粒状的石灰岩，所出遗物主要为兽骨及石英块。

14. Fea. 18

该灰坑分布于 TW2S1 东北角、TW1S1 西北角、TW2N0 东南部、TW1N0 西南角。坑口平面呈椭圆形，坑底平，坑壁斜直。长径 127、短径 82、坑深 8～30 厘米。Fea. 18 开口于 C 层下，打破

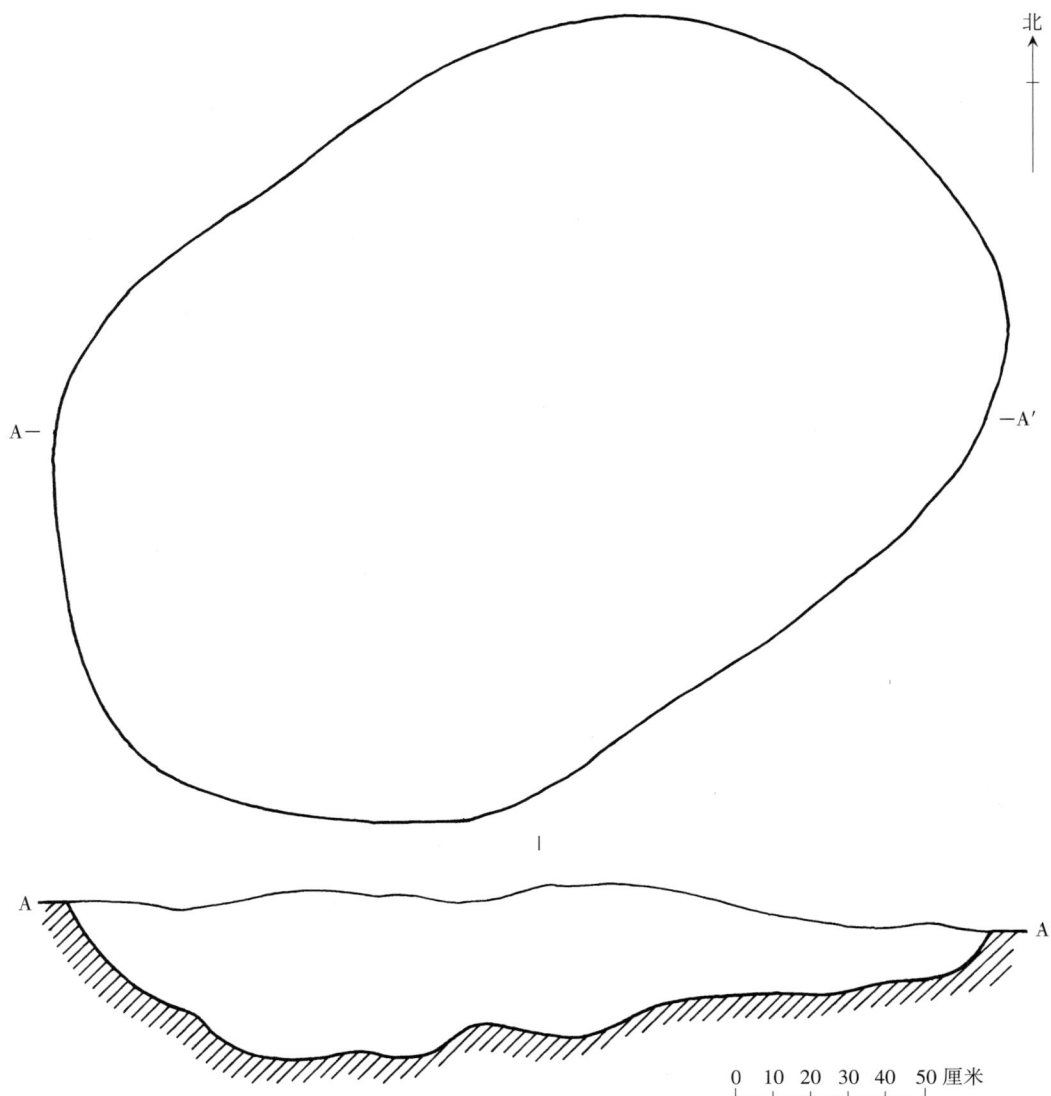

图一四〇　吊桶环遗址 Fea. 2 平、剖面图

Fea. 16、Fea. 3（Fea. 3 与 Fea. 21 合并为 Fea. 3），同时被 Fea. 7、Fea. 2 打破（图一四一）。坑内填土为深褐色土，夹大量细碎的角砾石，土层结构紧密，沙性较重，但板结严重，出土物主要为少量兽骨。

15. Fea. 6

该灰坑分布于 TW2S4 东北角、TW2S3 东部、TW2S2 西南角、TW1S3 西部、TW1S4 西北角，坑口呈椭圆形，坑底凹凸，长径 237、短径 142、坑深 40 厘米。Fea. 6 开口于 C 层下，打破 Fea. 3（Fea. 3 与

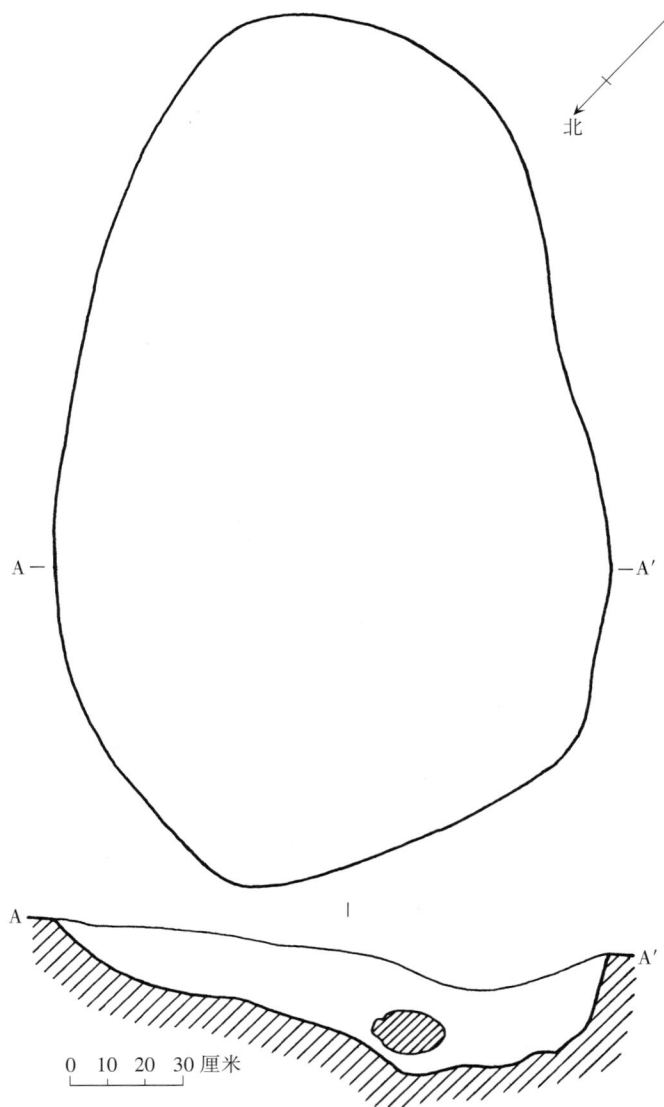

图一四一　吊桶环遗址 Fea. 18 平、剖面图

Fea. 21 合并为 Fea. 3）和 Fea. 12，同时被 Fea. 10 打破（图一四二）。坑内填土为浅黄褐色，结构比较松散，土质较为松软，夹少量不规则形角砾石。出土遗物主要为兽骨、烧骨以及部分石器和石英块。

16. Fea. 8

该灰坑分布于 TE1S1 南部、TE1N1 东南部、TE2S1 西北角、TE2N0 西南角。坑口平面呈椭圆形，坑底呈深圆锅底，一侧斜缓。坑口长径 170、短径 120、坑深 93 厘米。Fea. 8 开口于 C 层下，打破 Fea. 3（Fea. 3 与 Fea. 21 合并为 Fea. 3），同时被 Fea. 5、Fea. 11 打破（图一四三）。坑内堆积为灰黄色土，夹少量黄色黏土，土质较黏，内夹角砾石、石灰石块。

17. Fea. 9

该灰坑位于 TW1S2，平面近似圆形，坑底呈浅锅底形。口径 60、坑深 12 厘米。开口于 C 层下，与其他遗迹无直接打破关系

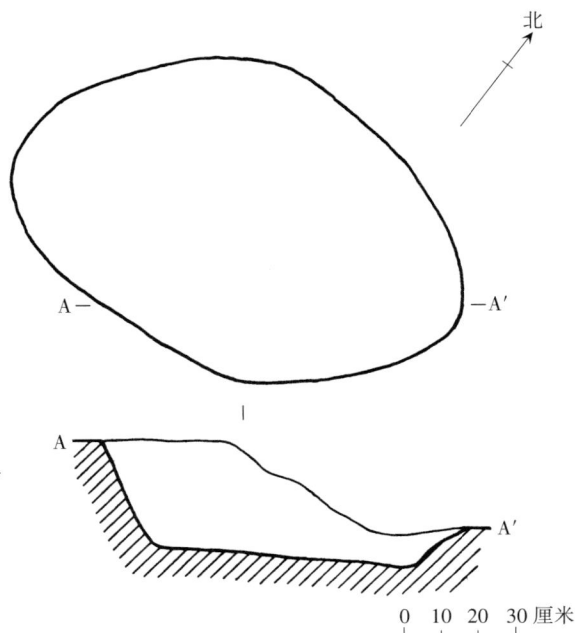

图一四二　吊桶环遗址 Fea. 6 平、剖面图

（图一四四）。

18. Fea. 30

该灰坑位于 TW2S3 北部、TW1S3 西北角（仅挂一点）、TW2S2 东南角、TW1S2 西南角。呈椭圆形，长径 135、短径 14 厘米。坑底呈锅底状。开口于 H 层下，两侧被 Fea. 3 打破。坑内堆积为黄褐色土，土质较为板结，有一定数量的炭灰，分布不均匀。炭灰堆积较为明显的部分出少量兽骨。

19. Fea. 12

该灰坑开口于 Fea. 3 之下，打破 E 层，坑内填土为黄灰褐色，内杂大量角砾石，呈片状分布，结构较为紧密，土与角砾石胶结较为紧密，出土遗物数量较为丰富，主要为兽骨、烧骨、石英石及少量骨器，遗物基本围绕坑内大块石灰岩石分布。

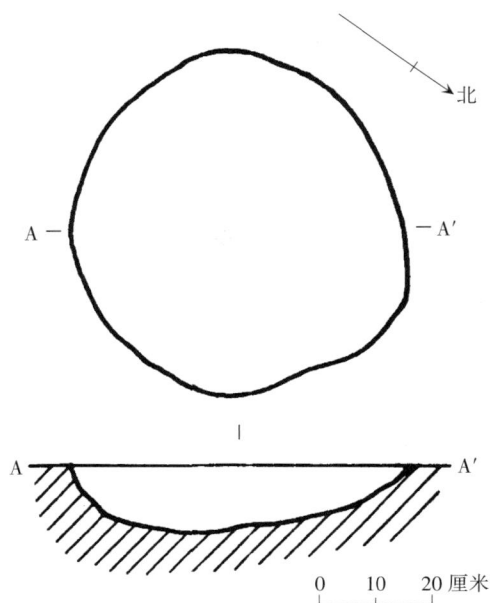

图一四三　吊桶环遗址 Fea. 8 平、剖面图

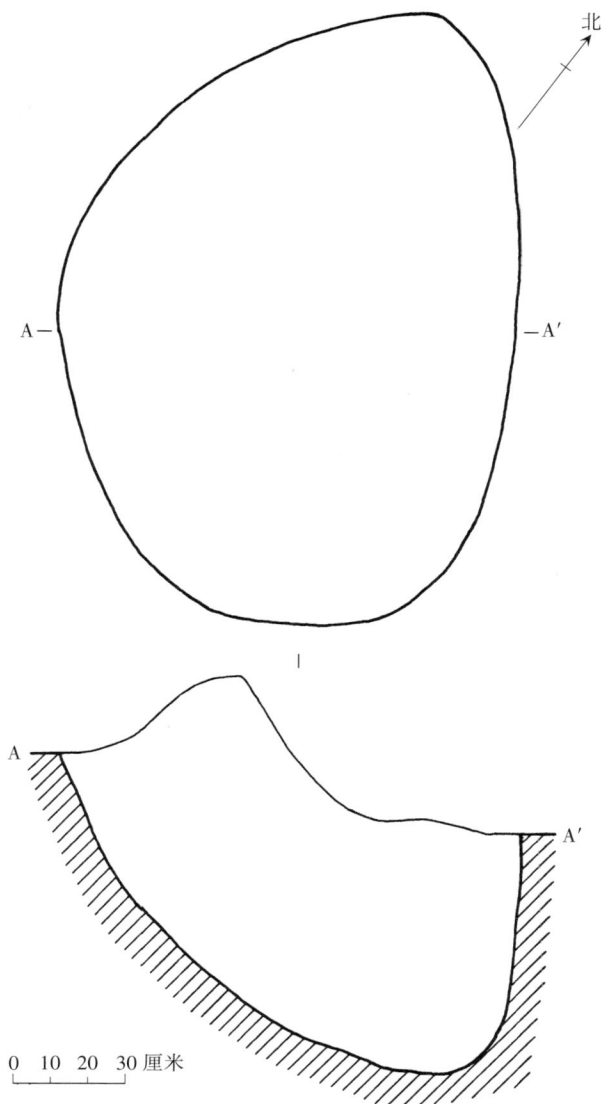

图一四四　吊桶环遗址 Fea. 9 平、剖面图

20. Fea. 21

该灰坑开口于 D 层下，打破 Fea. 3 和 Fea. 20，同时又被 Fea. 8、Fea. 11 打破。坑内填土呈深褐色，土质松纯，内含少量砂粒，黏性较大，土层中夹杂大量兽骨和石英块以及少量石器。

第二节　人工制品

一　石制品

　　吊桶环的石制品在发掘区的下部 O、N、M 层已有零星的出现。自 L 层开始，数量逐渐增多。本节将按照地层顺序，从下向上依次介绍各层的发现。

（一）L 层

　　本层共发现边刮器 1 件，断片 1 件，断块 2 件，碎屑 11 件，石块 1 件。按岩性划分，燧石 4 件、石英 9 件、水晶 2 件、灰岩 1 件。除此外，还有钟乳石块 6 件。钟乳石及 1 件灰岩碎屑，应与洞穴本身有关。但前几类硅质岩类，应是人类由洞外携带而来的。石制品的形体都较小。如断片 3404，长 32 毫米，宽 15、厚仅 6 毫米。

　　标本 2486W3S1L，边刮器。原料为黑褐相间的燧石，系 II3 型锤击石片。在石片的远端正向加工出一直刃，呈微锯齿状。修理疤痕细小、均匀，长度仅为 1 毫米左右，刃角 45°。长 40、宽 34、厚 12 毫米，重 12.8 克（图一四五，1；图版一一，16）。

　　本层已近发掘探方的底部，故发掘面积较小。所发现的石制品数量较少应与此有关。从该层动物骨骼碎片出土分布集中情况来看，石制品应该是当时人类用来处理食草类动物的工具。

（二）K 层

　　本层包括野外划分的 K、K① 与 KL 三个地层单位的发现，石制品最为丰富。共发现石核 29 件，石片 48 件，断片 21 件，石器 13 件。另有断块、残片及碎屑 443 件（图一四六）。

1. 石器原料

　　石制品的原料主要有燧石、石英与水晶三大类。燧石约占 35%，来源有两类：一类是体积较大的块状结核，节理发育，风化较严重，很难剥下规整的石片；另一类是体积很小的砾石，质地细腻均匀，断口规则，容易剥片。两者可能均非本地产品。尤其是质量较好的小砾石，附近河滩完全不见踪迹，可能是较远处采集而来。石英约占 42%，质地亦较纯净，与洞内常见的大块劣质石英有很明显的区别，也应是另有来源。水晶的比例虽较低，但质量也很好，呈透明或半透明状，约占 21%，显然也非洞内所产。还有少量绢云母石英片岩砾石发现。这种原料也与洞穴的基岩无关，也是当时人类带入洞内的（图一四七）。

2. 石核与石片

（1）石核

　　在本层发现的 29 件石核中，砸击石核有 17 件。砸击石核的原料主要是体积很小的燧石砾石，

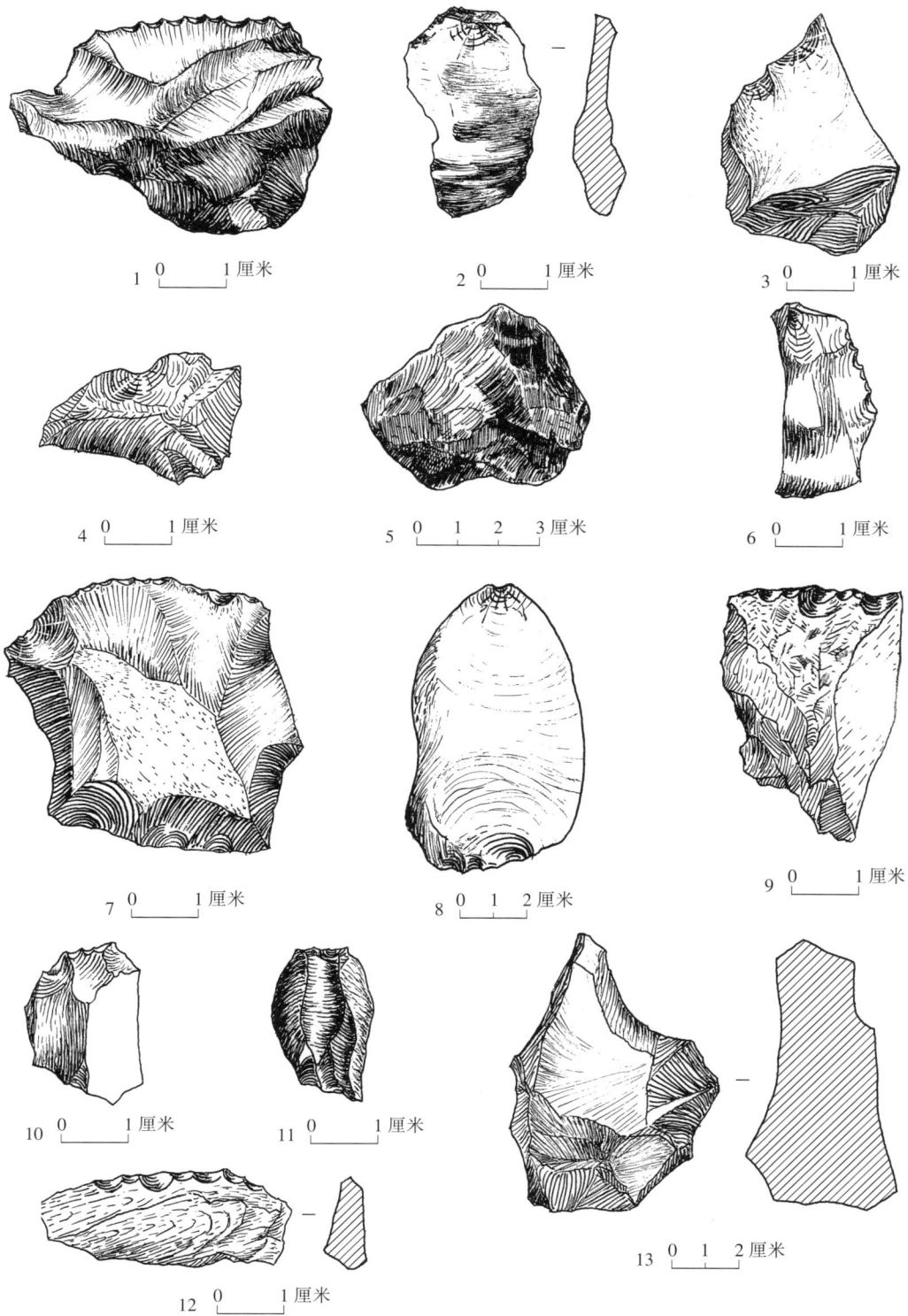

图一四五　吊桶环遗址 L 层、K 层出土石制品

1. 2486 W3S1L　2. 3936 - 2 W4S2K　3. 3228 W3S3K　4. 3936 - 1 W4S2K　5. 3791 W1S4K　6. 3230 W3S3K　7. 3705 W3S2K　8. 3884
W3N0K　9. 3367 W2S1K　10. 3789 N1S4K　11. 3888 W3N0K　12. 2314 W3S1K　13. 3868 W1S4K

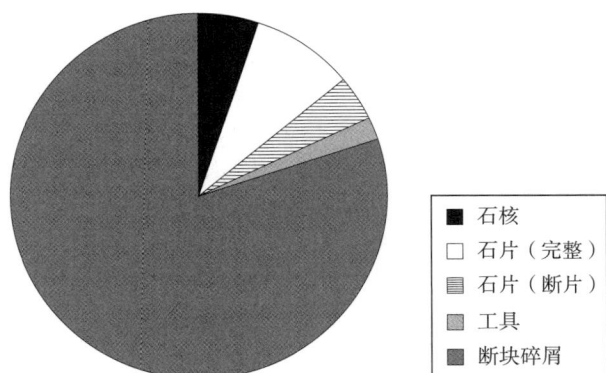

图一四六　吊桶环遗址 K 层出土石制品类型比例　　　　图一四七　吊桶环遗址 K 层出土石制品原料比例

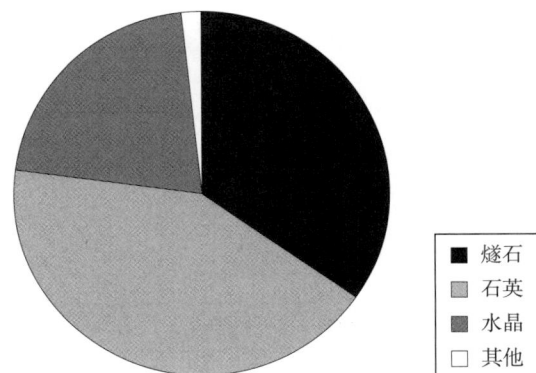

仅 1 件为水晶质。锤击石核有 12 件。其中单台面者 6 件，双台面者 3 件，多台面者 3 件。岩性除燧石与水晶外，还有石英。锤击石核的体积也不大（见表二五、二六）。

表二五　K 层石核分类及岩性统计

	石英	燧石	水晶	合计	%
单台面	2	3	1	6	20.7
双台面		1	2	3	10.3
多台面		1	2	3	10.3
砸击		16	1	17	58.6
合计	2	21	6	29	99.9
%	6.9	72.4	20.7	100	

表二六　K 层石核尺寸测量统计（n = 29）

	长度（毫米）	宽度（毫米）	厚度（毫米）
最小值（min）	11	7	3
最大值（max）	66	57	40
平均值（avg）	24.1	20.2	12.4

标本 3888 W3N0K，砸击石核。原料为黑色燧石、小砾石。由一侧面砸击剥片，背面仍保留较完整的砾石面。两端已经砸成刃状，并形成许多细小的破碎疤痕。石核长 21、宽 14、厚 9 毫米，重 3.3 克（图一四五，11；图版一二，8）。

标本 T3228 W3S3K，锤击石核，单台面。原料为灰色燧石石块。以一平坦的自然面为台面，硬锤直接打击，连续数次剥片。从石片疤观察，所产生石片均为不规则形。石核长28、宽33、厚17毫米，重16.2克，台面角70°（图一四五，3；图版一二，12）。

（2）石片

本层发现的石片包括完整石片和断、裂片。

完整石片48件，其中砸击石片11件，锤击石片37件。按照Toth（1980）的分类方法，锤击石片中，II3型数量最多，有20件；其次是I3型，有11件；II1、II2型仅各1件；I1、I2型仅各2件（见表二七）。

断片、裂片共21件，包括远端或近端断掉和缺失左或右半边的半边石片。

石片的台面主要是素台面和自然台面，有1件刃状台面，不见修理台面的标本。

表二七　K层石片分类与岩性统计

		石英	燧石	水晶	其他	合计	%
锤击石片	I1		1		1	2	4.1
	I2		2			2	4.1
	I3		8	2	1	11	22.9
	II1		1			1	2
	II2		1			1	2
	II3	4	8	8		20	42
砸击石片		1	9	1		11	22.9
合计		5	30	11	2	48	100
%		10.4	62.5	22.9	4.2	100	

表二八　K层石片尺寸测量统计（n=48）

	长度（毫米）	宽度（毫米）	厚度（毫米）
最小值（min）	12	5.5	1.8
最大值（max）	58	60	14
平均值（avg）	22.7	17.7	5.9

标本3884 W3N0K，砸击石片。原料为黑色燧石砾石。应系砸击剥片初始阶段的产品。背面仍保留完整的砾石面。腹面两端均可见砸击痕迹，顶端有砸击点、放射线与同心纹，底端有清楚的由石砧反作用力产生的崩痕。石片长21、宽14、厚4毫米，重1.7克（图一四五，8；图版一一，11）。

标本3936-2 W4S2K，锤击石片。原料为黑白相间的燧石，自然台面。打击点、半锥体、打击泡及同心纹等硬锤直接打击的特征均清晰可见。石片两侧近平行，背面有Y形纵脊。石片长30、宽18、厚6毫米，重3.7克，石片角102°（图一四五，2；图版一二，11）。

标本 3230 W3S3K，断片。黑黄相间的燧石原料，左侧断掉。打击点及半边自然台面仍保留。侧边有极细的锯齿状痕迹，应系使用所致。石片长 28、宽 14、厚 7 毫米，重 3.0 克，刃角 43°（图一四五，6；图版一二，9）。

3. 石器

本层发现的石器有 13 件。1 件为石锤，其余均为经过加工修理的石片石器。石器中边刮器的数量居首，还有凹缺刮器、端刮器、钻具及雕刻器等（见表二九、三〇）。

表二九　K 层石器分类与岩性统计

	石英	燧石	石英砂岩	水晶	合计	%
边刮器	2	1	1	2	6	46.2
端刮器		1			1	7.7
凹缺刮器		2			2	15.4
雕刻器		1		1	2	15.4
钻				1	1	7.7
石锤	1				1	7.7
合计	3	5	1	4	13	100
%	23.1	38.5	7.7	30.8	100	

表三〇　K 层石器尺寸测量统计（n = 13）

	长度（毫米）	宽度（毫米）	厚度（毫米）
最小值（min）	13	9	4
最大值（max）	53	46	35
平均值（avg）	29.4	23.4	12.2

标本 3791 W1S4K，石锤，原料为球形石英块，表面遗有硬锤剥片产生的石片疤，同时也清晰可见较多的因锤砸所产生的崩痕。石锤长 51、宽 46、厚 35 毫米，重 103.2 克（图一四五，5；图版一〇，4）。

边刮器主要是直刃类，有 5 件。另一件为凸刃。

标本 2314 W3S1K，直刃边刮器。素材系 II3 型石英石片。沿右侧边缘正向修理出一直刃，修理疤痕不规整，多较短。器身长 35、宽 15、厚 7 毫米，重 4.9 克，刃角 60°（图一四五，12）。

标本 3367 W2S1K，直刃边刮器。素材系水晶断块。沿断块一端单向加工出一直刃。修理疤细小，刃口略呈锯齿状。长 37、宽 26、厚 19 毫米，重 15.8 克，刃角 65°（图一四五，9；图版九，2）。

标本 3705 W3S2K，凸刃边刮器。黑色石英砂岩，II2 型石片素材。在远端正向加工成弧形刃口。

修理疤痕细小匀称，但已经过较明显的使用磨蚀。长 42、宽 46、厚 14 毫米，重 29.3 克，刃角 55°（图一四五，7；图版一二，10）。

标本 3789 N1S4K，端刮器。灰黑色燧石厚石片。远端正向修理出一弧形刃口。修理疤痕大小不一，但刃缘较平整。器身长 22、宽 17、厚 9 毫米，重 3 克，刃角 52°（图一四五，10；图版一一，8）。

标本 3936 - 1 W4S2K，凹缺刮器。素材为黑色燧石断片。由一侧边腹面向背面纵击，修出一凹缺刃口。长 27、宽 19、厚 8，重 3.2 克，刃角 70°（图一四五，4；图版一一，14）。

标本 3868 W1S4K，雕刻器。素材为水晶断块。以断块的自然面为台面，向另一侧纵击数次，所产生的雕刻器小面与另一自然面构成凿形刃口。长 20、宽 15、厚 11 毫米，重 4.1 克，刃角 62°（图一四五，13；图版一〇，1、2）。

4. 小结

（1）石器生产

本层发现的石制品数量较多，尤其是石英、燧石和水晶等原料的石制品，包括了从原料到成品等石器生产不同阶段的产品。透过这些材料，可以比较清楚地了解当时人类进行石器生产过程（图一四八～一五〇）。

采料	修形	剥片	修理
块状燧石		锤击石核	各类边刮器
		I2–II3石片	端刮器
	断块		凹缺刮器
	碎屑		雕刻器
	I1石片		
	（全天然背面）		
砾石燧石		砸击石核	
（远距离输入）		砸击石片	

图一四八 燧石石器的生产程序

采料	修形	剥片	修理
劣质大块状石英			
（量大）	石锤	石核	各类边刮器
	断块	石片	
	碎屑		
优质石英			
（量少，小块状）			

图一四九 石英石器的生产程序

采料	修形	剥片	修理
块状水晶	断块 碎屑	石核 石片	各类边刮器 雕刻器 钻具

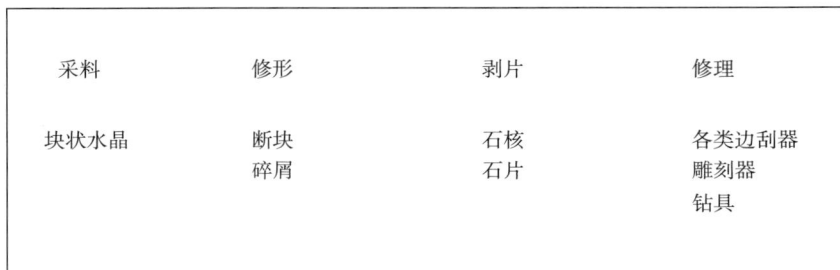

图一五〇　水晶石器的生产程序

本层的石器原料的特点是，石英、燧石与水晶等硅质岩类占绝对主导地位。在这三种原料中，不乏质地均匀、适合加工石制品者，但总体说来形体多较小。尤其是优质的燧石原料，均为体积细小的砾石。且这些原料的来源，与形成洞穴的基岩无关，也与附近河流的砾石层的岩性不同，应是从别处运输而来。一部分体积较大的劣质块状石英则可能是出自邻近山体的灰岩夹层，但优质的水晶和燧石，尤其是质地良好的小燧石、砾石，更可能是来自数十公里外的乐安河滩。大源盆地附近河滩上有非常丰富的绢云母石英片岩砾石，多呈扁片状，硬度较低，不适宜剥取刃口锋利坚硬的石片。所以在本层很少发现。

原料情况对本层的剥片技术乃至整个石器生产工艺有着至关重要的影响作用。依石核的绝对数量计算，砸击技术在本层占有相当重要的地位。砸击石核的原料主要是细小的燧石砾石。这种原料质地优良，但不便手握，直接用锤击法剥片。采用砸击技术，将其置于石砧之上，则可以方便剥片。大部分砸击石核已经体积很小，厚度很薄，已至剥片的最后阶段，也反映了原料的充分利用情况。以燧石为原料的石器生产过程如图一四八所示。

产源较近的劣质石英大部分是原料处理阶段的产品，如数量众多的石块与断块等。经过修整可以直接作为工具的石锤也有发现。与石英原料的数量，石英石核、石片与工具的数量都很有限。这种情况说明，尽管原料的来源方便，但由于质量不好，本阶段所用的石英工具的数量很少。石英原料石器生产过程的特点如图一四九所示。

许多晶莹剔透的水晶在本层发现尤为引人注目。虽然本阶段人类已经有了审美观念，并且已有艺术品加工的很多先例，但精美的水晶被采集到吊桶环遗址并不是为了满足当时居民的赏心悦目，更主要是为了制作供生产生活使用的工具。与劣质石英相比，质地纯净水晶原料的打片效果更容易控制。所以，虽然在整体原料的比例中，石英高出水晶1倍以上，但在成品石器中，水晶原料加工者则高出石英近50%。这种情况在石核与石片的分类统计中也有类似的表现。虽然在3种主要原料中水晶的比例最低，但水晶原料在本阶段石器加工过程的利用却最为充分，所形成的石器生产操作链也与前述两者有别，见图一五〇。

由于石器原料特点的影响，本层的石器生产形成了三个具有不同特点的操作链。尽管不同的原料加工各有特点，但也可以清楚见到本阶段石器加工的普遍性特点，如锤击技术在本层的应用范围更广泛。锤击石核的数量反映出其在剥片过程中也有较多的应用，但主要适用于形体较大的原料。

大部分石器的修理加工也应是这种技术的产品。II3 与 I3 型石片数量居多的情况说明锤击石核的剥片利用率也较高。但石核形状多不规则，也没有发现修理台面的情况。这种情况则反映，锤击法剥片仍处于权宜性应用的状态。砸击法的应用虽然主要用作加工质地良好的小型燧石砾石，但在处理形体较小的水晶与石英原料时，也有使用。这种情况进一步证实，砸击技术的使用主要是应对小型、坚硬的原料，而非是一定的文化传统使然。

对于石器生产的主要目的与产品来说，本层的石器数量并不多。大部分是边刮器，还有端刮器、凹缺刮器、钻具与雕刻器等小型工具。石器组合情况与华北同期常见的小石器工业类型比较接近。石器的修理比较简单，修理疤痕多较短小。石器的形状也不定型。端刮器仅见 1 件，加工亦较粗糙，与旧石器时代晚期典型的端刮器仍有一定的距离。雕刻器与钻具的情况也类似。不过由于发现的数量有限，是否可以代表本阶段长江中、下游地区石器工业发展的整体面貌还有待更多的发现来进一步检验。

（2）石器功能

本层的石制品数量较多，无论是经过第二步修整的石器，还是石核、石片等剥片的初级产品等的整体面貌，都与华北地区小石器工业的组合情况相近。华北地区这类小石器工业类型多与草原环境有关，在石制品发现的同时，也有数量众多的动物化石的发现。考古材料以及相关的实验研究与微痕分析结果都说明，燧石、石英及水晶等硅质岩类生产的石器及石片刃口锋利，适合承担处理动物类等狩猎成果。从本层发现以鹿类为主的动物化石情况来看，狩猎活动显然也是当时吊桶环居民的主要生计方式，以硅质岩类为主体的小石器组合出现在这里，也应该有着类似的功能。

关于石器功能，目前只进行了肉眼与低倍放大镜简单宏观观察。观察结果显示，不论是经过第二步修整的石器，还是剥片的初级产品之中，都可以见到比较明确的使用痕迹存在。这些痕迹的初步印象，也与加工动物类材料留在石器使用部位的痕迹有相似之处。不过这些尚待进一步进行实验研究与显微镜下的微痕分析，目前，实验研究与微痕分析的工作正在进行中。

（3）人类活动特点

结合本层的堆积来看，最厚处有 52 毫米，最薄处仅 7 毫米。系较致密的棕红色土。层间食草类动物骨骼碎片较多，但分布并不集中。而以石制品，特别是质量较好的燧石制品的丰富而引人注目。这种情况说明，人类在 K 层发掘区的范围内更主要的活动是与加工石制品的活动相关。

前面不同岩性原料石器生产操作链的复原也证实了这种认识。只是应该进一步强调的是，这里更主要的功能是生产石器或石片。与高比例的石核、断块、碎屑等副产品对比，经过第二步加工的石器的比例明显较低，尤其是更难见到经过仔细修整的精制品。不仅如此，从砸击石核与石片的不对称存在情况，后者很明显说明砸击石片确实被带到本区以外使用。而缺乏精制石器可能也有类似的原因，但也可能是吊桶环的古代居民就没有生产使用精致工具的习惯或文化传统。

（三）J 层

本层石制品的数量不多。石核 1 件，石片 7 件，断片 4 件，石器 8 件，有使用痕迹的砾石 2 件。

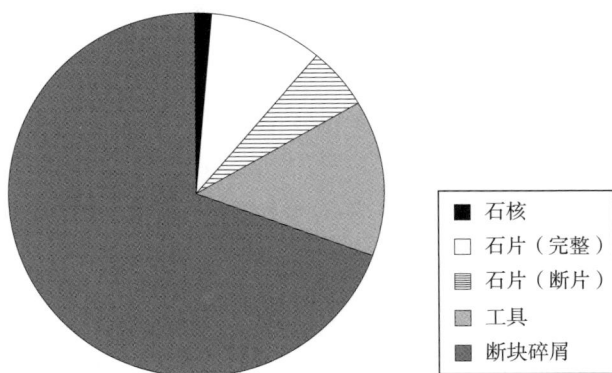

图一五一　吊桶环遗址 J 层出土石制品类型比例　　　图一五二　吊桶环遗址 J 层出土石制品原料比例

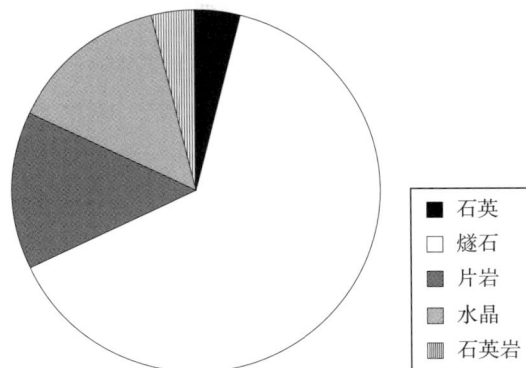

还有断块 28 件，残片及碎屑 22 件（图一五一）。其中按岩性划分有石英，占半数以上，还有燧石、片岩、水晶与石英岩等（图一五二；表三一）。

石核 1 件，标本 3596，为典型的砸击石核。原料为燧石小砾石，已砸击剥片至最后阶段，长 24、宽 9、厚 6 毫米。

石片均为锤击石片，II3 型 5 件，I3 型 1 件，II1 型 1 件。

石器包括边刮器 6 件，端刮器 1 件，凹缺刮器 1 件。

标本 3922 W4S2J，凸刃边刮器。素材系零台面石片，灰黑色石英岩。位于石片锐棱上的打击点处仅见一凹缺口，打击点下隐约可见放射线，打击泡大而平坦，腹面中部有一道同心纹状缓隆起。远端反向修理出弧形刃口，刃缘平整。修理疤痕较浅薄，部分修理疤远端呈阶状。器身长 48、宽 61、厚 13 毫米，重 47.5 克，刃角 35°（图一五三，1；图版一二，1、2）。

标本 3225 W3S3J，直刃边刮器。素材系黑色燧石质厚石片。周边有数处不连续痕，其中右侧边缘最长，形成一平直刃口。修理疤痕细小，均为正向加工。器身长 24、宽 21、厚 8 毫米，重 5 克，刃角 60°（图一五三，2；图版一一，13）。

标本 3495 W4S1J，盘状边刮器。灰黑色片岩，扁圆片状砾石。周缘大部分有转向打法修出的刃口，形同盘状。由于石质较软，刃口已受到严重磨蚀。器身长 65、宽 63、厚 8 毫米，重 42.5 克，刃角 38°（图一五三，3；图版八，3）。

标本 3147 W2S1J，端刮器。素材系石英断块，一端单向修出弧形刃口，石片疤细小，与使用痕迹较相似。器身长 24、宽 17、厚 9 毫米，重 5.5 克，刃角 35°（图一五三，4；图版九，3）。

标本 3913 W4N0J，大型扁平砾石。灰绿色片岩，扁平宽鞋底状大砾石。一面平坦，一面略有起伏。部分侧缘有修理痕迹。器身长 252、宽 173、厚 28 毫米，重 1769.4 克（图一五三，5；图版八，4）。

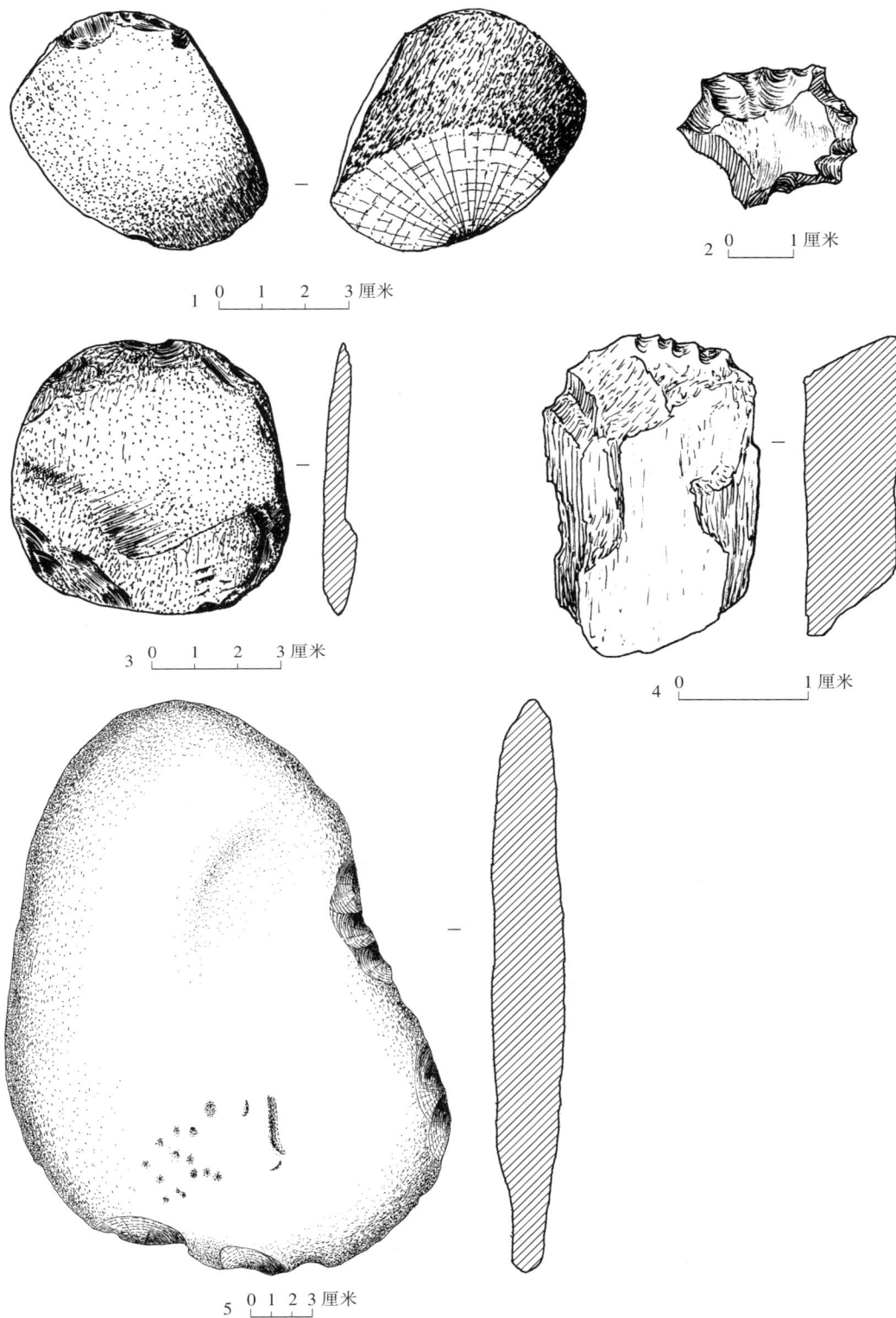

图一五三　吊桶环遗址 J 层出土石制品

1. 3922 W4S2J　2. 3225 W3S3J　3. 3495 W4S1J　4. 3147 W2S1J　5. 3913 W4N0J

表三一 J 层工具及剥片初级产品分类与岩性统计

	片岩	石英	燧石	石英岩	水晶	合计	%
石核			1			1	4.5
砸击石核			1				
石片（整）		1	5		1	7	31.8
I3			1				
II1		1					
II3			4		1		
石片（断）		1	3			4	18.2
工具	1	1	5	1		8	
边刮器			4	1			
端刮器		1					
凹缺刮器			1				
盘状器	1						
砾石（使用）	2					2	9.1
合计	3	3	14	1	1	22	100
%	13.6	13.6	63.6	4.5	4.5	99.8	

表三二 J 层石片尺寸测量统计（n＝7）

	长度（毫米）	宽度（毫米）	厚度（毫米）
最小值（min）	9	14	4
最大值（max）	62	89	20
平均值（avg）	25.7	29.7	7.3

表三三 J 层石器尺寸测量统计（n＝10）

	长度（毫米）	宽度（毫米）	厚度（毫米）
最小值（min）	14	14	8
最大值（max）	252	173	28
平均值（avg）	57.2	42.5	13.2

本层的堆积为黑褐色砂质土，厚度与 K 层相近，最薄处仅 2 毫米，最厚处达 60 毫米。发现的动物骨骼碎片等遗物的情况也与 K 层类似，但石制品的数量远远低于 K 层。石制品虽然数量不多，但石器的比例较高，是一个很突出的特点。另一特点是石核与石片情况不协调，有超过 10 件的锤击石核石片（加断片），却仅见 1 件砸击石核。这两种情况都说明石器的生产，包括打片与第二步修整都是在别处进行。成品石器以及石片则是在此进行使用活动。因此，从石器生产操作链的角度来讲，这里主要只是靠近终端的使用环节。

石器原料仍以硅质岩类为主，但片岩类开始增加，并且开始有片岩砾石的使用。总体看来，以硅质岩类加工的各类小型利刃工具仍占主导地位。剥片技术仍是砸击法与锤击法并用。值得注意的是本层有特征清楚的零台面石片的出现。从保留在石器上的修理痕来看，石器的第二步加工技术仍与 K 层相近。

（四）I 层

I 层发现的石制品数量更少。仅有石片 3 件，断块、残片及碎屑 14 件。各类原料所占比例如下：石英 65%，燧石 23%，水晶 12%。

石片包括砸击石片 2 件，锤击石片 1 件。

本层的堆积为较松软的黄褐色土，较薄，最厚处为 35 毫米，最薄处为 0 毫米。按照堆积厚度及发掘面积来看，本层发现动物骨骼遗存的情况与前几层仍较接近，但石制品的数量明显减少。这种情况也应该与当时人类在本区的活动特点有关，是没有大规模生产或使用石器的活动所决定。

石制品数量虽然很少，但其人工特点十分清晰。其原料使用特点与剥片技术均与前两层没有明显区别。虽然石制品稀少，也没有经过加工的石器发现，但本层发现的动物骨骼状况与前两层基本相同，无论是 NISP 的数量、骨骼总重量以及部分骨骼表面所遗留的人工痕迹，都没有很大的差别。这种情况说明，在本层堆积形成期间，人类的活动频度也应该与前两者相近。只是本区不是人类主要的加工与使用石器的活动范围，而更多是与加工处理动物骨骼之类的活动相关。

（五）H 层

本层石制品的数量比 I 层明显增多。发现的石制品种类也较多。石核 5 件，石片 3 件，断片 1 件，石器 11 件，还有带使用痕迹的砾石 4 件。断块与碎屑等共 239 件（图一五四）。

石器原料中，石英 75%、燧石 15%、片岩 9%、石英岩 1%。石英原料中，当地劣质的块状者增多。外来的水晶已不见，燧石的比例也下降。片岩的比例在增加，尤其是在成品石器中所占的比例则更大（图一五五）。

石核分砸击与锤击石核两类。

标本 3438 W3N0H，砸击石核。原料为块状黑色燧石。枣核状，两端均有砸击长生的破损痕迹，长仅 14、宽 7、厚 6 毫米，重 0.8 克。已剥片至最后阶段，无法继续使用（图一五六，4；图版一二，4）。

标本 3547，锤击石核。原料系块状石英。半漏斗状，单台面。在剥片之后，又由台面向剥片面修理，沿台面缘修成一弧形陡刃。石核长 24、宽 30、厚 19 毫米，台面角 78°。

石片包括锤击石片 2 件，似细石叶 1 件。

标本 3074 - 2 W2S1H，似细石叶。黑色燧石原料。台面部分破损，但仍可见到打击泡等特征。两侧缘近平行，尾端微向内卷，横断面呈三角形，系原始的细石叶的特征。标本长 15、宽 4、厚 1 毫米，重 0.1 克，石片角 100°（图一五六，6；图版一一，2）。

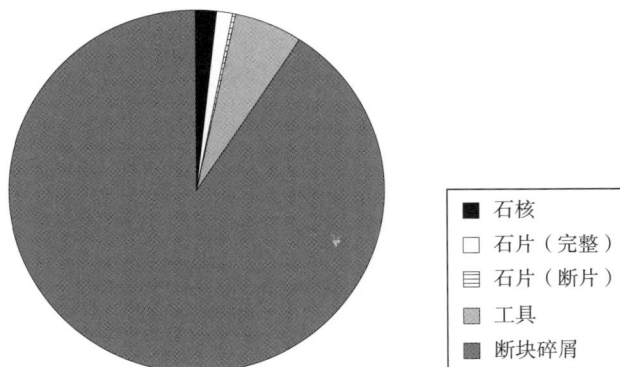

图一五四　吊桶环遗址 H 层出土石制品类型比例

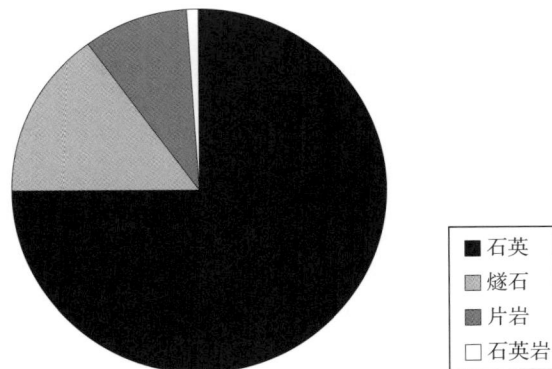

图一五五　吊桶环遗址 H 层出土石制品原料比例

石器可分为边刮器的数量最多，其中有硅质岩类加工者，刃口锋利，形体较小；新出现的用片岩加工的，形体增多，但刃缘显然不及前者锋利。小型工具还有雕刻器 1 件。新出现的大型工具中有大尖状器与石锤。

边刮器类：

标本 2261 W3S1H，直刃边刮器。素材为石英断块。沿断块一长边单向加工，修出一平直的陡刃。标本长 58、宽 39、厚 21 毫米，重 54.9 克，刃角 68°（图一五六，3；图版一〇，3）。

标本 2395 W2S2H，平刃边刮器。素材为褐色石英岩砾石断块，沿砾石边缘向断口方向修理，加工出一弧形平刃。标本长 74、宽 65、厚 33 毫米，重 170.7 克，刃角 74°（图一五六，5；图版九，1）。

雕刻器：

标本 3840 - 2 W4N0H。素材为燧石断块。利用断块右侧的自然面为台面，向左侧纵击，剥出雕刻器小面与原来的自然断面相交构成斜凿形刃口。标本长 26、宽 8、厚 7 毫米，重 1.2 克，刃角 53°（图一五六，2；图版一一，5、6）。

大尖状器：

标本 3840 - 1 W4N0H。素材为灰褐色绢云母石英片岩扁平砾石。由砾石两侧边中部起向远端单向修理，并于远端中部交汇成一钝尖。标本长 91、宽 72、厚 20 毫米，重 163.3 克，刃角 85°（图一五六，1；图版一〇，7）。

石锤：

标本 3392 - 2 W4S1H。灰褐色绢云母石英片岩，扁平长条形砾石。一端截断，两侧边均保留有使用痕迹。标本长 95、宽 60、厚 23 毫米，重 234.5 克（图一五七，4；图版九，10）。

标本 3392 - 1 W4S1H。灰绿色绢云母石英片岩，扁平长条形砾石。两端及一侧边截断，形成陡直断块的四边形。标本长 76、宽 63、厚 18 毫米（图一五七，5；图版九，7）。

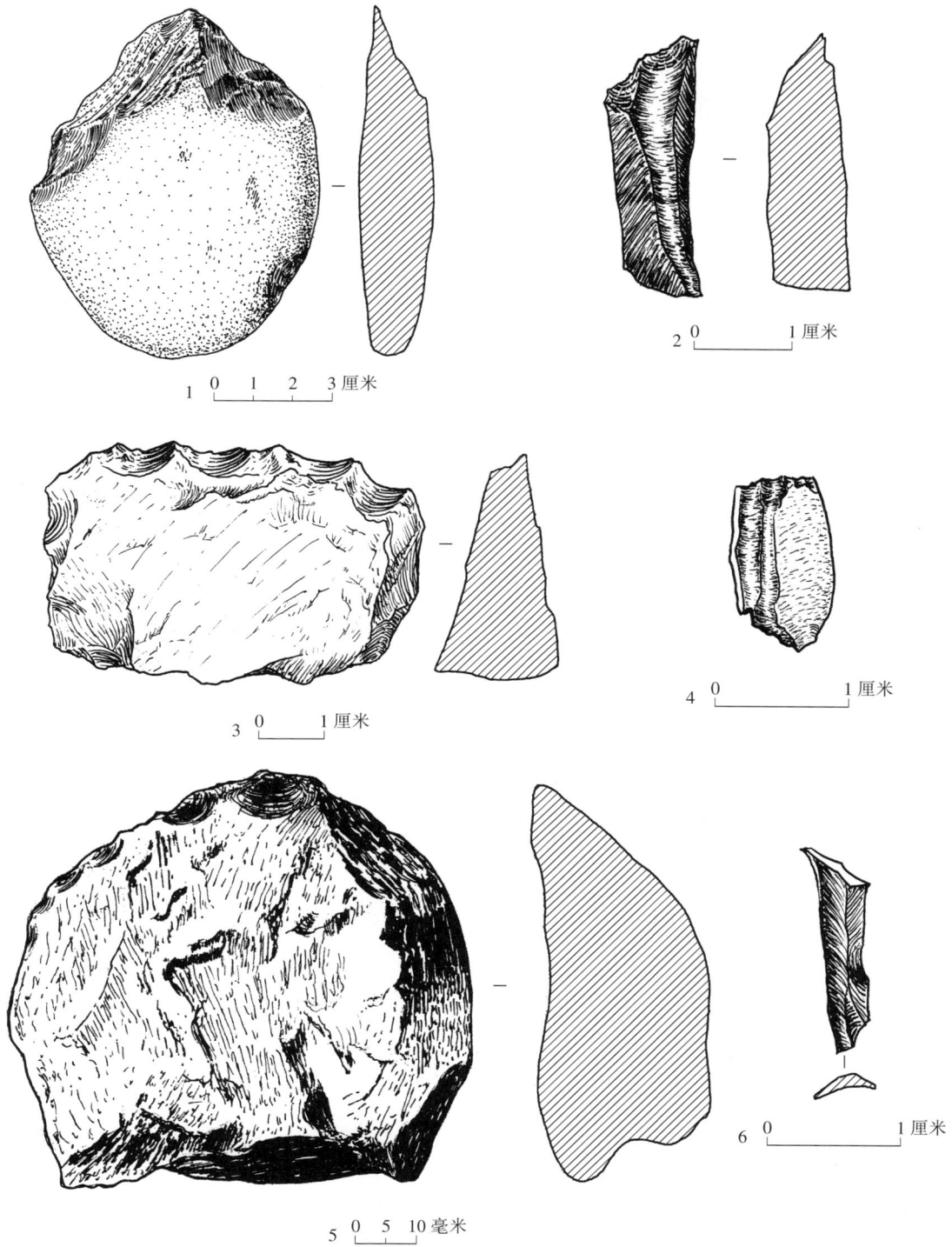

图一五六　吊桶环遗址 H 层出土石制品

1. 3840－1 W4N0H　2. 3840－2 W4N0H　3. 2261 W3S1H　4. 3438 W3N0H　5. 2395 W2S2H　6. 3074－2 W2S1H

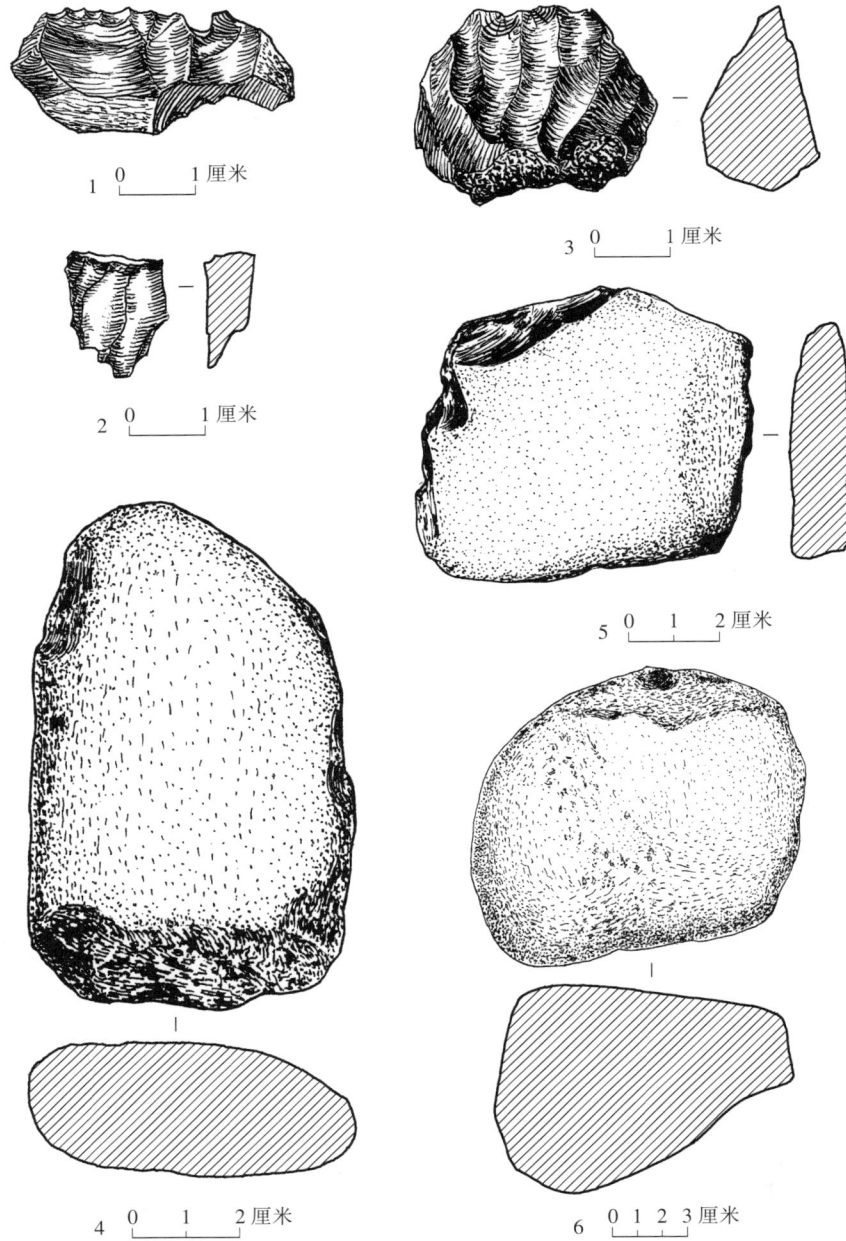

图一五七   吊桶环遗址 H 层、G 层出土石制品

1. 2294 W3S1G   2. 3358－2 W2S3G   3. 3811 W4S2G   4. 3392－2 W4S1H   5. 3392－1 W4S1H   6. 2429 W1S1G

表三四   H 层石核尺寸测量统计（n＝5）

	长度（毫米）	宽度（毫米）	厚度（毫米）
最小值（min）	14	7	6
最大值（max）	76	82	51
平均值（avg）	34.2	37	23.8

表三五　H层工具及剥片初级产品分类与岩性统计

	片岩	石英	燧石	石英岩	合计	%
石核		2	3		5	20.8
单台面		2				
多台面			2			
砸击石核			1			
石片（整）			3		3	12.5
II3			3			
石片（断）			1		1	4.2
工具	7	2	1	1	11	45.8
边刮器	3	2	1			
雕刻器			1			
尖状器	1					
石锤	1					
四边形器	2					
砾石（使用）	4				4	16.7
合计	11	4	8	1	24	100
%	45.8	16.7	33.3	4.2	100	

表三六　H层石片尺寸测量统计（n=3）

	长度（毫米）	宽度（毫米）	厚度（毫米）
最小值（min）	14	4	1
最大值（max）	17	13	3
平均值（avg）	15.3	9.7	2

表三七　H层工具尺寸测量统计（n=11）

	长度（毫米）	宽度（毫米）	厚度（毫米）
最小值（min）	19	8	7
最大值（max）	91	72	33
平均值（avg）	59.7	51.2	16.7

本层为黄褐色砂质土堆积，堆积厚度从2毫米到40毫米不等。虽然堆积厚度不大，但发现的动物骨骼数量较多。石制品数量也较多，且种类比较齐全，从石器原料、修形、剥片与第二步加工等不同阶段的产品均可见到。经过修形或第二步加工的石器以及未经处理直接使用的砾石都占有一定比例。这些情况显示，当时人类在本区的活动比较频繁，活动类型既包括了石器的加工生产，也有

石器的使用。大量的动物骨骼碎片，以及多种类型的石制品，特别是较多石器的存在，是典型狩猎—采集者居住营地的遗存特征。所以本区应该是当时人类的居住活动场所。

本层石器原料的主要特点是外来的硅质岩类明显减少。遗址附近所产的石英与片岩原料占据了主导地位。尤其是经过加工的工具的原料，本地原料的比例明显增高。石器的加工技术仍然是锤击法与砸击法并存。一件似细石叶的出现，还不能肯定是否有成熟的细石器技术存在。锤击法在修理石器阶段是重要手段。无论是硅质岩类小石器或是片岩类大型石器，均采用锤击法进行加工。石器组合的突出特点是形体较大的工具比例增多。新出现了大尖状器，采用片岩加工的边刮器的形体远大于前一阶段的硅质岩类小型边刮器。最有特色的是截边的多边形石制品出现。

从石器生产操作系统的角度来观察，本层有两个特点明显有别的操作链，一个是加工处理硅质岩类原料的系统，一个是处理本地片岩砾石的系统。硅质岩类的加工生产过程与早期相比并没有太多的差别，但片岩石器的加工过程则明显不同（见图一五八、一五九）。

采料	修形	剥片	修理
块状石英			
	断块	锤击石核	边刮器
	碎屑	石片	雕刻器
块状燧石			
砾石燧石		砸击石核	
（远距离输入）			

图一五八　硅质岩类石器的生产程序

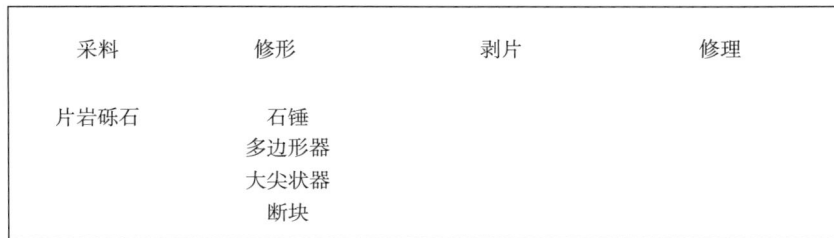

采料	修形	剥片	修理
片岩砾石	石锤		
	多边形器		
	大尖状器		
	断块		

图一五九　片岩类石器的生产程序

如图所示，硅质岩类的生产程序还与早期相近。但值得注意的是，尽管有数件硅质岩类的剥片产品及石核的发现，但几件工具却都是采用硅质岩类的断块直接加工。

至于片岩石器的生产，由于这种原料自身岩性及形状特点，所以其生产过程只包括两个主要阶段：一是采料，一是修形。本地的片岩含云母与石英等矿物成分，中粒结构，质地较软，不适于剥片使用或再加工。但其形状多样，特别是大量薄片状砾石的存在，给当时居民的使用带来很方便的条件。因此，在片岩质工具中，既有直接利用的片岩砾石，也有只经过简单修形处理者，却不见片岩石片与二次加工的片岩工具。

（六）G 层

G 层的石制品数量增多。共发现石核 11 件，石片 9 件，断片 2 件，工具 34 件，断块、残片及碎屑 327 件（图一六〇）。

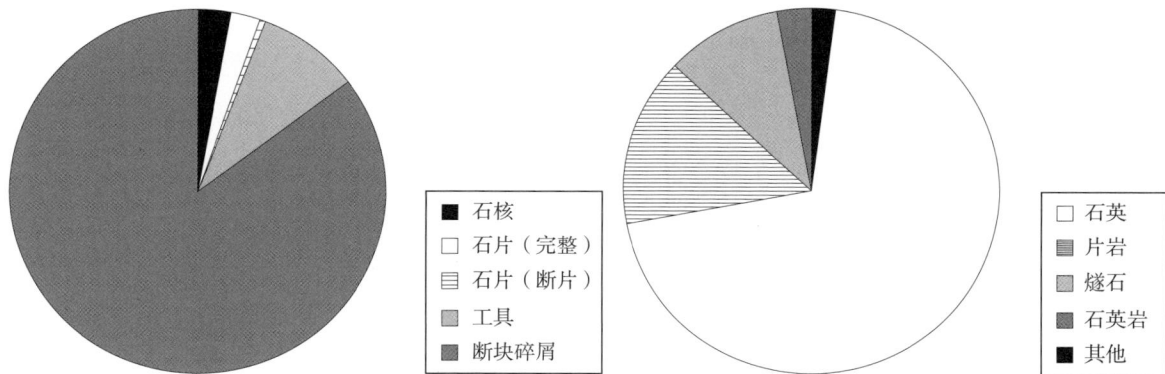

图一六〇　吊桶环遗址 G 层出土石制品类型比例

图一六一　吊桶环遗址 G 层出土石制品原料比例

本层的主要石料仍然是来自附近的石英，尤其断块与碎屑中绝大部分是当地的劣质石英。来自附近河滩的片岩原料的比例继续上升，在成品石器中的比例也更大。燧石等原料的比例则继续下降。外来原料还有少量的石英岩等。各类岩性的原料比例如下：石英 70%，片岩 17%，燧石 11%，石英岩 2%。还有零星的砂岩与灰岩等使用（图一六一）。

石核与石片：

石核均为锤击石核。其中单台面者有 6 件，双台面 4 件，多台面仅 1 件。大部分为燧石和石英原料，形体较小。石片的台面仅有两类，自然台面者稍多于素台面。有半数以上的石片背面不同程度保存有砾石或自然面。

标本 3811 W4S2G，双台面石核。原料为黑色燧石小石块，近盘状。石片疤窄长，形近细石叶状。从台面与打击点等特征观察，仍是直接打击法的产品。标本长 21、宽 26、厚 13 毫米，重 10 克，台面角 70°（图一五七，3；图版一二，7）。

工具：

边刮器分为两类，一类为硅质岩类小型边刮器；另一类为形体较大的片岩边刮器：

标本 2294 W3S1G，直刃边刮器。素材为黑色燧石，II2 型石片。石片特征仍保留。两侧边均有修理痕迹。左侧从台面端开始正向加工，依刃缘形状加工出两段直刃。右侧亦从台面端开始，修出两段直刃。修理疤痕短小，仅为 1 毫米左右。标本长 36、宽 16、厚 6 毫米，重 3.8 克，刃角 52°（图一五七，1；图版一一，12）。

标本 3609 W5S2G，半月形边刮器。素材为灰绿色绢云母石英片岩，片状砾石断块。单向修理出一弧形刃口。标本长 74、宽 45、厚 11 毫米，重 48.8 克，刃角 45°（图一六二，3；图版九，6）。

砍砸器数量较多，与片岩类边刮器不易严格划分：

标本 3352 W2S3G，端刃砍砸器。灰绿色绢云母石英片岩，扁圆形砾石，将一侧及一端截断。在另一端单向修出微弧形刃口。标本长 129、宽 69、厚 33 毫米，重 410 克，刃角 50°（图一六二，2；图版八，5）。

钻具：

标本 3358－2 W2S3G，钻具。素材为黑色燧石厚石片。在石片左侧正向加工出一短尖。标本长 18、宽 15、厚 7 毫米，刃角 65°（图一五七，2；图版一一，3、4）。

石锤分两类，一类长条形；另一类为扁圆形。许多有使用痕迹的砾石也应归入此类：

标本 2429 W1S1G，圆形。黄褐色圆形砂岩砾石。半边已残。所遗半边带有很清楚的因锤砸产生

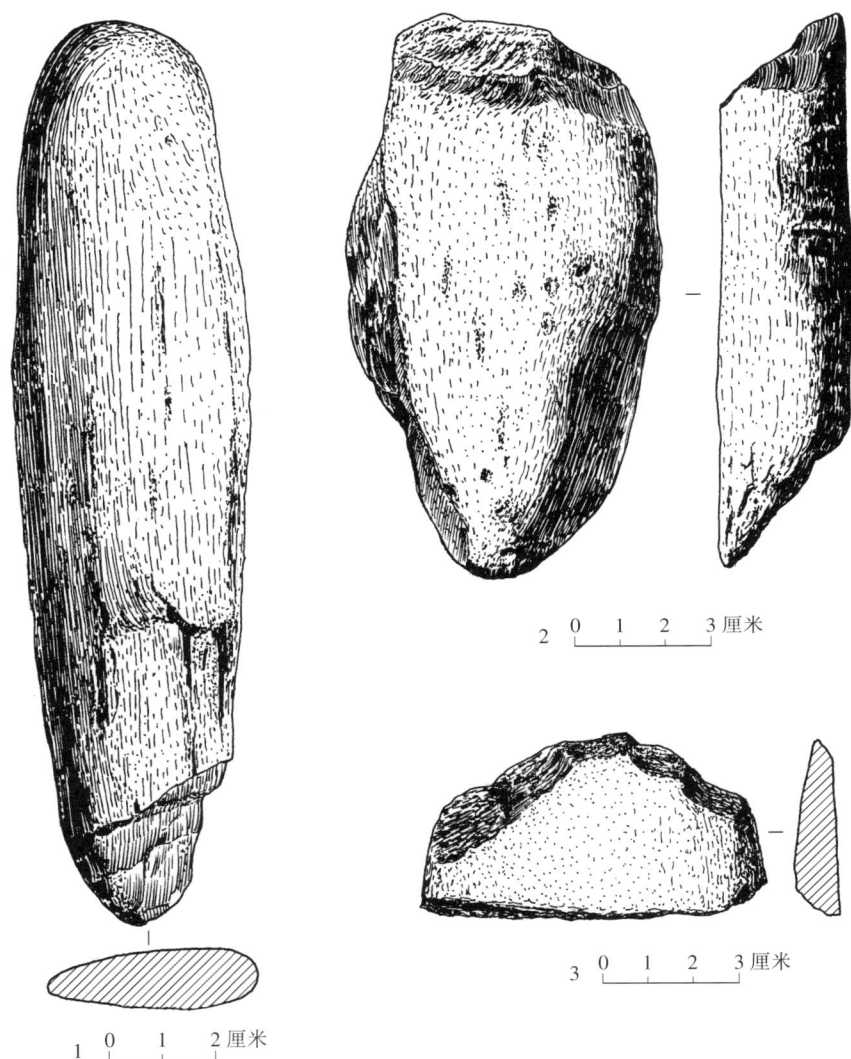

图一六二　吊桶环遗址 G 层出土石制品
1. 2811 W1S3G　2. 3352 W2S3G　3. 3609 W5S2G

的疤坑。标本长112、宽124、厚82毫米，重982.9克（图一五七，6；图版八，2）。

长尖状砾石，有两种情况，侧面周缘带有使用痕迹者应归入石锤类，尖端带有使用痕迹者则应有特殊用途：

标本 2811 W1S3G，灰绿色绢云母片岩，窄长尖状砾石。窄长尖端有清楚的使用痕迹，另一端已残断。标本长178、宽42、厚20毫米，重194.2克，刃角85°（图一六二，1；图版八，6）。

表三八 G 层石核尺寸测量统计（n = 11）

	长度（毫米）	宽度（毫米）	厚度（毫米）
最小值（min）	13	14	8
最大值（max）	68	73	67
平均值（avg）	29.6	37.1	29.1

表三九 G 层石片尺寸测量统计（n = 9）

	长度（毫米）	宽度（毫米）	厚度（毫米）
最小值（min）	13	15	4
最大值（max）	105	65	27
平均值（avg）	36.2	36.2	12.3

表四○ G 层工具及剥片初级产品分类与岩性统计

	片岩	石英	燧石	石英岩	石英砂	石灰岩	砂岩	合计	%
石核	1	4	5			1		11	19.6
单台面	1	2	2			1			
双台面		2	2						
多台面			1						
完整石片	1	3	1	3	1			9	16.1
未分类	1								
I1				1					
I2				2					
I3		1			1				
II3		2	1						
不完整石片		1	1					2	3.6
工具	24	2	3	3		1	1	34	60.7

续表四〇

	片岩	石英	燧石	石英岩	石英砂	石灰岩	砂岩	合计	%
石锤	1							1	
使用砾石	16			1					
砍砸器	3			1		1			
砍砸/刮削	3								
边刮器	1	1	2	1					
端刮器		1							
钻具			1						
合计	26	10	10	6	1	2	1	56	100
%	46.4	17.8	17.8	10.1	1.8	3.6	1.8	100	

表四一　G 层工具尺寸测量统计（n = 18）

	长度（毫米）	宽度（毫米）	厚度（毫米）
最小值（min）	13	15	6
最大值（max）	178	88	82
平均值（avg）	76.7	49.5	21

G 层是较松软的灰绿色土，层厚为 0 至 28 毫米，明显薄于 H 层。但本层的发现更为丰富，石制品的总数以及工具数量也都多于 H 层。据动物骨骼数量的统计，本层 NISP 与动物骨骼的总重量，都高达 H 层的 2 倍以上。而烧骨和带有人工痕迹的骨骼数量更高达数倍至十数倍。这些情况都说明，在本层堆积形成时期，发掘区应该居住在该岩厦的主要区域，有多种多样的居住活动，如生产石器与骨制品、加工处理猎物、燃火烧烤进餐等。

G 层石制品数量较多，特征亦较鲜明。虽然仍是大小型石器共存，但大型石器的比例明显增加。石器原料的特点是本地原料，特别是片岩的比例进一步增大。石锤直接打击技术占有突出地位。无论是硅质岩或片岩，均采用锤击法加工。特别是片岩原料修理扁平刃口，采用单向修理方法修理侧边或端刃，称为本层石器的特色。小型石器的修理技术仍较仔细，边刮器的刃缘修理规整。另一突出特点是有盘状与半楔状细小石核的存在，说明可能已有较初步的细石器技术出现。石器组合的特点是片状砾石加工的砍砸器数量占相对多数。边刮器除了硅质岩类加工者之外，出现较多扁薄片岩砾石加工的边刮器，或可称为半月形石刀。带有使用痕迹的使用长尖状砾石在本层出现的数量也显著增多。这类砾石可能是一种有特殊用途的工具。

从石器生产操作链的角度来看，本层与 H 层的情况一样，也是两个不同的生产系统，分别加工硅质岩类小石器和片岩类大中型石器。

（七）F 层

F 层发现的石制品共有 139 件。其中石核 3 件，石片 5 件，断片 2 件，石器 14 件，有使用痕迹的砾石 6 件，还有断块、残片与碎屑 109 件（图一六三）。

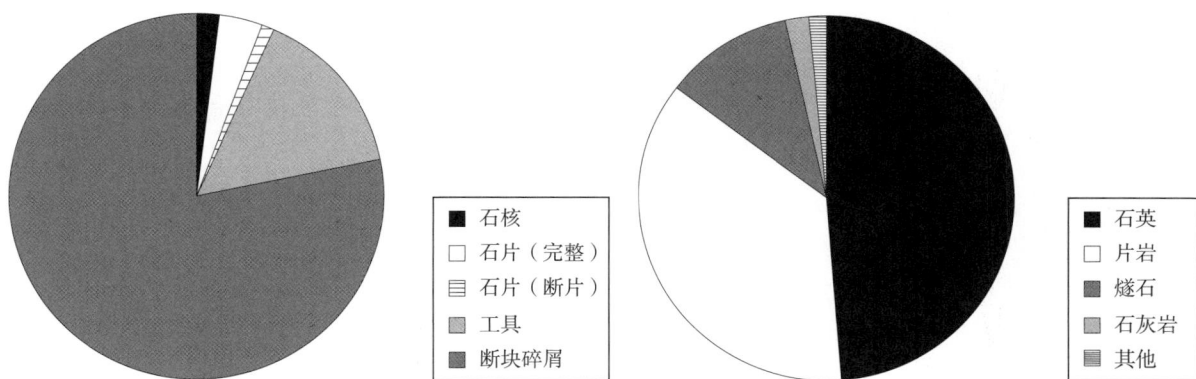

图一六三　吊桶环遗址 F 层出土石制品类型比例　　　　图一六四　吊桶环遗址 F 层出土石制品原料比例

本层各类岩性的石料比例如下：石英 48.9%，片岩 36.7%，燧石 10.8%，灰岩 2.2%，水晶 0.7%，硅质岩 0.7%（图一六四）。

石核：

均为锤击技术的产品。

石片：

除 1 件似细石叶外，亦均为锤击石片。

标本 3336 W2S3F，似细石叶。原料为黑色燧石。台面已残。背部有一道纵脊，从台面端一直延至尾端。横断面为三角形。尾端仍保留石块的自然面。标本长 19、宽 8、厚 2 毫米，重 0.3 克（图一六五，3；图版一一，1）。

边刮器：

标本 3338 – 1 W2S3F，齿状边刮器。硅质岩石块，沿断块的长边单向加工，修理成齿状刃口。标本长 30、宽 21、厚 11 毫米，重 8.3 克，刃角 65°（图一六五，1；图版一一，15）。

标本 1858 W3S1F，半月形石刀（边刮器）。灰绿色绢云母石英片岩，系扁平砾石断片。沿左侧缘单向加工，修理出弧形刃口。右侧边及远端为自然薄刃。标本长 79、宽 58、厚 9 毫米，重 62.8 克，刃角 47°（图一六五，4；图版七，1）。

标本 3303 W3N0F，半月形石刀（边刮器）。灰绿色绢云母石英片岩，扁平砾石断片。沿右侧缘开始单向加工至远端中部。标本长 59、宽 49、厚 10 毫米，重 44.4 克，刃角 40°（图一六五，2）。

砍砸器：

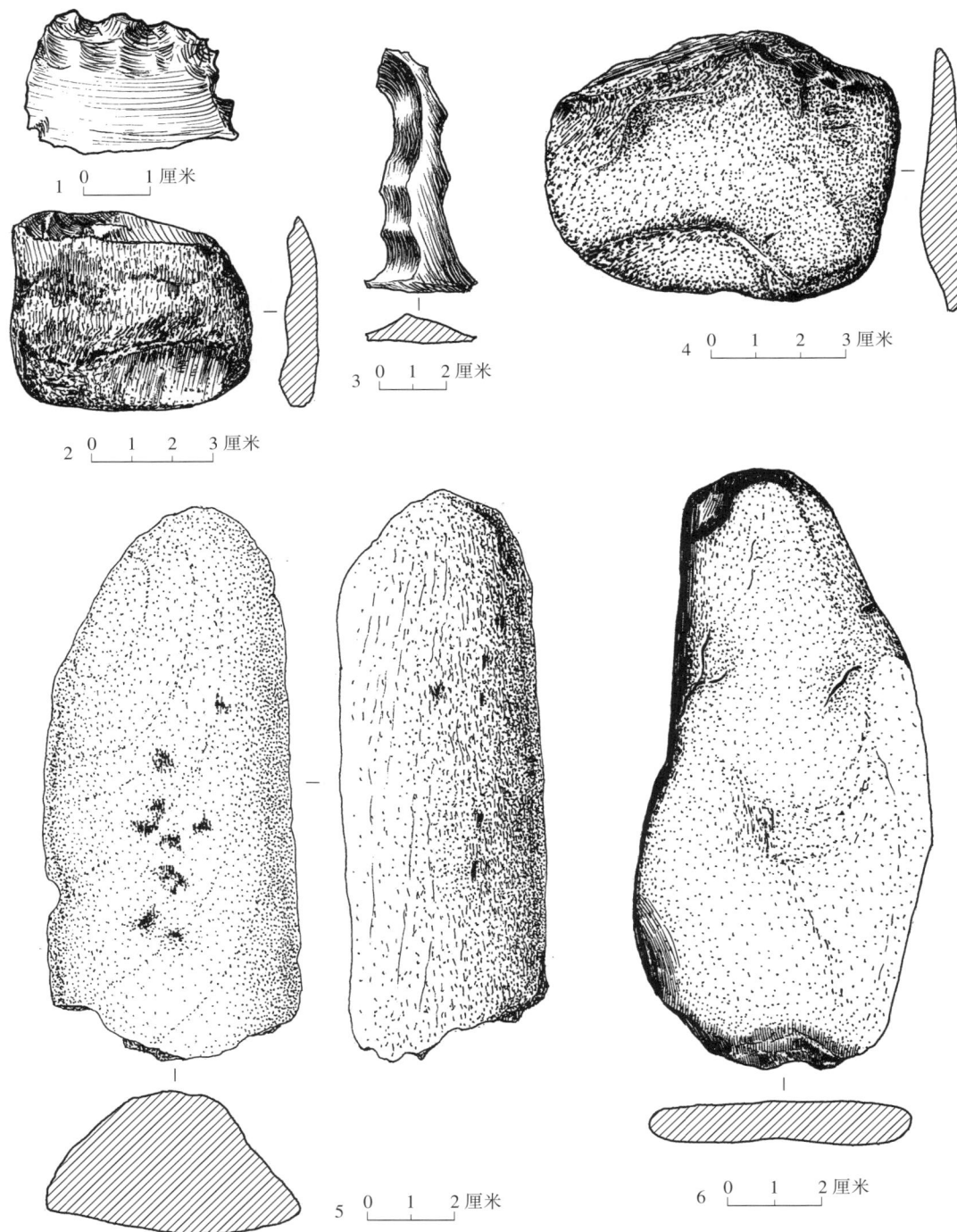

图一六五　吊桶环遗址 F 层出土石制品

1. 3338-1 W2S3F　2. 3303 W3N0F　3. 3336 W2S3F　4. 1858 W3S1F　5. 3542 W1S4F　6. 3763 W2S2F

　　标本 3763 W2S2F，端刃砍砸器。灰绿色绢云母片岩，长条形扁平砾石。在一端单向加工出舌形刃口。标本长 131、宽 62、厚 11 毫米，重 138.2 克，刃角 44°（图一六五，6；图版一○，10）。

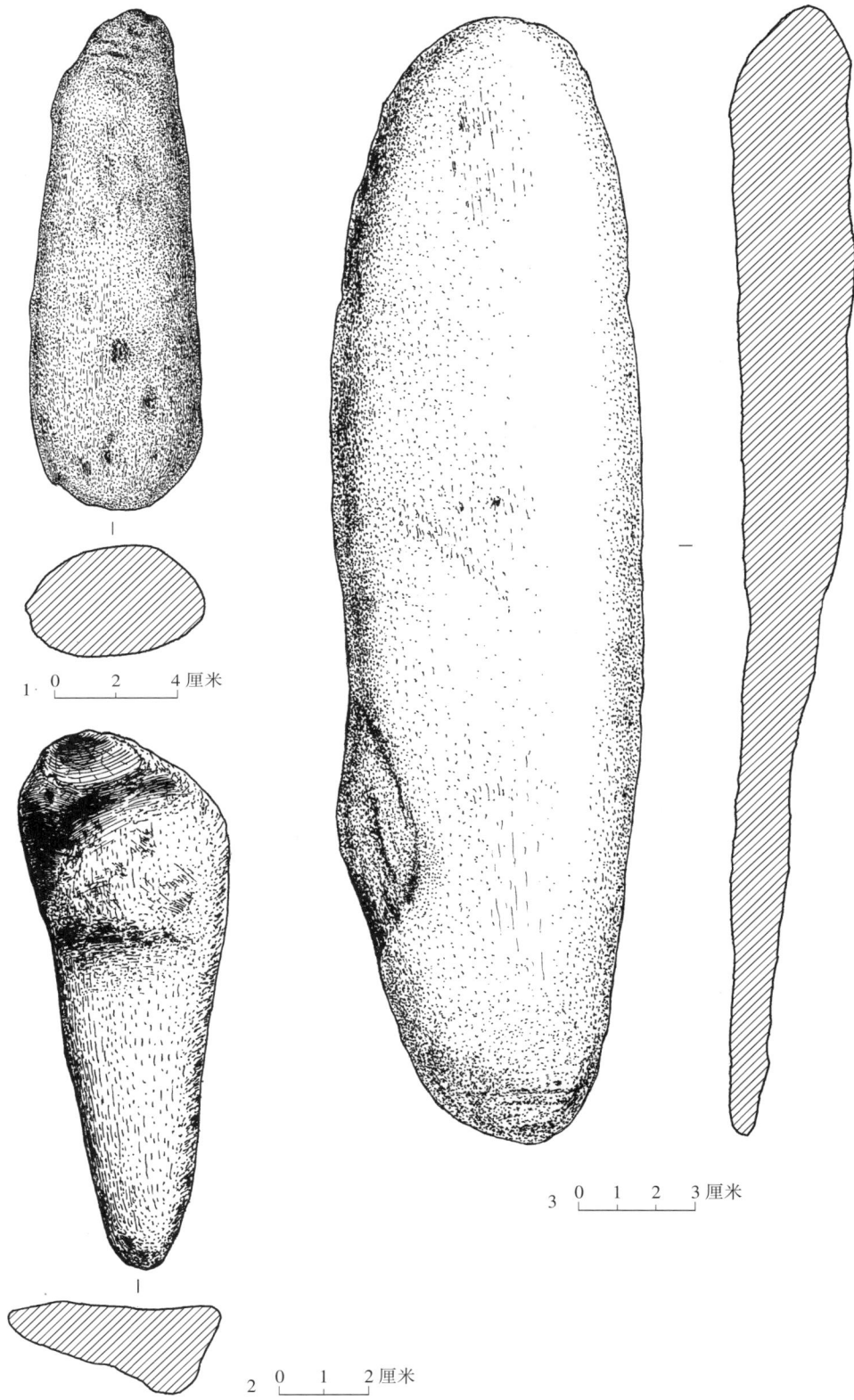

图一六六　吊桶环遗址 F 层、E 层出土石制品

1. 3164 W3S3F　2. 2846 W1S3F　3. 3199 W3SN0E

石锤：

标本 3542 W1S4F，扁长石锤。原料为灰绿色绢云母石英片岩，扁长条形砾石。使用痕迹明显，主要集中于一侧棱。一端已断掉。标本长129、宽56、厚34毫米，重398.3克（图一六五，5；图版一〇，11）。

标本 3164W3S3F，长圆石锤。原料为浅黄色石英片岩，长圆形砾石。通体遗有使用痕迹。标本长161、宽54、厚35毫米，重429.4克（图一六六，1；图版八，9）。

长尖砾石：

标本 2846 W1S3F，原料为窄三棱状片岩砾石。与晚期的穿孔器形状相近，但不见特别明显的使用痕迹。标本长93、宽88、厚36毫米（图一六六，2）。

表四二　F层石核尺寸测量统计（n=3）

	长度（毫米）	宽度（毫米）	厚度（毫米）
最小值（min）	24	18	17
最大值（max）	48	34	35
平均值（avg）	32.3	26.3	24.7

表四三　F层石片尺寸测量统计（n=5）

	长度（毫米）	宽度（毫米）	厚度（毫米）
最小值（min）	19	8	3
最大值（max）	36	31	13
平均值（avg）	28	19.2	7.6

表四四　F层工具及剥片初级产品分类与岩性统计

	片岩	石英	燧石	水晶	硅质岩	合计	%
石核		3				3	10
双台面		2					
多台面		1					
完整石片	1	3	1			5	16.7
I3 型	1						
II3			2	1			
似细石叶			1				
不完整石片			2			2	6.7
工具	18	1			1	20	66.6

	片岩	石英	燧石	水晶	硅质岩	合计	%
石锤	4						
使用砾石	6						
砍砸器	1	1					
边刮器	7				1		
合计	18	5	5	1	1	30	100
%	60	16.7	16.7	3.3	3.3	100	

表四五　F层工具尺寸测量统计（n＝20）

	长度（毫米）	宽度（毫米）	厚度（毫米）
最小值（min）	30	21	7
最大值（max）	201	104	45
平均值（avg）	103.6	55.9	21

本层堆积为较疏松的黄褐色土，堆积厚度为0～33毫米。发现的石制品数量加多，种类齐全，包括从采料、修形、剥片与第二步加工各阶段的产品。其中工具所占比例较高，显示本区不仅有完整的石器生产操作链的存在，亦是石器使用工作区。另外也有一定数量的动物骨骼碎片，其中包括较多烧骨及有人工痕迹者。这些都记录了本层堆积形成阶段人类在吊桶环的活动历史。

本层石制品的特点，在原料方面，片岩的比例更高。虽有燧石等外来的硅质岩类，但比例明显少于早期。硅质岩类制作的工具的比例更低。石器组合以片岩的边刮器、砍砸器、石锤及长尖状砾石为主。硅质岩类的利刃小型石器则仅见一件。

石器制作技术仍以锤击法为主。从石器生产操作链的角度观察，硅质岩类的制作过程一般是要经过选料、准备石核、剥片与加工石器等步骤。片岩类则较为简单，或利用其天然形状直接使用，如石锤或尖状砾石；或直接打击砾石，做整形工作使其形状更适合承担专门的工作。但值得注意的是，本层也发现有经过打片成坯，再进行加工的片岩工具。这或许与硅质岩类原料的缺乏有关，或者是经过长期使用，已经熟悉片岩原料的剥片特点，因而本阶段片岩类石器生产操作链较前期更为复杂（图一六七）。

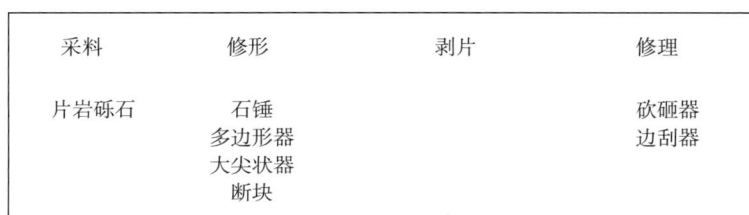

采料	修形	剥片	修理
片岩砾石	石锤 多边形器 大尖状器 断块		砍砸器 边刮器

图一六七　片岩类石器的生产程序

本层片岩原料剧增,但兽骨与前相比减少特别明显。片岩工具亦不适于作为处理动物类资源的选择。两相对照所形成的反差应该说明在动物类资源之外,又有新的食物资源被应用。片岩工具的硬度特点说明,这类工具更适合加工植物类物资,进行切割或是研磨等活动。

(八)E层

本层石制品的总数不多。发现石核 1 件,石片 1 件,断片 1 件,石器 9 件,有使用痕迹的砾石10 件。还有断块、残片及碎屑等 69 件(图一六八)。

各类石器原料所占比例如下:石英 63.7%,片岩 31.9%,石灰岩 3.3%,水晶 1.1%(见图一六九)。

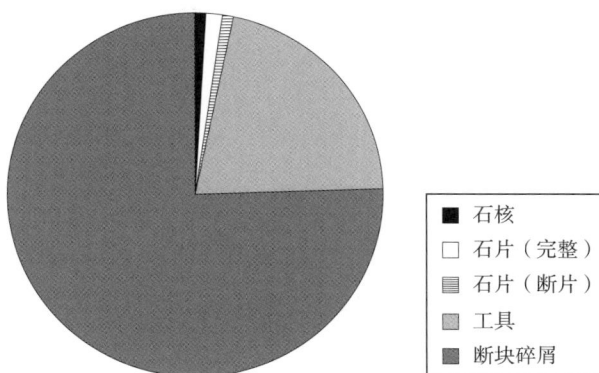

图一六八　吊桶环遗址 E 层出土石制品类型比例

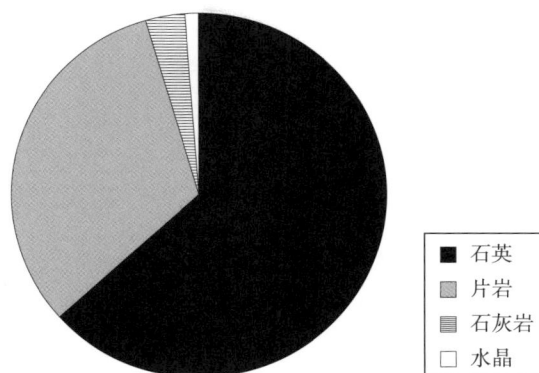

图一六九　吊桶环遗址 E 层出土石制品原料比例

表四六　E 层工具及剥片初级产品分类与岩性统计

	片岩	石英	水晶	合计	%
石核			1	1	4.5
单台面		1			
完整石片	1			1	4.5
I1 型	1				
不完整石片	1			1	4.5
工具	18	1		19	86.4
石锤	6				
使用砾石	11				
砍砸器		1			
边刮器	1				
合计	20	1	1	22	99.9
%	90.9	4.5	4.5	99.9	

表四七　E 层工具尺寸测量统计（n = 19）

	长度（毫米）	宽度（毫米）	厚度（毫米）
最小值（min）	45	14	4
最大值（max）	345	77	43
平均值（avg）	127.6	44.7	20.8

石核：

仅见一件单台面石核，原料为水晶石块，形体很小，长仅 26、宽 32、厚 22 毫米，台面角 59°，尚可继续剥片。

石片：

亦仅见一件，原料系片岩砾石。刃部还带有使用痕迹。长 75、宽 58、厚 11 毫米。

边刮器：

标本 3569 W5N2E，矩形边刮器（石刀）。素材为灰绿色绢云母石英片岩，矩形石片。四边均有反向修理的疤痕。长 47、宽 38、厚 8 毫米，台面角 35°（图一七〇，1；图版八，1）。

砍砸器：

标本 3566 W5S2E，砍砸器。灰绿色绢云母石英片岩，扁平三角形砾石。一长边上有几处不连续的修理或使用痕迹。长 108、宽 77、厚 21 毫米，重 174 克，刃角 65°（图一七〇，2；图版一〇，5）。

石锤：

标本 3567 W5S2E，长圆形。灰绿色绢云母石英片岩，柱状长砾石，一端已断。使用痕迹主要集中于一略突起的侧棱上，呈斑点状，密集处连成凹坑。长 161、宽 47、厚 37 毫米，重 477.8 克（图一七〇，4；图版八，8）。

标本 214-1 W3S1E，扁长形。灰绿色绢云母石英片岩，扁长条状砾石。一端已断，使用痕迹集中分布于靠近远端处。长 181、宽 58、厚 24 毫米，重 379.9 克（图一七〇，3；图版一〇，12）。

长尖砾石：

标本 3207，棕色片岩，细长条状砾石。一端已断，一端呈尖状，尖端带有明显的使用痕迹。长 70、宽 14、厚 4 毫米。

扁平砾石：

标本 3199 W3N0E，灰褐色石英片岩，扁平长条形砾石。一面略微凸凹不平，另一面平坦。周缘及两平面均无明显使用或修理痕迹，平坦面则似有研磨所用。长 298、宽 29、厚 29 毫米，重 922.3 克（图一六六，3；图版八，7）。

本层为较松软灰绿色砂质土，厚度为 0~37 毫米。除了上述石制品外，还有一定数量的动物骨骼碎片，其中包括较多的烧骨，以及人工砍、砸痕迹者。这些情况说明，E 层堆积形成期间，本区亦是吊桶环居民的主要生活区。

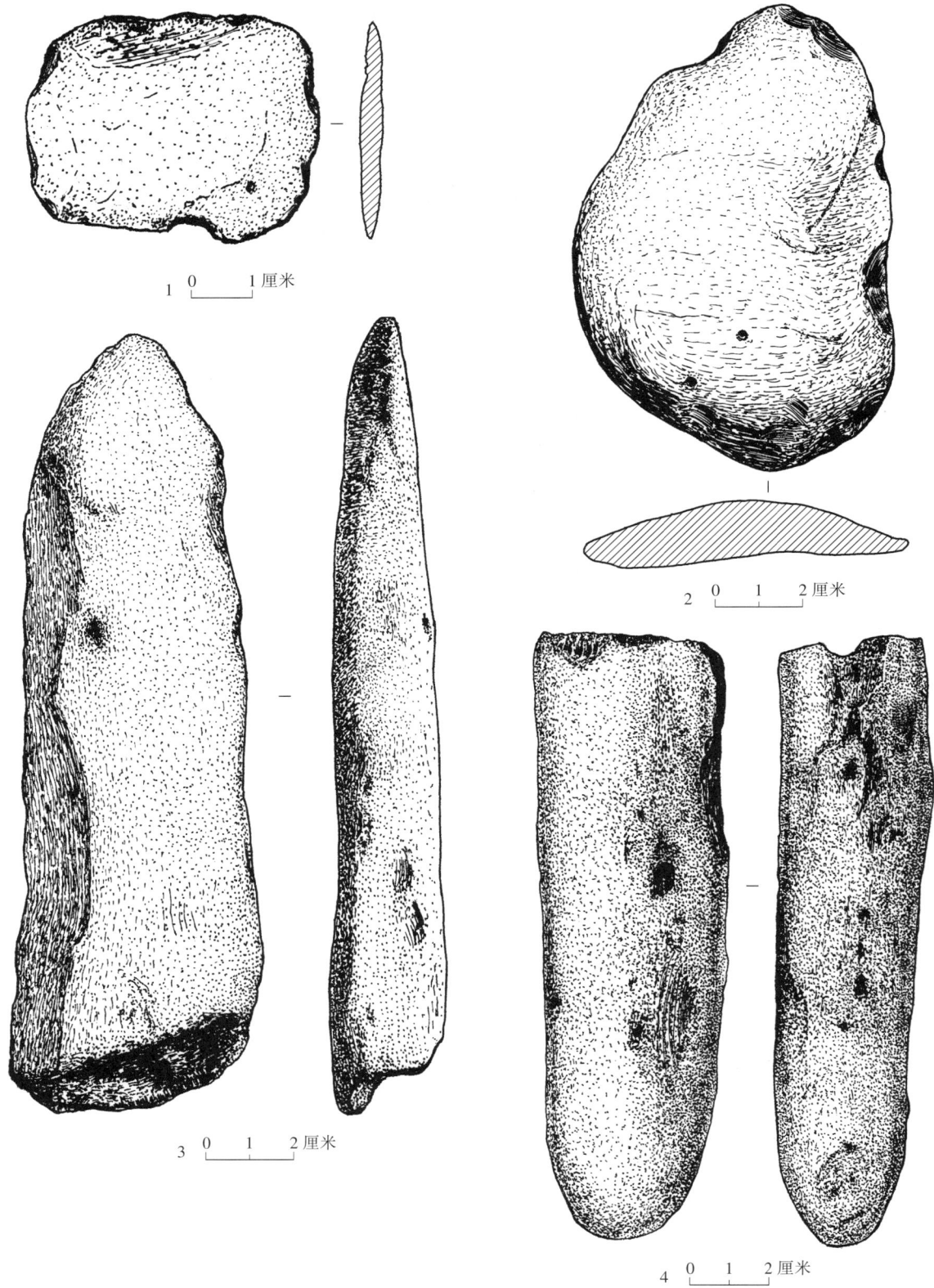

图一七〇　吊桶环遗址 E 层出土石制品

1. 3569 W5N2E　2. 3566 W5S2E　3. 214－1 W3S1E　4. 3567 W5S2E

石制品的数量不多，总数尚不及百件。除 1 件水晶可能是远处者外，其余均是附近的石英和片岩原料。大、中型的石制品占绝对多数。只见有锤击法的存在，大部分砾石均不经过加工即直接使用。扁平长条形砾石的数量很多，特别是长达 30 厘米的扁平长条形砾石的出现，成为本层的显著特点。石锤是石器组合的主要部分，经过修理的边刮器与砍砸器均不多见。

（九）D 层

D 层石制品数量亦不多。共发现石核 3 件，石片 2 件，工具 26 件。还有断块、残片及碎屑等 112 件（图一七一）。

各类石器原料的比例：石英 66.4%，片岩 28%，燧石 2.1%，石灰岩 3.5%（图一七二）。

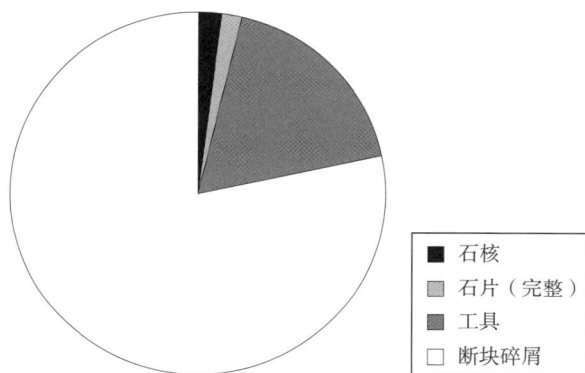

图一七一 吊桶环遗址 D 层出土石制品类型比例

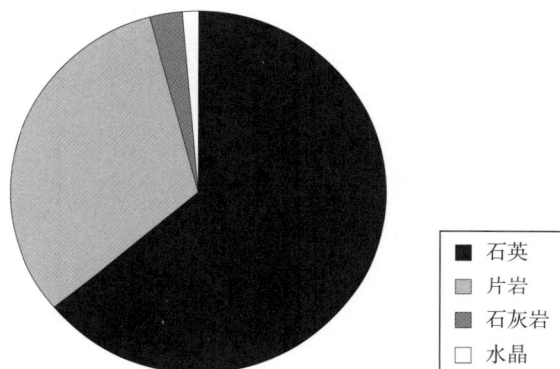

图一七二 吊桶环遗址 D 层出土石制品原料比例

石核：

标本 3087 - 1 E0S2D，双台面石核。原料为黑色燧石小石块。剥片疤痕细小规整，但仍应属于硬锤直接打击方法的产品。长 19、宽 12、厚 12 毫米，刃角 82°（图一七三，1；图版一一，7）。

砍砸器：

砍砸器 6 件。

标本 3095 E0S1D，双刃砍砸器。原料为石英断块。有两个修理刃口。其一是沿一斜面向与断块平面近垂直的方向修出近 70 度的平直刃口。另一是沿断块另一斜面朝断块的另一平面打击，修理疤大小不均，刃口略呈齿状。长 72、宽 62、厚 29 毫米，重 195.1 克，刃角 70°（图一七三，4；图版一〇，6）。

标本 3673 - 2 W5N0D①，砍砸器。灰绿色绢云母石英片岩，扁长形砾石。一端截断，沿一侧长边修理至顶端，刃口已经过较明显地使用磨损。长 97、宽 84、厚 29 毫米，重 194 克，刃角 63°（图一七三，5；图版一〇，8）。

边刮器：

边刮器 2 件。

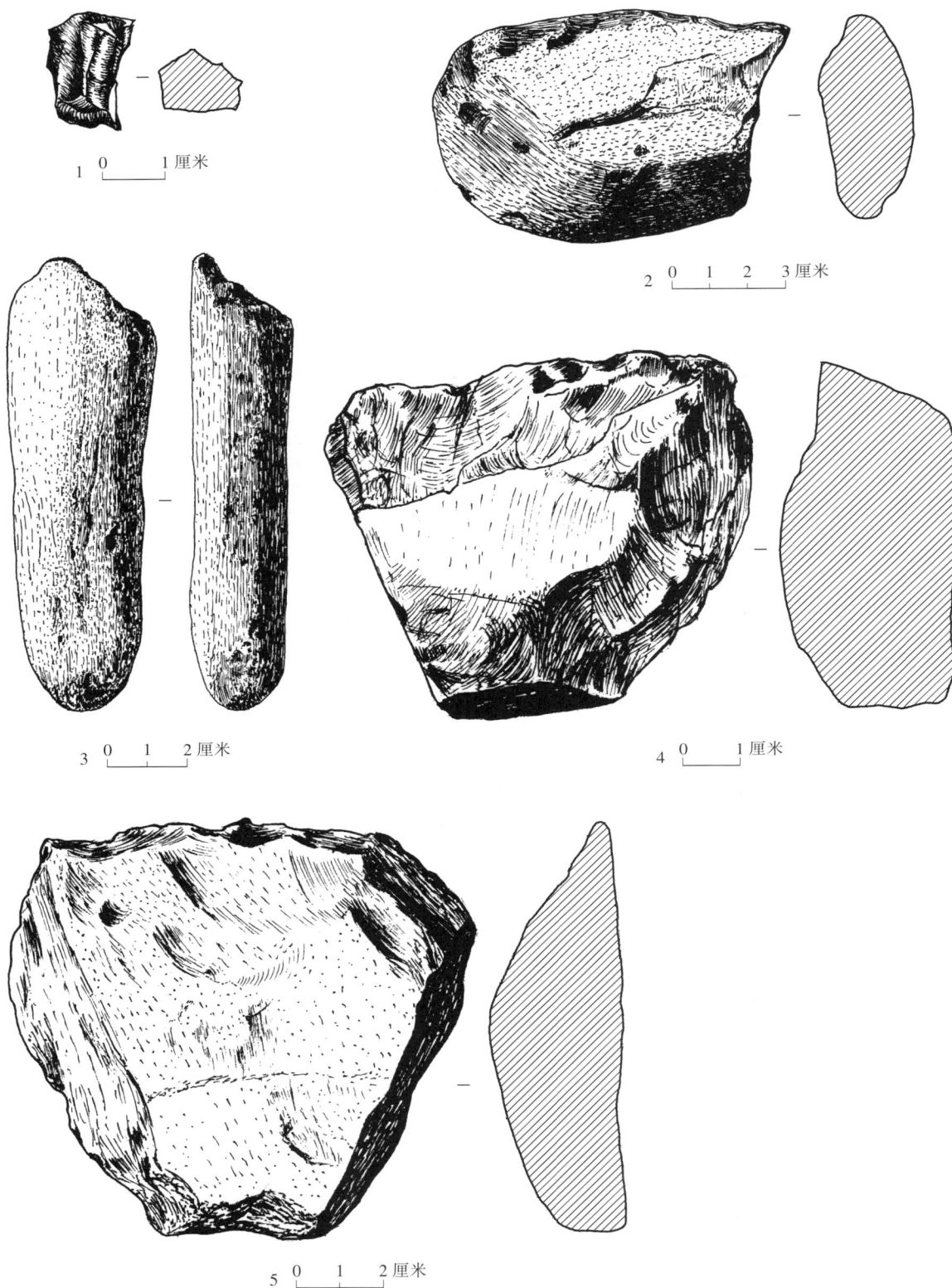

1   0 ___ 1厘米

2   0 1 2 3厘米

3   0 1 2厘米

4   0 ___ 1厘米

5   0 1 2厘米

图一七三 吊桶环遗址 D 层、D①层出土石制品

1. 3087－1 E0S2D 2. 3673－1 W5N0D① 3. 1529 W1S2D① 4. 3095 E0S1D 5. 3673－2 W5N0D

标本3673－1 W5N0D①，半月形边刮器（石刀）。素材系灰黑色绢云母石英片岩大石片，远端反向修出直刃，修理疤痕不大，刃缘较平整。长86、宽55、厚23毫米，重170.2克，刃角45°（图一七三，2；图版九，4）。

石锤：

石锤5件，标本1529 W1S2D①，长圆石锤。灰黄色绢云母石英片岩，杵状砾石。一端已残，使用痕迹主要集中于一侧边，呈斑点状。长117、宽37、厚25毫米，重165.2克（图一七三，3；图版一〇，9）。

标本1203 W1N0D，扁长石锤。灰绿色石英片岩。长圆形砾石，已残。使用痕迹主要集中于端部，两平面及侧棱亦可见到。长98、宽71、厚41毫米，重330.1克（图版九，9）。

尖状砾石：

标本3207，棕色片岩，细长条状砾石。一端已断，一端呈尖状。尖端有很明显的使用痕迹。

板状砾石：

标本662 E0S1D，灰绿色片岩，扁平砾石。表面已染成紫红色，相对的两平面上具有似经研磨产生的凹面。近端还有琢打痕迹，半边已残断。长75、宽75、厚52毫米，重638.3克（图一七四，1；图版九，8）。

磨制石器：

标本1265 E1S2D，磨制石器残片。原料为灰褐色石英砂岩。两面均有磨光面，底面平坦，表面微凹，周边大部分残断（图一七四，2；图版九，5）。

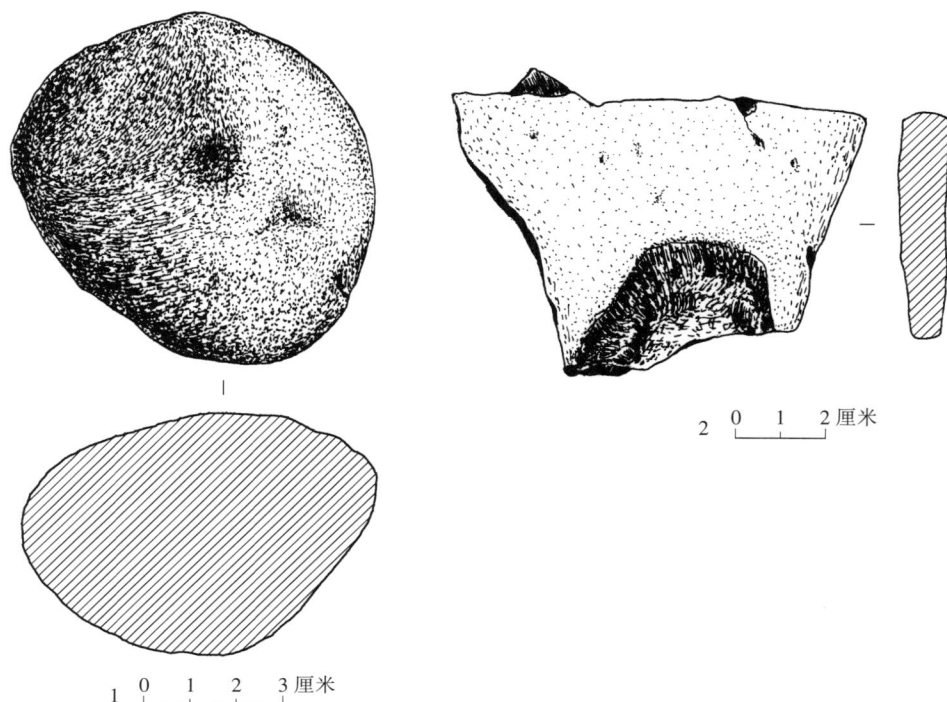

图一七四　吊桶环遗址D层出土石制品

1. 662 E0S1D　2. 1265 E1S2D

表四八 D层工具及剥片初级产品分类与岩性统计

	片岩	石英	燧石	石灰岩	合计	%
石核		2	1		3	8.8
单台面		1				
双台面			1			
多台面		1				
完整石片			4		4	11.8
II1 型			1			
II2			1			
II3			2			
工具	23	3		1	27	79.4
石锤	5					
使用砾石	10					
砍砸器	3	2				
边刮器	2	1				
磨盘	1					
石板	2					100
合计	23	5	5	1	34	
%	67.6	14.7	14.7	2.9	99.9	

表四九 D层工具尺寸测量统计（n=27）

	长度（毫米）	宽度（毫米）	厚度（毫米）
最小值（min）	41	22	5
最大值（max）	177	121	49
平均值（avg）	98.6	60.6	25.4

　　本层已靠近堆积顶部。之上还有 C、B、A 层等，但后几层已含有晚期遗存，明显受到晚期的扰动，已无法代表石器工业的原始面貌。故 D 层是吊桶环遗址原生文化层最晚期的代表。D 层发现的石制品较为丰富，还有数量众多的动物骨骼遗存，远远超过其他层位发现的动物骨骼数量。原始陶器的遗存也从此层开始出现。D 层堆积较为复杂，含 D 和 D① 两个亚层，还有开口在 D 层下的 Fea. 3、Fea. 4 等遗迹单位，也都有一定数量的遗物发现。在整理过程的比较结果说明，这些次级单位的石制品的基本特征都与 D 层一致，但数量远不及 D 层丰富，所以 D 层石制品完全可以被看做是吊桶环石器工业的晚期代表。

　　D 层的石器工业与较早的 F、E 层仍较接近，还是两条不同特点的石器生产操作链，即以片岩为原料的操作链（图一七五）和以石英为主体的硅质岩类原料操作链（图一七六）。

采料	修形	剥片	修理
片岩砾石	石锤 使用砾石 磨盘 石板 断块	石片 石核?	砍砸器 边刮器

图一七五　片岩类石器的生产程序

采料	修形	剥片	修理
块状石英 块状燧石	断块 碎屑	锤击石核 石片	砍砸器 边刮器

图一七六　硅质岩类石器的生产程序

本层虽然有零星的燧石原料使用，但主体仍是石英与片岩等遗址附近所出者。石英在原料的比例虽然最高，但在工具中的比例则远远低于片岩。大量长条形、扁圆形与薄片状的片岩砾石仅做简单加工或没有任何修理痕迹就直接使用，是本阶段石器工业的特点之一。虽然数量不多，但清楚的磨制痕迹说明这种技术无疑已开始应用。不过在本层主要石器技术仍是硬锤直接打制。工具组合的特点仍然是砍砸器、边刮器（半月形石刀）、石锤、尖状砾石及板状砾石。

（一〇）讨论

如前所述，吊桶环是一处被早期人类占据相当长期的岩厦遗址。遗址堆积巨厚，已发掘部分深达4米余，可以划分10多层（A～R层）。从已经发现的材料看，人类最迟在P层堆积形成时期已经开始在洞内活动。不过比较清楚的石器材料则出自L层。尤其K层及以晚各层堆积都有丰富的石制品发现，如上各节的记述。综合以上各层石制品的发现可以比较清楚地看到，吊桶环晚更新世晚期原始居民的石器工业经历了从典型的小石器工业向砾石石器及磨制石器工业过程。这一过程表现在石器原料的选择、生产操作链、石器形态与功能等多方面。

1. 石器原料

从L层开始，石器原料主要是燧石、石英与水晶等适合剥取边缘锋利石片，并易于进一步加工各类小型便携工具的原料。这种情况在石制品丰富的K层表现得尤为清楚。如前所述，在吊桶环附近，大量易得的是各种形状的片岩砾石。块状劣质石英也当是来自附近山体基岩的风化岩块。然而优质燧石和水晶，特别是小型燧石砾石原料，则可能是远距离运输的结果。

　　片岩原料开始的 J 层出现，当时其在石器原料的比例很小，用其加工或直接充当工具的比例也有限。不过随着时代的发展，片岩原料的比例则逐渐升高，片岩工具的数量或其所占比例更占据主导地位。如前所述，片岩含云母与石英等矿物成分，中粒结构，质地较软，不容易进行剥片或加工出锋利的使用刃口。但其在遗址附近的河滩上俯首皆是，且形状多样，特别是大量薄片状片岩砾石，更可以直接使用，承担多种工作。

　　与片岩原料应用的发展趋势相反，燧石与水晶等优质原料的数量与所占比例却呈现出逐渐下降的趋势。在早期的 K 层等阶段，其在原料中所占比例很高，尤其是在工具和石片的岩性比例中更占绝对主导地位。但这种情况随着片岩工具的增多而每况愈下。

　　劣质石英在原料中的地位则比较稳定，这可能与其来源比较方便有关，所以无论时代早晚，劣质的块状石英原料始终占有重要地位。但由于其本身质量特点所决定，其在石制品组合中主要是断块与碎屑类。巨量的劣质石英断块与碎屑构成吊桶环遗址所发现的不同时代石器组合的一个共同特点。而用石英原料加工的工具及剥片的初级产品，石英石核或石片的比例则始终比较稳定，一直保持在 10% ~ 20% 区间或附近。无论是早期的石片石器工业，还是晚期的砾石工业，石英原料均没有成为主要工具原料。

　　综合比较以上两图（图一七七、一七八）可知，扣除从早到晚一直比较稳定的石英原料不计，吊桶环早期居民所选用的原料是以远距离输入的优质燧石与水晶为主，尤以 K 层的情况为典型。自 J 层始见本地片岩原料开始登场，到 H、G 层阶段，片岩原料在稳定增长，而其在工具组合中的比重也渐与硅质岩类持平。到 F 层以后，与硅质岩类相比，无论是原料总体情况或是在工具中所占份额，片岩原料都占据绝对主导地位。上述的阶段性特点显示，吊桶环的石器原料的选择经历了一个明显的本地化过程。

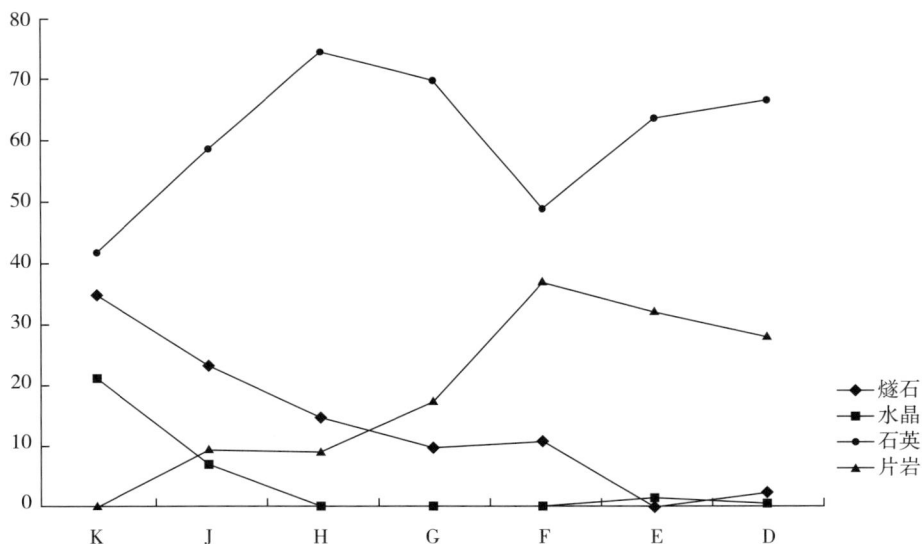

图一七七　吊桶环遗址出土石制品原料比例的变化

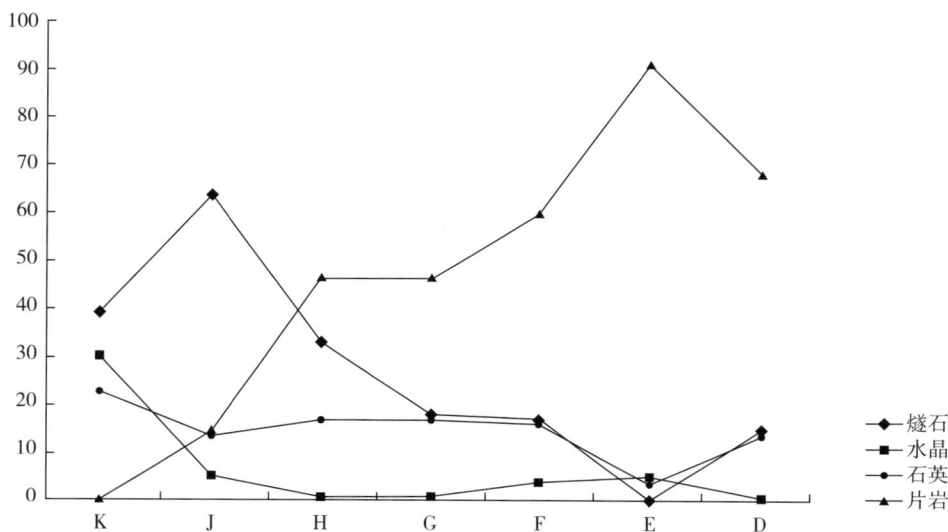

图一七八　吊桶环遗址出土工具与剥片初级产品原料比例变化

2. 石器技术与生产

石器原料对石器的加工技术与生产组织的影响十分明显，吊桶环的发现也反映了这方面的情况。以 K 层为代表的早期阶段，燧石、水晶等优质原料是当时人类的主要原料和重点关注的对象。尽管锤击技术在此时应用也较为普遍，但砸击技术的突出地位在以往有报道的中国旧石器时代的记录中并不多见。砸击技术在这里的应用，虽与区域旧石器文化传统的关系尚有待探讨，但更清楚的目的当是为尽量利用优质燧石原料的努力。因此，在 K 层居民的石器生产操作链中，燧石小砾石原料的加工链条尤为清晰。

除了砸击技术的特别应用，吊桶环早期居民石器生产的技术特点生产组织过程的一般特点与同时期华北地区的小石器工业类型的情况并无明显差别。在修形阶段，不见刻意预制石核的迹象；在剥片阶段，也缺乏盘状、柱状或勒瓦娄哇等预制石核，也不见石叶以及典型细石叶产品；在二次加工阶段，也仅见加工简单的各类小型工具，而缺少修理精良的精制品。这种技术特点显然华北地区同期或更早的小石器工业传统有可对比之处，而与本地区更早阶段流行的砾石石器工业的加工技术与生产过程却有较大的区别。导致这种现象出现的原因，显然是一个值得深入探讨的新课题。

随着片岩原料的应用，自 J 层开始，逐渐形成对这种本地原料的特殊加工技术与操作过程。由于其岩性特点，片岩工具的加工与其他硅质岩类截然不同。早期的片岩石器生产操作链主要只有采料与修形两个环节，且较多的标本不做任何处理，仅直接带入即行使用。随着对这种原料应用的广泛，以及对其岩性特点的逐渐了解，片岩石器生产操作链也有明显复杂化的趋势。

总之，受到石器原料等多重因素的影响，吊桶环史前居民的石器技术及其生产组织也发生过明显的变化，表现出比较清楚的阶段性特点。

3. 石器形态与功能特点

原料与技术的变化，会直接影响到石器形态与功能、石器形态变化的直接指标不同阶段石制品大小尺寸的变化（见图一七九、一八〇、一八一）。

以上三图清楚显示，无论是工具的平均长度、宽度以及厚度，都有三个比较明显的阶段性。K层的工具，无论是长、宽、厚的均值都最小。这与其便携式的利刃工具组合的特点密切相关。如前所述，这种工具组合适合流动性较强的狩猎—采集人群所携带使用。

J层到H、G层，无论是工具的长、宽或厚，都出在一个稳定上升的阶段。这种情况当然是与片岩原料的引入，并且在工具生产中日渐据主导地位的过程分不开的。片岩并不适于加工小型利刃工具，但其方便易得，且加工植物类资源等活动更为方便。它的渐次被使用，并逐渐做大，也显然与其适用性密切相关。从另外的角度来看，此时的石器工业又增加了新的功能与任务。

从F到D层，无论是工具的长、宽与厚的尺寸都到达了峰值。这当然也是由于本阶段工具组合的特点所决定。这时的工具组合应以承担砍砸、切割与研磨等活动的重型工具为主，与早期的小型石片石器工业面貌及其功能特点相比，都呈现出十分鲜明的对照。

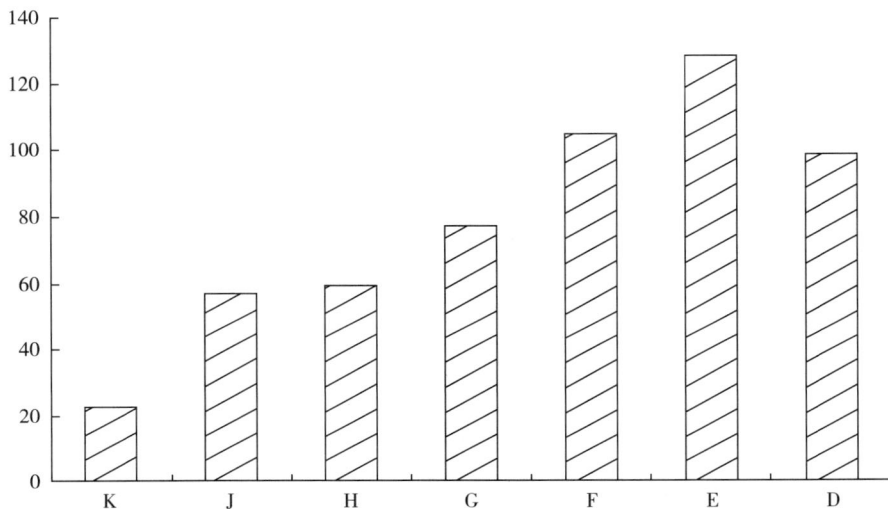

图一七九　吊桶环遗址出土工具长度均值柱状图

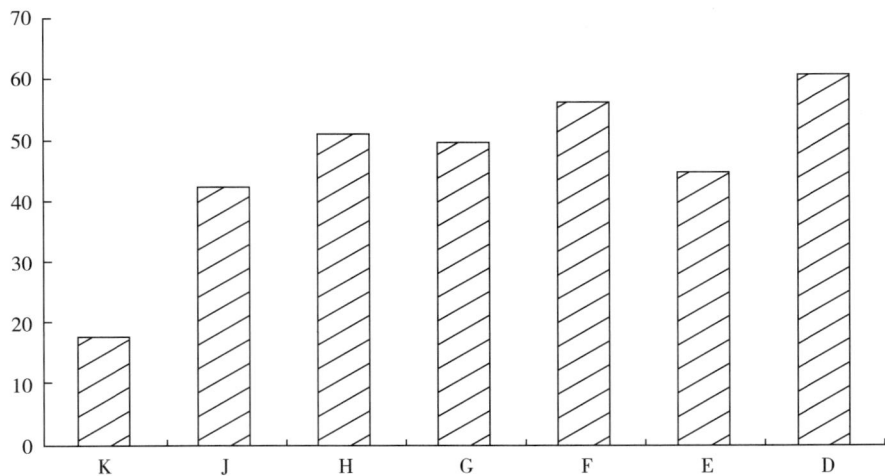

图一八〇　吊桶环遗址出土工具宽度均值柱状图

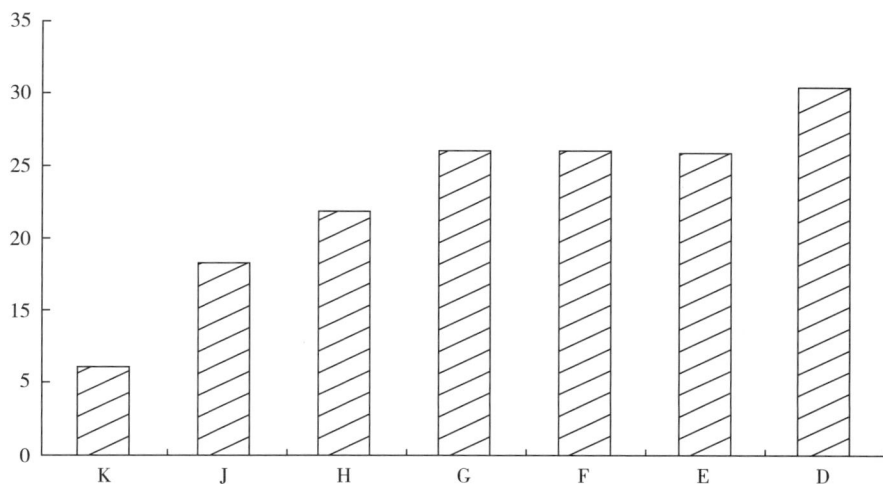

图一八一　吊桶环遗址出土工具厚度均值柱状图

4. 小结

综合石器原料、石器技术与生产过程、石器形态与功能等多方面情况，可以看出晚更新世晚期居住在吊桶环的史前居民的石器工业经历了三个特征明显的发展阶段。如果考虑到磨制石器技术与制陶技术的因素的出现，那么在第三个阶段还可以继续划分出两个小的时期。

（1）以 K 层为代表的早期，以燧石、水晶与石英等优质原料为主体，以典型的小石器技术生产利刃便携的小型石器组合，以狩猎为主要生计方式，群体的流动性较强，因而留下的文化遗存相对有限。

（2）从 J 层开始，到 H、G 层为过渡期，这一阶段燧石等硅质岩类原料仍占有重要地位，但本地片岩原料逐渐增多，石器组合中适合加工处理植物类资源的大、中型工具开始出现并逐渐增加在工具组合中的比例。这一阶段，除狩猎活动外，采集本地的植物类资源在生计活动的比例显然逐步加大，居住稳定性增强。

（3）晚期以 F 开始，到 E、D 层，这一阶段片岩原料占据了主导地位，以片岩为原料的大、中型砍砸、切割与研磨工具构成石器组合的主体，大量动物骨骼等相关遗存的发现也间接证实，此时的遗址规模增大，居住较以前各阶段更为稳定，如果考虑到磨制石器技术与制陶技术的出现及其重要意义，发现了陶片以及磨制石器残块的 D 层，可以划为本期的晚段，而 F 和 E 层的发现则可以看做是晚期早段的代表。

二　陶器

吊桶环遗址 1993、1995 和 1999 年三个季度的发掘共发现各种陶、瓷碎片 180 余块，其中可以判定为早期陶片的有 60 余片，其余都是商代的印纹陶、瓷片甚至是近现代的瓦片。在吊桶环的上部堆积中，C①层以上的各个层位和遗迹中所见的早期陶片（以及兽骨、石器）都是与晚近的印纹陶、瓷片和瓦片共出的，说明这些堆积形成的年代很晚，并且破坏了含早期陶片的早期原生堆积。而出土早期陶片的原生堆积在吊桶环只有C①层以下的C②和D层两个层位，D层以下未见陶器。

吊桶环C②（Fea. 11、Fea. 18、Fea. 22）和D（Fea. 3、Fea. 21）层共出土陶片25片，这些陶片都很细碎，特别是D层的陶片普遍都有一定的磨圆度，说明曾遭流水的搬运。以下将主要介绍这25片陶器的情况，并随文选取个别上部晚近堆积中所出的典型早期陶片作为标本，以说明吊桶环曾经有过的早期陶器情况。

C②和D层25块陶片的特征均不超出仙人洞早期陶器特征的范围。陶土中的掺和料能看出两种，一种是碎石英岩石，一种是碎陶片，前者有7片，后者有11片，其余则太碎小，看不出掺和料。能勉强看出陶片表面纹饰的有10片，依仙人洞陶器分类，其中有双面绳纹陶或双面粗绳纹陶2片，均出于D层，单面细绳纹陶7片，出于D层4片，出于C②层（Fea. 11、Fea. 18）3片，编织纹陶1片。

另有吊桶环所见早期陶片中有特征的器口一片，标本25，掺碎陶片，泥条圈筑成形，外壁有竖向细绳纹，内壁抹平，尖唇直口，是典型的单面细绳纹陶。

吊桶环D层和C②层所出陶片有双面绳纹陶、单面细绳纹陶和编织纹陶，这种组合与仙人洞西部③B②～②A、东部②A②～②A层的陶器特征类似，年代应当是接近的。

三　骨器

骨器，21件。主要器类有骨锥、骨针、骨镖、骨镞、骨铲以及刻纹骨片。

骨锥，12件。刃面较窄，并有锥尖。依锥尖数量的多少，可分为二型。A型为一端尖，B型为二端尖，主要为一端尖。

A型，一端尖，11件。依锥尖特征，可分为四亚型。

Aa型为秀长尖，Ab型为三棱尖，Ac型为扁钝尖，Ad型为圆钝尖。

Aa型，秀长尖，7件。

标本2851–1 W1S3F。系用长骨片制成，上宽下窄，上端保留有劈裂面，锥尖残截面呈不规则长方形，从骨片内面上端始，沿两侧进行打击修整，形成秀长状锥尖，通体磨光甚为精细。残长6.4、顶宽1.35、厚0.8厘米（图一八二，9；图版二八，3）。

标本3545 W1S4F。系用鹿的肢骨片加工而成，上宽下窄，顶端保留有截取骨片时的劈裂面，从骨内腔两侧上端打制修磨至下端，形成秀长状锥尖。整体磨制光滑，锥尖锋利。器长3、宽0.8厘米（图一八二，2）。

标本3799 W4S2G。系用鹿的肢骨片加工而成，呈色为黑褐色，似被火烧烤过，上宽下窄，骨片下端磨制修整形成秀长状锥尖。整器磨制光滑。器残长1.8、宽0.7厘米（图一八二，12；图版三〇，4）。

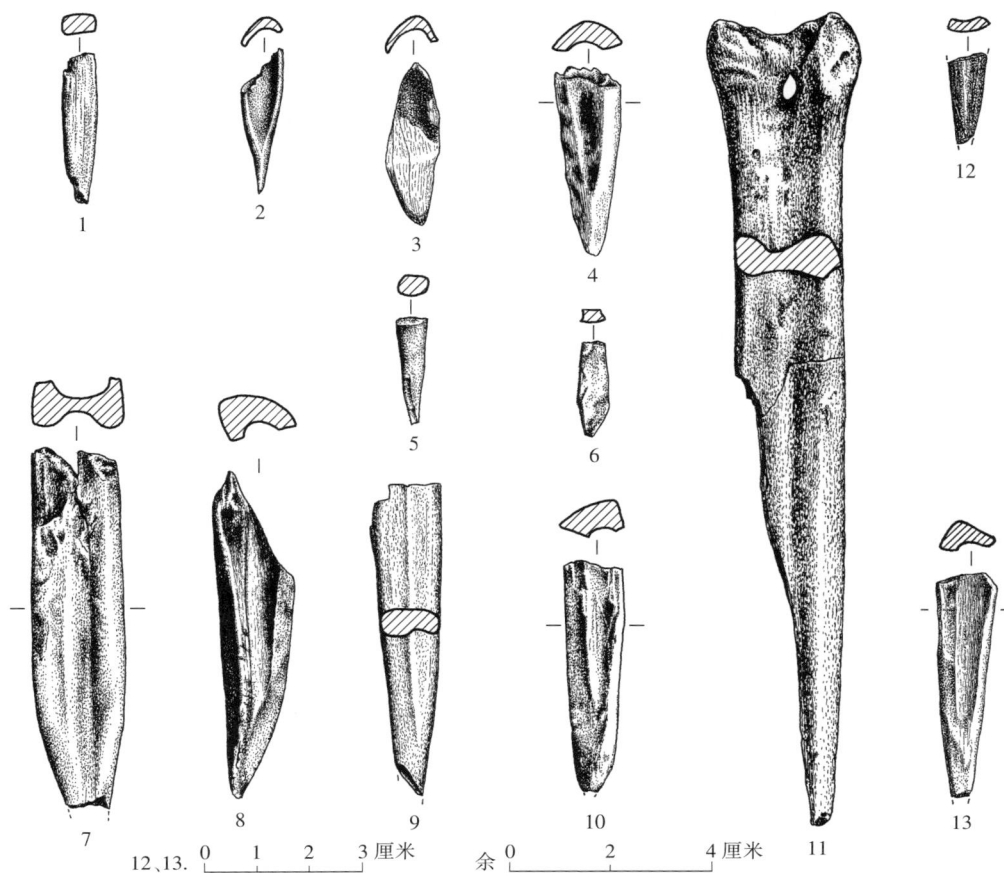

图一八二 吊桶环遗址出土骨锥、骨针

1. 骨针（2924 W3N1 A/B/Fea. 22） 2. Aa 型骨锥（3545 W1S4F） 3. Ac 型骨锥（2271 W3S1I） 4. Aa 型骨锥（2990 - 1 W1N0D）
5. 骨针（2331 W2S2G） 6. Ac 型骨锥（3717 W1S3L） 7. Ad 型骨锥（3735 W5N0D②/Fea. 28） 8. B 型骨锥（3071 W4N0J）
9. Aa 型骨锥（2851 - 1 W1S3F） 10. Ac 型骨锥（3328 W2S3 L⑥/F） 11. Aa 型骨锥（2679 W1S3D/Fea. 3） 12. Aa 型骨锥（3799
W4S2G） 13. Aa 型骨锥（2892 W1S3E）

标本 2892 W1S3E。系用鹿的肢骨片打磨加工而成，上宽下窄，顶端存留截取骨片时的劈裂面，从骨片内腔两侧上端近 2/3 处打制修磨至下端，形成秀长状锥尖，整器磨制光滑。器长 4.45、宽 1.0厘米（图一八二，13）。

标本 2990 - 1 W1N0D。一端尖，一端粗阔，并保留有劈裂面，沿骨片内面两侧进行打制修整，至下端形成秀长状锥尖，并加以磨修（截面为半环状）。器长 3.8、宽 1.2、厚 0.45、锥尖长 1.3 厘米（图一八二，4；图版二八，2）。

标本 3067 W4S1D②/Fea. 4。系用一长骨片制成，上宽下窄，截面呈半圆形，从骨片内面进行打制修整，于整段 1/2 处往下端磨制修整，形成秀长状锥尖。器长 6、宽 1.05、下端修理面长 2.8 厘米（图版三〇，9）。

标本 2679 W1S3D/Fea. 3。系用鹿的趾骨后面骨片打制取料，顶平，上宽下窄，骨片顶端存留打击时的劈裂面，骨片内腔修整平齐，于下端近 1/3 处沿骨片内腔两侧进行打制修整，并加以修磨，形成较为光滑的秀长状锥尖，骨腔右侧锥尖上端清晰可见修整过程中形成弧形凹缺。器长16.7、宽2.2厘米（图一八二，11；图版三〇，8）。

Ac型，扁钝尖，3件。

标本3717 W1S3L。系用鹿的肢骨片加工制作而成。上端平，下端尖，截面呈半环状，从骨片上端开始顺着骨内面外侧进行打击修整，而以左侧及锥尖修磨较为精细，至下端刮削形成扁钝形锥尖。使用过程中形成磨光面。器长1.9、宽0.6、厚0.25、锥尖长0.5厘米（图一八二，6；图版二九，1）。

标本2271 W3S1I。为一带凸棱的鹿的肢骨片制成，上端斜直，下端尖锐，沿骨片两侧分两段进行打制修整，至下端形成扁钝状锥尖，顶面及右侧面磨制较为精细，器长3.3、顶面斜长1.25、左侧修理面长1.1、右侧修理面长1.2、锥长0.45厘米（图一八二，3）。

标本3328 W2S3L⑥/F。为一原骨带凸棱的鹿的肢骨片制成，上端斜直，下端尖锐，截面呈半环状，沿骨片两侧断面从上端一直打制修整至下端，形成扁钝状锥尖，刃部及锥尖部分磨制较为细致，锥尖部留存有使用过程中形成的崩疤，看内面中段修理较为平整，以便使用。器长4.75、宽1.2、厚0.5、刃面长约1.45厘米（图一八二，10；图版二九，4）。

Ad型，圆钝尖，1件。

标本3735 W5N0D②/Fea.28。系用鹿的趾骨片打磨加工而成。一端平齐，一端尖锐，截面呈"H"字形，上端保留有劈裂面，修整粗糙，整器除裂缺面外，均磨制精细，沿骨片器面往下端进行刮削，于下端形成圆钝状锥尖（尖已残）。器残长7.5、宽1.75、槽深0.4～0.6厘米（图一八二，7；图版二九，2）。

B型，二端尖，1件。

标本3071 W4N0J。系用鹿的肢骨片打磨加工而成。截面呈半环状，一端从骨片内面两侧进行打制修整，形成秀长状锥尖，锥尖部分进行了磨制，一端从骨片表面两侧打击修整出三棱状锥尖，其右侧修理面进行了较精细的磨制，其修理面长2.26厘米。整器长6.7、宽1.5、秀长锥尖长1.9、三棱锥尖长0.3厘米（图一八二，8）。

骨针，2件。一般均系用鹿的肢骨片打磨加工而成。

标本2331 W2S2G。上宽下窄，截面为椭圆形，顶部残，通体磨制精细，光滑。残长2.1、径粗0.55厘米（图一八二，5，图版三〇，5）。

标本2924 W3N1 A/B/Fea.22。上、下均残，截面为扁椭圆形，通体磨光，磨制较为细致。残长3、长径0.7、短径0.45厘米（图一八二，1；图版二九，5）。

骨镖，6件。大多用鹿角的残段打磨加工而成，少数用鹿的肢骨加工而成。

标本3146 W2S1J。系用鹿角的一段劈取一半制成。上端粗阔，下端扁尖，上端保留有劈裂面，截面为椭圆形，从骨内面两侧进行打制修整，左侧及下端1/3处均刮削出刃口，下端为扁钝状刃口，并加以精磨，右侧上端2/3部分只进行了粗略的修整，骨表面及刃部有数道凹槽，其用意待考。器长3.5、宽1.15、厚0.6厘米（图一八三，1；图版二九，3）。

标本3078-1 W2S1H。系用鹿角的一段劈取一半制成。长条形，截面呈椭圆形，两端较为平齐，骨

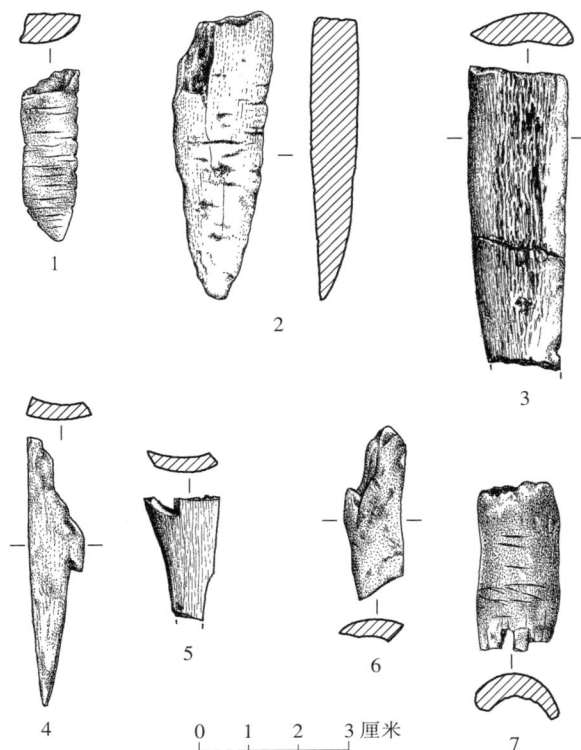

图一八三 吊桶环遗址出土骨镖、刻纹骨片

1. 骨镖（3146 W2S1J） 2. 骨镖（3254 W3N0D/Fea. 15） 3. 骨镖（3078-1 W2S1H） 4. 骨镖（3111-1 W3S3C/Fea. 10）
5. 骨镖（2990-2 W1N0D） 6. 骨镖（3111-2 W3S3C/Fea. 10） 7. 刻纹骨片（3388 W1S3C①）

内面两侧开出刃口，并磨制成薄刃，形成一上、下均有刃的长条形刮削器。器长6.1、宽1.96、厚0.7、刃宽0.4~0.6厘米（图一八三，3；图版二九，8）。

标本3254 W3N0D/Fea. 15。系用鹿角的一段劈取一半制成。上宽下窄，截面呈半圆形，骨表面圆弧，骨内面打制刮削成一较为光滑的平面（微弧），下端近锥尖部磨制较为精细，锥尖为扁钝尖，骨器表面及内面均锥刻连续或不连续的不规则的横道，骨表横道数量及锥刻深度均多于或深于骨内面。器长5.9、长径1.9、短径0.9厘米。两侧开出刃口，并磨制成薄刃，两侧刃部及锥尖均留存有使用过程中形成的崩痕和细微的裂缺（图一八三，2；图版二九，9）。

标本2990-2 W1N0D。为一鱼镖之半成品，系用鹿角的一段劈取一半制成。只加工了一个倒刺，因断裂而废用。残长2.4厘米（图一八三，5）。

标本3111-1 W3S3C/Fea. 10。系用鹿的肢骨片加工制作。残，只加工成一未完全成形的倒刺，属废品。残长5.5厘米（图一八三，4；图版二九，7）。

标本3111-2 W3S3C/Fea. 10。系用鹿的肢骨片加工制作。残，只加工成一未完全成形的倒刺，属废品。残长3.6厘米（图一八三，6；图版三一，6）。

刻纹骨片，1件。

标本3388 W1S3C①。系一鹿的肢骨片，长条形，截面呈半环状，一端残，一端凿出一长方形凹槽，骨面刻画出数道横向刻纹（图一八三，7；图版三一，1、2）。

角器，19件。器类主要有角锥、角铲、刮削器、抛掷器、角斧、角拍等。

角锥，8件。依锥尖数量分为二型。A型为一端尖，B型为两端尖。

A型，一端尖，7件。依锥尖的形状，分为两亚型。Aa型为秀长尖，Ab型为三棱尖。

Aa型，秀长尖，7件。

标本2316 W3S1K。下端残，截面呈半圆形，一面弧，一面微弧，上宽下窄，外弧一面中段刮削出长条形平面，顶部锥刻出一道斜直凹槽，分顶面为两部分。器残长3.65、径1.45厘米（图一八四，1）。

标本3908 W4N0J。系一鹿角制成，顶部有明显的切凿痕迹，把一段鹿角劈成一半，于骨内面稍加磨制修整，利用角的自然锥尖，形成一秀长尖角锥。器长5.95、宽1.6厘米（图一八四，2）。

标本3030 W2S1H。系用一动物兽牙制成，截面呈椭圆形，从齿根部往下进行刮削，形成一秀长状锥尖，通体光滑。器长6.3、长径1.1、短径0.7厘米（图一八四，3；图版三一，4）。

标本3078－2H。系一动物角打击磨制而成，截面为半圆形，于一面进行刮削成骨片，并于骨片内面两侧稍加修整，形成秀长形锥尖。器长5.3、宽1.3、厚0.7厘米（图一八四，4）。

标本1502 W1S6F。系用鹿角的一段加工制作而成。从顶端把鹿角劈裂，于骨内面稍加磨制修整，利用角的自然锥尖，形成一秀长锥尖，骨面中段刻划出一"∧"形刻纹。器长5.2、宽1.1、厚0.6厘米（图一八四，5）。

标本3046 E0N0D。一端尖锐，一端粗阔，截面呈椭圆形，上端保留有劈裂面和打击点，是从骨内面向外进行打击，两面均稍加磨制、修整，骨表面磨制有一不明显的脊棱，下端则为圆钝状锥尖。器长2.6、宽1、厚0.6厘米（图一八四，6；图版三一，7）。

标本3111－3 W3S3C①/Fea.10。（角锥）整器由带腔体的骨片制成，上端粗阔，下端尖锐，上端保留有劈裂面，截面呈半环状，从骨片内面两侧近2/3处向下进行打磨修理，至下端形成三棱状锥尖。器长3.5、宽1.1、厚0.6、左侧修理面长3.6、右侧修理面长4.2、锥尖长0.4厘米（图版三一，3）。

B型，1件。

标本3911 W4N0J。系用鹿角一段制成。两端尖，锥尖微残，截面呈椭圆形，一面微弧，一面平，一侧平直，一侧鼓凸，通体磨制光滑，往下端刮削成秀长状锥尖。器残长2.5、长径0.55、短径0.4厘米（图一八四，7）。

角铲，3件。依刃部特征，可分为两型。一型为单侧刃（A型），一型为双侧刃（B型）。

A型，单侧刃，1件。

标本2765 E0N1D/Fea.3。系用鹿角的一段打击成一长条形骨片，截面为长方形，顶窄刃宽，顶部磨制修整，形成一光滑的顶面，骨片内面左下端进行刮削开出倾斜状刃口，再磨制成

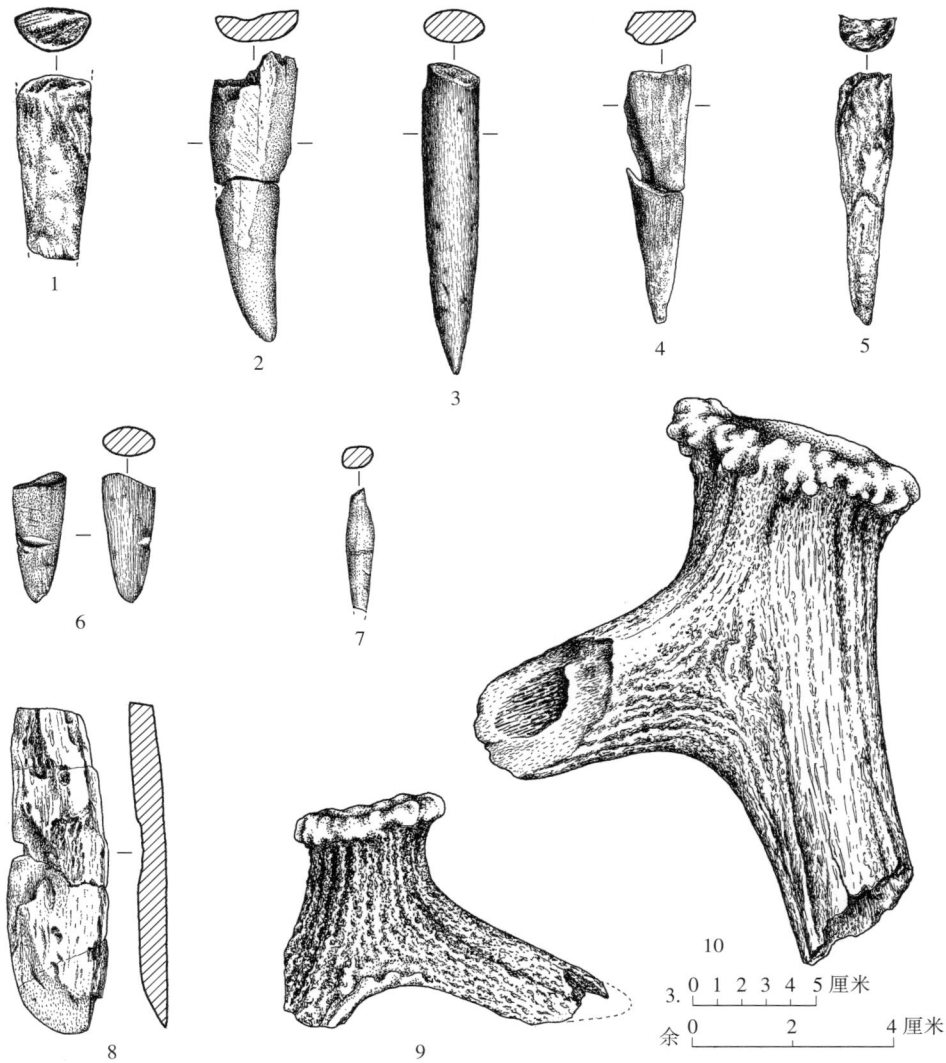

图一八四　吊桶环遗址出土角锥、角铲

1. Aa 型角锥（2316 W3S1K）　2. Aa 型角锥（3908 W4N0J）　3. Aa 型角锥（3030 W2S1H）　4. Aa 型角锥（3078－2H）　5. Aa 型角锥（1502 W1S6F）　6. Aa 型角锥（3046 E0N0D）　7. B 型角锥（3911 W4N0J）　8. A 型角铲（2765 E0N1D/Fea. 3）　9. B 型角铲（3481）　10. B 型角铲（3344 W4S1C②/Fea. 6）

薄刃，整个刃面磨制光滑，刃部尖锐。整器长6.7、宽2、厚0.5、刃宽0.7厘米（图一八四，8；图版三一，5）。

B 型，双侧刃，2 件。

标本 3344 W4S1C②/Fea. 6。系用斑鹿右侧角制成，鹿角主枝下端砍断，骨枝亦砍断，并于下端磨出一个倾斜状刃面，刃部存留有使用过程中形成的崩疤，内侧钻磨出二个凹坑（使用痕迹）。整器长 11.8、宽 9、厚 4、刃面长 3.4 厘米（图一八四，10）。

标本 3481。系用斑鹿右侧角制成，鹿角主枝下端砍断，眉枝亦砍断，并于下端磨出一个倾斜状刃面，刃部下端存留使用过程中形成的崩裂痕迹。整器长 13、宽 10、径 5、刃面长 4 厘米

（图一八四，9；图版二九，6）。

刮削器，1件。

标本 2987 W1N0D，系用野猪的下犬齿加工制作而成，于齿釉面一端刮磨出一弧形刃面，刃部较为锋利。器长 3.5、宽 1.2 厘米（图一八五，1）。

抛掷器，5件。

标本 3638 W2S3K。系用一动物角制成，顶部中段锥刻两道相向而对的凹槽，最深约 0.2 厘米，缘部锥刻一道弧形凹槽，深约 0.3 厘米，距顶部约 0.35 ~ 0.8 厘米处锥刻一周宽约 0.01 ~

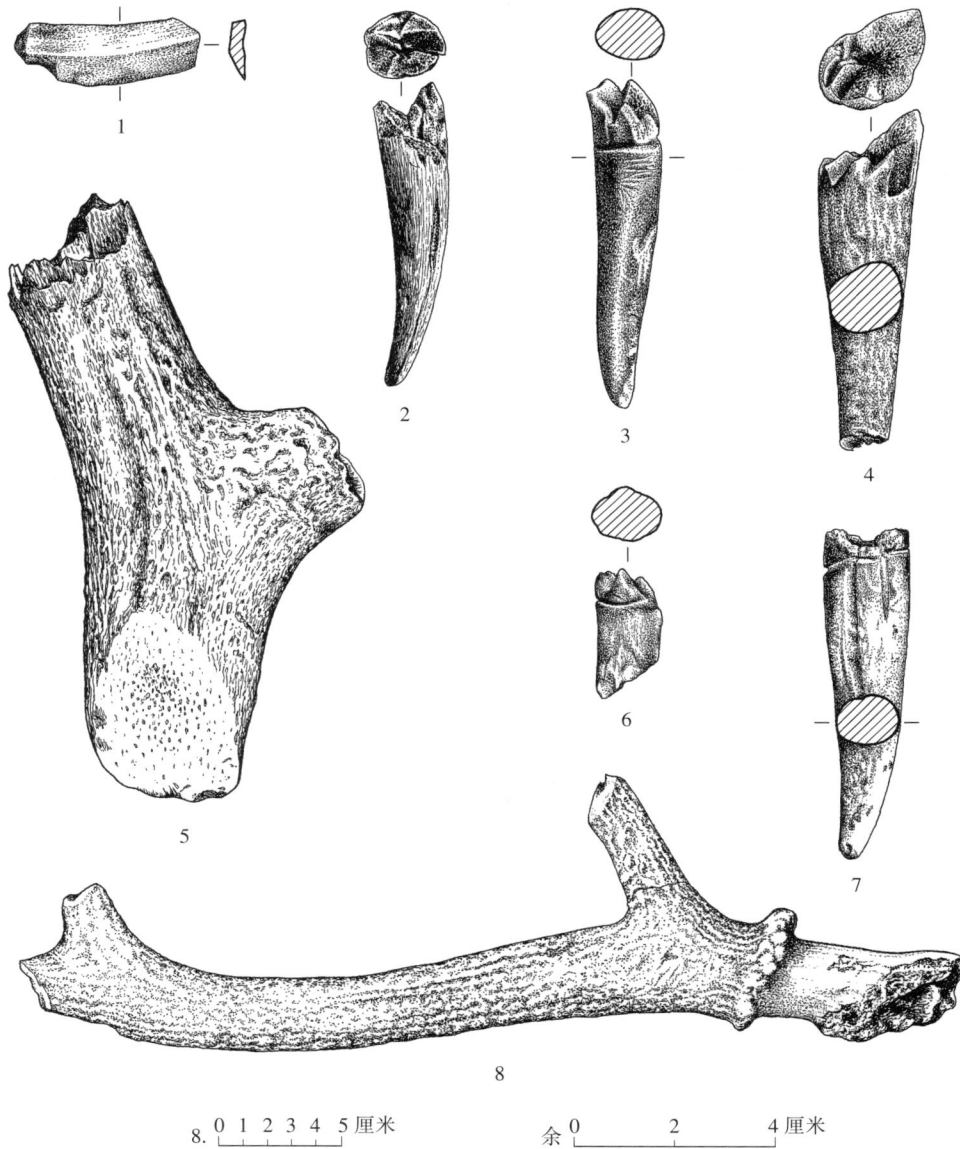

图一八五　吊桶环遗址出土骨器

1. 刮削器（2987 W1N0D）　　2. 抛掷器（2912 - 2 W4N2C①/Fea. 10）　　3. 抛掷器（3743 W4S2C①/Fea. 10）　　4. 抛掷器（2912 - 1 W4S2C①/Fea. 10）　　5. 角斧（3793 W1S4K）　　6. 抛掷器（2790 W1N1C/Fea. 2）　　7. 抛掷器（3638 W2S3K）　　8. 角拍（2734）

0.1 厘米、深约 0.1 厘米的凹槽，截面为圆形。器长 6.7、顶部最大径为 1.8 厘米（图一八五，7；图版三〇，1）。

标本 3743 W4S2C①/Fea. 10。系用一动物角制成，截面为圆形，顶部刻凿出两个不连续的"V"形凹槽，中部腔体内挖凿出一圆形凹槽，"V"形槽顶宽 0.45 和 0.65 厘米，槽深 0.4、圆形凹槽径约 0.4、深约 0.2、距顶端 1.1 厘米处刻凿半周宽约 0.15、深约 0.15 厘米的凹槽，凹槽下端宽 0.65 的区域内，刻划数条无规律的划道。器长 6.6、径粗 1.4 厘米（图一八五，3；图版三〇，6）。

标本 2912－1 W4S2C①/Fea. 10。系用一动物角制成，下端残，截面为圆形，顶部由骨表向内刻凿出五道大小、深浅不一的成波浪状排列的凹槽，其器之功能不明。器残长 6.7、最大径为 1.85 厘米（图一八五，4；图版三〇，10）。

标本 2912－2 W4S2C①/Fea. 10。系用一动物角制成，截面为圆形，顶部局部已残，只保留有一个"V"型凹槽。槽宽 0.9、深 0.8、器长 6.1、径粗 1.4 厘米（图一八五，2）。

标本 2790 W1N1C/Fea. 2。系用一动物角制成，截面为圆形，顶部由骨表向内锥刻三道凹槽，把顶部分为三部分，其中两部分修整成三角形，凹槽下部骨表又锥刻有半圈凹道，下端残。器残长 2.55、径长 1.2 厘米（图一八五，6；图版三〇，2）。

角拍，1 件。

标本 2734。系用带基部的鹿角加工而成，主枝一直延伸至顶端交叉处，眉枝下端砍断，并磨制出一光滑的斜刃面，鹿角基部至角柄处因使用过程中而形成较为光滑的面，根据部分出土陶器的纹样分析，似与鹿角主枝处的天然纹路相似的状况，推测应有拍印陶片的功能。长 37.4、主枝径 3.0、角环径 5.2 厘米（图一八五，8，图版三〇，7）。

角斧，1 件。

标本 3793 W1S4K。系用带自然脱落的角柄的鹿角加工而成，眉枝部分砍断，角柄处磨制为双面刃，刃面光滑。鹿角表面因使用过程中而形成较为光滑的面，刃部存留使用过程中形成的崩疤。长 12.5、主枝径 3.0、刃面长 3.9、宽 2.8 厘米（图一八五，5；图版三〇，3）。

四 蚌器

蚌器，20 件。依孔洞的不同，可分为三型。

A 型为单孔，B 型为双孔，C 型为无孔。

A 型，单孔，12 件。

标本 2265 W3S1I。属褶纹冠蚌。残。壳体较为厚重，孔洞由壳体背、腹部两面对钻而成。壳体背部右侧打制成一斜直边。长径 6.0、短径 6.3、孔径 1.8 厘米（图一八六，1；图版三四，5）。

标本 3897 W4N0G。属褶纹冠蚌，残，壳体光滑、坚硬、较厚重，壳体后端由背部向腹部方向打凿琢制一孔洞，背部右侧缘边修整为一较为锋利的刃部。残长径 7.6、短径 8.6、孔径 2.0 厘米（图

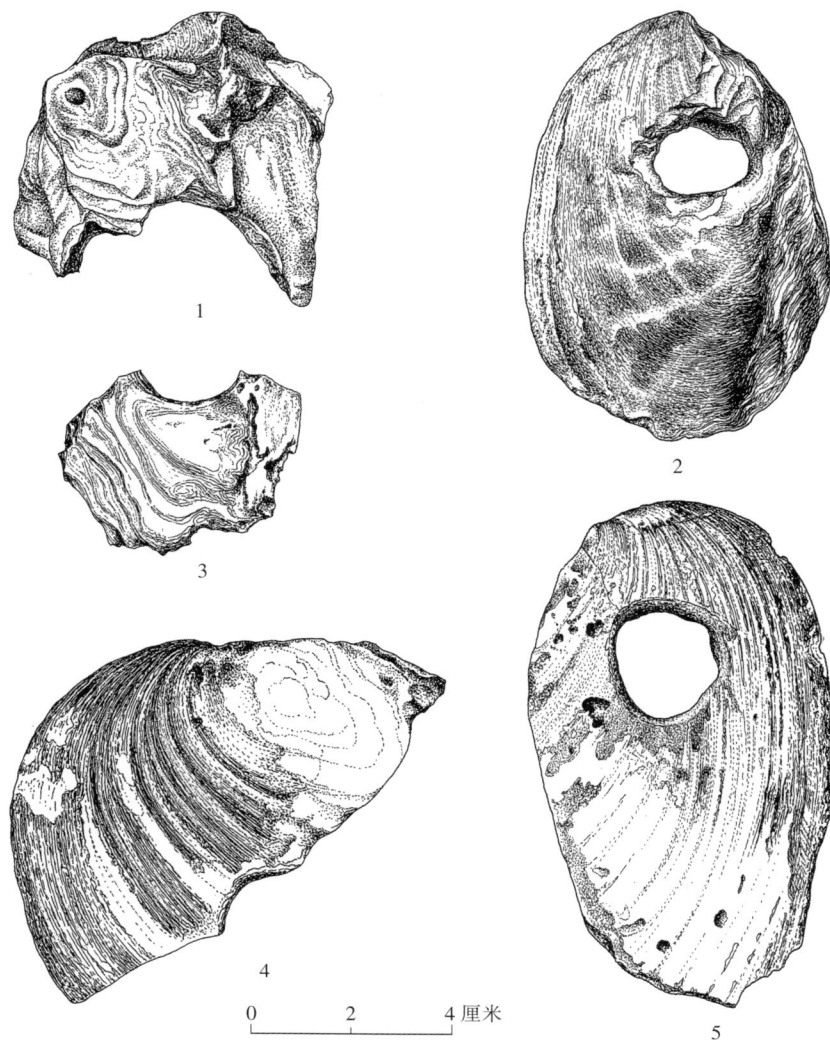

图一八六　　吊桶环遗址出土 A 型蚌器（一）
1. A 型（2265 W3S1I）　2. A 型（3474 W2S3H）　3. A 型（3354 W2S3G）　4. A 型（3897 W4N0G）　5. A 型
（3452 W3H0H）

一八六，4）

　　标本 3354 W2S3G。残，属褶纹冠蚌，形如蚌刀，刃部有使用后形成的崩疤。残长径 3.8、短径 4.7、孔径 1.9 厘米（图一八六，3）。

　　标本 3474 W2S3H。完整，属褶纹冠蚌，壳体光滑、坚硬、厚重。孔洞主要由壳体背部向腹部方向进行打凿，形成若干个打击点，壳体头端因凿打而部分脱落。较明显有三个，腹部有一个打击点，孔洞形成后并进行琢磨，消除尖利点和面，以利手指插入，壳体下端因使用而形成若干崩疤。长径 8.8、短径 6.1、孔径 1.9 厘米（图一八六，2；图版三五，3）。

　　标本 3452 W3H0H。完整，属褶纹冠蚌，壳体背部上端粗糙，下端光滑，整体厚重。孔洞主要由背部、腹部两面相向对钻琢制而成，孔洞缘边修整光滑，下端因砸击使用而形成崩疤，孔洞右侧修整为一刃缘，用来切割，其使用应是多功能。长径 10.4、短径 6.1、孔径 2.2 厘米（图一八六，5）。

标本 3163B W3S2F。属褶纹冠蚌，完整，壳体背部粗糙，腹部光滑，整体较厚重，头端近中部由腹部向背部打凿一圆形孔洞，孔洞缘边稍加修整，蚌体下端因使用的缘故，形成较为明显的凹弧和崩疤。长径 14.3、短径 11.0、孔径 2.5 厘米（图一八七，1；图版三五，5）。

标本 1868 W3S1F。属褶纹冠蚌，完整，壳体厚重，头端近中部由腹部向背部方向打凿一圆孔，孔洞缘边稍加修整，蚌体下端因使用的缘故形成明显的崩疤。长径 12.7、短径 10.9、孔径 2.8 厘米（图一八七，2；图版三四，2）。

标本 2378 W2S2F。属褶纹冠蚌，完整，壳体光滑、厚重。孔洞由两面打凿加钻凿而成，根据壳体厚度的不同，打凿的力度亦不同，顶端打凿力度较大，打击点附近，壳体有较大面积的崩疤痕迹，孔洞缘边修整光滑，壳体下端存留因使用而形成的崩疤，蚌体头端和尖端下缘粘附有兽骨，是否亦可用来敲骨。长径 11.0、短径 8.0、孔径 2.5 厘米（图一八七，3，图版三五，4）。

标本 3323 W3S2F。属褶纹冠蚌，残，壳体较轻薄。孔洞由内、外两面进行打凿，并在洞缘留有环状打凿痕迹，底部刃缘有崩疤使用痕迹。残长径 13.9、短径 10.7、孔径 3.8 厘米（图一八八，2；图版三四，1）。

标本 3163 W3S3F。属褶纹冠蚌，壳体较大，但较轻薄。顶残，孔洞由壳体腹部向背部方向打凿，背部左侧修整为一刃面，壳体下端存留使用时形成的崩疤。长径 14.7、短径 10.4、孔径 4.4 厘米（图一八八，1；图版三五，6）。

标本 2828 W2S1E。残，属褶纹冠蚌，体型较大，壳体光滑、厚重。孔洞主要由背部向腹部方向进行打凿，但在壳体较厚部位进行双面打凿。孔洞缘边稍加修整，背部右侧缘边修整出一弧刃。残长径 13.6、短径 7.2、孔径 2.2 厘米（图一八七，5；图版三四，7）。

标本 255 W3S1 Fea.4，残长径 8.5、短径 4.4、孔径 0.9 厘米（图一八七，4）。

B 型，双孔，2 件。

标本 3472 W2S3H。两孔洞成竖行排列，上孔可插入食指，下孔可插入中指，下端形成刃面，用以刮削、切割之用。长径 10.3、短径 4.9、上孔径 1.7、下孔径 2.1 厘米（图一八八，3，图版三五，7）。

标本 3355 W2S2G。孔洞主要由内面方向向外面钻凿而成。长径 9.4、短径 6.4、上孔径 1.8、下孔径 2.0 厘米（图一八八，4；图版三五，1）。

C 型，无孔，6 件。

标本 2264 W3S1I。属褶纹冠蚌，壳体厚重。壳体背部右侧从顶端自下端打击修理为呈三角形两斜边状，壳体背部左侧至下端则修理为一弧形刃，刃部有使用过程中形成的崩疤。长径 10.0、短径 5.3 厘米（图一八九，1）。

标本 3354 W2S3G。属褶纹冠蚌，形如蚌刀，壳体背部右侧修整为刃面，刃部存留有使用后形成的崩疤。长径 10.7、短径 5.3 厘米（图一八九，2）。

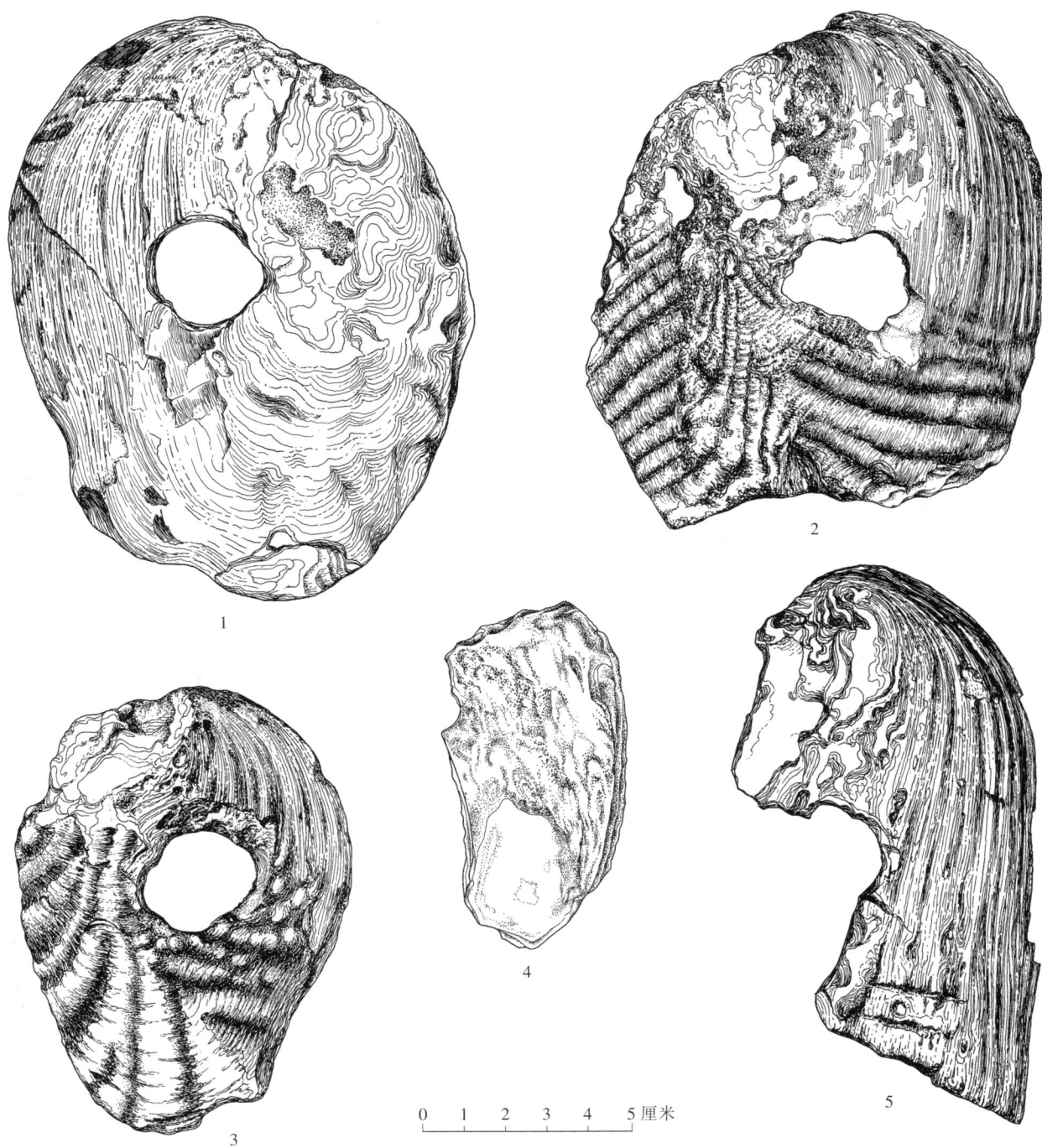

图一八七　吊桶环遗址出土 A 型蚌器（二）

1. A 型（3163B W3S2F）　2. A 型（1868 W3S1F）　3. A 型（2378 W2S2F）　4. A 型（255 W3S1 Fea. 4）　5. A 型（2828 W2S1E）

标本 3353 W2S3G。属褶纹冠蚌，壳体厚重。壳体上端、下端及背部左侧均砸击修理为近平直边，背部右侧缘边修磨为一弧刃，刃部有使用过程中形成的崩疤。长径 14.2、短径 11.2 厘米（图一八九，4；图版三五，2）。

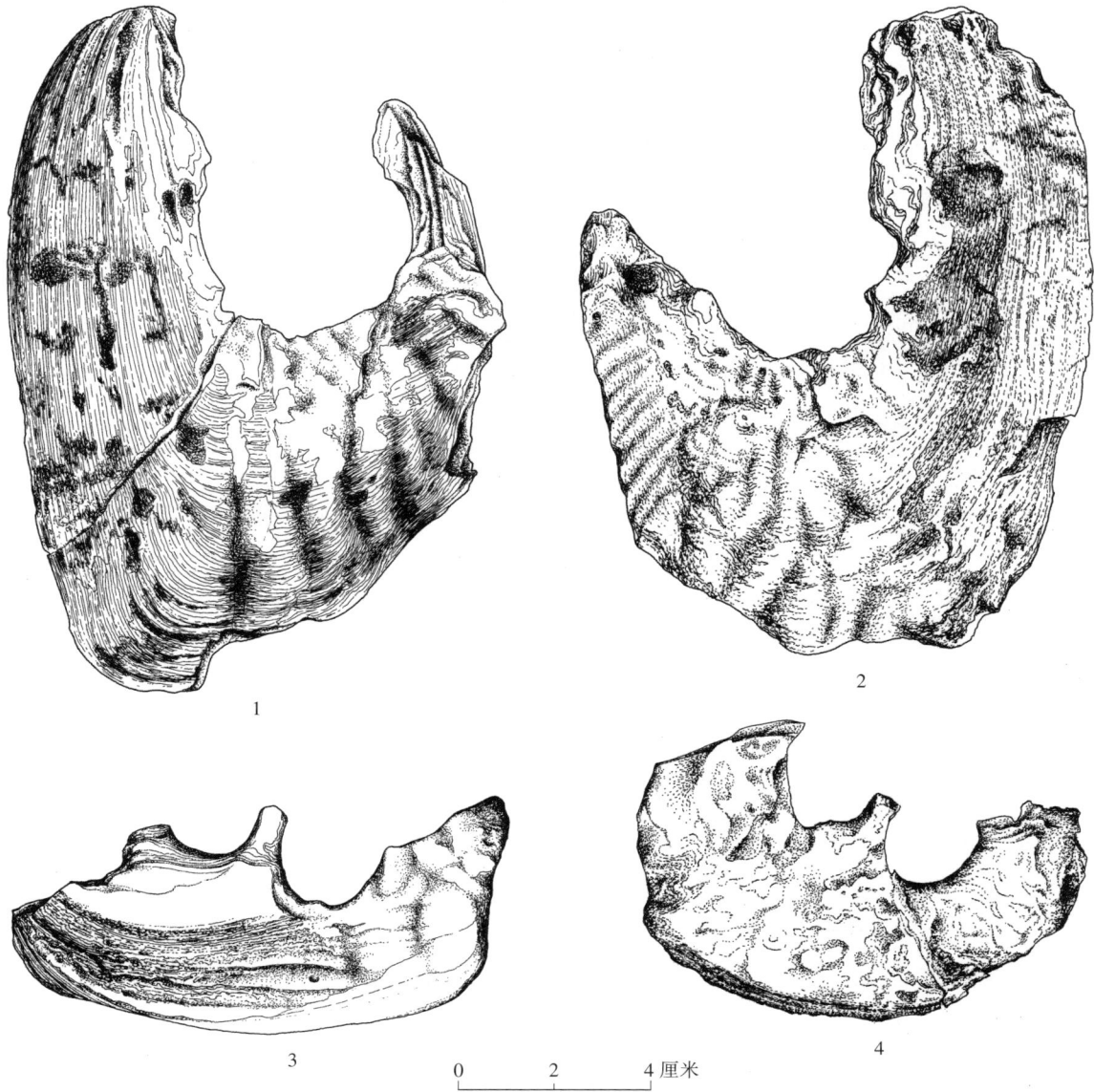

图一八八　吊桶环遗址出土 A 型、B 型蚌器

1. A 型（3163 W3S3F）　2. A 型（3323 W3S2F）　3. B 型（3472 W2S3H）　4. B 型（3355 W2S2G）

　　标本 3163A W3S3F。属褶纹冠蚌，壳体较轻薄。壳体背部右侧下段修整为一较为锋利的斜直刃面，下端存留有使用时形成的崩疤。长径 9.4、短径 4.7 厘米（图一八九，3）。

　　标本 3204 W3N0E。属椭圆背角无齿蚌，壳体较厚重，壳体背部右侧修整为一近弧形刃面，至下端形成一锥尖，锥尖部存留使用时形成的崩疤。长径 13.8、短径 3.3 厘米（图一八九，6；图版三一，8）。

　　标本 3206 W3N0E。属椭圆背角无齿蚌，壳体较轻薄，顶端残，壳体缘边稍加修整，形成刃面，至下端形成锥尖，可能为蚌锥，锥尖部存留有使用时形成的崩疤。长径 5.8、短径 2.1 厘米（图一八九，5）。

图一八九　吊桶环遗址出土 C 型蚌器

1. C 型（2264 W3S1I）　　2. C 型（3354 W2S3G）　　3. C 型（3163A W3N3F）　　4. C 型（3353 W2S3G）　　5. C 型（3206 W3N0E）　　6. C 型（3204 W3N0E）

第三节　兽骨

动物骨骼是 1993、1995 和 1999 年发掘出土的。研究方法与仙人洞动物骨骼的分析方法相同。

一　动物种属

整理的标本共计 14368 件，重 77183.1 克。其中可以鉴定动物种类的标本（NISP）有 10194 件，重 65980.1 克，分别占总数的 70.9% 和 85.5%。动物种类分类如下：

软体动物门

　　　瓣鳃纲

　　蚌目　Unionacea

　　蚌科　Unionidae

　　　　褶纹冠蚌 *Cristaria plicata*（Leach）

脊椎动物门

　　　爬行纲　　Reptilia

　　　龟鳖目　　Chelonia

　　　龟科 Emydidae

　　　　　龟 *Chinemys* sp.

　　　鸟纲　　　Avesves

　　　哺乳纲　　Mammalia

　　　食肉目　　Carnivora

　　　犬科 Canidae

　　　　　豺 *Cuon alpinus*

　　　　　狼 *Canis lupus*

　　　　　貉 *Nyctereutes procyonoides*

　　　熊科　　（Ursidae）

　　　黑熊 *Selenarctis thibetanus*

　　　鼬科　　Mustelidae

　　　獾　*Meles meles*

　　　青鼬 *Martes flavigula*

　　　灵猫科　Viverridae

　　　　　花面狸 *Paguma larvata*

　　　　　大灵猫 *Viverra zibetha*

小灵猫 *Viverra megaspila*

猫科 Felidae

虎 *Panthera tigris*

偶蹄目 Artiodactyla

鹿科 (Cervidae)

梅花鹿 *Cervus nippon*

獐 *Hydropotes inermis*

麂 *Muntiacus* sp.

麝科 Moschidae

麝 *Moschus* sp.

猪科 Suidae

野猪 *Sus scrofa*

羊 Caprinae

啮齿目 Rodentia

仓鼠科 Cricetidae

仓鼠 *Cricetulus* sp.

竹鼠科 Rhizomyidae

竹鼠 *Rhizomys* sp.

兔形目 Lagomorpha

兔科 Leporidae

野兔 *Lepus* sp.

灵长目 Primates

猴科 Cercopithecidae

猕猴 *Macaca mulatta*

食肉类的种类是根据上、下颌骨鉴定的，种类有豺、狼、貉、黑熊、獾、青鼬、花面狸、大灵猫和小灵猫。不能鉴定种类的肢骨残块，按大小又分为小型食肉类和食肉类统计数量。

豺：标本 2266 – 1 W3S1I，豺左侧下颌骨，保存 C – M2，下颌骨粗硕，下裂齿（M1）的下次尖发育，没有下内尖（彩版二二，4），无 M3。C – M2 长 90.3、P2 – M2 长 72.9、P1 – P4 长 44.6、M1 – M2 长 30.5 毫米，M1 长 24、宽 9.4 毫米。下颌体在 P3 前高 24.1、M1 后高 29.1 毫米。

狼：2780 – 6 W1S2D，狼左侧下颌骨，下裂齿（M1）跟座宽，有下次尖和下内尖，有 M3（彩版二二，5）。I1 – M3 长 124.3、C – M3 长 118.2、P2 – M3 长 85.7、M1 – M3 长 40.6 毫米，M1 长 24.6、宽 9.8 毫米。下颌体在 P3 前高 23.6、M1 后高 29.3 毫米。

黑熊：3385 – 13 W1SSD/Fea.3，黑熊左侧下颌骨，保存 C – M1 段，仅存犬齿（彩版二〇，7）。

大灵猫：标本 2401 – 13 W1S1E，右侧下颌骨，保存 P3 —下颌角残段，带 P4 – M1。P4 主尖高而锐，前附尖低而弱小，前附尖的内外侧发育有弱小的齿带，后附尖高，后齿带发育。M1 的三角座高而宽大，下原尖稍高于下前尖，两尖形成锋利的刃缘；下后尖与下原尖分离且粗大尖锐，稍低于下原尖，与下前尖几乎等高。跟座低，呈盆状，下次尖，下内尖和下次小尖不明显，共同构成盆状跟座的边缘。齿冠外侧的前后有明显的齿带。P3 齿槽 – M2 齿槽长 38.6 毫米，P4 长 9.5、宽 4.7 毫米，M1 长 15.5、宽 7.6 毫米（彩版一九，8）。

小灵猫：标本 3507 – 1 W2S3I，左侧下颌骨，保存犬齿槽后缘—M1 残段。由保存的齿槽看，齿式为：3.1.3.2。P2 一个齿根；P3 主尖高，圆锥状，有后齿带；P4 的后附尖高且靠主尖的后外侧，后齿带发育，因而齿冠的后部明显比前部宽大；M1 三角座高，下前尖和下身尖几乎等高，外侧形成切割刃缘；下后尖与原尖分离，稍低于下原尖且尖锐，跟座低矮，盆状；其边缘的下次尖分离成两个小尖，下内尖低，分裂成 3 个小尖，组成盆状跟座的边缘。外侧齿带发育。P3 – P4 长 13.3 毫米，P3 长 4、宽 3 毫米；P4 长 7、宽 4.2 毫米。M1 长 13.7、宽 7.3 毫米。P4 前下颌骨高 9.9、M1 前下颌骨高 9.5 毫米（彩版一九，9）。化石小灵猫 M1 长 13.0～14.7、宽 6.8～7.2 毫米，现代中国小灵猫 M1 长 8.2～10.0、宽 4.5～5.3 毫米[1]。M1 的长、宽与广西山洞发现的化石小灵猫的相似，而明显大于现代中国小灵猫。

虎：标本 4008 – 1 W3S1N/Fea.36，右侧股骨上段残块（彩版二二，3）。

鹿的种属是依据残破的鹿角和犬齿的形态特征鉴定的，种类有梅花鹿、麂、麝和獐等。由于鹿的骨骼很破碎，只能根据保存的上下颌骨残段，四肢骨上下端残块以及跟骨、距骨和指（趾）骨等测量数据分为中型鹿和小型鹿类，其中中型鹿归入梅花鹿，小型鹿包括麂、麝和獐等，合并一起统计数量。

标本 3287 – 1 W4S1G，梅花鹿左侧下颌骨。M3 正萌出，约 1.5 岁（彩版二二，2）。

标本 4008 – 7 W3S1N/Fea.36，麝右上犬齿，仅存齿尖段（彩版二三，6）。

野猪：猪的骨骼数量不多，分散在各层，共计 443 件（其中 29 件是脱层的标本，不计最小个体数），最小个体数 18，分别占总数的 4.3% 和 7.7%。各层猪的数量和死亡年龄见表五〇。猪的死亡年龄以 M3 萌出的成年为主，有少量的幼年和 1 岁左右的亚成年个体。在成年个体中有 M3 萌出刚开始使用的青年个体（彩版二三，4），M3 齿尖磨蚀，形成梅花图形的壮年个体和 M3 齿尖磨平，嚼面大部分齿质露出的老年个体（彩版二三，3）。猪的骨骼很残破，没有发现较完整的上下颌骨或头骨，仅有 5 枚上 M3 和 6 枚下 M3 保存完整，上 M3 平均长 38.7、宽 21.6 毫米；下 M3 平均长 41.3、宽 19.3 毫米，牙齿较大。吊桶环发现的猪还看不出早期驯化的特征，因而认为是野猪。烧骨中有猪的骨骼，可以认为其中一些野猪是当时人类的猎物。

表五〇　野猪数量和死亡年龄统计表

层位	NISP	最小个体数（MNI）及死亡年龄		
		NNI	依据标本	死亡年龄
C	22	1	1 胫骨下未愈合，1 上 M3	2 岁左右
D	200	3	左桡骨 3/左下颌骨 3	1 个 1 岁左右；2 个成年个体

层位	NISP	最小个体数（MNI）及死亡年龄		
		NNI	依据标本	死亡年龄
E	32	2	左肱骨下端 2 和 2 枚左下 M3	2 成年个体
F	38	3	左下颌 3	3 个成年
G	75	2	左胫骨下 2/左下颌 2	1 个 0.5 岁、1 个成年
H	7	2	牙齿/距骨/肱骨等	1 成年、1 约 3 月龄小猪
I	10	1	肢骨/1 右下 M3	成年
J	11	1	肢骨/1 右上 M3	成年
K	11	1	肢骨/1 右下 M3	成年
L	8	2	肢骨/1 枚下 M3 残块	成年
脱层	29			
合计	443	18		

啮齿目动物骨骼中有 1 件仓鼠的下颌骨和 3 件竹鼠的门齿，其余的是鼠类的肢骨残段和门齿，归入啮齿类统计数量。

野兔：标本 3749 - 9 W4N0E 野兔左侧下颌骨（彩版一九，2）。

猕猴：有两枚游离的臼齿（彩版一九，1）和一段右侧下颌骨残段。

由于鸟的骨骼很破碎，很难鉴定种属，龟和河蚌也是残块，不计个体数。因而只统计了哺乳动物的最小个体数，是按地层分层统计的，全部标本最少代表 207 个个体（MNI）。其中梅花鹿数量最多，其次是小型鹿类、食肉类动物和野猪，其他动物数量不多（表五一）。

表五一　哺乳动物分类和数量统计表

动物种属	NISP	% NISP	MNI	% MNI
梅花鹿 *Cervus nippon*	8889	87.2	121	58.5
小型鹿（獐、麂、麝 *Hydropotes inermis*、*Muntiacus* sp.、*Moschus* sp.）	637	6.2	27	13
野猪 *Sus scrofa*	445	4.4	18	8.7
羊　Caprinae	1	0.01	1	0.5
豺 *Cuon alpinus*	1		1	
花面狸 *Paguma larvata*	1		1	
貉 *Nyctereutes procyonoides*	1		1	
獾 *Meles meles*	1		1	
狼 *Canis lupus*	9		3	
大灵猫 *Viverra zibetha*	1		1	

动物种属	NISP	% NISP	MNI	% MNI
小灵猫 Viverra megaspila	1		1	
小型食肉类 Miniature Carnivora	23		3	
虎 Panthera tigris	1		1	
黑熊 Selenarctos thibetanus	3		3	
食肉类 Carnivora	57	0.98	9	12
仓鼠 Cricetulus sp.	5		3	
竹鼠 Rhizomys sp.	3		1	
啮齿类 Rodentia	80	0.86	3	3.3
野兔 Lepus sp.	32	0.3	6	2.9
猕猴 Macaca mulatta	3	0.03	2	1
合计	10194	100	207	99.9

二　骨骼表面的人工痕迹和制作骨角器的工艺过程

具有人工痕迹的骨骼标本共计 326 件。骨骼表面的人工痕迹有肢解动物留下的砍痕、砸击—砍痕、砸击—切痕；将肢骨砸开取食其中骨髓形成的砸击痕；从鹿角下料的砍痕和切锯痕、制作骨角器的磨制痕迹和钻孔以及在鹿角表面的刻划纹，其中以砸击痕为主，约占总数的 76.7%，其次为砍痕，占 13.6%，其余的数量很少；具有人工痕迹的骨骼或骨片主要分布在 D 层和 G 层，其余各层数量不多（表五二）。

表五二　骨骼上人工痕迹的类型和分布（NISP）

层位	砍痕	砸击/砍痕	砸击/切痕	切痕	刻划纹	砸击痕	钻孔	合计	%
A	1							1	0.4
C	6	5		2		6		19	8.1
D	12			1	9	90		112	47.5
E	1					2		3	1.3
F	1			1				2	0.8
G	5			3		72	2	81	34.3
H	3					3		6	2.5
I						2		2	0.8

续表五二

层位	砍痕	砸击/砍痕	砸击/切痕	切痕	刻划纹	砸击痕	钻孔	合计	%
J	1		1			3		5	2.1
K	2					2		4	1.7
N						1		1	0.4
合计	32	5	1	7	9	181	1	236	99.9
%	13.6	2.1	0.4	3	3.8	76.7	0.4	100	

选取吊桶环遗址出土的38件骨角器物观察，主要器类有锥、针、镖、镞、铲等（见第三章第四节）。从废弃的残骨器以及骨料、半成品可以复原骨角器的加工过程，以骨锥、骨铲和用鹿角制作镖和锥为例：

制作骨锥和骨铲的工艺过程：

1. 原材料多选用鹿的掌跖骨，首先用敲击的方法砸破骨体，取得骨片。

标本2151-1 W1S1D/Fea.20：梅花鹿左侧掌骨上端，沿骨体内侧敲击使骨体破裂，一端断裂成斜尖状，制成骨锥的毛坯（彩版二一，2）。

标本1886-1 W1S1D/Fea.16、标本1909-1 W1S1D/Fea.16和标本2422-1 W1S1G，这三件标本是梅花鹿的掌、跖骨片，沿骨体的内侧或外侧连续敲击使骨体破裂产生的骨片，敲击处形成疤痕，是制作骨锥或骨铲的废料（彩版二一，1、3、4）。

标本3989-11 W3S1M，是从敲击点处脱落下的小骨片（彩版二一，6），是在敲击长骨过程中产生的。

2. 修理器形。标本3920-1 W4N0J，修理骨片，在骨片的内侧有一个大的剥片疤痕，该疤痕是以骨壁为台面打击，剥落小骨片而形成的（彩版二○，8）。打片的目的是为了修理器形，因而是在加工骨器的过程中废弃的。

标本3799-15 W4S2G，梅花鹿跖骨后面骨片，是一件用打击法制成的骨铲毛坯，因残断废弃（彩版二○，4）。

3. 磨制成器。标本1133-1 E0N0C/Fea.2，用鹿的掌骨后面骨片为料制作骨铲的半成品（彩版二四，3）。标本3401-13 W3S2 G和标本2990-4 W1N0D，是用鹿的跖骨片磨制成的骨锥（彩版二三，2；彩版二四，2）。

制作鹿角工具的工艺过程：

1. 首先从头骨上砍下鹿角，如标本1435-1 W3N0D，梅花鹿左侧额骨，在角环下方将鹿角砍断，断口处留有一圈砍痕（彩版二一，5）。

2. 再取鹿角的分支。标本2821-1 W2S1E，鹿角分支，断口处留有切割的痕迹和砍痕（彩版二三，1）。

3. 从鹿角切割下鹿角片，标本 3533 - 2 W1S3D，从鹿角主枝取下的鹿角片，断口平齐，留有切割痕（彩版二三，7）。

4. 加工器形。标本 2990 - 101 W1N0D，在鹿角片的两侧加工鱼镖的倒刺，因残断废去（彩版二三，5）。

5. 磨制成器。标本 3166 - 1 W3S2F，鹿角片，一端磨制成尖，另一端还未磨制，是砍断的断口，这是一件还没有制成的角锥半成品（彩版二四，1）。

其他的骨角制品还有钻孔的鹿角片、用猪的下犬齿制作的小刀和鹿角表面的刻划符号。

钻孔的鹿角片：标本 33101 W3N0G，鹿角片，一端有一个对钻的小孔，外侧孔径约 2 毫米，内侧孔径不规整，这是由于内侧骨质疏松，钻孔时边缘崩损所致。中间孔径约 1 毫米。整个鹿角片被水冲磨，其他加工特征不清楚（彩版二三，9）。

用猪的下犬齿制作的刀具：标本 2990 - 8 W1N0D，用猪下犬齿的外侧齿冠制成的刀具，刃口有使用形成的细小锯齿痕，可能是一种采集植物的工具（彩版二二，1）。加工的方法是：先从猪的下犬齿切割下外侧齿冠，将一侧磨制成刃口，相对的一侧则呈平面，便于手握。

圆形骨片标本 2565 - 1 W2S3C，用鹿下颌角加工成圆形，两面磨平，仅保存了 1/2（彩版二三，8）。

鹿角表面的刻划纹：计有 9 件残块，均发现于 D 层。其中 8 件可以拼合在一起。标本 3533 W1S3D，由 8 件残块拼合而成，其中有两处是发掘残断的新茬口，其余几处断口是旧茬口，应该是在埋藏之前残断的。该鹿角片是鹿角的一个分支，顺长轴切锯成两半，鹿角表面修整光平，鹿角片长 224、宽 25.8 毫米。在鹿

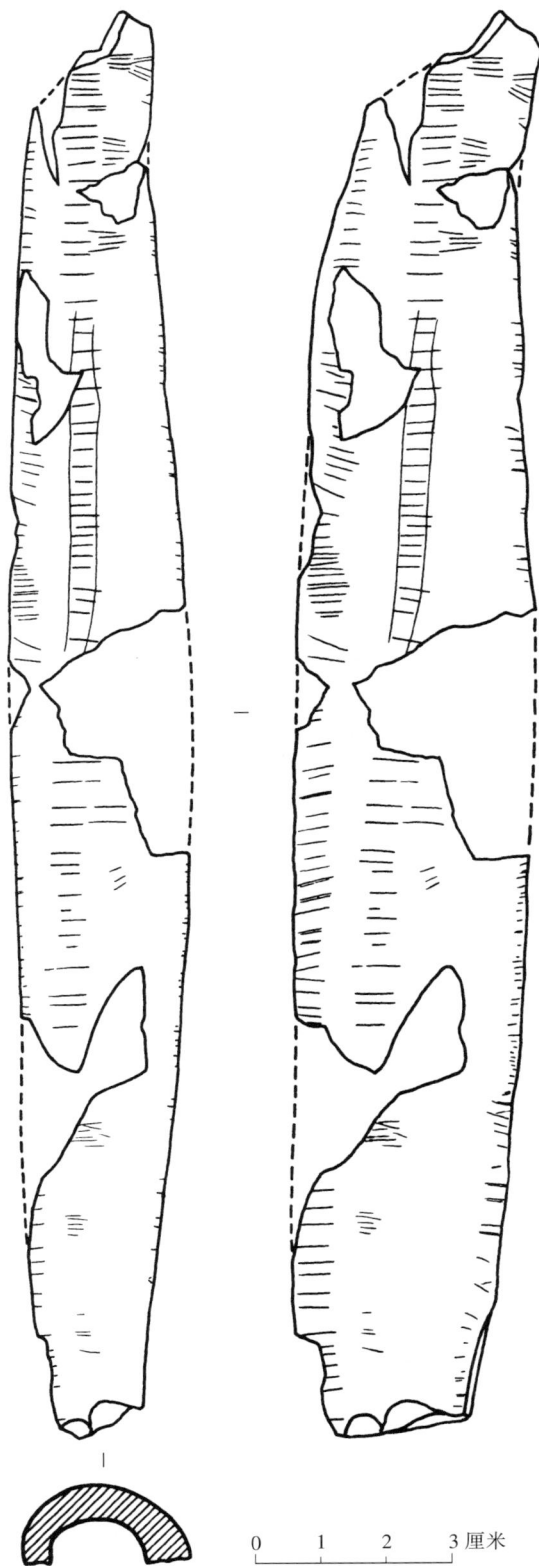

图一九〇 吊桶环遗址出土刻纹鹿骨片（3533 W1S3D）

左：平、剖面图 右：平面展开图

角的表面刻划出有序排列的三列主要的刻纹（图一九〇；彩版二四，4）。其中左侧边缘保留有 3 组短刻纹，长 36 毫米。每组有 3 条刻划纹，每条刻划纹间距在 1.9～2.6 毫米，刻划纹长 2.5 毫米左右，组间间距为 9.4～11.4 毫米。上半段边缘似有数条细小的刻划纹，但已磨蚀，特征不清晰，仅有 3 条刻划纹保留完好，刻划纹较下面的长而深，刻划纹长 3.4～4.6 毫米。其中 2 条排列较近，1 条较远，似乎是代表 2、1 的数字含义。中间一列是顺长轴排列的短刻纹，从排列的间距看，刻纹排列为：2、2、1、3、1、1（残缺）、1、2、1，其上是 22 条短刻纹，两侧刻有边线，其上方残破。残破上方有 2、2 条长的刻划纹，再上又是由 2、1、2、1、2、1 条排列的刻划纹，在上是 2 组细的刻划纹，数量为 7 和 5。右侧边缘刻划纹密集，分布规律不明显，靠上部刻划纹长而深，分布是 3、3、2、1、3、1。刻划的线条可能与记事或计数有关。

三　烧骨

共有 1196 件烧骨，包括各种鹿、猪、食肉类和鸟的骨骼。从 N 层以上均有分布，其中以 D 层最多，有 629 件，其次是 G 层 212 件；50 件以上的有 K 层（58 件）、F 层（82 件）和 E 层（70 件）；20～50 件的有 L 层（28 件）、I 层（21 件）、H 层（47 件）和 C 层（38 件），其余的不足 10 件。

烧骨和具有人工痕迹的骨骼分布趋势大致相似（图一九一）。

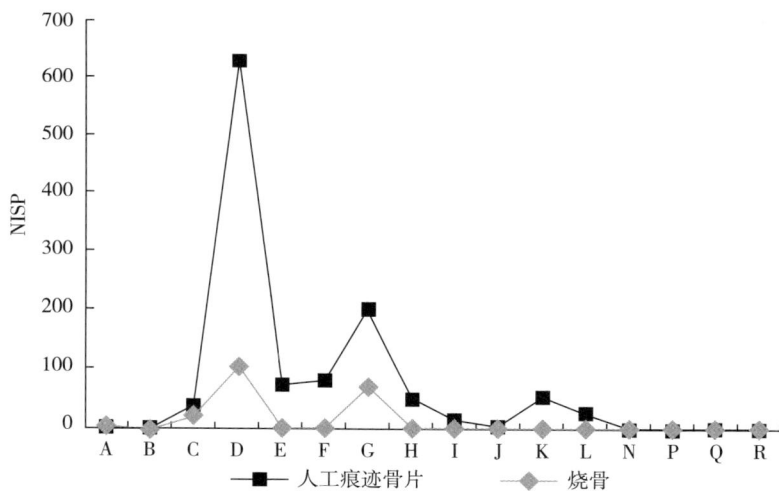

图一九一　吊桶环遗址出土烧骨和具有人工痕迹骨骼数量分布图

四　动物骨骼的分布

按地层记述于下：

A 层和 B 层为后期扰乱层，不做分析。

C 层：计有 706 件标本，其中可以鉴定种属的标本有 640 件，不能确定种属的肢骨片、肋骨残块和脊椎碎块等 66 件，约占 9.3%。动物种类有猪、梅花鹿、小型鹿、食肉类、兔、鸟和龟，最小个体数 21（表五三）。动物标本分布在 16 个探方内，其中以 W3S3 分布最多，共有 311 件，其次为 W5N0（198 件）、W7S1（75 件）和 W1S5（50 件），其余各探方不足 20 件。

表五三　C 层动物种属与数量统计表

种属	NISP	MNI	MNI 依据标本数
猪	22	1	全部标本
梅花鹿	552	14	左侧距骨 14
小型鹿	58	4	左侧肱骨下端 4
食肉类	1	1	趾骨
兔	1	1	肱骨
鸟	5		残肢骨
龟	1		背甲
合计	640	21	

有人工痕迹的骨骼计有 19 件，除 1 件是鸟的肢骨外，都是梅花鹿的肢骨和鹿角。包括砍痕 6 件、切割痕 2、砸击痕 6、砍砸痕 5 件。探方 W3S3 和 W5N0 分布较为集中，前者有 8 件、后者有 6 件，探方 E0N0、W2S2 和 W7S1 各有 1 件，探方 W2S4 有 2 件。

烧骨 38 件，其中梅花鹿的 30 件，有跟骨、距骨等附骨 5 件，胫骨上端 1、下端 2 件，桡骨上端 2 件、炮骨上、下端 5 件、肢骨片 15 件；小型鹿 8 件，包括髋骨、距骨、炮骨和趾骨等。分布在 W1S5（1 件）、W3S3（15 件）、W5N0（20 件）和 W7S1（2 件）。

具有人工痕迹的骨骼和烧骨集中分布在探方 W3S3 和 W5N0，在这两个探方骨骼分布数量也最多，因而可以认为是当时人类活动的中心区域。

D 层：计有动物骨骼标本 6192 件，其中可以鉴定动物种属的标本 3999 件，不能确定种属的肢骨片、肋骨残块和脊椎碎块等共 2193 件，约占 35.4%。动物种类有猪、梅花鹿、麝、小型鹿、豺、狼、獾、熊、狸猫、食肉类、小型食肉类、兔、啮齿类、竹鼠、仓鼠、鸟、龟和螺等，最小个体数 58（表五四）。

表五四　D 层动物种属与数量统计表

种属	NISP	MNI	MNI 依据标本数
猪	202	3	左桡 3/左下颌 3
梅花鹿	3325	37	距骨左 37
小型鹿	318	6	右桡上 6
麝	1		犬齿

种属	NISP	MNI	MNI 依据标本数
豺	1	1	股骨上端
狼	4	1	残下颌
獾	1	1	左下 M1
熊	1	1	掌（跖）骨
狸猫	1	1	左下 c – P4
食肉类	19	1	残肢骨、趾骨
小型食肉类	17	1	全部标本
兔	4	2	右下颌 2
啮齿类	42	1	肢骨碎块、门齿
竹鼠	3	1	肢骨等
仓鼠	3	1	肢骨
鸟	52		
龟	4		背甲片
螺	1		
合计	3999	58	

　　D 层下开口的遗迹有 Fea. 20、Fea. 4、Fea. 16、Fea. 3、Fea. 15，根据遗迹的打破关系，有时代早晚的差异，从早到晚依次是：Fea. 20、Fea. 4、Fea. 3、Fea. 16 和 Fea. 15。在遗迹发现动物骨骼的数量共有 3342 件，约占该层标本总数的 54%，其中 Fea. 3 发现的数量最多（表五五）。

表五五　　D 层遗迹动物骨骼种类和数量（NISP）统计表

	Fea. 20	Fea. 4	Fea. 3	Fea. 16	Fea. 15
梅花鹿	326	602	732	116	97
小型鹿	51	57	38	3	15
猪	36	33	21	0	4
食肉类	5	10	2	0	1
熊	2	1	0	0	0
豺	1	0	0	0	0
狼	0	1	0	0	0
獾	0	1	0	0	0
啮齿类	0	1	2	0	0

续表五五

	Fea. 20	Fea. 4	Fea. 3	Fea. 16	Fea. 15
竹鼠	0	0	2	0	0
兔	0	0	1	0	0
鸟	2	9	10	1	0
不能鉴定种类	123	126	779	38	93
合计	546	841	1587	158	210

　　具有人工痕迹的骨骼共有 223 件，其中有砍痕的标本有 12 件，切割痕 1 件，砸击痕 210 件。主要是梅花鹿和小型鹿的肢骨残块和肢骨片。另外 9 件梅花鹿的残角片上有刻划纹。保留有人工痕迹的骨骼主要发现在遗迹单位，共有 191 件，约占总数的 85.7%，在各遗迹分布数量不等，其中 Fea. 3 数量最多（表五六）。

表五六　D 层遗迹中具有人工痕迹骨骼数量（NISP）统计表

人工痕迹	Fea. 20	Fea. 4	Fea. 3	Fea. 16	Fea. 15	合计
砸击痕	22	26	122	8	6	184
砍痕		1	4	1		6
切割痕				1		1
合计	22	27	126	10	6	191

　　烧骨计有 630 件，其中属于梅花鹿的 148 件、小型鹿的 12 件、猪的 6 件、啮齿类 1 件、食肉类 1 件、不能确定动物种类的肢骨片和碎骨 462 件。在 630 件烧骨中有 293 件发现在遗迹中，约占烧骨数量的 46.5%。烧骨的动物种类包括梅花鹿、小型鹿、猪和不能确定种类的肢骨片（表五七）。

表五七　D 层遗迹中烧骨种类和数量（NISP）统计表

	中型鹿	小型鹿	猪	肢骨片	合计
Fea. 20	31	1		1	33
Fea. 4	35	1	1	10	47
Fea. 3	32		1	128	161
Fea. 16	15	1		5	21
Fea. 15	5	1		25	31
合计	118	4	2	169	293

　　D 层形成期间，人类多次到洞内活动，留下大量的动物遗骸。

E 层：计有动物骨骼标本 682 件，其中可以鉴定动物种属的标本 600 件，不能确定种属的肢骨片、肋骨残块和脊椎碎块等共 82 件，约占 12%。动物种类有梅花鹿、小型鹿、羊、猪、食肉类、小型食肉类、狼、啮齿类、兔、猕猴、鸟和螺等（表五八）。标本分布在 15 个探方内，其中探方 W2N0 最多，有 147 件，其次为 W3S1 有 141 件，50～100 件的有探方 W3S2（56 件）、W4S2（65 件）、W2S2（91 件）和 E1S1（96 件），其余 9 个探方分布不足 30 件。

表五八　E 层动物种属与数量统计表

种属	NISP	MNI	MNI 依据标本数
梅花鹿	445	5	左侧距骨 5、左侧下颌残块（带 M1 段）
小型鹿	43	4	右距 4
羊	1	1	上颌
猪	32	2	左肱下 2
食肉类	9	1	肢骨
小型食肉类	4	1	下颌残块
狼	2	1	左下颌 2
啮齿类	1	1	门齿
兔	21	1	下颌/肢骨
猕猴	1	1	右下颌
鸟	40		
螺	1		
合计	600	18	

E 层发现的具有人工痕迹的标本只有 3 件，其中有 1 件梅花鹿鹿角残块上有砍痕，2 件鹿的距骨和肢骨片上有砸击痕。有 75 件烧骨，其中属于梅花鹿的肢骨残块、下颌残块、脊椎和鹿角残块共 57 件；小型鹿的枢椎 1 件；猪的腕掌骨和趾骨 5 件；食肉类的近端趾骨 1 件以及鸟的肢骨 2 件。烧骨分布在 E1S1、W1S1、W1S4、W2N0、W2S1、W2S2、W3S1、W3S2、W4N0、W4S1 和 W4S2 等 11 个探方内，其中 W2N0 数量最多，有 16 件，其次为 W3S1（16 件）和 W2S1（10 件），其余各探方均在 10 件以下。

从骨骼和烧骨分布的密集程度看，探方 W2N0 和 W3S1 是当时人类活动的中心区。

F 层：计有动物骨骼 669 件，其中可以鉴定种类的骨骼有 507 件，不能确定种类的残骨 162 件，约占 24.2%。动物种类有梅花鹿、小型鹿、猪、食肉类、熊、啮齿类、仓鼠、兔、鸟、蚌和螺，其中哺乳动物的最小个体数是 16（表五九）。动物骨骼分布在 16 个探方内。其中探方 W2S2（180 件）和 W4S2（188 件）数量大致相当，40～100 件的有探方 W3S1（42 件）、W4N0（52 件）和 W3S2（79 件），其余 11 个探方数量在 30 以下。

表五九 F 层动物种属与数量统计表

种属	NISP	MNI	MNI 依据标本数
梅花鹿	368	6	左侧跟骨 6
小型鹿	16	2	左距 2
猪	38	3	左下颌 3
食肉类	11	1	肢骨
熊	1	1	尺骨
啮齿类	33	1	牙齿/肢骨
仓鼠	1	1	下颌
兔	2	1	上颌/肢骨
鸟	34		
蚌	2		
螺	1		
合计	507	16	

烧骨 100 件，可鉴定的种类有梅花鹿（52 件）、小型鹿（3 件）、猪（2 件）、其余是不能确定种类的碎骨。烧骨分布在 11 个探方中，其中 W3S2 最多，有 29 件，其次为 W1S2（18 件）、W2S2（16 件）、W4S2（12 件）和 W4N0（11 件），其他各探方均在 10 件以下。在探方 W3S3 发现 1 件有砍痕的骨片，探方 W1S2 发现 1 件骨片上有切割的痕迹。

G 层：计有动物骨骼 2122 件，其中可以鉴定种类的骨骼有 1588 件，不能确定种类的残骨 534 件，约占 25.2%。动物种类有梅花鹿、小型鹿（其中有獐）、猪、食肉类、貉、兔、鸟、龟和蚌，最小个体数是 29（表六○）。动物骨骼分布在 17 个探方内。其中探方 W2S1 最多，有 385 件、其次是 W3N0 有 302 件，200～300 件的有探方 W2S3（214 件）、W4N0（252 件）和 W3S1（275 件）；探方 W1S1 有 155 件，其余 11 个探方均在 100 以下。

表六○ G 层动物种属与数量统计表

种属	NISP	MNI	MNI 依据标本数
梅花鹿	1423	21	右侧距骨 21
小型鹿	70	2	右侧上、下颌各 2
猪	75	2	左胫骨下端 2 件
食肉类	4	1	肢骨
小型食肉类	1	1	肢骨
貉	1	1	尺骨

种属	NISP	MNI	MNI 依据标本数
兔	2	1	肢骨
鸟	9		
龟	1		
蚌	2		
合计	1588	29	

G 层具有人工痕迹的骨骼共有 82 件。可鉴定的动物种类有梅花鹿的 76 件，骨骼有寰椎、髋骨、跖骨残块和鹿角残块，在寰椎上有切割痕，其他骨骼上是砸击痕，鹿角残块计有 61 件，其中 2 件角环处可见砍痕、2 件残角上保留有钻孔、1 件有下料的切割痕、其他为砸击痕。鹿角上大量的人工痕迹可能与用鹿角制作工具有关。这些骨骼分布在 8 个探方中，其中 W1S1（6 件）、W2N0（3 件）、W2S1（5 件）、W2S3（1 件）、W3N0（6 件）、W3S1（10 件）、W4S2（1 件）和 W5N0（50 件）。在探方 W5N0 发现的 50 件被砸断的梅花鹿角残块，可能与当时人们制作工具的活动有关。

G 层烧骨有 212 件，其中可鉴定种类的有中型鹿的 40 件、小型鹿的 2 件和龟甲 1 件。分布在 14 个探方，主要集中在 W4N0，有 133 件烧骨碎块，其他各方数量不多。当时人们可能在此处烧烤过食物。

H 层：计有动物骨骼 1035 件，其中可以鉴定种类的骨骼有 722 件，不能确定种类的残骨 313 件，约占 30.2%。动物种类有梅花鹿、小型鹿、猪、食肉类、熊，最小个体数 15（表六一）。动物骨骼分布在 12 个探方内。其中 W3S1 最多，有 309 件，100～200 件的有探方 W2S1（107 件）、W2N0（132 件）、W3N0（149 件）和 W2S2（167 件）；探方 W4S2 有 52 件，其余 6 个探方均不足 30 件。

表六一　H 层动物种属与数量统计表

种属	NISP	MNI	MNI 依据标本数
梅花鹿	679	9	右侧距骨 9
小型鹿	34	2	右下 M1－M3 共 2 件
猪	7	2	1 成年、1 幼年
食肉类	1	1	牙齿
熊	1	1	烧骨
合计	722	15	

H 层具有人工痕迹的骨骼有 6 件，是鹿的残角和肢骨片，分布在 W2N0、W2S1 和 W3N0，各 2 件。烧骨共 47 件，主要是鹿的残角、脊椎骨残块、肢骨片和碎骨。烧骨散布在 8 个探方，其中 W2S1 有 11 件、W2S2 有 17 件，其余各方均在 10 件以下。

　　I层：计有动物骨骼423件，其中可以鉴定种类的骨骼有286件，不能确定种类的残骨137件，约占32.4%。动物种类有梅花鹿、小型鹿、麂、猪、狼、果子狸、啮齿类、猕猴和鸟，最小个体数12（表六二）。分布在13个探方内。数量在50～100的探方有W2S1（58件）、W4S2（87件）、W3S1（95件）和W1S1（96件）。其余9个探方都不足40件。

表六二　I层动物种属与数量统计表

种属	NISP	MNI	MNI 依据标本数
梅花鹿	258	5	左侧下颌残块（带 M3 的 4 件，1 件 DM1 – M1）
小型鹿	7	1	其中 1 为麂
麂	1	1	头残块
猪	10	1	肢骨/牙齿等
狼	3	1	左下颌
果子狸	1	1	左下颌
啮齿类	3	1	肢骨
猕猴	2	1	上下 M3 各 1
鸟	1		肱骨
合计	286	12	

　　I层只发现2件具有人工痕迹的骨骼，1件发现在探方W1S1，是有砸击痕的肢骨片，另1件发现在W3S2，是中型鹿的下颌骨，下颌骨的下缘被砸去。烧骨21件，可辨认的动物种类有中型鹿和猪，分布在W1S1（3件）、W2N0（4件）、W2S1（12件）、W2S2（1件）和W4N0（1件）。

　　J层：计有动物骨骼546件，其中可以鉴定种类的骨骼有523件，不能确定种类的残骨23件，仅占4.2%。动物种类有梅花鹿、小型鹿（麂）、猪、狼、食肉类、小型食肉类、鸟，最小个体数10（表六三）。动物骨骼分布在9个探方内。其中有212件骨骼分布在探方W4N0内，数量在50～100件的标本有探方W2N0（50件）、W2N1（74件）和W3S1（91件），其余5个探方均在30件以下。

表六三　J层动物种属与数量统计表

种属	NISP	NNI	MNI 依据标本数
梅花鹿	497	6	左侧跟骨 6
小型鹿	8	1	其中 1 为麋角残块
猪	11	1	肢骨
食肉类	4	1	下颌/肢骨
小型食肉类	1	1	肢骨
鸟	2		
合计	523	10	

在 5 件鹿的骨片上有人工痕迹，其中 1 件有砍痕、4 件有砸击痕，分布在 W1S3 （1 件）、W3S1 （2 件）、W4N0 （1 件） 和 W4S1 （1 件）。烧骨 7 件，在 W3S1 发现 2 件中型鹿的下颌残块和枢椎残块；在 W4N0 发现 5 件中型鹿的头骨、髋骨和肢骨残块以及牙齿。

K 层：计有动物骨骼 730 件，其中可以鉴定种类的骨骼有 593 件，不能确定种类的残骨 137 件，占 18.8%。动物种类有梅花鹿、小型鹿、猪、食肉类、鸟和龟，最小个体数 12 （表六四）。动物骨骼分布在 12 个探方内。其中数量在 100 ~ 200 件的有探方 W2N0 （147 件）、W3S1 （149 件） 和 W3N0 （181 件）；50 ~ 100 件的有 W2S2 （62 件）、W4N0 （64 件） 和 W2N1 （65 件）；其余的 6 个探方数量都在 30 以下。

表六四　K 层动物种属与数量统计表

种属	NISP	NNI	MNI 依据标本数
梅花鹿	552	8	左侧下颌带 M1 的 6 件，2 件右侧带 DM3—M1
小型鹿	20	1	肢骨/牙齿等
猪	11	1	肢骨/牙齿
食肉类	4	1	肢骨
鸟	5		
龟	1		
合计	593	11	

只有 4 件鹿的肢骨片和鹿角残块上有砍砸痕，分布在 W2N1 （1 件）、W2S1 （1 件） 和 W4N0 （2 件）。烧骨共 64 件，除 1 件食肉类的尾椎外，都是鹿的残骨，包括头骨、脊椎、肋骨和肢骨残块，分布在 7 个探方中，其中 W2N0 分布最集中 （39 件）、其他的是 W2S2 （7 件）、W2S3 （1 件）、W3N0 （6 件）、W3S1 （1 件）、W3S3 （5 件） 和 W4N0 （5 件）。

L 层：计有动物骨骼 189 件，其中可以鉴定种类的骨骼有 154 件，不能确定种类的残骨 35 件，占 18.5%。动物种类有梅花鹿、小型鹿、食肉类、猪、鸟龟和蚌，最小个体数 7 （表六五）。动物骨骼分布在 2 个探方中，其中 100 件骨骼分布在 W3S1，1 件在 W2S1。

表六五　L 层动物种属与数量统计表

种属	NISP	NNI	MNI 依据标本数
梅花鹿	125	3	3 右跟骨/3 右距骨，其 1 未成年 （右下颌带 Dm1 – M1，3 炮骨下未愈合）
小型鹿	9	1	
食肉类	4	1	
猪	8	2	1M3 出成年，1 近趾骨上未愈，小于 0.5
龟	2		

续表六五

种属	NISP	NNI	MNI 依据标本数
鸟	2		
蚌	4		
合计	154	7	

22 件烧骨碎块，均发现在 W3S1，可辨认种类的有鹿的桡骨下端、炮骨下端、近端趾骨上端、中间趾骨下端，鸟的肢骨片。

L 层下开口的遗迹有 Fea. 30。Fea. 30 坑内填土内有分布不均匀的炭灰，炭灰堆积较为明显集中的区域出土少量兽骨，应是一烧火堆。

M 层：计有动物骨骼 287 件，其中 M 层下开口的遗迹 Fea. 35 发现的动物骨骼有 73 件。可以鉴定种类的骨骼有 97 件，不能确定种类的残骨 190 件，占 66.2%。动物种类有中型鹿和鸟最小个体数 3。有 1 件肢骨片上有砸击痕，2 件肢骨片有烧痕。骨骼分布在 W2S2（129 件）、W3S1（97 件）、W3S2（61 件）。

N 层：计有动物骨骼 131 件，其中 N 层下开口的遗迹 Fea. 36 发现的动物骨骼有 70 件。可以鉴定种类的骨骼有 37 件，不能确定种类的残骨 94 件，占 71.8%。动物种类有中型鹿、麝、熊，最小个体数 4。骨骼分布在 W2S2（85 件）、W3S1（46 件）。

O 层：动物骨骼主要发现于遗迹 Fea. 37，计有动物骨骼 176 件，可以鉴定种类的骨骼有 164 件，不能确定种类的残骨 12 件，占 6.8%。动物种类有梅花鹿、小型鹿、猪、食肉类和蚌，最小个体数 1（表六六）。烧骨 12 件，主要是鹿的肢骨残块。

表六六　O 层动物种属与数量统计表

种属	NISP	MNI	MNI 依据标本数
梅花鹿	122	6	左桡骨下端 4 未愈合，右桡骨下端 2，愈合
小型鹿	10	2	左跟骨 2，左胫骨下端 2
猪	16	2	左距骨 2，左上/下颌各 2
食肉类	8	1	肢骨
蚌	8		
合计	164	11	

P 层：仅有肢骨残块 19 件，分布在探方 W2S2 和 W3S1，其中遗迹 Fea. 38 有骨片 7 件。

Q 层：仅有探方 W2S1 发现 1 件鹿的尺骨残块。

R 层：计有动物骨骼 87 件，其中可以鉴定种类的骨骼有 40 件，不能确定种类的残骨 47 件，占 54%。动物有梅花鹿 4 个和小型鹿 1 个。2 件鹿的肢骨片上有烧痕。骨骼分布在探方 W1S4（24 件）、

W2S1（15 件）、W3S1（4 件）和 W4S2（44 件）。

五　结论与讨论

1. 动物骨骼的分布与人类活动

动物骨骼在各地层分布数量不等，其中在 D 层最多，达 6192 件，占可鉴定标本数总数的 44.6%；其次为 G 层和 H 层，G 层可鉴定标本数 2116 件，占可鉴定标本数总数的 15.3%，H 层有 1035 件，占可鉴定标本总数的 7.5%，其余各层不足 1000 件（表六七；图一九二）。

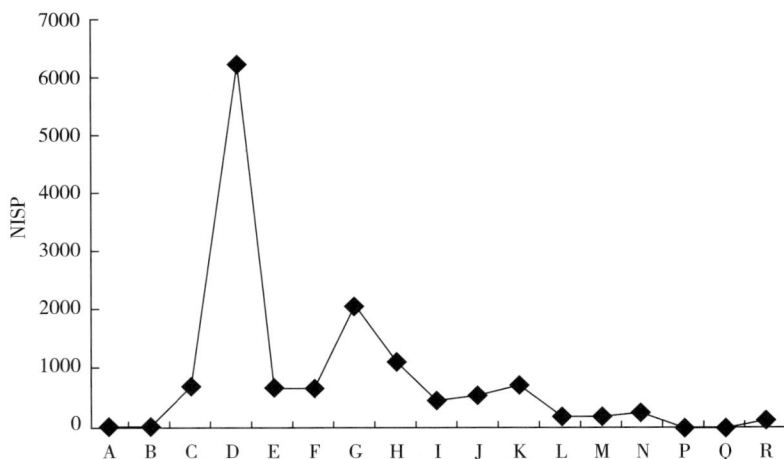

图一九二　吊桶环遗址出土动物骨骼数量分布图

表六七　动物骨骼数量统计表

层位	年代	标本总数	鉴定种类标本数	不能鉴定种类的标本数	骨骼破碎指数（不能鉴定种类标本数/标本总数×100）
C		706	640	66	9.3
D	15531	6192	3999	2193	35.4
E		682	600	82	12
F		669	507	162	24.2
G	17040	2110	1588	534	25.2
H	19770	1035	722	313	30.2
I		423	286	137	32.8
J		546	523	23	4.2
K	24540	730	593	137	18.8

层位	年代	标本总数	鉴定种类标本数	不能鉴定种类的标本数	骨骼破碎指数（不能鉴定种类标本数/标本总数×100）
L		101	72	29	28.7
M		287	97	190	66.2
N		131	37	94	71.8
O		176	164	12	6.8
R		87	40	47	54
合计		13887	9868	4019	28.9

　　动物骨骼多是残破的肢骨、上下颌残块、头骨残块、肋骨和脊椎残块、鹿角残片。骨骼表面很少见到动物的咬痕，因而，大部分骨骼的破碎原因可能与人类行为有关。用骨骼破裂指数来评估动物骨骼破碎的程度，从早期的 R 层到 J 层骨骼破碎程度高，J 层到 E 层骨骼破碎程度相似，保存状况比前期好，D 层破碎度又有所增高（表六七；图一九三），这种变化可能与人类行为变化有关。早期人类砸碎骨骼主要是为了取食骨髓，骨骼砸得很碎，从 J 层开始出现制作骨角器，砸碎骨骼除了取食骨髓外，可能还与取料有关，因而骨骼保存状况较好。

　　骨骼数量、烧骨和具有人工痕迹的骨骼分布说明该洞一直有人类活动，其中 K、G 和 D 层分别是人类活动的高峰期。K 层是早期人类活动的第 1 个高峰期，发现的骨骼最少代表有鹿、猪、食肉类、鸟和龟等 12 个动物，在鹿的肢骨片和鹿角上有砍砸痕、烧骨中有食肉类的尾椎和鹿的头骨、脊椎、肋骨和肢骨残块。这一时期的古人类将猎物带回住地，肢解动物，烧烤并砸碎肢骨取食骨髓。当时人群的数量可能不大，在洞内停留的时间不长，所以留下的遗迹、烧骨和具有人工痕迹的骨骼

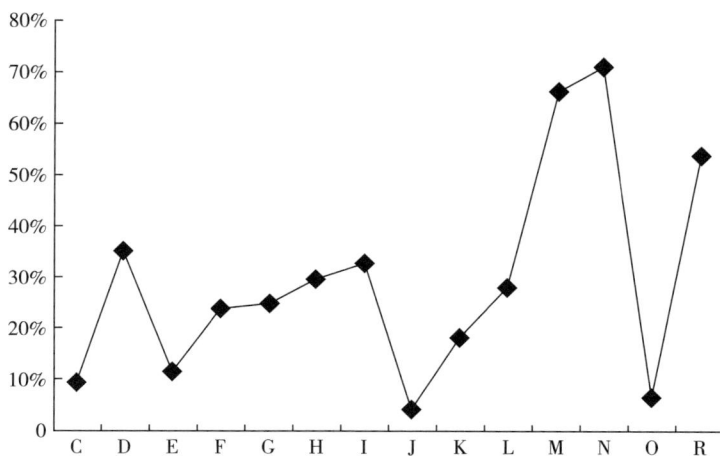

图一九三　吊桶环遗址出土骨骼破碎指数统计图

不多。G 层是第 2 次高峰期，骨骼的数量明显增加，最少有鹿、猪、食肉类、貉、兔、鸟、龟和蚌等 28 个个体，具有人工痕迹的骨骼 82 件和烧骨 212 件。这时古人类人群数量增多，除了在住地肢解、烧烤和分享食物外，还用鹿角制作工具。他们从鹿的头上砍下鹿角，用砍砸或切割的方法下料，制作工具。D 层是古人类在吊桶环洞活动的第 3 个高峰期，也是人类在此活动的主要时期，有猪、斑鹿、麝、小型鹿、豺、狼、獾、熊、青鼬、食肉类、小型食肉类、兔、啮齿类、竹鼠、仓鼠、鸟、龟和螺等最小代表 47 个个体，具有人工痕迹的骨骼共有 223 件和烧骨 630 件，动物骨骼的数量、烧骨和具有人工痕迹的骨骼数量分别占总数的 44.6%、47.5% 和 52.6%。其中绝大部分动物骨骼都发现在 Fea.20、Fea.4、Fea.3、Fea.16 和 Fea.15 遗迹内，推测这一时期在吊桶环一带活动的古人类数量增多，不断有人群到吊桶环洞内生活，在洞内处理、烧烤和分享猎物，加工食物，制作骨角器和石器。采集和狩猎是当时人类主要的生产活动。

2. 气候和环境变迁

吊桶环堆积的时代为更新世晚期到全新世早期，发现的动物种类有梅花鹿（*Cervus nippon*）、獐（*Hydropotes inermis*）、麂（*Muntiacus sp.*）、麝（*Moschus sp*）、野猪（*Sus scrofa*）、羊（*Caprinae*）、豺（*Cuon alpinus*）、狼（*Canis lupus*）、花面狸（*Paguma larvata*）、大灵猫（*Viverra zibetha*）、小灵猫（*Viverra megaspila*）、貉（*Nyctereutes procyonoides*）、黑熊（*Selenarctos thibetanus*）、獾（*Meles meles*）、青鼬（*Martes flavigula*）、虎（*Panthera tigris*）、仓鼠（*Cricetulus sp.*）、竹鼠（*Rhizomys sp.*），这些动物均为现生种，其中绝大多数种类现今在当地都有分布，说明当时的气候与现在基本相似，代表温暖湿润的亚热带气候。动物种属从早到晚变化主要有：E 层出现羊，D 层食肉类的种类和数量增多，F 层到 D 层啮齿类增多（表六八）。各层动物群分异度（信息函数）和均衡度计算结果见表六九和图一九四。

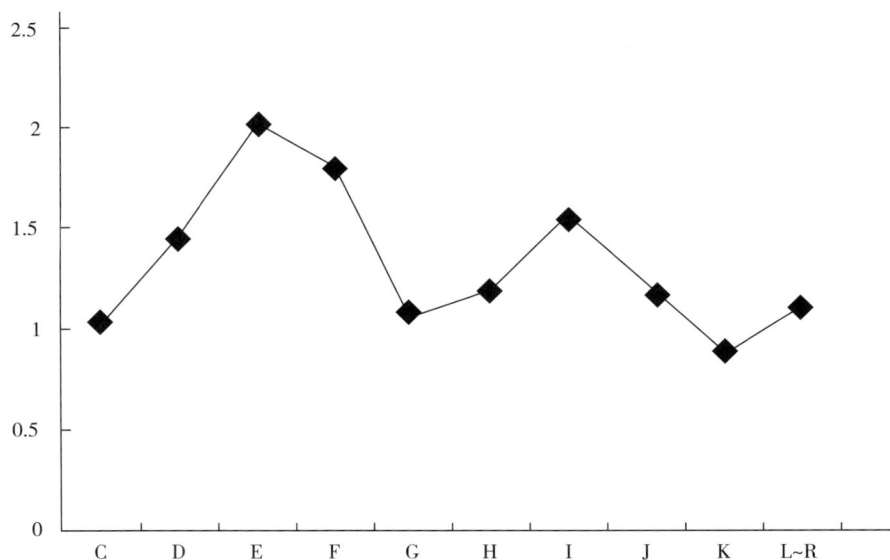

图一九四　吊桶环遗址各层动物群分异度统计图

表六八 各层哺乳动物种类和数量（MNI）统计表

	猪	梅花鹿	小型鹿	羊	食肉类	兔	啮齿类	猕猴	合计
C 层	1	14	4		1	1			21
D 层	3	37	6		7	2	3		58
E 层	2	5	4	1	3	1	1	1	18
F 层	3	6	2		2	1	2		16
G 层	2	21	2		3	1			29
H 层	2	9	2		2				15
I 层	1	5	2		2		1	1	12
J 层	1	6	1		2				10
K 层	1	8	1		1				11
L ~ R 层	2	10	3		2				17
合计	18	121	27	1	25	6	7	2	207
%	8.7	58.5	13	0.5	12.1	2.9	3.4	1	100.1

表六九 各层哺乳动物群分异度（信息函数）和均衡度比较

	信息函数 H（S）	均衡度（E）	种（S）	优势种	NNI
C 层	1.0211	0.5552	5	中型鹿	21
D 层	1.4908	0.3172	14	中型鹿	58
E 层	2.0582	0.7832	10	中型鹿	18
F 层	1.808	0.7623	8	中型鹿	16
G 层	1.067	0.4152	7	中型鹿	29
H 层	1.2049	0.6673	5	中型鹿	15
I 层	1.5921	0.6143	8	中型鹿	12
J 层	1.2275	0.6825	5	中型鹿	10
K 层	0.8856	0.6061	4	中型鹿	11
L ~ R 层	1.1218	0.7676	4	中型鹿	17
合计					207

从分异度的变化曲线可以看出，从距今 2.4 ~ 1.5 万年之间，吊桶环遗址附近气候有冷暖的波动，其间 K、G 和 C 层形成时期是三次明显的降温期，I 和 E 层形成时期，环境明显好转。K 层、G 层和 D 层是人类在吊桶环活动的高峰期，可能由于气候变冷，人类选择洞穴作较长时间的居住地。

3. 生产活动

吊桶环发现的动物都是野生动物，目前尚没有早期驯化动物的证据。当时人类主要以采集和狩猎为生，他们选择洞穴或岩厦作为较长时期的住地，在此加工食物，用动物骨骼和鹿角制作工具。

选用鹿的掌跖骨和鹿角制作工具，用砸击和切割的方法取料，制作毛坯，最后磨制成器。这套新石器及其以后的骨角器制作工艺流程这时已经基本成形。器形主要有锥、针、铲和鱼镖。我国目前已发现的骨角器出现在旧石器时代晚期，重要的有北京周口店山顶洞出土有骨针，辽宁海城仙人洞发现有鱼镖、骨针和标枪头[2]。吊桶环遗址发现的骨角器类型丰富，制作规范，从出土的层位看，G层开始发现骨角器，D层最多，时代在距今17000～15000年，时代较山顶洞和小孤山遗址晚。由此可以看出，我国制作骨角器的技术在旧石器时代晚期出现，到旧石器时代晚期之末制作骨角器的技术已经很成熟了。

吊桶环遗址发现的有刻划纹的鹿角片，采用了切割和抛光的技术制作，尽管对其刻划纹所指的意义有待进一步研究，若是与记事或计数有关，这是我国发现最早的材料，意义重大。

注释

[1] 裴文中：《广西柳城巨猿洞及其他山洞之食肉目、长鼻目和啮齿目化石》，《中国科学院古脊椎动物与古人类研究所集刊》第18号62页，科学出版社，1987年。

[2] 黄慰文等：《海城小孤山的骨制品和装饰品》，《人类学学报》，1986年第5卷，259～266页。

第四章　植物与生态环境研究

第一节　仙人洞和吊桶环遗址人类生态环境分析

仙人洞和吊桶环遗址位于江西省万年县东部的大源盆地，距万年县约 20 公里，是国内外著名的新旧石器过渡时期的古人类文化遗址。

一　区域地貌特征

遗址所的地区属赣东北岩溶地貌发育区，区内元古代厚层灰岩十分发育，它与下伏的绢云母石英片岩一起构成舒缓的复式背斜。受岩性和构造的控制，地貌格局以一系列山间盆地与峡谷相间为特征：复式背斜的核部主要由绢云母石英片岩组成，由于此类岩石抗溶蚀性较强，往往形成峡谷地貌，而复式背斜的两翼主要由厚层灰岩组成，在长期的溶蚀作用下，容易形成宽阔的山间溶蚀盆地。仙人洞和吊桶环遗址所在的大源盆地就是这一系列山间盆地中的一个。

大源盆地西起山转，东至大源村，东西长 6 公里，南北宽 2 公里，为西西北—东东南走向的山间小盆地，盆地山边线平直，平原与山地之间的转折截然，山坡陡峭，坡度在 60～80 度。在盆地中有一些灰岩残丘或残山突兀在平原之上，表现出灰岩区溶蚀盆地发育晚期的景观特征。

在盆地南北山坡上，可以见到一级高约 40～50 米的基岩台地（海拔高度 100～160 米左右），台地由厚层灰岩组成，台地前缘陡坎明显，台地面宽 200～300 米，其上灰岩广泛出露，除局部残留有少量红土风化壳之外，基岩大都裸露，没有见到河流沉积物。在台地面上发育有一些碟形浅洼地，深 1～2 米，直径 10～20 米，其中杂草丛生，属于已停止发育的古溶蚀洼地或落水洞。根据台地分布的高度大致相同，推断它们属于一级古岩溶面，其时代要早于盆地底部的溶蚀盆地。

大源河是区内主要河流，河宽 5～10 米，水深不及 1 米，它蜿蜒于宽阔的盆地之中，由东南向西北从盆地中穿过，最后注入乐安河的主要支流——殷水。

沿大源河两岸发育有高低两级河流阶地，其中低阶地分布比较广泛，几乎占据了整个溶蚀盆地，是区内主要的地貌单元。该阶地高于河面 2～3 米（海拔高度 50～55 米），阶地面平坦，宽 500～2000 米不等，主要由泛滥平原相的深灰黑色黏土组成，现在大都已被改造成稻田。高阶地高于河面 8～10 米（海拔高度 60～70 米），宽 100～200 米左右，阶地面向河有明显的倾斜，与低阶地之间普遍存在有一道明显的陡坎，其阶地堆积物主要也由泛滥平原相的棕褐色黏土组成，未见下伏的河床相砂砾石层出露，属于堆积阶地。高阶地的分布远不如低阶地普遍，主要沿大源河两岸间断出现（图一九五）。

通过上述对大源盆地地貌结构的初步分析，我们可以把大源盆地的地貌演变过程划分为三个阶段：

第一阶段是早期溶蚀盆地形成的时期。这一期的溶蚀盆地目前仅局部保留在海拔100米左右的山坡上，表现为一级具有碟形溶蚀洼地的古溶蚀面。

第二阶段是晚期溶蚀盆地形成时期。这一期的溶蚀盆地比早期溶蚀盆地面积略有缩小，它深嵌于早期溶蚀盆地之中，盆地底部海拔高度在50米左右。目前，它被掩埋在现代平原堆积层之下，但在个别地方，可以见到有埋藏溶蚀面上的残丘出露于平原面之上，形成平原上的孤峰。

第三阶段是河流阶地形成时期。在低溶蚀盆地停止发育之后，古大源河在盆地中发生加积作用，堆积了厚层的河流沉积物。随后由于河流的间歇性下切，在盆地中形成两级河流阶地。

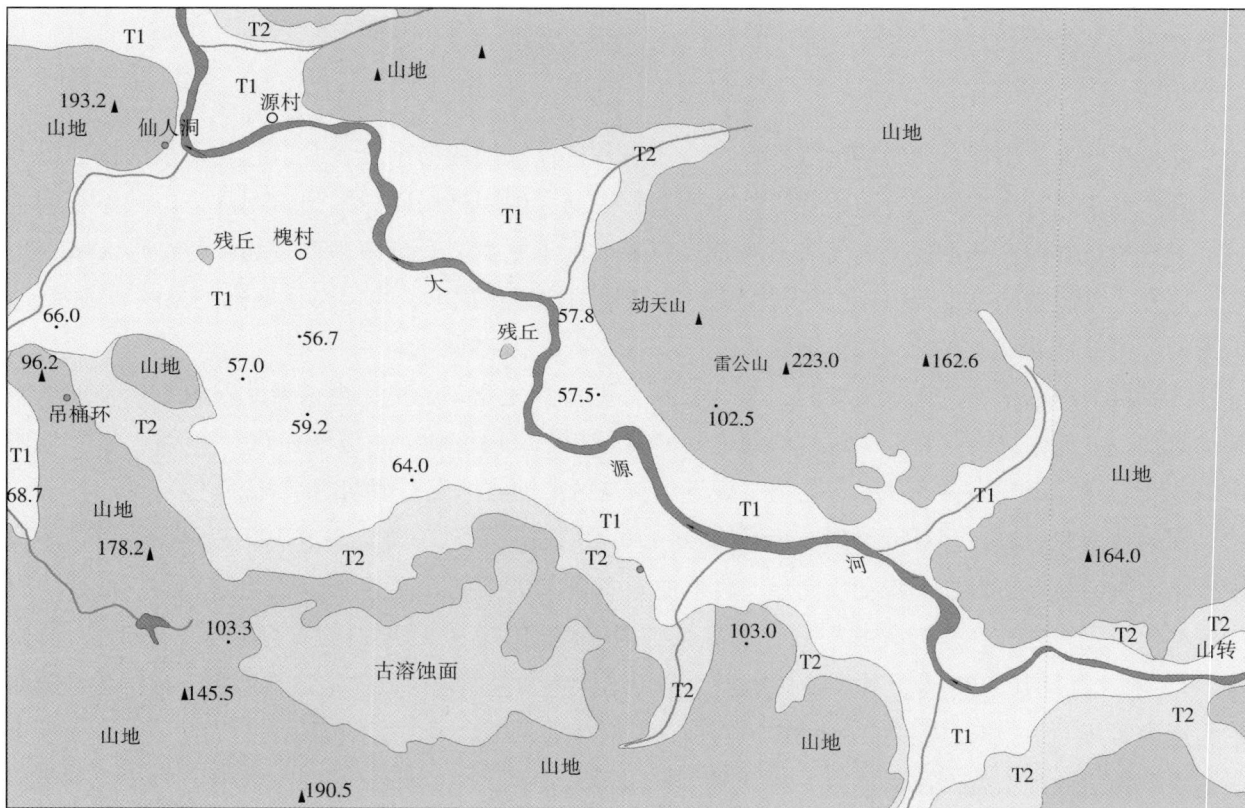

图一九五　大源盆地地貌图

二　仙人洞和吊桶环遗址的堆积物特征

仙人洞和吊桶环遗址都属于以石灰岩溶洞或岩屋为活动场所的古人类遗址。这两个遗址在分布高度、地貌条件、堆积环境和使用时间上有一定的差别。

1. 仙人洞遗址

位于大源镇正东约 2 公里，大源河西岸 193.2 高地西南山麓一个石灰岩溶洞（仙人洞）的洞口，洞口海拔高度 56 米，与大源河一级阶地后缘基本等高。

仙人洞本身是一个水平溶洞，洞口宽 5 米，高 4 米，向内扩大成为一个巨大的岩洞，岩洞深 50 米，宽 20 米，高 10 米，其洞底略低于洞口高度，洞内没有见到其他通道，说明这个溶洞封闭度较好。在洞口之外，有一个朝向正南的岩屋，高 10 米，宽 4 米，深 4 米，其上部和两侧均为突出的岩石。岩屋宽敞，遮雨向阳，屋后与岩洞相通，适宜于古代人类的栖息。

在近洞口处东区，洞穴堆积物厚 3.45 米，根据岩性特征和文化层分布的情况，可以把堆积剖面分为如下几部分（表七〇；图一九六）：

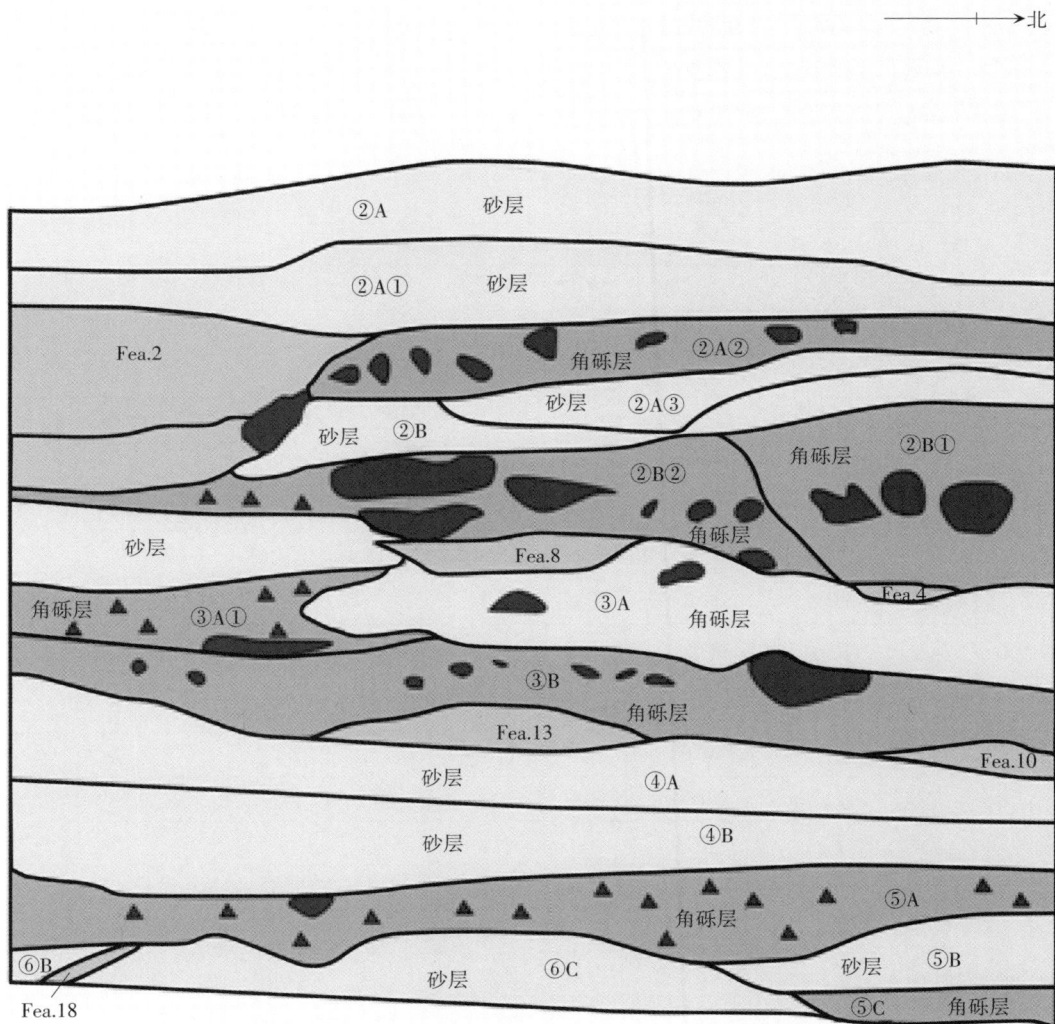

图一九六 仙人洞遗址东区地层剖面示意图

表七〇 仙人洞遗址东区堆积物剖面

大层	分层	岩性特征				文化遗存				厚度/厘米
		颜色	岩性	砂	角砾	岩相	水生	兽骨	陶片	石器	
①	A	灰黑	亚黏土	中细砂	少量	流水					1～30
	Fea.1：为人工掘坑										
	A①	棕	亚黏土	中粗细砂	少量	流水			有		4～28
	B	棕黄	胶结层	粗砂		流水	少量	少量	少量		6～32
	C	棕黄	砂质土		较多	崩塌		少量			18～78
②	A	棕灰	亚黏土	细砂砂		流水	蚌螺	大量	丰富	砾	19～53
	A①	褐灰	亚砂土	中粗细砂		流水		零星	较少	砾	3～14
	Fea.2：为人工掘坑										
	A②	褐	亚黏土	中粗细砂	大量	崩塌	蚌螺		少数	砾	7～37
	A③	棕褐	亚黏土	中粗砂	有	流水	少螺	零星	较少	砾	3～19
	B	深褐	亚黏土	中粗砂	较多	崩塌	蚌螺	较多	少量	砾片骨	3～28
	Fea.3：属烧火堆										
	B①	棕黄	亚黏土	中粗砂	较多	崩塌		少量	极少	砾片骨	
	Fea.4：属砸骨场所										
	B②	红褐	亚黏土	岩屑砂	较多	崩塌		较多		少量	4～36
	Fea.6、Fea.7、Fea.8：属烧火堆										
③	A	土黄	亚砂土	中粗细砂		流水	少螺	少量	未见	片砾	2～6
	Fea.12：为烧火堆										
	A①	黄灰	粉砂	砂条带	？	流水	极少	少		片砾	
	B	黄褐	亚砂土	中粗细砂	1/5	崩塌		较多		片砾	12～13
	Fea.9、Fea.10、Fea.11、Fea.13：为烧火堆										
④	A	棕黄	亚砂土	多细砂	少量	流水		少量		小片	7～18
	B	深黄	亚砂土	多细砂		流水	少	少量		少片	5～19
	Fea.5：为烧火堆，Fea.16：为石圈火堆										
⑤	A	红褐	砂二	粗砂	多	崩塌	少	较多		少	6～22
	B	浅黄	亚砂土	中粗砂	星点	流水	未见	较多		小片	3～9
	C	土黄	砂土	粗砂	少	流水		少		少	3～10
⑥	A	杏黄	亚砂土	中粗细砂	少量	流水		少量			5～32
	Fea.14、Fea.17：为烧火堆										
	B	棕黄	亚砂土	中粗细砂	少量	流水		少量			4～9
	Fea.9、Fea.18：为烧火堆										
	C	棕黄	亚砂土	细砂砂	极少	流水		少量			2～19
	Fea.15：为烧火堆										

洞穴堆积物底部木炭的^{14}C 测年数据为 18110±270aBP，顶部的测年数据为 8825±240aBP，属旧石器末期到新石器中期的文化遗址。

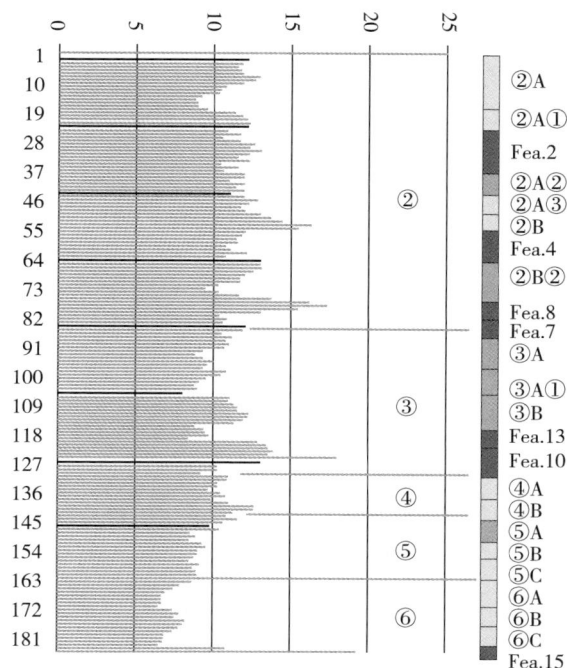

图一九七　仙人洞遗址东区剖面磁化率变化曲线图

磁化率测试显示（图一九七），剖面下部的第⑥层和第⑤层，具有较低的磁化率，而剖面中上部的第④层至第②层，具有较高的磁化率，可能与人类活动的加强有关，其中第④层~第③层下部和第②层下部具有剖面上最高的磁化率，磁化率峰值区的分布基本上与文化层，尤其是与保存有人类用火遗迹的层位相对应。

根据洞穴堆积剖面特征表明，整个洞穴的充填过程从早到晚可以划分如下为几个阶段：

第一阶段（第⑥层）：以河流堆积物充填过程为主，由于河水经常漫入洞内，因此洞穴不宜于人类长期生活，只有在河水退出洞穴的间歇时期，人类才可以进入洞穴活动，留下了三个不同时期的古人类生活面。

第二阶段（第⑤层）：早期为河流沉积物堆积过程（⑤B 和⑤C），晚期为崩积物充填过程（②A）。在此期间洞穴基本上被河水占据，人类基本上不能在洞穴中生活。

第三阶段（第③、④层）：主要为河流堆积物充填过程，河水再次间歇性进入洞穴，在河水退出洞穴的期间，人类可以进入洞穴活动，留下了三个不同时期的古人类生活面。

第四阶段（第②层）：以崩积物充填过程（②A）为主，后期河流堆积作用加强。在崩塌的间歇时期，人类曾多次进入洞穴生活，留下了四个不同时期的古人类生活面。

第五阶段（第①层）：以崩积物作用为主，洞穴属于晚期人类活动的场所。

仙人洞遗址发育历史与人类居住情况

阶段	地层	洞穴发育时期		古人类居住情况	年代
第五阶段	①	洞穴间歇性崩塌	崩塌物与人类堆积充填	有晚期人类活动	8825±240aBP
第四阶段	②	河水长期占据洞穴	河流沉积物充填	无人类居住	
		洞穴间歇性崩塌	崩塌物和人类堆积交替充填	人类四次进入洞穴活动	
第三阶段	③~④	河水间歇性进入洞穴	冲积物和人类堆积交替充填	人类三次进入洞穴活动	
第二阶段	⑤	洞穴崩塌严重	洞穴崩塌物充填	无人类居住	
		河水长期占据洞穴	冲积物充填		
第一阶段	⑥	河水间歇性进入洞穴	河流沉积物和人类堆积充填	人类三次进入洞穴活动	18110±270aBP

2. 吊桶环遗址

又称王洞遗址，位于大源镇西南约1.9公里，大源河西侧高地北端一个残破的溶洞中。溶洞海拔高度90米，高于二级阶地面25~30米，与古溶蚀面大致等高。

该溶洞目前为一个南北贯通的穿洞，它横穿宽度不足20米的山脊，洞宽10米，高5米，洞顶塌落严重，目前仅残留有5米宽，1米厚的顶盖，外观像一座石桥。在洞底分布有崩落的大岩块，其中靠近南洞口的大石块对文化层的分布有明显的影响，表明该落石的崩落发生在人类活动之前，至于北洞口附近的石块，由于没有加以揭露，具体情况不详。很明显，这一洞穴的前身应该是发育在古溶蚀面之下的一个规模较大的古溶洞，由于后期构造抬升和沟谷侵蚀，原始的古溶蚀面被肢解为宽窄不等的平台或平梁，古溶洞才得以在宽度较窄的平梁两侧山坡上出露，形成两端开口的穿洞，并成为古人类居住的场所。

野外所见，洞穴中的堆积物主要为角砾。根据岩性特征和文化遗存的分布情况，整个堆积剖面可以划分如下：

表七一　吊桶环遗址堆积剖面

大层	分层	沉积特征				人类遗存			厚度/厘米
		颜色	岩性	角砾	环境	兽骨	炭屑	石器	
5	E	灰录	亚黏土	少量细岩屑		少量		石英石块	6
	F	黄褐	亚黏土	大量灰岩块	崩塌	少量			10
	G	灰绿	胶结层	大量石英块	崩塌	少量	烧骨	石英石块	18
	H	黄褐	砂质土	大块角砾	崩塌	少量		石英石块	16
	I	黄褐	亚黏土	大量灰岩块	崩塌	少量		石英石块	22

大层	分层	沉积特征				人类遗存			厚度/厘米
		颜色	岩性	角砾	环境	兽骨	炭屑	石器	
4	J	黑褐	砂质土	少量		较多	有	较多石片	20
	K	棕红	亚黏土	灰岩岩块	崩塌	少量			12
	K①	黄褐	亚黏土	大灰岩岩块	崩塌	少量			14
	K②	黄褐	亚黏土	少量		零星，水	有	较多石片	12
	L	深黄	亚黏土	较多灰岩块	崩塌				20
	Fea. 30	黄褐	亚黏土			少量	有		20
	M	浅黄	亚黏土	少					16
	Fea. 35	灰黑	亚黏土			少量	较多		20
	N	棕黄	亚黏土	大量岩块	崩塌				24
	Fea. 36	灰褐	亚砂土			较多	较多		10
3	N①	浅黄	亚黏土						12
	N②	褐黄	亚砂土	大量细岩屑	崩塌				20
	N③	浅褐	砂土	大量大岩块	崩塌				20
	O	浅黄	亚砂土						22
2	Fea. 37	灰褐	砂土				较多		10
	P	棕黄	亚砂土	大量细石英	崩塌				12
	Fea. 38	棕黄	亚砂土				少	红烧土	12
1	P①	黄褐	亚砂土	大量岩块片	崩塌				14
	P②	黄褐	亚砂土						8
	Q	浅黄	亚黏土	底部有岩块	崩塌				16
	R	浅黄	亚黏土						12
	S	黑褐	亚黏土	大量灰岩块	崩塌				10
	T	深黄	亚黏土						10

　　考古发掘情况表明，该遗址的文化层内容也比较丰富，其底部的 ^{14}C 测年数据为 19770±360aBP，顶部测年数据为 1704±270aBP，属旧石器晚期到新石器并延续到历史时期的文化遗址。

　　磁化率测试显示（图一九八），在人类活动遗迹最多的第 2 层（F36～J）和第 4 层（F38～F37）具有较高的磁化率，而人类活动遗迹罕见的第 5 层磁化率最低。

　　根据洞穴堆积剖面特征表明，整个洞穴的充填过程从早到晚可以划分如下为几个阶段：

　　第一阶段（T～P①）：堆积物中包含有大量粗大的灰岩岩块，反映当时洞顶崩塌强烈，在这一

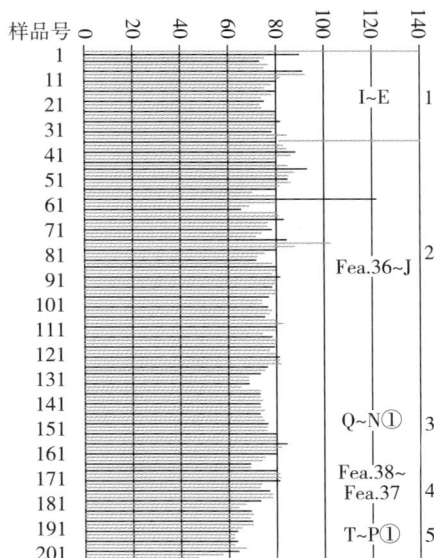

图一九八　吊桶环遗址堆积剖面磁化率变化曲线图

时期洞内几乎没有人类活动。

第二阶段（Fea. 38 ～ Fea. 37）：堆积物中少见灰岩岩块，反映洞顶崩塌明显减弱，人类开始在洞穴中生活。

第三阶段（Q ～ N①）：堆积物中见有大量粗大的灰岩岩块和碎屑，反映洞顶崩塌再次加强，人类离开洞穴。

第四阶段（Fea. 36 ～ J）：堆积物中粗大岩块间断出现，反映洞顶崩塌间歇性发生，在崩塌停顿的时期，人类曾在此洞穴内生活，留下较多的炭屑和石片石器。

第五阶段（I ～ E）：堆积物中粗大岩块大量出现，反映当时洞穴崩塌严重，不适宜于人类生活，但石英石块和烧骨的存在表示人类可能在洞穴中有过短暂的停留。

吊桶环遗址洞穴发育历史与人类活动

发育阶段	层位	洞穴发育情况	人类活动情况	年代/aBP
第五阶段	I ～ E	洞穴剧烈崩塌	偶有人类活动	1704 ± 270
第四阶段	Fea. 36 ～ J	洞顶间歇性崩塌	古人类活动	
第三阶段	Q ～ N①	洞顶剧烈崩塌	无人类活动	
第二阶段	Fea. 38 ～ Fea. 37	洞顶崩塌	古人类开始活动	
第一阶段	T ～ P①	洞顶剧烈崩塌	无人类活动	19770 ± 360

三　环境演化与人类活动

仙人洞遗址属于旧石器晚期到新石器早期的人类遗址，而吊桶环遗址属于旧石器晚期到新石器时期，并延续到历史时期的人类遗址。

无论是仙人洞还是吊桶环，作为喀斯特地下溶洞，其形成的时代比较古远，至少在更新世，甚至更早一些。随着后期地壳的抬升，受溶蚀作用的影响，原始的溶蚀面被破坏，在溶蚀面之下形成低一级的溶蚀洼地，由此，深藏于灰岩之中的溶洞才得以暴露于地面，成为适宜于人类居住的洞穴或岩屋。

目前，根据最新测定数据，仙人洞在20000aBP开始有古人类居住，当时，古人类面对的是一个宽阔的溶蚀洼地（也就是今天盆地下面的埋藏溶蚀面，其埋藏深度待查），大源河蜿蜒在溶蚀盆地之上，仙人洞前为广泛的河漫滩平原，河漫滩上的积水洼地或牛轭湖是野生稻等水生或沼生植物生长的地方。随着末次冰期的结束和气候开始变暖，降雨增多，溶蚀盆地中的古大源河水深加大，河流沉积物不断加积，与此同时，随着水位的不断变化，河水可以间歇性地进入仙人洞，并给洞内带来大量的泥砂。仙人洞中河流堆积和人类堆积相间出现的情况表明，低水位时，人类可以进入洞穴居住，洞穴堆积以人类活动的遗存为特征；反之，在高水位时，洞穴被淹，人类离开洞穴，洞穴堆积物主要为河流沉积，极少有人类活动的遗存。这一过程一直延续到8000aBP前后。根据大源河的高阶地比仙人洞高5米左右，说明在8000aBP之后仙人洞最终被河流堆积物所掩埋，人类被迫放弃了自己的栖息地。

据野外调查，高阶地的阶地面上分布有新石器时期的文化遗存，据此，我们推测高阶地的形成应该在8000aBP之后，人类开始从洞穴转移在阶地上生活，这可能意味着农业经济的真正开始。

在仙人洞的洞口附近。没有见到高阶地，洞口外边直接就是大源河的低阶地面，推测在低阶地发育期间，由于河流的下切和侧方侵蚀，原来掩埋仙人洞的高阶地在这里被河流侵蚀饴尽，洞口得以重见天日。至于吊桶环，它位于高阶地之上约40米，不存在被河水淹没的问题，因此，从18000年以来它一直被人类使用，由于存在严重的洞顶崩塌，人类主要在洞顶崩塌的平静时期进入洞穴生活，直到3000aBP前后洞穴基本塌陷致使人类无法居住为止。

尽管我们目前对本区旧石器晚期到新石器时期古气候环境的演变还缺乏深入的了解，但从大区域的古气候记录来看，本区地貌的演变与气候有一定的对应关系（图一九九）：高溶蚀盆地可能对应于温暖湿润的末次间冰期（大约13～7万年左右），而低溶蚀洼地可能对应于末次冰期中的温暖期（即MIS3阶段，大约距今5～3万年左右），人类在20000aBP开始出现在仙人洞和吊桶环是在末次冰期鼎盛期，洞穴生活有利于他们渡过严寒的冰期气候，孢粉分析结果表明，在我国华南地区，冰期的气候环境相对来讲还是比较温暖湿润的，并没有给人类的生存带来很大的困难。随着冰消期的到来，气候转暖，当时无论是在低处的仙人洞还是在高处的吊桶环，都有频繁的人类活动。在仙人洞，人类活动延续到8000aBP，之后由于仙人洞被河流沉积物掩埋，古人类只能到位置较高的吊桶环洞或河流的高阶地上生活（表七二）。

IV

⟶ 南

全新世中晚期河流一级阶地形成时期
（8 000~3 000aBP）

吊桶环　仙人洞

T1　大源河　T1　　T2

III

⟶ 南

更新世晚期——全新世早期河流二级阶地形成时期
（20 000~8 000aBP）

吊桶环　仙人洞

T2　大源河　T2

II

⟶ 南

更新世晚期古溶蚀洼地形成时期
（MIS3 阶段）

吊桶环　仙人洞　古溶蚀洼地

I

⟶ 南

更新世古溶蚀面形成时期
（末次间冰期）

古溶蚀面　　古溶蚀面

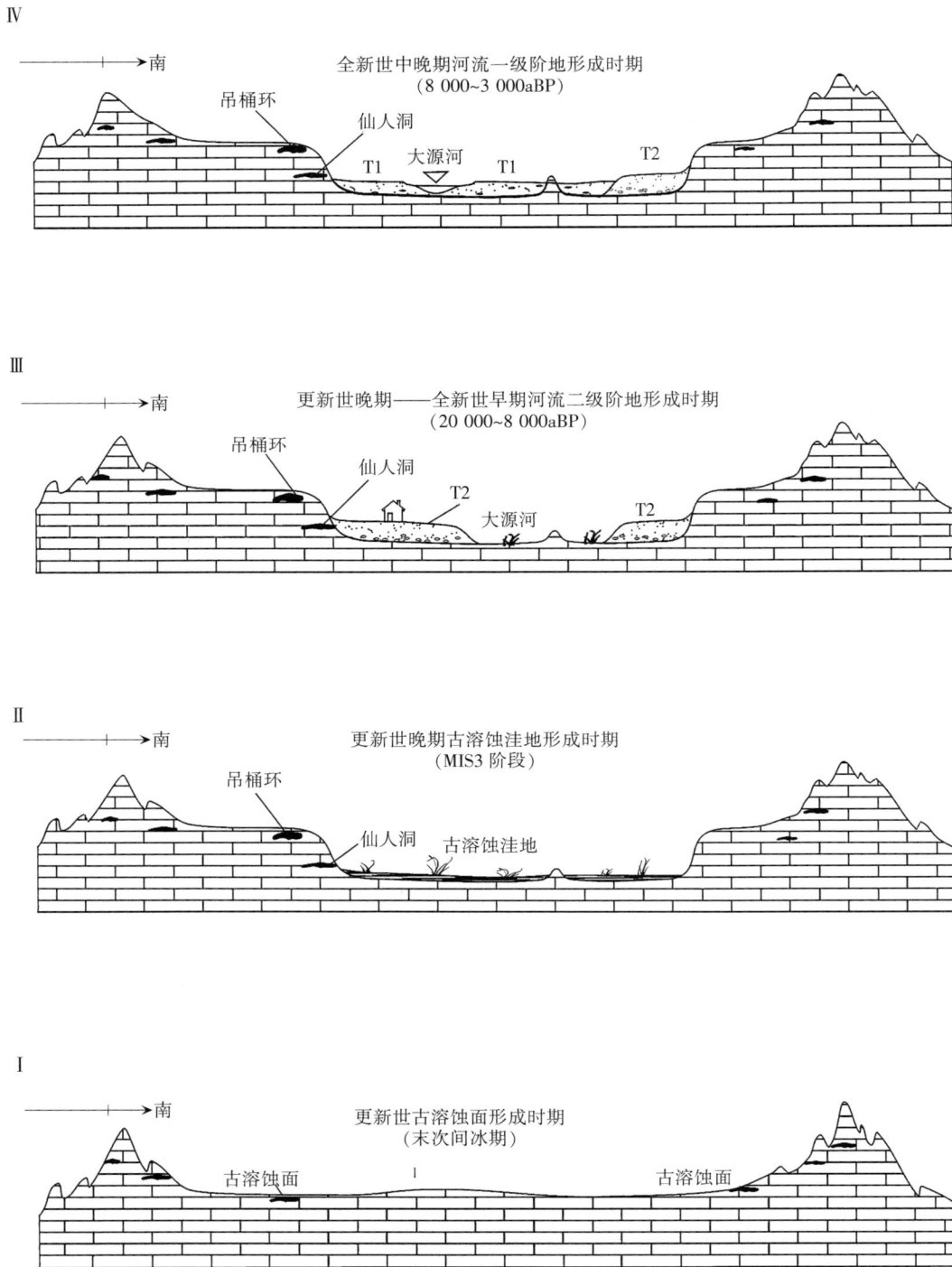

图一九九　大源盆地地貌演变历史

表七二　气候、地貌演变与人类活动之间的对应关系

阶段	年代/kaBP	地貌演变阶段	气候期	地貌作用	古人类活动	
					仙人洞	吊桶环
	3 ~	现代河漫滩		河流作用		
IV	8 ~ 3	一级阶地沉积物堆积期	全新世大暖期	河流作用		古人类居住时期
III	20 ~ 8	二级阶地堆积期	末次冰消期末次冰期	河流作用	古人类居住时期	
II	50 ~ 30	古溶蚀洼地形成期	MIS3	岩溶作用		
I	130 ~ 70	古溶蚀面形成期	末次间冰期	岩溶作用		

第二节　吊桶环和仙人洞遗址出土稻属植物植硅石的分析与研究

为寻找稻作农业的起源，以严文明、马尼士（MacNeish）、彭适凡为首的中美联合考古队于1992年至1999年在江西省万年县对吊桶环遗址和仙人洞遗址进行了考古发掘以及多学科的综合研究。

采用多种植物考古学方法从文化堆积中寻找并鉴定稻谷遗存是此次发掘的主要目的之一，为此我们采用了植物考古学田野方法中最有效的方法——浮选法，但由于遗址保存条件不具备，浮选的结果不理想，从文化堆积中未发现任何炭化稻谷遗存。至于孢粉分析方法，虽然有学者曾试图根据从堆积中提取的禾本科（Poaceae）植物花粉的数量及大小来推断栽培稻的存在[1]。但花粉对禾本科内的属和种是否具有鉴别能力仍在探索中。因此，另一种植物考古学的研究方法——植硅石分析便成为此次考古项目中用以发现与鉴别稻谷遗存的主要手段。

本报告涉及的是对两处遗址出土的稻属植物植硅石所进行的鉴定、分析和研究。

一　遗址概况

吊桶环洞穴遗址位于江西省万年县大源乡。遗址所处环境为一湿凹的小盆地，名曰大源盆地。大源盆地四周被石灰岩小山丘所环绕。著名的仙人洞遗址就位于大源盆地东北部一个山丘的南坡，而吊桶环遗址则坐落在盆地西南部一个山丘的顶端，两洞相距约2公里。此次中美联合考古队在仙人洞遗址所做的工作主要是样品采集，仅在遗址内中部偏西和东部各开挖了一个1×3米的探沟。但对吊桶环遗址的发掘规模比较大，两个季度的发掘共开挖1×1米探方40个。部分探方发掘深度达5米左右，但仍未见底。已揭露的堆积共分16层，其中包含有自旧石器时代末期至新石器时代中期的连续文化堆积[2]。

二　研究方法

（一）稻属植硅石的鉴定方法

植硅石种属鉴定标本的确定是一个复杂的过程。与孢粉相比，植硅石类型与植物种属之间的相应关系比较复杂。一种植物可以产生许多植硅石类型，而一种植硅石类型可能会在许多毫不相关的植物种属中发现。

近些年来，中、日、美几国学者分别对稻属植物（Oryza）的植硅石类型进行了研究。这些研究的结果都证实稻属植物所产生的植硅石类型中存在几个属一级的鉴定标本。其中由稻属植物叶片所产生的主要是一种独具特征的扇形植硅石[3]和一种附有瘤状物的齿缘表皮长细胞植硅石[4]；由稻属植物颖壳所产生的主要是峰状表皮毛细胞植硅石[5]。根据对植物实体样品的观察，这些峰状表皮毛细胞以双峰类型为主，也见单峰和多峰类型。但从考古遗址中尤其是早期遗址中发现的这类峰状植硅石却以单峰为多见，这可能是双峰或多峰类型在长期埋藏过程中破碎的结果。另外，这些峰状细胞的内面也很有特点，其表面呈现一种深曲缘波纹状。

　　一般而言，理想的植硅石种属鉴定标本应该具有仅属于其母体植物的独特形态。然而，在许多植物科属中很难找到这种一对一的种一级的植硅石鉴定标本。其原因之一在于，某些植硅石其特征不是固定在一个特定值上而是呈一种变量横跨两个乃至数个植物种属。但是，如果这种变量具有某种规律性，并可借助统计学的方法将其在不同植物种属之间划分开，这些植硅石所具有的种属鉴别能力仍然可被发掘出来。

　　基于这个原理，以美国密苏里大学皮尔索博士为首的一个研究小组对稻属植硅石中的双峰类型做了进一步的对比研究[6]。设在菲律宾的国际稻米研究中心为此项研究提供了百余份现代稻属植物标本，其中包括有从中国南方各地收集的近三十份现代栽培稻以及分布于东南亚地区和中国南方的的近80份9种现代野生稻。研究小组对从这百余份植物标本中提取的近2400例双峰类型植硅石进行了观测分析。首先对每一例双峰类型植硅石进行五个资料的测量，测量采取样品匿名的方法，即在测量时将每份标本的种属名称均以数码替代，以杜绝测量者的主观偏差。然后对测量的资料进行统计学处理。经过判别法的计算，双峰类型植硅石的五个测量资料的综合参数在栽培稻与野生稻之间呈明显的两极分化趋势，但有部分重合[7]。在重合的部分中对鉴定栽培稻影响最大的是将野生稻错判为栽培稻的误差率（近30%）。为了降低这一误差率，研究者们在判别法计算过程中又进一步采用了"三组设计法"（在统计学中又称模糊设计法）[8]。三组设计法的特点在于，其判别结果将双峰类型植硅石划分成三组而不是两组，即栽培稻组、野生稻组和一个不确定组（图二〇〇）。这种方法的优越性在于，由于那些其特征横跨于栽培稻和野生稻之间的、易混淆的双峰类型植硅石被不确定组所收容，剩下的那些被判别为栽培稻或野生稻的双峰类型植硅石便具有了很高的判别准确度（检验证明准确率为90%）。这一研究结果为在吊桶环遗址发现与鉴定稻谷遗存奠定了基础。

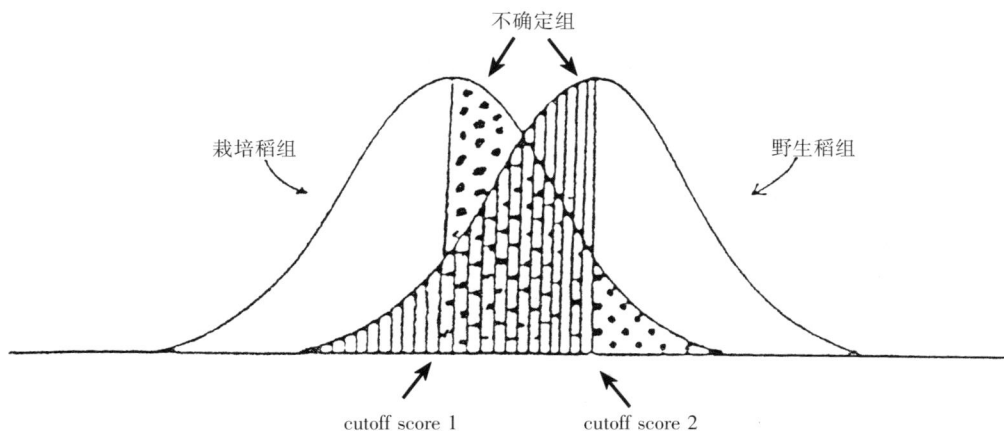

图二〇〇　三组设计法原理示意图

（二）样品的采集与处理

吊桶环遗址植硅石土壤样品的采集是在所有层位均已暴露之后进行的，由下至上逐层采样。采样点有意避开各种遗迹，如灰坑等，以保证自各层采取的土壤样品具有相同的埋藏环境。

在实验室中对土壤样品进行了定量处理，即由每层土样中取 10 克土做植硅石的提取，以保证各层出土的稻属植硅石数量对比的准确性。植硅石的提取采用了美国密苏里大学植物考古学实验室新改良的方法[9]，这种步骤严密的新方法将可能由提取过程中造成的误差减少到了最低限度，进一步保证了各层稻属植硅石数量对比的准确性。基于同样的目的，在制作显微镜片时也采用了定量的植硅石提取物，即每份显微镜片用约 0.001 克提取物制作。

（三）植硅石的数量统计

对在显微镜片中观察到的植硅石群体采用了两种不同的数量统计方法：（1）对稻属植硅石以及与其相关的禾本科植硅石做绝对数量的统计，即将观察到的所有这些可鉴定的植硅石分类型记录下来；（2）对某些大量出现的保存良好的长细胞植硅石做相对数量的统计，即根据这些长细胞在显微镜观察中出现的频率对其数量做大体的估计，衡量的标准依据皮尔索建立的方法[10]。就单一土壤样品而言，统计这些长细胞是没有意义的，因为它们大多不具备种属的鉴别价值。但由于这些长细胞是植硅石群体的主体，在对一组样品进行比较分析时，这些长细胞的相对数量统计就能起到重要的参照作用。在一般情况下，考古出土的植硅石群体并不代表其原始埋藏情况，在长期的埋藏过程中有很多因素都能造成植硅石的损失[11]。但如果这些因素对所埋藏的各种植硅石产生的作用是相等的话，那么整体减少的植硅石群体中某一种植硅石的数量仍可代表其在群体中的比例。

三　吊桶环遗址出土植硅石的研究

（一）整体情况

本研究共对十四份吊桶环土壤样品做了植硅石的提取和分析。其分别采自于遗址的 B 层至 O 层文化堆积。表七三介绍了这十四份土壤样品的土壤特性和植硅石提取量。表七四是植硅石的鉴定和数量统计结果。

根据表七四所列的长细胞的相对数量统计，各层出土的植硅石群体总量从上至下有两次明显地减少，第一次发生在 E 层与 F 层之间，第二次在 J 层与 K 层之间。这种植硅石群体由晚至早整体递减的现象可能与长期埋藏有关。作为无机质物体，植硅石在土壤中的保存能力是很强的。但土壤学的研究证明，长期埋藏在高碱性土壤中的蛋白石（包括植硅石）有可能逐渐溶解[12]。经测试，吊桶环遗址的土样均呈碱性（表七三），这对长期埋藏在遗址中的植硅石群体应该会产生一定的影响。值得指出的是，由 B 层出土的植硅石群体整体保存状况最好，而 B 层恰恰是遗址中最晚的堆积，其土样的 PH 测定值也最低。

表七三　吊桶环遗址样品描述

	土壤类型	土壤 PH 值	样品 重量（克）	植硅石 提取量（克）
B 层	粉砂质壤土	8	10	0.063
C 层	细砂质壤土	8.6	10	0.027
D 层	含砂粉砂质壤土	8.5	10	0.047
E 层	夹灰层含砂粉砂质壤土	8.3	10	0.035
F 层	粉砂质黏壤土	8.3	10	0.034
G 层	粉砂质壤土	8.5	10	0.036
H 层	粉砂质黏壤土	8.3	10	0.053
I 层	粉砂质黏壤土	8.3	10	0.047
J 层	粉砂质黏壤土	8.5	10	0.041
K 层	粉砂质黏壤土	8.3	10	0.033
L 层	砂质黏土	8.5	10	0.48
M 层	细砂质黏土	8.5	10	0.633
N 层	粉砂质黏土	8.5	10	0.686
O 层	粉砂质黏土	8.3	10	0.432

　　然而，不同于整体保存情况所表现出的渐变，可鉴定植硅石的绝对数量总计在 G 层与 H 层之间出现了一个显著的突变。从表七四中可以清楚地看出，稻属颖壳植硅石的统计数量的变化是导致这一突变的主要因素。丰富的颖壳植硅石集中发现于除 F 层之外的 G 层以上各层，而在 H 层以下各层仅有零星的发现。稻属叶片植硅石的统计数量在这上下两部分之间的变化也很明显。由于这一突变（G 层与 H 层之间）与整体保存情况所显示出的渐变（E 层与 F 层之间，J 层与 K 层之间）在层位上不相吻合，我们几乎可以肯定地讲，埋藏因素不是造成稻属植硅石数量在 H 层以下骤然减少的主要原因。

　　对遗址堆积上下两部分出土稻属植硅石在数量上如此鲜明的对比可有两种相互并不抵触的解释。其一，这种现象可以被理解是吊桶环人食物结构变化的一种反映。野生稻的自然生态环境一般为沼泽或湿凹地，如遗址所处的大源盆地那样。但吊桶环洞穴坐落在一座高约 60 米的小山丘顶部。对于这种地势来讲，少量稻属植硅石靠自然力进入洞穴是有可能的，例如大风将干枯叶片扬起吹入洞内，或由某些动物携带入洞。这也许是在 H 层以下发现少量稻属植硅石的原因。然而，仅靠自然力将大量的稻属植硅石（例如由 B 层或 G 层中发现的数量）搬运进这么高的洞穴内几乎是不可能的。吊桶环人应该是稻属植硅石埋藏于遗址中的主要媒介。在研究过程中，我们对从大源盆地采集的两份现代稻田土壤样品也做了分析（表七五）。其结果表明，现代稻田土壤中所包含的稻属植硅石以叶片类型为主，其中扇形类型的数量尤为丰富。但从吊桶环遗址文化堆积中提取的稻属植硅石却以颖壳类型为多。这表明吊桶环遗址内埋藏的稻属植物遗存是以颖果为主的，换句话说，埋藏在遗址的稻属植物遗存应该是吊桶环人的食物遗存。据此，稻属植硅石数量从 G 层以上突然增多的现象可以被解释为，自 G 层的堆积时代开始，稻属植物便成为了人类的食物来源之一。

但是这一变化太突然，由此引出了第二种解释，即在 G 层与 H 层堆积期间可能曾经发生过一次环境变化。稻属植物原本是热带植物。虽然栽培稻在人的帮助下可以在多种多样的生态环境中生存，但现代野生稻则主要分布于热带地区或亚热带的南端。在仅距大源盆地约 50 公里的东乡县境内发现的普通野生稻被认为是现代野生稻分布的最北缘[13]。植物学的研究证实，植物种属一般在其自然分布的边缘地带对生态环境的要求最强烈[14]，所以生长在江西北部地区的野生稻对气候的变化应该非常敏感。据此，在 G 层堆积中突然出现大量稻属植硅石也许还可以被解释为，在此期间（约距今11000～12000 年前）曾出现了一个温暖潮湿的环境，由此引起稻属植物的大规模北侵乃至广泛地分布于江西北部地区，为当地居民提供了一种新的食物来源。当然，这一解释需要通过对当地古代环境的复原来核实。

（二）稻谷的鉴定

利用从样品中发现的稻属植硅石中的双峰类型对栽培稻和野生稻进行判别。首先对观察到的每一个双峰类型植硅石的五个测量单位进行细致准确的测量，然后将测量资料套入设定的判别式中进行计算（设定的判别式和具体计算方法见注释 [6] b），计算的结果将每层出土的双峰类型植硅石划分为三组，即野生稻组、栽培稻组和不确定组（表七六）。

需要在此强调的是，统计学是以可能性为基本原理的。统计学的计算结果不能简单地被理解为一种绝对数值。但是，由于我们在统计学计算过程中采用了"三组设计法"，大部分易混淆的双峰类型个体被划分到不确定组，因此那些被划分到野生稻组和栽培稻组的个体便具有了很高的鉴别准确度（分别为90%）。另外，如果从某一样品中发现的双峰类型植硅石数量较多，而经过统计学计算被划分到各组的数量差额又很显著，根据贝斯统计学推理（Bayesian statistical inference），鉴别结果的准确度应该更高。举例说明，假设从某个样品中发现的双峰类型植硅石经过计算被判断为栽培稻的个体明显多于被划分到其他组的个体，我们就可断言在这个样品中肯定存在有栽培稻的遗存。

从 G 层样品中共发现了 29 个双峰类型个体，经过统计学计算其中 12 个个体被判断为野生稻，两个为栽培稻，其余划归为不确定组（表七六）。由此，在这个层位中埋藏有野生稻遗存的可能性应比栽培稻大的多。再考虑到在 29 个个体中仅有两例被判断为栽培稻组，根据贝斯统计学推理，G 层出土的双峰类型植硅石事实上可能都不属于栽培稻。另一个值得注意的现象是，从这一层堆积中出土的各种稻属植硅石的总数非常大，从一片显微镜片中竟然发现了近一百个各种稻属植硅石个体（表七四），这也许说明早自 G 层的堆积时代起（约 12000 年前），野生稻的采集已成为吊桶环人生存方式的一部分。

表七四　吊桶环遗址出土植硅石统计表（一个显微镜片的统计量）

长细胞的相对数量	B层 较多	C层 较多	D层 较多	E层 较多	F层 较少	G层 较少	H层 较少	I层 较少	J层 较少	K层 很少	L层 很少	M层 很少	N层 很少	O层 很少
稻属叶片植硅石														
附瘤齿缘长细胞														
扇形细胞稻属类型	8	44	4	3		4								
稻属颖壳植硅石														
单峰类型	108	44	22	17	1	48			1	1				
双峰类型	38	20	16	15		29								
峰状类型残骸		12	12	7		12								
其他禾本科植硅石														
短细胞	40	19	2	2	19	7	1	5	7	8	3	1	1	
扇形细胞	57	1	25	28	6	20	1	9	7	2	4	1	2	1
总计	251	96	81	72	26	120	2	14	15	11	7	2	3	1

表七五　　大源盆地稻田土样出土植硅石统计表

	地表层	距地表 5 厘米
长细胞的相对数量	非常丰富	丰富
稻属叶片植硅石		
附瘤齿缘长细胞	140	8
扇形细胞稻属类型	540	72
稻属颖壳植硅石		
单峰类型	12	
双峰类型	5	
峰状类型残骸		
其他禾本科植硅石		
短细胞	1020	224
扇形细胞	645	212
总计	2362	516

　　与其他上部六层样品相比，F 层样品的结果非常特殊，从显微镜片中仅发现了一例稻属植硅石（表七四）。根据表七三，F 层样品在土壤 PH 值和植硅石提取量方面与其他样品没有明显的差别。因此对 F 层样品的结果应当从文化背景上来解释。一种可能性是吊桶环洞穴在 F 层堆积时期被人类遗弃了。但是从 F 层中出土的大量兽骨以及石器和骨器证实洞穴在此期间仍被人类所占据。从表七四可以看出，在 F 层出土的植硅石群体中仅稻属植硅石的数量明显少于其他上部六层样品。因此，一种更为合理的解释是，在 F 层堆积时期（约 11000 年前）稻属植物不再是吊桶环人的食物了。其原因有可能是因为在此期间发生了一个显著的环境变化而导致分布于遗址周围的野生稻资源消失了。

　　在 E 层和 D 层两个样品中均发现了丰富的稻属植硅石，并包括一定数量的双峰类型。经统计学计算，从这两个样品中观察到双峰类型个体几乎均匀地被划归到野生稻组、栽培稻组和不确定组（表七六）。这说明这些双峰类型植硅石属于栽培稻和属于野生稻的可能性是均等的。换句话说，在这两层堆积中可能同时埋藏有野生稻和栽培稻的遗存。这一结果表明：（1）栽培稻的出现可能早至距今约 10000 年前（E 层）；（2）在栽培稻出现后的很长一段时间内，野生稻的采集仍是吊桶环人的经济生活中的一部分。

　　在 C 层样品中发现的稻属植硅石包括有 20 个双峰类型个体。统计学计算的结果与 G 层恰恰相反（表七六）。也就是说，在这个层位中埋藏有栽培稻遗存的可能性应比野生稻大的多。这个结果表明大概自 C 层的堆积时代起（约 7000 年前），栽培稻已基本取代野生稻而成为吊桶环人的主要食物之一。

　　由 B 层样品中出土了大量的稻属植硅石，观察到的双峰类型个体多达 38 个。经统计学计算其中 22 个被判断为栽培稻，仅两个为野生稻，其余在不确定组（表七六）。由此，从这个层位中出土的双峰类型植硅石事实上可能都属于栽培稻。

表七六 吊桶环遗址出土的双峰类型的统计学计算结果

	野生稻组	不确定组	栽培稻组	总计
B 层	2（5%）	12（37%）	22（58%）	36（100%）
C 层	2（10%）	7（35%）	11（55%）	20（100%）
D 层	4（25%）	5（31%）	7（44%）	16（100%）
E 层	4（27%）	5（33%）	69（40%）	15（100%）
F 层	0	0	0	0
G 层	12（41%）	15（52%）	2（7%）	29（100%）

　　将上部六层出土的双峰类型的统计学计算结果做一个比较（图二〇一），被判断为野生稻的个体与被判断为栽培稻的个体在每层出土的双峰类型总数中所占的比例呈现了一种随时间延续而产生的规则性变化。除 F 层外，由早至晚野生稻的比例逐渐减少而栽培稻的比例相应递增。即便是从保守的角度来解释，这一变化规律也清楚地揭示了吊桶环人由野生稻采集向依赖于栽培稻的这一生存方式的转化过程。

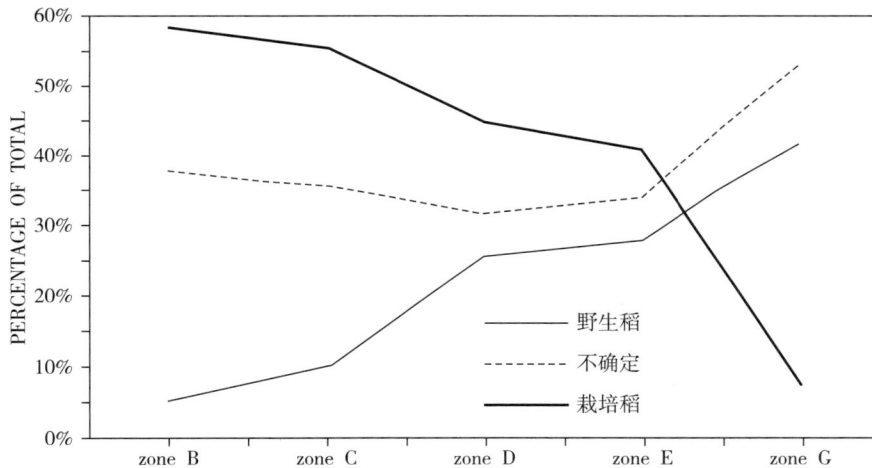

图二〇一 吊桶环遗址出土的双峰类型判断结果比例图示

四 仙人洞遗址出土植硅石的研究

（1）整体情况

　　本研究共对 14 份仙人洞遗址土样做了植硅石的提取和分析，其中包括由东探沟采集的 10 份土样以及由西探沟采集的 4 份土样。表七七介绍了这 17 份土样的土壤特性和植硅石提取量，表七八是植硅石的鉴定和统计结果。由于西探沟仅有四份样品,我们的分析以东探沟为主。

与吊桶环样品的结果不同,由仙人洞出土的植硅石的整体保存情况不很理想。由长细胞的相对数量统计可以看出,仅②A层出土的植硅石数量比较丰富,而以下诸层出土的植硅石数量均较少或很少。仙人洞遗址位于一小山脚下,洞口仅高于洞外地面一两米。据记载,大源盆地是洪水多发区,60年代对仙人洞遗址进行首次发掘时也发现在遗址的第二文化层与第三文化层之间存在有一个堆积间断,经地质学家们分析证实是洪水造成的。因此仙人洞植硅石群体保存情况不好的现象可能与历史上多次洪水侵袭有关。

（2）稻谷的鉴定

与对吊桶环遗址出土的植硅石的研究一样,我们利用双峰类型对栽培稻和野生稻进行判别（表七九）。

从②A层样品中共发现了28个双峰类型个体,经统计学计算其中16个个体被判断为栽培稻,两个为野生稻,其余划归为不可鉴定组。由此,在这个层位中埋藏有栽培稻遗存的可能性应比野生稻大的多。因为在28个个体中仅有两例被判断为野生稻,根据贝斯统计学原理,②A层出土的双峰类型植硅石事实上可能都不属于野生稻。

自②A①层以下各层或没有或仅有极少量的双峰类型被发现。虽然我们对这些出土的双峰类型也进行了判断,但对单一个体或极少量个体的统计学计算结果科学价值很低。因此,对②A①层以下各层的结果唯一的解释是,在这些文化层中含有稻属植物的遗存。

五　结论

吊桶环遗址G层堆积中出土的大量稻属植硅石以及对其中双峰类型的判断结果明确地证实:早在约12000年前的更新世末期野生稻已分布到了江西北部地区,而且被当地居民所了解并作为食物所采集。这是在长江流域地区首次发现的早于稻谷栽培的野生稻考古遗存。这一发现为在长江流域地区寻找栽培稻的起源提供了重要的依据。

从E层堆积中出土了最早的栽培稻遗存,而E层在吊桶环遗址恰恰也是含陶片的最早文化层。磨制石器在E层之下的F层已见出现。如仍以陶器、磨制石器、聚落以及植物栽培和动物驯化作为新石器时代标准的话,吊桶环遗址的E层文化堆积应属于新石器初期。如果将来的研究证实我们对E层的年代估计（约距今10000年前）是正确的话,此次在吊桶环遗址的发现应是现今所知年代最早的栽培稻遗存之一。

在E层和D层的堆积中野生稻遗存伴随栽培稻遗存被发现是一个值得注意的现象。从这两层堆积中还出土了数量惊人的动物骨骼,初步的鉴定没有发现明显被驯化的动物种属[15]。这些情况说明栽培稻的出现并没有立即引发稻作农业的产生,在栽培稻出现后的很长一段时间内,吊桶环人的经济形态仍以狩猎和采集为主。人类对稻属植物的认识、采集、栽培、耕作以至依赖应当经历了一个缓慢的过程[16],吊桶环遗址植硅石的研究结果证明如此。

对吊桶环遗址植硅石的研究也为我们判断遗址的堆积年代提供了某些参考依据。例如，在 F 层中发现的稻属植硅石出奇地少于其上下文化层（即 E 层和 G 层）。如前所述，这一反常的现象有可能反映了发生在 F 层堆积年代的一次显著的环境变化，即气温突然变冷而压迫分布于长江流域地区的野生稻迅速向南退缩，由此导致大源盆地的原有野生稻资源的消失。这一突冷时期很可能就是所谓的新仙女木期（Younger Dryas）。新仙女木期是更新世末期的一次短暂的突冷事件，大约发生在距今 10000 ~ 11000 年间（未经校正碳十四年代）[17]。近期的研究证实这一事件的发生是全球性的[18]，在中国也有报道[19]。当然，吊桶环遗址 F 层的堆积年代是否确实属于新仙女木期，以及发生在长江中下游地区的新仙女木期的规模、特点和确切时间都需要通过对当地古代环境的研究来证实，而这已越出了本报告的讨论范围。

表七七　仙人洞遗址样品描述

	土壤类型	土壤 PH 值	样品 重量（克）	植硅石 提取量（克）
东探沟				
②A 层	黏壤土	8.2	10	0.049
②A①层	黏壤土	8.3	10	0.052
②A②层	黏壤土	8.2	10	0.065
②A③层	粉砂质黏壤土	8.2	10	0.065
②B 层	黏壤土	8.3	10	0.03
②B①层	粉砂质黏土	8	10	0.06
②B②层	粉砂质黏土	8	10	0.12
③A 层	黏土	8.4	10	0.024
③B 层	黏土	8	10	0.064
④A 层	黏土	8.5	10	0.054
西探沟				
③C①A 层	黏土	7.8	10	0.053
③C①B 层	黏土	7.8	10	0.061
③C②层	黏土	7.8	10	0.062
④A 层	黏土	7.7	10	0.061

表七八　仙人洞遗址出土植硅石统计表（一个显微镜片的统计量）

	东②A层	东②A①层	东②A②层	东②A③层	东②B层	东②B①层	东②B②层	东③层	东③A层	东④层	西③C①A层	西③C①B层	西③C②层	西④A层
长细胞的相对数量	丰富	较多	很少	很少	较少	很少	很少	很少		很少	很少	很少	很少	很少
稻属叶片植硅石	2	3			2									
附瘤齿缘长细胞	61	12			2		4		5	4		1		1
扇形细胞稻属类型														
稻属颖壳植硅石														
单峰类型	65	5			1			1		3				1
双峰类型	29	2			1		1			1				
峰状类型残骸	27	1			1									
其他禾本科植硅石														
短细胞	80	13	1	1	2		4	1	5	13		2	1	1
扇形细胞	45	41	6	1	9	15	21	2	9	5	7	2	8	2
总计	309	77	7	2	18	15	30	4	19	26	7	5	9	5

表七九　仙人洞遗址东探沟出土的双峰类型的统计学计算结果

	野生稻组	不确定组	栽培稻组	总计
②A 层	2（7%）	10（36%）	16（57%）	28（100%）
②A①层	2			2
②A②层				
②A③层				
②B 层	1			1
②B①层				
②B②层	1			1
③A 层				
③B 层				
④A 层		1		1

注释

［1］ Wang, Xianzheng, Qianhua Jiang, and R. S. MacNeish. 1995. Palynology and paleoclimate in the Dayuan basin. In <u>Origin of Rice Agriculture: Preliminary Reports of the Sino – American Jiangxi Project</u>, edited by R. S. MacNeish and J. Libby, pp. 59 – 68. Publication in Anthropology No. 13, El Paso Centennial Museum, The University of Texas at El Paso.

［2］ 严文明：《我国稻作起源研究的新进展》,《考古》1997 年第 9 期, 71~76 页。

［3］ Fujiwara, Hirosh. 1993. Research into the history of rice cultivation using plant opal analysis. <u>In Current Research in Phytolith Analysis: Application in Archaeology and Paleoecology</u>, edited by D. M. Pearsall and D. R. Piperno, pp. 147 – 158. MASCA, University of Pennsylvania, Philadelphia.

［4］ Pearsall, D. M. , D. R. Piperno, E. H. Dinan, M. Umlauf, Zhijun Zhao, and R. A. Benfer, Jr. 1995. Identifying rice (Oryza sativa), Poaceae, through phytolith analysis. <u>Economic Botany</u> 49 (1): 183~196.

［5］ 同［4］。

［6］ a. 同［4］;

b. Zhao, Zhijun, D. M. Pearsall, R. A. Benfer, J. , and D. R. Piperno. 1998. Distinguishing rice (Oryza sativa Poaceae) from wild Oryza species through phytolith analysis, II: Finalized method. <u>Economic Botany</u> 52 (2): 134~145.

［7］ 同［4］。

［8］ 同［6］b。

［9］ Zhao, Zhijun and D. M. Pearsall. 1998. Experiments for improving phytolith extraction from soils. <u>Journal of Archaeological Science</u> 25: 587~598.

［10］ Pearsall, D. M. 1989. <u>Paleoethnobotany: A Handbook of Procedures.</u> Academic Press, San Diego.

［11］ Piperno, D. R. 1988. <u>Phytolith Analysis: An Archaeological and Geological Perspective.</u> Academic Press, San Diego.

［12］ Wilding, L. P. , N. E. Smeck, and L. R. Drees. 1977. Silica in soils: quartz, cristobalite, tridymite, and opal. In <u>Minerals in Soil Environments</u>, edited by J. B. Dixon and S. B. Weed, pp. 471~552. Madison: Soil Science Society of America.

［13］ 全国野生稻资源考察协作组：《我国野生稻资源的普查与考察》，《中国农业科学》1984 年第 6 期，27～33 页。

［14］ Stace，C. A. 1989. Plant Taxonomy and Biosystematics. 2nd ed. Edward Arnold，London.

［15］ Redding，R. W. 1995. Preliminary Report on Faunal Remains Recovered from the 1993 Excavation. In Origin of Rice Agriculture: Preliminary Reports of the Sino – American Jiangxi Project，edited by R. S. MacNeish and Jane Libby，pp. 53 – 58. Publication in Anthropology No. 13，El Paso Centennial Museum，The University of Texas at El Paso.

［16］ Pringle，H. 1998. The slow birth of agriculture. Science 282：1446.

［17］ Wright，H. E. 1989. The amphi – Atlantic distribution of the Younger Dryas climatic fluctuation. Quaternary Science Reviews 8：295～306.

［18］ Leyden，Barbara W. 1995. Evidence of the Younger Dryas in central America. Quaternary Science Reviews 14：833 – 839. Maloney，Bernard K. 1996. Evidence for the Younger Dryas climatic event in Southeast Asia. Quaternary Science Reviews 14：949～958. Mikolajewicz，Uwe，Thomas J. Crowley，Andreas Schiller，and Reinhard Voss. 1997. Modeling teleconnections between the North Atlantic and North Pacific during the Younger Dryas. Nature 387/22：384～387.

［19］ Sun，Xiangjun and Yinshuo Chen. 1991. Palynological records of the last 11，000 years in China. Quaternary Science Reviews 10：537～544.

第三节　仙人洞遗址孢粉研究

1993 年 10 月配合中美农业考古队赴江西万年具仙人洞采集孢粉样品九个，其中 Rs 为水稻田土壤样，Es 为仙人洞南小山上采的环境样，Ls 为在仙人洞附近的小湖边采的土壤样，其他六个样品为遗址文化层中采集的样品，经实验室分析在九个样品中均获得丰富的孢粉，经鉴定分析将九个样品按文化层分为六个孢粉组合，现将组合的主要特征及环境变化分析如下：

一　孢粉组合及环境

文化层中的六个孢粉组合的特点自下而上简介如下：

1. 第一组合（④B）：栎—鳞盖蕨组合（Quercus – Microlepia Assmblage）该组合的最大特点是喜湿的蕨类孢子—鳞盖蕨十分繁盛，木本植物中山毛榉科（Fagaceae）的栎属花粉也十分丰富，另外仍含有一定量的篙属骨植物花粉和木本科的花粉。

代表气候为由干湿转变为潮湿温暖期。

2. 第二组合（④A）：莲座蕨科—凤尾厥组合（Angiospteridaceae – pteridaceae Assemblage），该组合的主要物点为蕨类植物的孢子特别丰富，其次为少量的木本植物花粉和柳树的花粉。

代表气候为潮湿多雨。

3. 第三组合（③C 层）松属—菊科组合（Pinus – Compositae Assemblage），该组合的主要特点为裸子植物松属（pinus），花粉十分丰富，其次为草本植物菊科的花粉，在蕨类植物中也常见凤尾蕨类的孢子，木本植物以栎；胡桃为常见。

代表气候为温暖。

4. 第四组合（③C①b）：柳—蒿结合（Salix – Compositae Assemblage），该组合的最大特点为木本植物柳树花粉十分丰富，而菊科蒿属增加，其次为蕨类植物的孢子及少量的木本科花粉。

代表气候为干湿。

5. 第五组合（③B②）：松—蒿组合（Pinus – Artemisia Assemblage），该组合的主要特点为松树花粉的含量再次增加，喜干的蒿属花粉十分丰富，其次为木本植物的夹竹桃料花粉和蕨类植物孢子。

代表气候为温暖。

6. 第六组合（③B①）：禾本科—香蒲组合（Gramineae – Typha Assemblage），该组合的主要特点为喜水湿叶草本植物的花粉，特别是禾本科的花粉数量明显增加，另外，生于水边的香蒲科的花粉突然增加。

代表气候为潮湿温暖。

本次还在仙人洞附近的水稻田表土采了一块样品（RS）；从仙人洞对面的小湖岸边采了一个表土样（LS），并从附近的小山顶上采了一个表面土样（ES）。三个样品均代表当代的植物群的面貌。

三个样品的孢子组合的特点为松—禾本科—蕨类孢子组合（Pinus – Gdraminese – Spores Assemblage）。该组合的最大特点为松和禾本的花粉占绝对优势，特别是从水稻田中和小湖边采的样品中含大量水稻花粉，而在小山顶采的样品中大量蕨类植物的孢子。代表气候为亚热带湿热。

二 关于水稻花粉在遗址中的分布问题

此次主要目的之一，就是通过孢粉分析了解人类栽培水稻的历史，从图表中可以看出，在自下而上的六个文化层，以③B①层出现的禾本科花粉最多，约占孢粉总量的6% ~ 9%，而禾本科中属于栽培水稻的花粉一般个体较大，大致在45 ~ 50微米的范围，据此次从水稻田表土中分析出的大量禾本科的花粉直径均在45 ~ 55微米之间（表八〇）。

表八〇 Rs 样中 Gramineae 花粉统计

大小（微米）	数量（个）
45	33
50	26
52 ~ 54	6
55	3

而在仙人洞对面小湖岸边采得的样品中禾本科花粉的数量和大小如下（表八一）：

表八一 Ls 样中 Gramineae 花粉统计

大小（微米）	数量（个）
35	4
40	3
45	34
55	8

从上述仙人洞附近水稻田和小湖岸采的表土中禾本科花粉含量最高的为45微米的花粉，由此可见属于45微米大小的禾本科花粉肯定是现在栽培的水稻花粉，而在文化层自下而上属45微米大小的禾本科花粉仅在③B①层中发现，而且在③B①层中发现的13个禾本科的花粉只有两个属于7微米大小，其余的均小于40微米，由此推断③B①层中的两个45微米大小的禾本科花粉很可能属于人工栽培的稻米的花粉。

禾本科花粉在仙人洞遗址全部剖面中有自下而上数量逐渐增加的规律（表八二），从表八二中可以看出栽培水稻③B①层开始出现，以后其含量也逐渐增加。

表八二　禾本科花粉变化

地点、层位	<35 微米	<45 微米	46～50 微米	56 微米
Rs	6	33	35	3
Es	2	7	2	1
Ls	7	37	1	4
③B①	5	2	0	0
③B②	0	0	0	0
③C①B	3	0	0	0
③C	2	0	0	0
④A	3	0	0	0
④B	2	0	0	0

结　语

　　仙人洞和吊桶环遗址 20 世纪 90 年代的发掘，是由北京大学考古系、江西省文物研究所和美国安德沃考古基金会合组的联合考古队在"赣东北地区稻作农业起源研究"课题的框架下完成的。考古队在 1992 年调查的基础上选定了乐平洪岩洞、万年蝙蝠洞、仙人洞和吊桶环等 4 个洞穴遗址进行发掘和采样。经过 1993 年的发掘，得知洪岩洞和蝙蝠洞都没有新石器时代及其以前的堆积，因此，同年及此后 1995、1999 年发掘就一直集中在了仙人洞和吊桶环。其中仙人洞遗址发掘面积共计 8.6 平方米，吊桶环遗址发掘面积 40 平方米。同时，考古队还在盆地中心小规模钻探，对盆地环境进行研究。并开展了微植物遗存（孢粉和植硅石）和动物遗存研究。2009 年又在仙人洞遗址采集了用于堆积物微结构分析的样本。这些研究获得的成果主要有以下几个方面。

一　遗址所在盆地古代地貌复原

　　仙人洞和吊桶环遗址都位于万年大源镇一个东西长约 6 公里、南北宽约 2 公里、西西北—东东南走向的长条形盆地中。仙人洞位于盆地北部小河山的山脚下，是个洞穴遗址。吊桶环位于盆地西部的一小山山顶上，是个岩棚（穿洞）遗址，两者相距仅 800 米。

　　大源盆地是个山间溶蚀小盆地，四周山边线陡直，盆地中有灰岩残丘或孤山。大源河由东南向西北从盆地中穿过，两岸发育有高低两级阶地。其中高阶地比仙人洞高 5 米，沉积层中有新石器时代晚期以后的堆积物，它的形成要在新石器时代中晚期以后。因此，在本报告主要的研究时期即旧石器时代晚期和新石器时代早期，高阶地还没有出现，仙人洞面对的是一个相对宽阔的溶蚀盆地，有古大源河蜿蜒流经，洞前是河漫滩平原，其间的积水洼地牛轭湖是野生稻或水生沼生植物生长的地方。根据发掘和测年可知，现在所见洞穴堆积物的绝大部分都是在这一时期形成的（详下）。对盆地各个时期地貌的复原详见第四章第一节。

二　遗址堆积及反映的内容

　　发掘表明，从仙人洞遗址西区④A、东区⑥A 层和吊桶环遗址 L 层开始有早期人类活动，绝对年代都在距今 25000 年前，说明两个地点是同一群人所利用。此后这两个地点的人类活动日益频繁，直到十分晚近的时期。两个洞穴内的堆积物除仙人洞上部堆积外虽然大都以河流冲击物和洞顶崩塌物为主，但其他方面的内容则多有不同。

此次发掘所见仙人洞最上部的堆积是目前保留在洞口东侧的原始堆积物，发掘部位（E4N5～E4N6）最上部是一层钙华板，这层钙板之下即为此次发掘的①A层，是一层胶结紧密的螺蛳壳层。由于①A层中所见最晚的陶片属商周时期的云雷纹陶片，是知钙板形成的年代当在此后。推测这两层原来应当是遍布整个洞厅的。由于钙板和①A层已经相当接近洞顶，即便在洞厅中部，这两层与洞顶之间的高度也不足以容人站立，因此这两层的形成时期是不会有人直接居住在洞中的。60年代两次发掘的部位，钙板已经全部被破坏，所见顶部堆积（第一层）均混杂有现代瓷片和瓦片。①A层（螺壳胶结层）也只在局部有所保留，如第二次发掘T4洞顶塌落巨石下的①B层上部即为5～10厘米厚的螺壳胶结层[1]，而此次发掘的①B层只应相当于T4探方①B层下部。

总结来看，仙人洞原始堆积物的上部应当是形成于商周时期之后的钙板以及形成于商周时期的螺壳胶结层，而第一次、第二次发掘和此次发掘东区的①A层都是在钙板被破坏后形成的近现代堆积物。在螺壳胶结层之下的是新石器时代早期至旧石器时代晚期的堆积。

螺蛳壳胶结层之下的仙人洞发掘西区和东区的堆积物形状是一致的，如东区⑥C、⑥B、⑥A、⑤C、⑤B、④B、④A、③A①、③A、②A③、②A①、②A、①B、①A①、①A等多层都是亚黏土或亚砂土的水平层，是流水作用下形成的；⑤A、③B、②B②、②B①、②B、②A②、①C等几层则夹杂大量角砾，是洞顶崩塌为主的堆积物。东区除①层和⑤层外，各层层下都发现有烧火堆，共17处。在第一和第二次发掘中共发现烧火堆22处（都属当时划分的第一期）。因此可知，在洞顶稳定、间歇性河水退出仙人洞后，仙人洞洞厅是人类经常居住和活动的场所。根据此次发掘在烧火堆及附近的堆积物中所出兽骨的研究表明，古人类在烧火堆周围的活动包括肢解鹿、猪类动物并烧烤分享、敲骨吸髓、制作骨器和石器等。据不同层位所出兽骨的数量分析表明，仙人洞东区与⑥B～③A层位相关的烧火堆一般有1个或2个鹿和少量的野兔，可推定当时人群不是很大，②B②～②A层出土兽骨的数量明显增多，占总数的66%，与制作骨器相关的行为也大量增加。

吊桶环各层堆积物中大多夹杂大量角砾和岩块，洞顶崩塌比较严重。在各层层面上均未发现可以确认的烧火堆，只有一些坑状堆积。虽然在吊桶环各堆积单位中也都发现有直接的兽骨、烧骨以及砸击的兽骨，因此可以知道这里有古人类肢解、烧烤和进食的活动，但这类遗存的数量不如仙人洞那么密集，切锯兽骨加工骨器的遗存也比较少，因此这里不是古人类长时间居住的地方，而只有一些临时的活动，带来了一些石器、骨器等人工制品。根据兽骨的出土数量可知这里各个时期人类活动的频度并不相同，K、G和D层分别是人类活动的高峰期。鉴于仙人洞和吊桶环两个地点有人类活动的时期以及出土的遗物有极大地相关性，因此可以认为这两个地点应当是被相同的人群所利用的，只是利用的方式有所不同。

三　人工制品的特征与分期

仙人洞和吊桶环文化遗物包括石制品、骨角蚌器和陶器等三种。根据石器的变化并结合骨角蚌器、陶器的出现及变化大致分为三个时期。

1. 石器特征和分期

吊桶环出土石器相对较多,仙人洞数量较少,但石制品类型和变化则是一致的。综合石器原料、石器技术与生产过程、石器形态与功能等多方面情况,可以看出晚更新世晚期居住在仙人洞和吊桶环的史前居民的石器工业经历了三个特征明显的发展阶段。如果考虑到磨制石器技术与制陶技术的因素的出现,那么在第三个阶段还可以继续为划分出两个小的时期。这里分别称为早期、中期、晚期前段和晚期后段。

(1)以仙人洞西区④A层为代表的早期遗存,大致与吊桶环K层位代表的早期文化相当,是这两个遗址最初居住者所留下的生活痕迹。以燧石、水晶与石英等优质原料为主体,包括了从原料到成品等石器生产不同阶段产品。石器加工技术为小石器技术生产的利刃便携式小型石器组合,成品大部分是边刮器,还有端刮器、凹缺刮器、钻具与雕刻器等小型工具。石器组合情况与华北同期常见的小石器工业类型比较接近。这些石器表明这个时期是以狩猎为主要生计方式,群体的流动性较强,因而留下的文化遗存相对有限。

(2)吊桶环从J层开始,到H、G层为过渡期,在仙人洞以东区的④A层为代表的发现大致与吊桶环H层相当。这是中期阶段。这一阶段燧石等硅质岩类原料仍占有重要地位,但本地石英和片岩原料逐渐增多,水晶逐渐消失。石器组合中仍有前一阶段小型石器,但适合加工处理植物类资源的大、中型工具开始出现并且在工具组合中的比例逐渐增加,器类主要是砍砸器。这一阶段,除狩猎活动外,采集本地的植物类资源在生计活动的比例显然逐步加大,居住稳定性增强。

(3)吊桶环晚期以F开始、到E、D层,仙人洞以东区③A层为代表的遗存。这一阶段片岩原料占据了主导地位,以片岩为原料的大、中型砍砸、切割与研磨工具构成石器组合的主体,大量动物骨骼等相关遗存的发现也间接证实,此时的遗址规模增大,居住较以前各阶段更为稳定。其中吊桶环F和E层的发现则可以看做是晚期前段的代表。

(4)吊桶环D层,仙人洞东区②A②以晚的发现为代表的晚期后段,是早期人类在本区发展一个新阶段的文化遗存,在传统石器技术的基础上,开始并发展了磨制石器技术的应用,器类有砺石、梭形器、穿孔重石、匕形器、磨盘等,使得本区史前文化的发展进入全新阶段。

2. 陶器的特征及排序

陶器是从晚期开始出现的。仙人洞最早的陶器出现在西区的③C①B层,此层以上各层都出有一些陶片,共计282片。吊桶环D层才有陶片。由于仙人洞发掘面积比较小,吊桶环发掘面积虽然比较大但出陶片的数量很少,所以目前还难以对陶器进行准确分期。但相同层位和不同层位的陶器在质料、成形方式、修整方法、装饰和器形等方面都有很多的变化。可以大致区分出早晚的变化情况。

这里年代最早的陶器是条纹陶,胎土为掺大粒石英的夹砂陶,以斜接泥条的泥条圈筑法成坯,用平头齿形器在内、外壁刮抹修整,留下了平行的条纹,器口压成锯齿状并在口部装饰一周由内向外顶出的泥突,器形是直口的"U"形罐(釜)。

随后出现的绳纹陶较早也是掺石英岩的,以后又有以碎陶片和细砂为掺和料的做法,成形方式都是竖接泥条的泥条圈筑法。绳纹陶的修整方法有很多种，以扁绳拍拍打的方式为主，最早出现的是内外壁两面都留有绳纹的双面绳纹陶和双面粗绳纹陶，绳纹在内、外壁的方向是相反的，器形大致与条纹陶类似，口部也有压成锯齿状的。稍晚的拍印绳纹陶主要是外壁留下绳纹的单面绳纹陶。这类陶器在内壁原也应有绳纹，但被抹掉，根据绳纹粗细的不同又可分为单面细绳纹陶和单面绳纹陶。其中单面细绳纹陶都是掺碎陶片的，器形与双面绳纹陶很相似，在单面绳纹陶中出现的年代是最早的。单面绳纹陶既有掺石英岩和碎陶片的又有掺细砂的，器形与上述有较大的不同，是一种有颈的鼓腹圜底罐（釜），出现的年代较晚。

还有一些是数量比较少的以缠绳棍拍打修整的棍拍绳纹陶、以绳子直接滚压修整的滚印双面绳纹陶和交错绳纹陶，它们出现的年代大致在双面粗绳纹陶到单面绳纹陶之间。

再有就是以缠绳棍滚压修整的滚印单面粗绳纹陶，从陶质陶色都很有特点，制法也与其他类型的陶器不同，是以泥片贴塑法成形的，与单面绳纹陶的器形很像，也是有颈的鼓腹罐（釜），但束颈更甚，出现在仙人洞东西两个发掘部位的①B层，是仙人洞各类陶器中出现最晚的，它的器形和制法已经同新石器时代中期彭头山文化的同类器很相近了。

数量比较多的编织纹陶陶质有掺石英和掺碎陶片两种，也以泥条圈筑法成形，大概以缠绕各种编织物的拍子拍打修整，有的内、外壁都留有印痕，有的内壁又被抹平。器形是一种敞口斜腹圜底的深腹钵，年代大致与双面粗绳纹陶、单面细绳纹陶、单面绳纹陶共存。素面陶的数量不多，都是掺石英岩的，以泥条圈筑法成形，内、外壁均被抹平，有的可以约略看出壁面在抹平前也有纹样（推测是编织纹）。素面陶在较早与双面绳纹陶同时的层位中就有发现，但均是比较细碎的小陶片，因此不能肯定它们是素面陶还是绳纹陶局部被抹平的陶片，能看出形状的一件出于西部②A层中，是直口斜腹圜底的深腹钵，口部压成锯齿状。因此，编织纹陶和素面陶陶器很可能为盛器，而与条纹陶和绳纹陶的器类——釜在功能上有所不同。

对照石器分期，可以说晚期前段的陶器可以肯定有条纹陶釜一种，可能还有素面陶钵。晚期后段是各类绳纹陶为主，另外还有编织纹和素面陶钵。在晚期的最后阶段出现了单面滚印绳纹陶有颈釜。

3. 骨、角、蚌器

仙人洞和吊桶环遗址出土骨角蚌器和陶器的数量也很多，但变化不甚明确，只是大致可以看出一些分期的线索。

骨角蚌器中，早期和中期的数量和种类都比较少，早期大多为骨角锥一类，中期出现镖等，晚期增加了镞、铲等。蚌器则是在晚期才大量出现，主要器类是单孔或双孔刀。

四　各期文化特征、绝对年代及相关问题的讨论

中国科学院考古研究所实验室于 20 世纪 70 年代中期曾对仙人洞遗址 1964 年发掘所获标本作了常规法测年，其中上层标本贝壳年代距今 10870±240 年；下层标本兽骨（有机部分）年代为距今

8575±235 年（两件标本前一件采集日期 1964 年，实验室收到日期 1966 年，测定日期 1974 年 7 月；后一件骨化石，采集日期 1964 年，收到日期 1971 年 12 月，测定日期 1975 年 12 月）[2]。两件标本均未注明具体的出土层位，但分别注明了文化期，只是按照文化分期的早晚，这两个数据的早晚是颠倒的，因而素不为学界所采信。此后对于贝类标本和骨头标本的年代测定偏差问题学界有过讨论，认为贝类的年代较实际年代偏早，而兽骨标本的年代则应可信[3]。故而这两个年代也许不是毫无意义的。其中骨头的年代校正后仍然落在 8000BC～7300BC（95% 置信度）。

在 90 年代的发掘中，仙人洞和吊桶环遗址各个层位的堆积中都采集了大量的年代学样本，并利用 AMS 方法共测 [14]C 数据 34 个，其中仙人洞数据 28 个，吊桶环数据 6 个。仙人洞有 UCR 实验室所测数据 6 个，其他均由北京大学实验室测定。这些数据中，年代最早的两个数据十分接近，分别出自仙人洞东区⑥B 和吊桶环 K 层，各为 24500±370BP（BA99039）和 24540±430BP（BA95137）。年代最晚的一个是 10456±118BP（BA00004），该标本出自东区②A 层。在最早和最晚的数据之间，如果去掉其中 19634±186（BA00003）、12530±140（BA95145）、12420±80（UCR3561）、15180±90（UCR3300）等 4 个数据，则其他数据早晚的排列就能很好地与堆积的早晚顺序相吻合。但由于目前尚无法解释这 4 个数据特别是后 3 个数据矛盾的原因，因此只能暂且存疑。但不论上述数据有多少矛盾之处，其中最晚的一个年代距今 8575±235 年校正后仍然接近了 8000BC。也就是说，仙人洞和吊桶环早期洞穴堆积的年代应当属于旧石器时代晚期至新石器时代早期，最晚不会晚于新石器时代中期。

与南方其他同时期遗存相比，仙人洞早期遗存中年代最晚的应当出自①B 层，这一层中的陶器是以缠绳棍滚压修整的滚印单面粗绳纹陶，是以泥片贴塑法成形的，是有颈的鼓腹罐（釜），它的器形和制法同新石器时代中期彭头山文化的同类器十分相近，而彭头山文化的年代上限是 7000BC[4]。这样实际上就间接证明了上述推论是成立的。同时，仙人洞①B 层所见的这类陶器也是目前我们所知地理位置分布最靠东的。

①B 层滚印单面绳纹陶年代的确定给了我们一个年代定点，可以知道仙人洞和吊桶环其他早于仙人洞①B 层的陶器都应当是早于新石器时代中期彭头山文化的，属于新石器时代早期到旧石器时代末期或晚期。与岭南其他地方同时期的早期陶器相比，仙人洞①B 层以下出土的早期陶器数量最多，延续时间也最长，可以大致排出一个顺序。这就是年代由早到晚的条纹陶釜、双面绳纹陶釜、编织纹或素面陶钵、单面绳纹陶有颈釜。岭南其他地方所见也是这样几种陶器，说明他们的年代是一样的[5]。其中绝对年代做的最为充分的是玉蟾岩的陶器，校正后的年代可以确定为接近距今 18000 年[6]，而玉蟾岩的陶器是双面绳纹陶釜和编织纹钵，如果按照上述仙人洞陶器的排序，仙人洞条纹陶的年代至少与这个年代同时甚至要更早。目前出土最早陶器条纹陶的仙人洞西区③C①B 层中有 4 个年代数据，其中一个最晚的数据（UCR3439）校正后为 18200～17550BC（95% 置信度）。与东区最早出陶器的层位②B①、②B 的年代及其他一些地点的测年也是大致可以对应的。这样我们有理由认为仙人洞③C①B 的年代位置大致在距今 19000～20000 年间。

可见，附录表中与多数年代数据的排列不合的 4 个数据应当是有问题的，虽然我们目前还不能解释问题出在哪里。综合多组数据，可以把上述石器分期的绝对年代大致分配为早期为 BP25000～23000 年，中期为 BP23000～20000，晚期前段为 BP20000～12000，晚期后段为 BP12000～9000。这些年代中，早期和中期大致落在了华南旧石器时代晚期的范围，晚期前段和晚期后段应当是旧石器时代末期到新石器时代早期的年代。其中早期、中期和晚期前段的堆积在仙人洞和吊桶环都有发现，晚期后段的原生堆积只在仙人洞有所发现。

五　各时期环境、经济的特征及其他

仙人洞和吊桶环堆积的时代为更新世晚期到全新世早期，发现的动物种类有梅花鹿（*Cervus nippon*）、獐（*Hydropotes inermis*）、麂（*Muntiacus* sp.）、麝（*Moschus* sp.）、野猪（*Sus scrofa*）、羊（*Caprinae*）、豺（*Cuon alpinus*）、花面狸（*Paguma larvata*）、貉（*Nyctereutes procyonoides*）、獾（*Meles meles*）、狼（*Canis lupus*）、鼬（*Martes* sp.）、虎（*Panthera tigris*）、豹（*Panthera pardus*）、豹猫（*Felis bengalensis*）、黑熊（*Selenarctos thibetanus*）、仓鼠（*Cricetulus* sp.）、竹鼠（*Rhizomys* sp.），这些动物均为现生种，其中绝大多数种类现今在当地都有分布，说明当时的气候与现在基本相似，代表温暖湿润的亚热带气候。

吊桶环动物种属从早到晚变化主要有：E 层出现羊、D 层食肉类的种类和数量增多，F 层到 D 层啮齿类增多（表六八）。各层动物群分异度（信息函数）和均衡度计算结果见表六九。从分异度的变化曲线可以看出，从2.4～1.5 万年，吊桶环遗址附近气候有冷暖的波动，其间 K、G 和 C 层形成时期是三次明显的降温期，I 和 E 层形成时期，环境明显好转。K 层、G 层和 D 层是人类在吊桶环活动的高峰期。

仙人洞东区各层动物群的分异度说明，在 18000 年前到 11000 年前的更新世晚期，由于受全球最后大冰期的影响，江西地区的气候也经历了一个由温凉向温暖湿润的变化，在 11000 年之前的晚更新世之末的②A②～②A①层发现有石貂和金丝猴喜冷的动物，气温仍然较现在稍凉爽，到②A 层出现巨松鼠热带森林动物气候可能进入全新世气候明显好转，气候较现在温暖湿润。这个结果与江西定南大湖泥炭剖面的孢粉分析结果大体耦合，孢粉分析认为大约 18330～15630 年前植被景观是落叶阔叶林，气候温凉偏湿；15630～11600 年，孢粉植被逐步过渡为落叶（桤木）常绿（栲/石栎）阔叶混交林，气候温和湿润[7]。

根据仙人洞和吊桶环出土兽骨的鉴定和统计可知，这里古人类的肉食种类和比例一直都比较稳定，始终都是以鹿科动物为主，其次是野猪，吊桶环各层鹿科动物和野猪的最小个体数的比例各在50%～80% 和10%左右，其他动物所占比例都很小。因此，仙人洞和吊桶环取食经济最大的变化在于植物性食物的逐渐增加。

综合上述各类人工制品，以及报告中有关遗迹、兽骨和植物遗存在各个时期出现的情况可知，仙人洞和吊桶环在旧石器时代晚期的人类活动流动性仍然很大，特别是在 BP250000～23000 年，生计方式以狩猎为主，主要的猎物为斑鹿、麂、麝、獐等鹿科动物和野猪等大中型哺乳动物。在这两个地点遗留下来的各类文化遗存都比较单纯也比较少。

　　进入 BP23000 ~ BP20000 年间的中期以后，肉食来源中除仍以鹿类和野猪为主之外，其他一些动物如豺、果子狸、貉、獾、狸猫、熊、青鼬、中小型食肉类、兔、仓鼠、竹鼠、小型啮齿类、鸟、野鸡、雉、鸭、鳖、龟、螺等数量逐渐增加。在石器中，大型砾石工具逐渐增加，反映了采集活动在当时生业中的比例开始加大。

　　在 BP20000 ~ BP12000 年间的晚期前段，是最后冰期的最寒冷时期。这个时期仙人洞和吊桶环遗址的人类活动的稳定性增强。石器中以片岩为原料的大、中型砍砸、切割与研磨工具构成石器组合的主体，说明采集活动逐渐成为当时取食经济的主体。在植物遗存中出现了大量的稻属植硅石。最早的陶器出现，是迄今所知东亚乃至世界上年代最早的陶器，器物种类有釜和深腹钵两种，很可能与采集经济有关。骨器中鱼镖和镞的数量增多，说明狩猎的方式和狩猎比较灵活的动物的能力增强。骨器中的锥、针、蚌刀等则与制作皮衣皮具有关。

　　在 BP12000 ~ 9000 年间，最后冰期结束，气候逐渐回暖，大致应当是新石器时代早期的年代范围。这个时期已经开始了新石器化的进程。南方地区古代文化发展的新模式已经出现，这就是以上山—小黄山文化为代表的平地型聚落的广泛出现。洞穴类型文化延续的是旧石器时代晚期以来的居住方式，应当不是文化发展的主流。当时取食经济中的重要内容应当有所变化。石器仍然是以前一时期的大中型砍砸和切割工具为主，但开始并发展了磨制石器技术的应用，器类有砺石、梭形器、穿孔重石、匕形器、磨盘等。陶器的数量也有所增多。

六　小结

　　从上述情况看，仙人洞、吊桶环遗址从旧石器时代向新石器时代的过渡是渐变式的。其中最为重要的是经济生活方式的转变，主要包括从以狩猎大中型哺乳动物为主的生计方式，到盛冰期逐渐增加狩猎其他灵活动物的比例，增加采集植物食物的比例变化，以及随之而来的石器和骨器种类的变化，陶器的出现和磨制石器的出现等相关文化内容的转变等。虽然植硅石的研究表明至少在盛冰期已经开始利用稻属植物，但还不能最终确定已经开始有农业的发生。这种清晰的变化在中国从旧石器时代晚期向新石器时代早期过渡的遗存中是不多见的，这是仙人洞和吊桶环遗址发掘和研究的最重要收获。

　　根据目前华南各地出土早期陶器的排比以及绝对年代测年可知，仙人洞西区③C①B层出土的条纹陶应当是目前所知世界上年代最古老的陶器。其他各层出土的陶器也是目前早期陶器中数量最多种类最丰富的。仙人洞西区和东区①B层出土的单面滚印绳纹陶釜，同长江中游地区彭头山文化同类器一样，或许将为解释彭头山文化的来源或影响范围提供一些新的线索。仙人洞和吊桶环遗址均发现了有刻划纹的骨鱼镖或鹿角片，采用了切割和抛光的技术制作，尽管对其刻划纹所指的意义有待进一步研究，但若是与记事或计数有关，鉴于这是我国发现最早的材料，意义重大。选用鹿的掌距骨和鹿角制作工具，用砸击和切割的方法取料，制作毛坯，最后磨制成器，这套新石器及其以后的骨角器制作工艺流程这时已经基本成型。器形主要有锥、针、铲和鱼镖。我国目前已发现的骨角器出现在旧石器时代晚期，重要的有北京周口店山顶洞出土有骨针、辽宁海城仙人洞发现有鱼鳔、骨针和标枪头。仙人洞和吊桶环成熟的骨器工艺时代较山顶洞和小孤山遗址晚。由此可以看出，我国制作骨角器的技术在旧石器时代晚期出现，到旧石器时代晚期之末制作骨角器的技术已经很成熟了。

注释

［1］江西省博物馆：《江西万年大源仙人洞洞穴遗址第二次发掘报告》，《文物》1976 年第 12 期，23 页。

［2］江西省博物馆：《江西万年大源仙人洞洞穴遗址第二次发掘报告》附录，《文物》1976 年第 12 期，35 页。

［3］北京大学历史系考古专业 ^{14}C 实验室、中国社会科学院考古研究所 ^{14}C 实验室：《石灰岩地区 ^{14}C 样品年代的可靠性与甑皮岩等遗址的年代问题》，《考古学报》1982 年第 2 期，243～250 页；原思训：《华南早期新石器 ^{14}C 年代数据引起的困惑与真实年代》，《考古》1994 年第 3 期，367～375 页。

［4］湖南省文物考古研究所编著：《彭头山与八十垱》（下）613～618 页，科学出版社，2006 年。

［5］张弛：《中国南方的早期陶器》，北京大学中国考古学研究中心、北京大学震旦古代文明研究中心编《古代文明》（第 5 卷，1～16 页）。

［6］Elisabetta Boarettoa, Xiaohong Wuc, Jiarong Yuand, Ofer Bar－Yosefe, Vikki Chub, Yan Panc, Kexin Liuf, David Coheng, Tianlong Jiaoh, Shuicheng Lic, Haibin Gud, Paul Goldbergi, and Steve Weinerj, Radiocarbon dating of charcoal and bone collagen associated with early pottery at Yuchanyan Cave, Hunan Province, China. PNAS, vol. 106, NO. 24, 2009.

［7］吕海波：《南岭地区末次盛冰期以来古植被古气候的演化》，南京师范大自然地理学专业，2006 年硕士论文；江钦华：《江西万年县旧石器晚期至新石器时期遗址的孢粉与植硅石分析初步报告》，《环境考古研究》第二辑 152～158 页，科学出版社，2000 年。

附　录　仙人洞与吊桶环遗址 ¹⁴C 测年数据表

仙人洞东区						仙人洞西区						吊桶环					
层位	实验室号	年代	偏差	物质	样本号	层位	实验室号	年代	偏差	物质	样本号	层位	实验室号	年代	偏差	物质	样本号
①B	BA00003	19634	186	兽骨	1450												
②A	BA00004	10456	118	兽骨	1581												
②A	BA95138	11840	150	炭													
②A①	UCR 3558	11020	60	人骨	902												
②A②	BA 99038	11840	380	兽骨													
						③B①	BA 93181	14610	290	炭	076						
						③B②	UCR 3561	12420	80	人骨	748						
						③C①A	BA 00006	15655	194	兽骨	1122	D	BA 00014	15531	214	兽骨	3067
						③C①A	UCR 3562	16010	70	人骨	1035						
②A③	BA 95139	16110	140	炭		③C①A	BA 95143	16340	200	炭							
②B	BA 00015	16301	157	兽骨	1771												

续表

仙人洞东区						仙人洞西区						吊桶环					
层位	实验室号	年代	偏差	物质	样本号	层位	实验室号	年代	偏差	物质	样本号	层位	实验室号	年代	偏差	物质	样本号
②B	BA 95141	16580	260	炭		③C①B	AA 15005	17420	130	炭							
②B	BA 95140	17460	210	炭		③C①B	UCR 3439	16730	120	炭							
②B②	BA 99037	16330	220	兽骨		③C①B	UCR 3440	18520	140	兽骨							
						③C①B	BA 00007	16915	186	兽骨	765	G	BA 93180	17040	270	炭	2300
						③C②	BA 00008	17983	177	兽骨	1090						
						③C②	UCR 3300	15180	90	人骨		H	BA 93179	19770	360	炭	2259
						③C②	UCR 3522	17580	80	炭	212	D	BA 95135	19410	220	炭	
						③C②	BA 93182	18110	270	炭		E	BA 95136	19780	360	炭	
						③	BA 95142	20940	440	炭							
④	BA95144	21090	660	炭		④A	BA 95145	12530	140	炭	1104						
⑥B	BA 99039	24500	370	兽骨		④A	BA 00009	22902	322	兽骨		K	BA 95137	24540	430	炭	

后　记

　　万年仙人洞与吊桶环的考古工作始终得到国家文物局的大力支持和帮助，同时也得到江西省文物局、万年县人民政府的热情关照，在此深表谢意。

　　有关仙人洞与吊桶环的考古资料，美方马尼士博士先后于1994年、1996年、1997年作了初步整理和分析，并先后印制了三份材料。1994～2000年中方对所有考古资料进行了全面详细整理，并吸收了马尼士博士的一些资料整理方法，经过共同努力，完成了考古专刊编写工作。

　　全书由严文明、张弛主编、确定体例并统稿。其中第一章、第二章第一节由刘诗中执笔，第二章第二节（一）、第三章第二节（一）由王幼平执笔，第二章第二节（二）、第三章第二节（二）、结语由张弛执笔，第二章第二节（三、四）、第三章第二节（三、四）、第三章第一节由周广明执笔，第二章第三节、第三章第三节由黄蕴平执笔，第四章第一节由夏正楷执笔，第四章第二节由赵志军执笔，第四章第三节由王宪曾执笔，附表由吴小红执笔。初稿绘图工作由刘诗中、王团华、戴仪辉完成，照相工作由王炳万、赵可明担任。周广明负责了后期的描图和补拍等工作，翟少冬、和奇和邓振华担任了文稿大量的编辑工作，特此说明。

　　北京大学考古文博学院的杨梦菲、宋艳波、马赛、邵文斌、赵静芳等同学先后参加了仙人洞和吊桶环遗址出土的动物骨骼的整理工作。宋艳波和杨梦菲还用部分材料完成了两篇学士论文。

　　本报告的整理和研究工作还得到了教育部人文社会科学十五规划第一批研究项目博士点重点项目"仙人洞与吊桶环新石器时代早期文化研究"（01JB780001）的资助。

编　者

2013 年 8 月 5 日

1. 大源盆地近景

2. 大源盆地近景（西南-东北）

大源盆地近景

1. 大源河与仙人洞（东－西）

2. 仙人洞近景（东南－西北）

仙人洞遗址远景与近景

1. 吊桶环（山顶）所在的盆地中部孤山

2. 吊桶环洞口（西－东）

吊桶环遗址远景与近景

1. 中美考古队 1993 年合影（一）

2. 中美考古队 1993 年合影（二）

中美考古队合影

1. 仙人洞遗址发掘场景

2. 吊桶环遗址发掘场景

仙人洞与吊桶环遗址发掘现场

1. 仙人洞遗址探坑（西北－东南）

2. 仙人洞遗址 99WXE10N10 ~ E10N12 西剖面

3. 仙人洞遗址探坑

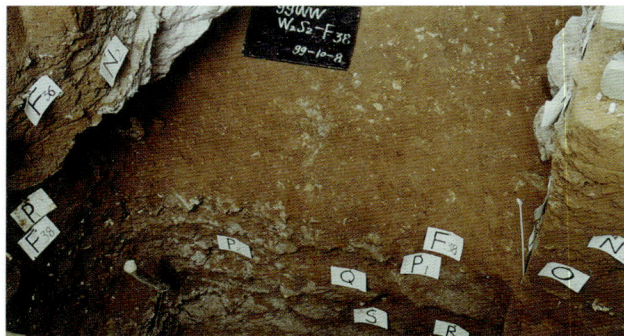

4. 吊桶环遗址 99WW W2S2Fea.38 西剖面

5. 仙人洞遗址 99WX E10N12 西北角

6. 仙人洞遗址洞穴与探坑（东－西）

仙人洞与吊桶环遗址探坑及剖面

1. Fea.14 炭灰分布（中）

2. Fea.5 平面（东－西）

3. Fea.14 平面

4. Fea.16 平面（东－西）

5. Fea.9 平面（南－北）

6. Fea.16 平面石块

仙人洞遗址部分遗迹

1. 仙人洞遗址出土石器

2. 仙人洞遗址出土陶片

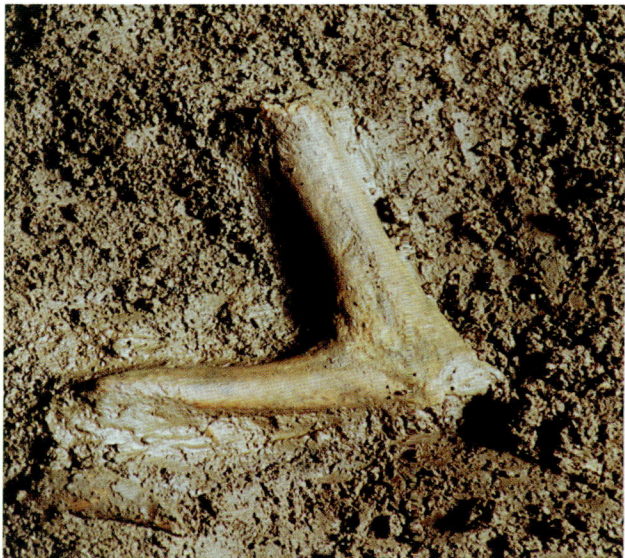

3. 仙人洞遗址出土厖角

4. 仙人洞遗址出土陶片

5. 仙人洞遗址出土石器

6. 仙人洞遗址出土骨器

仙人洞遗址部分器物出土照片

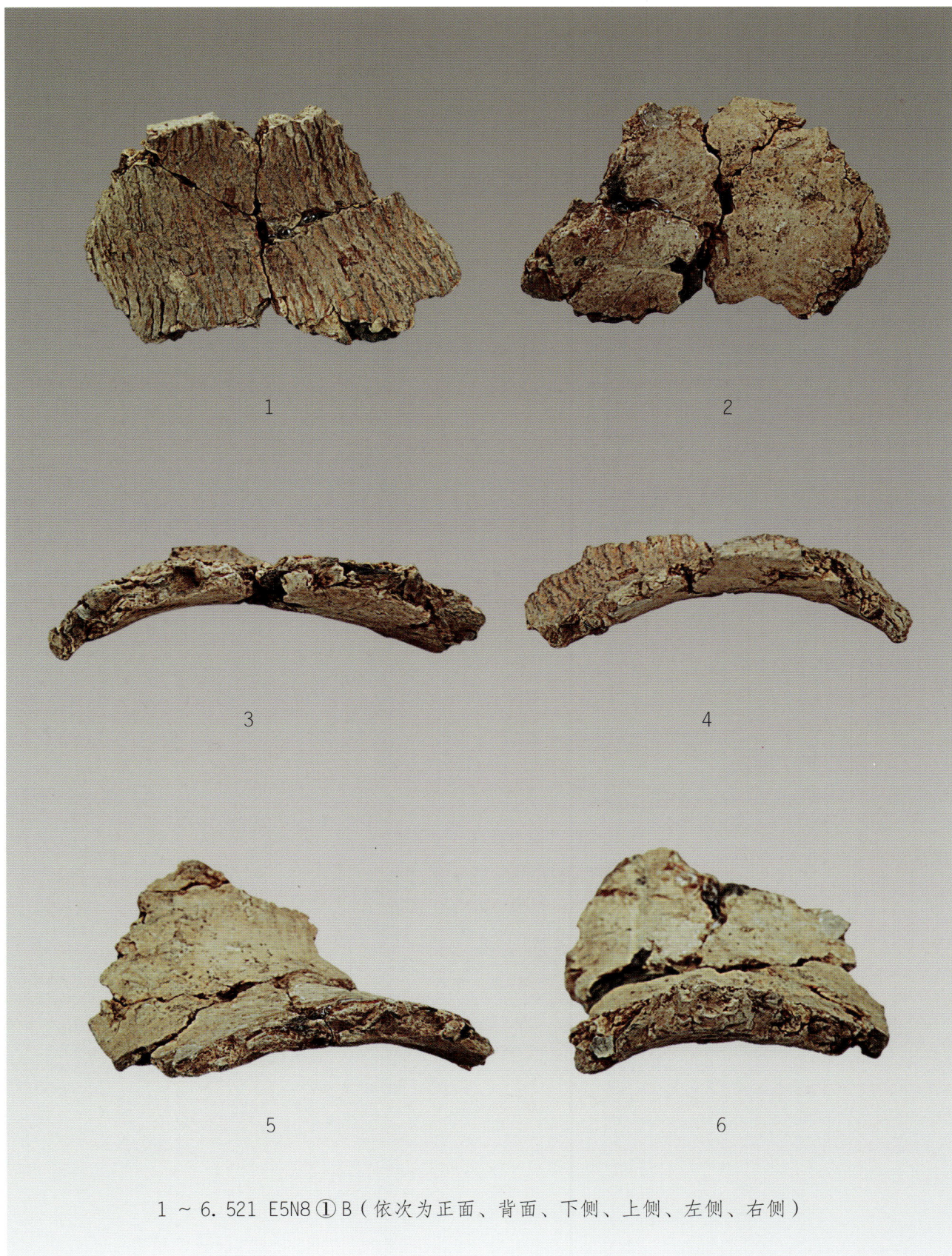

1 ~ 6. 521 E5N8 ① B（依次为正面、背面、下侧、上侧、左侧、右侧）

仙人洞遗址出土陶片

1 ~ 6. 438 E1N3 ③ B ②（依次为正面、背面、上侧、下侧、左侧、右侧）

仙人洞遗址出土陶片

1 ～ 5.1482 E10N11 ② A（依次为正面、背面、右侧、左侧、口沿）

仙人洞遗址出土陶片

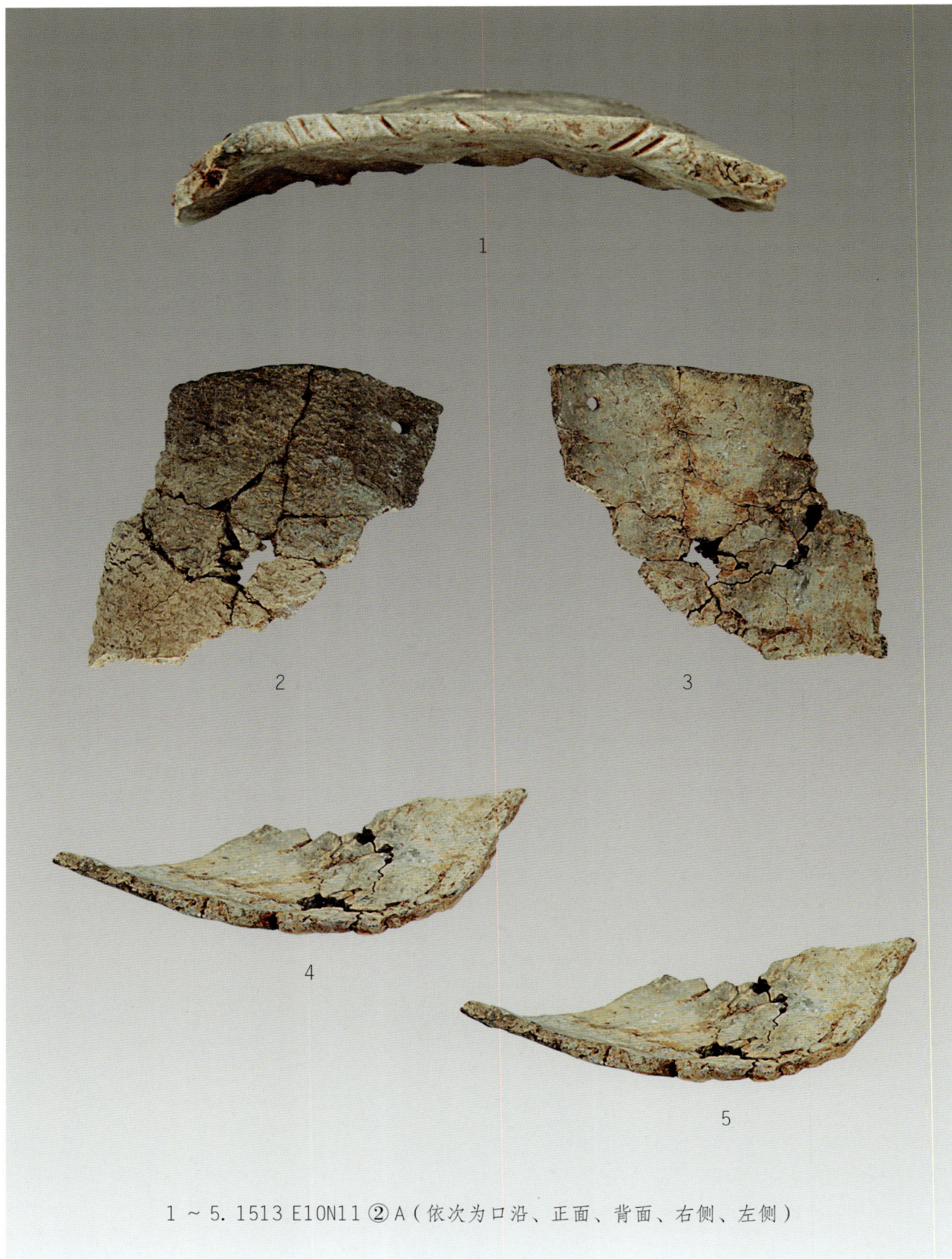

1 ~ 5. 1513 E10N11 ②A（依次为口沿、正面、背面、右侧、左侧）

仙人洞遗址出土陶片

1 ～ 6.753 E1N3③C①A（背面、正面、上侧、左侧、下侧、右侧）

仙人洞遗址出土陶片

1 ～ 6. 1590 E10N11 ②A①（正面、背面、上侧、左侧、右侧、下侧）

仙人洞遗址出土陶片

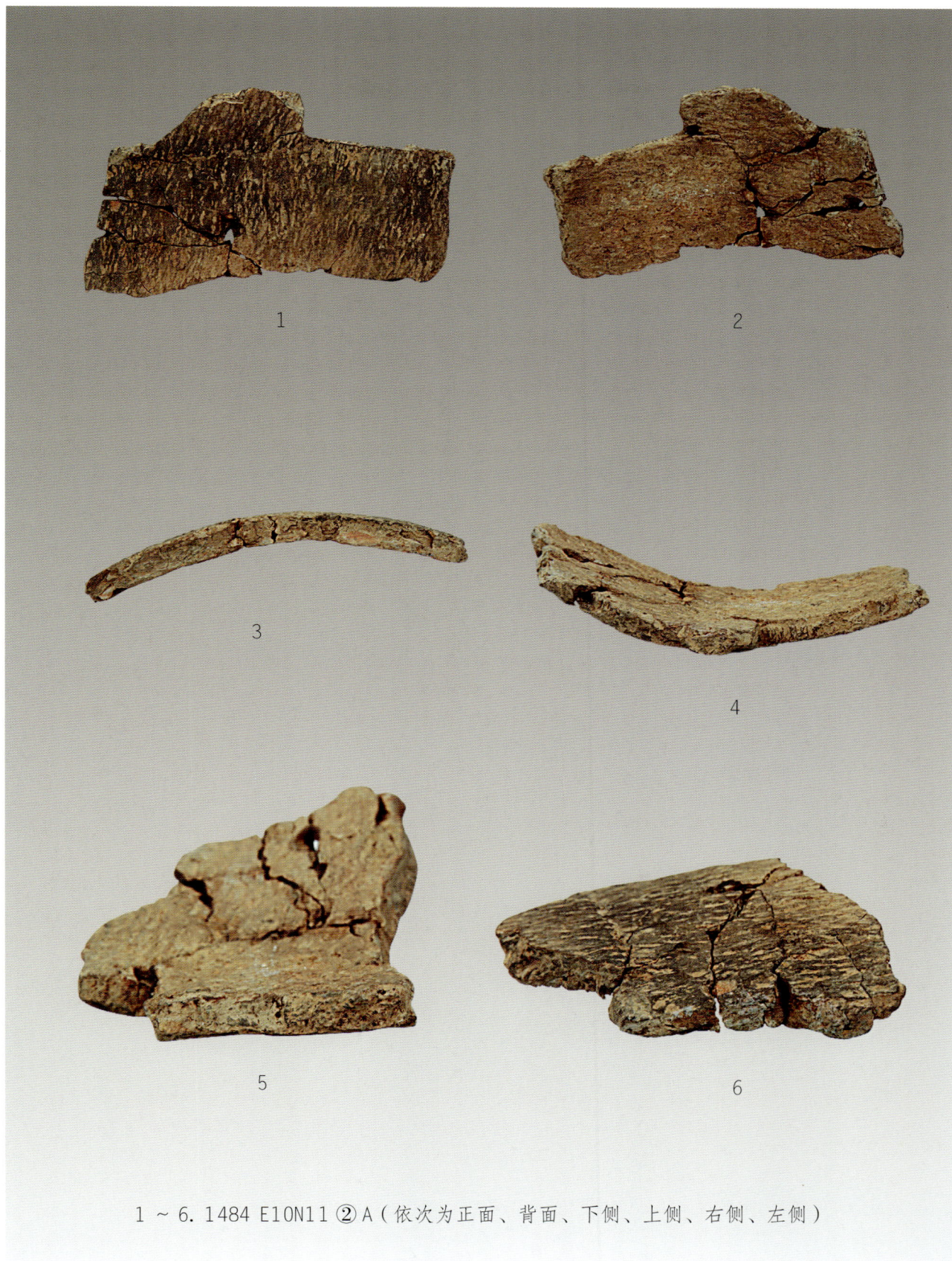

1 ~ 6. 1484 E10N11 ②A（依次为正面、背面、下侧、上侧、右侧、左侧）

仙人洞遗址出土陶片

1 ～ 6. 764 E1N3 ③ C ① B（依次为正面、背面、下侧、右侧、上侧、左侧）

仙人洞遗址出土陶片

1. 1994-16 E11N11④B（猕猴右上 M3）　2. 1366-12 E11N11②A（果子狸右上 M1）

3. 1597-2 E10N11②A①（猪獾左上颌骨）　4. 1907-1 E10N12③B（貉右上颌骨）

5. 1366-36 E11N11②A（梅花鹿右侧角柄，砍痕）　6. 1823-13 E10N11②B①/Fea.4（幼年梅花鹿角）

7. 899-14 E11N10②A①（梅花鹿左侧额骨，砍痕）　8. 1192-84 E11N10③A（梅花鹿左侧下颌骨，幼年个体）

9. 1175-28 E11N12②B①/Fea.4（梅花鹿左侧下颌骨，老年个体）　10. 1575-8 E10N12②A（巨松鼠左侧下颌骨）

11. 1671-8 E10N10②A①/Fea.2（獐左侧下颌骨）

仙人洞遗址出土动物骨骼

1. 1578-2 E10N12②A（青鼬左侧下颌骨）　2. 1491-17 E10N11②A（猪獾右侧下颌骨）

3. 1664-2 E10N10②A①/Fea.2（麂右侧下颌骨，青年个体）　4. 1899-23 E10N12③B（貉左侧下颌骨）

5. 922-1 E11N12②A（豹猫左侧下颌骨）　6. 1907-6 E10N12③B（赤麂右侧下颌骨）

7. 1855-4 E10N10③B（梅花鹿左侧下颌骨，青年个体）

8. 1192-83 E11N10③A（梅花鹿左侧下颌骨，砍砸痕，青年个体）

仙人洞遗址出土动物骨骼

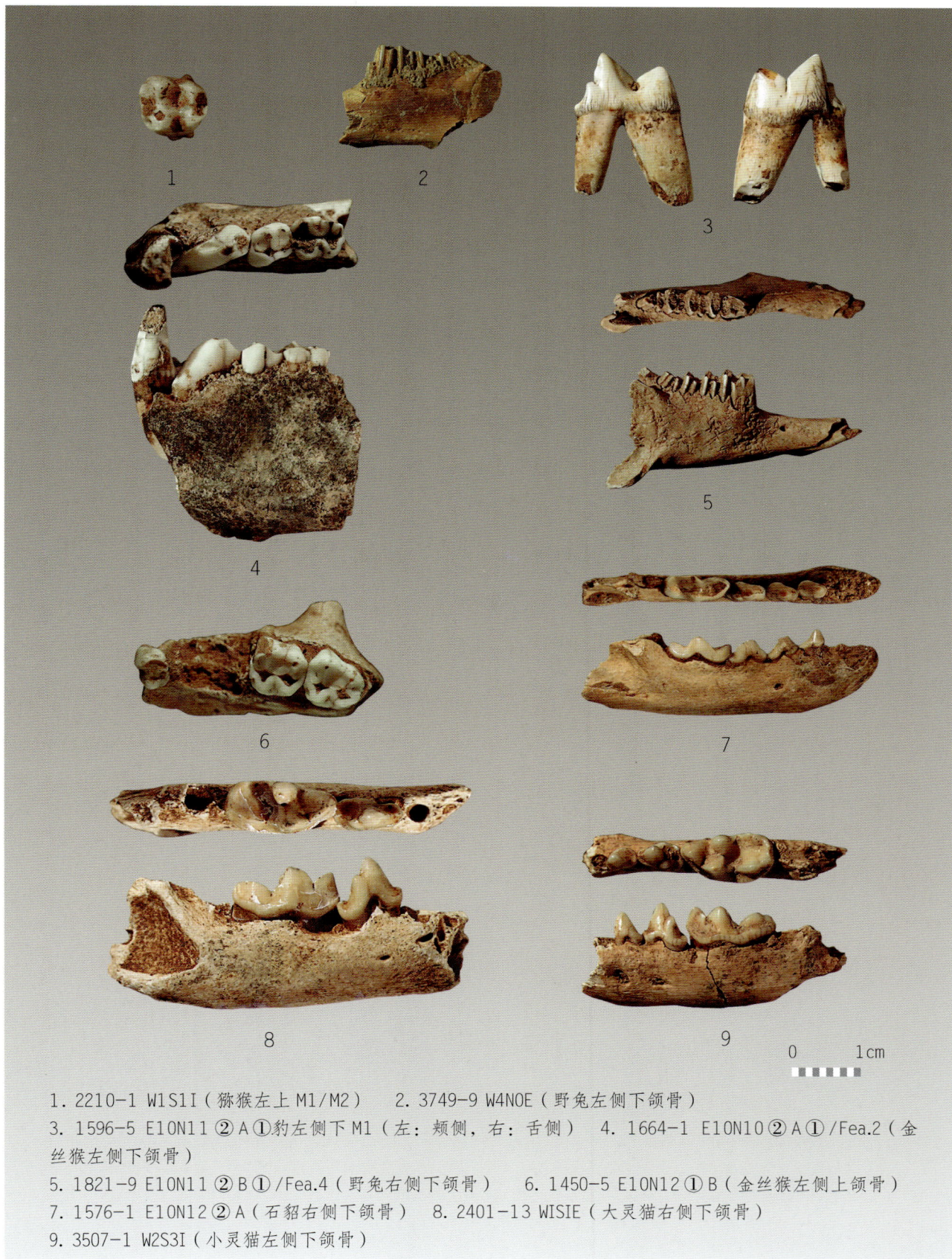

1. 2210-1 W1S1I（猕猴左上 M1/M2）　　2. 3749-9 W4N0E（野兔左侧下颌骨）

3. 1596-5 E10N11②A①豹左侧下 M1（左：颊侧，右：舌侧）　　4. 1664-1 E10N10②A①/Fea.2（金丝猴左侧下颌骨）

5. 1821-9 E10N11②B①/Fea.4（野兔右侧下颌骨）　　6. 1450-5 E10N12①B（金丝猴左侧上颌骨）

7. 1576-1 E10N12②A（石貂右侧下颌骨）　　8. 2401-13 WISIE（大灵猫右侧下颌骨）

9. 3507-1 W2S3I（小灵猫左侧下颌骨）

仙人洞与吊桶环遗址出土动物骨骼

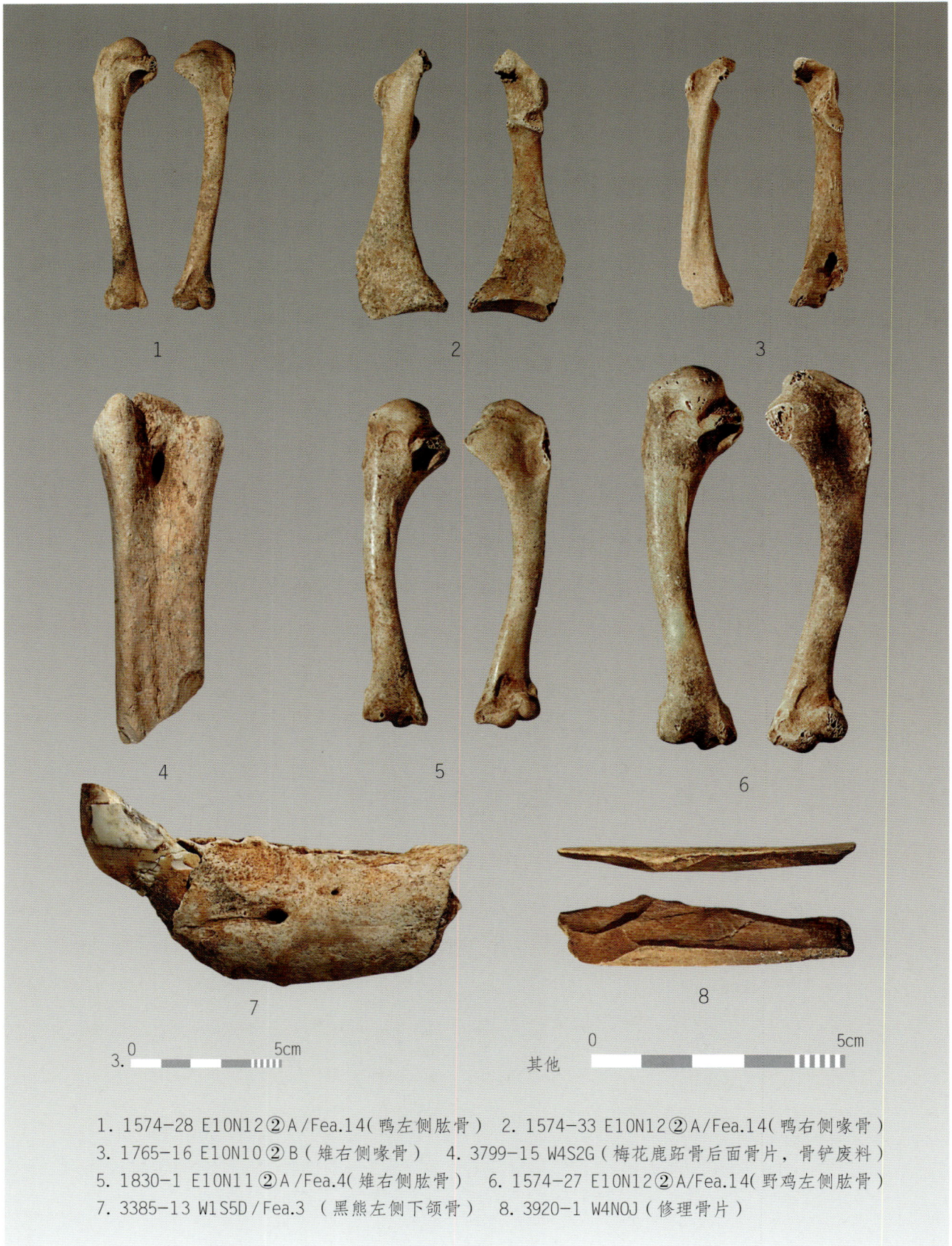

1. 1574-28 E10N12②A/Fea.14（鸭左侧肱骨） 2. 1574-33 E10N12②A/Fea.14（鸭右侧喙骨）
3. 1765-16 E10N10②B（雉右侧喙骨） 4. 3799-15 W4S2G（梅花鹿跖骨后面骨片，骨铲废料）
5. 1830-1 E10N11②A/Fea.4（雉右侧肱骨） 6. 1574-27 E10N12②A/Fea.14（野鸡左侧肱骨）
7. 3385-13 W1S5D/Fea.3（黑熊左侧下颌骨） 8. 3920-1 W4N0J（修理骨片）

仙人洞与吊桶环遗址出土动物骨骼

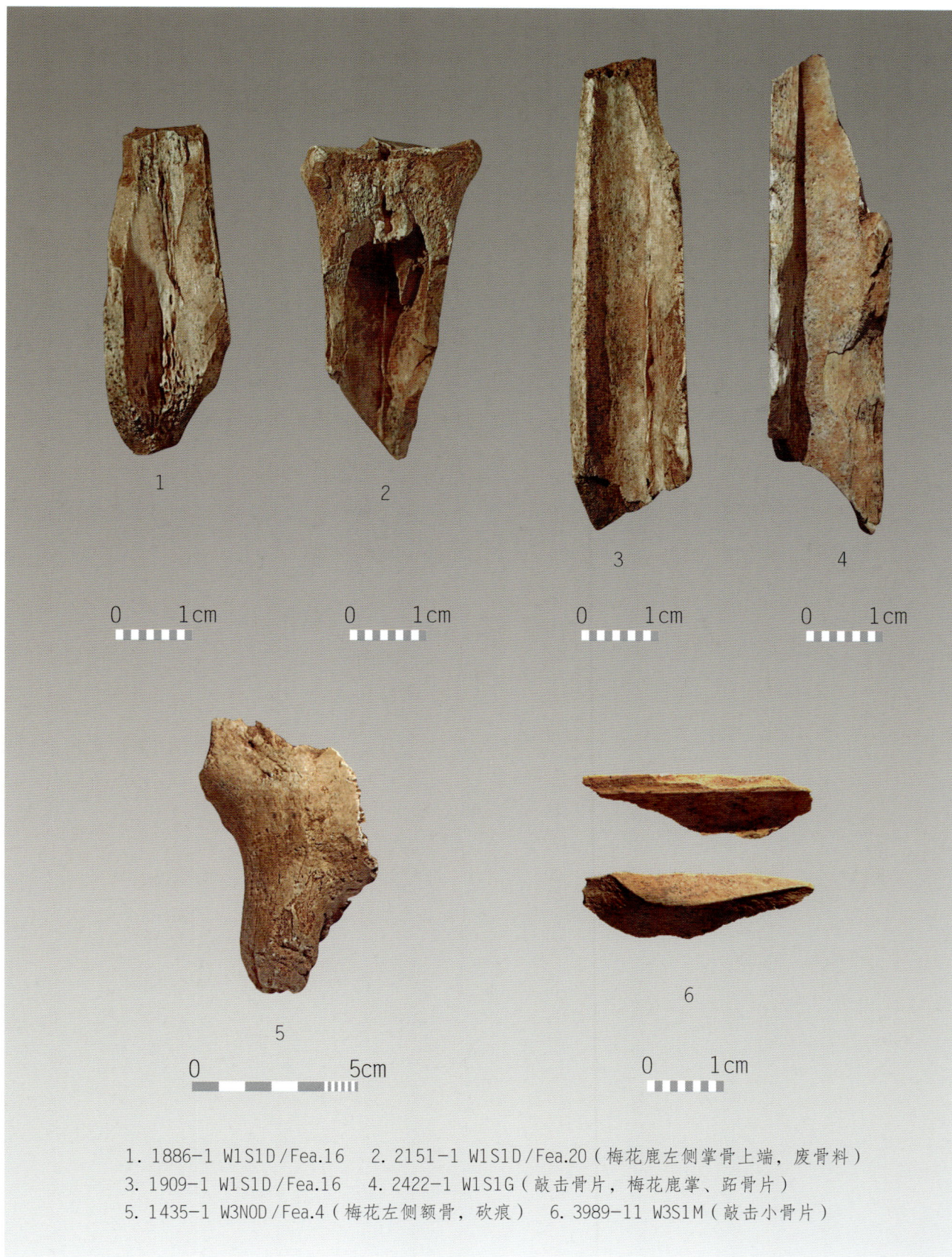

1. 1886-1 W1S1D/Fea.16　　2. 2151-1 W1S1D/Fea.20（梅花鹿左侧掌骨上端，废骨料）
3. 1909-1 W1S1D/Fea.16　　4. 2422-1 W1S1G（敲击骨片，梅花鹿掌、跖骨片）
5. 1435-1 W3N0D/Fea.4（梅花鹿左侧额骨，砍痕）　　6. 3989-11 W3S1M（敲击小骨片）

吊桶环遗址出土动物骨骼

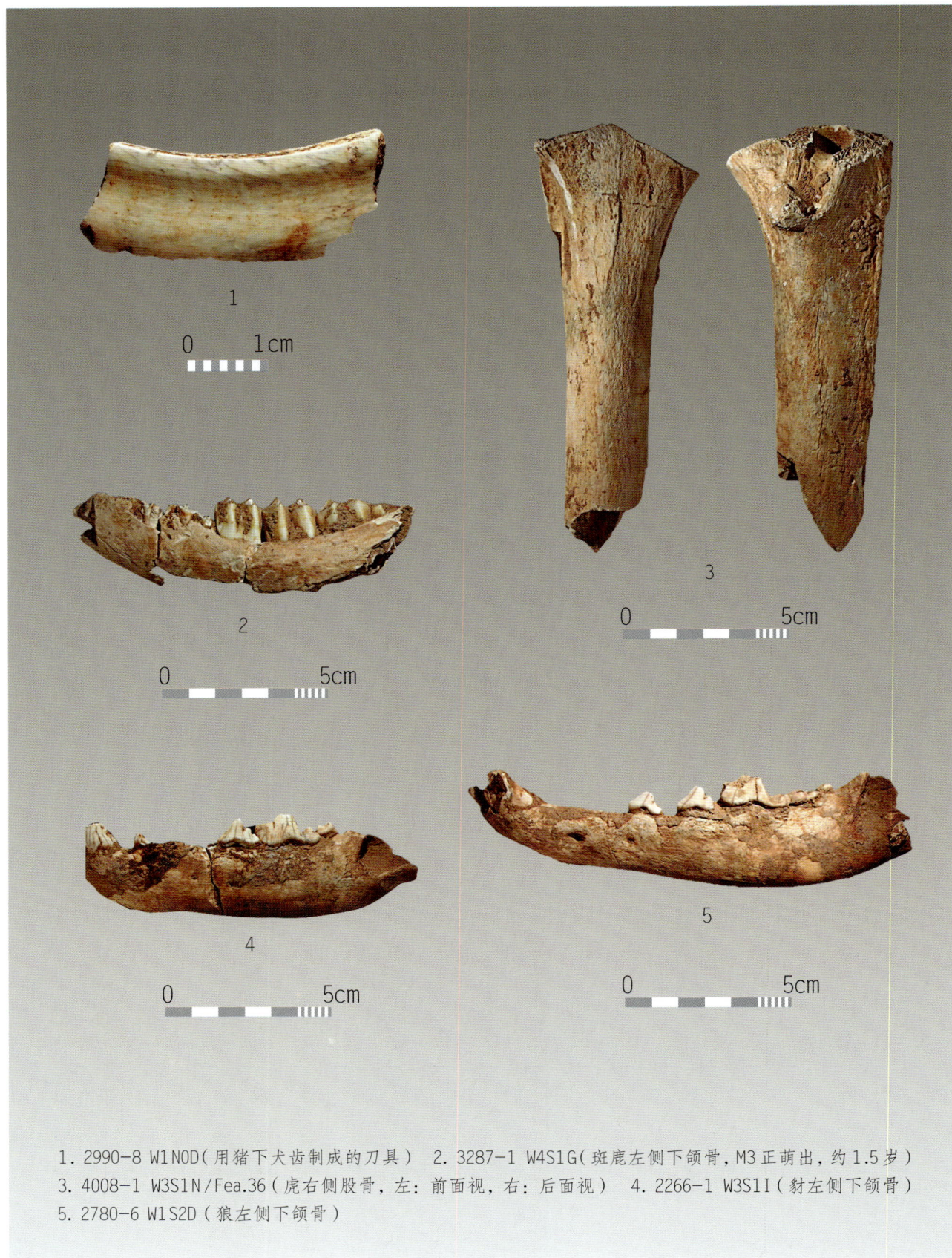

1

0   1cm

2

0   5cm

3

0   5cm

4

0   5cm

5

0   5cm

1. 2990-8 W1N0D（用猪下犬齿制成的刀具） 2. 3287-1 W4S1G（斑鹿左侧下颌骨，M3正萌出，约1.5岁）
3. 4008-1 W3S1N/Fea.36（虎右侧股骨，左：前面视，右：后面视） 4. 2266-1 W3S1I（豺左侧下颌骨）
5. 2780-6 W1S2D（狼左侧下颌骨）

吊桶环遗址出土动物骨骼

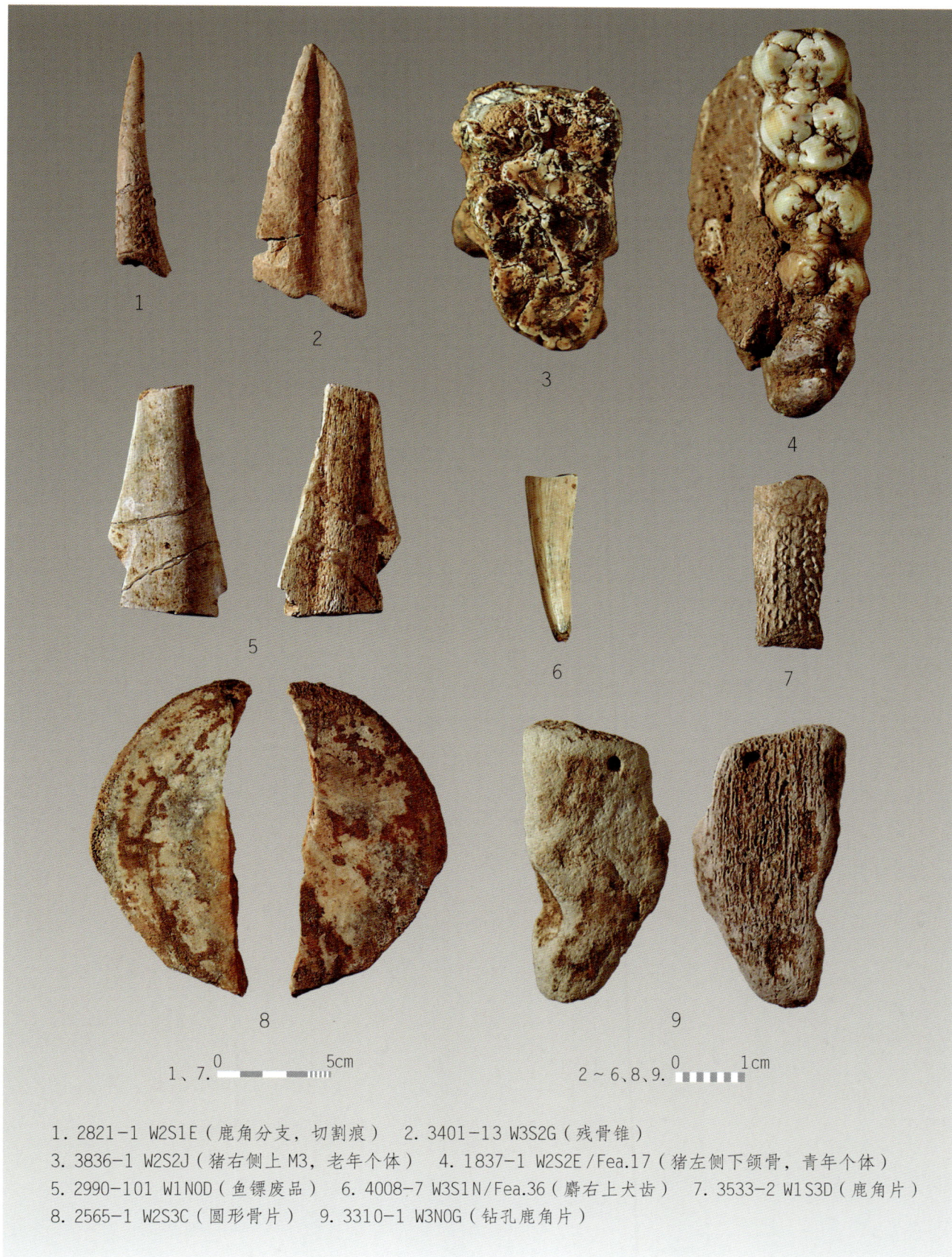

1. 2821-1 W2S1E（鹿角分支，切割痕）　2. 3401-13 W3S2G（残骨锥）
3. 3836-1 W2S2J（猪右侧上 M3，老年个体）　4. 1837-1 W2S2E/Fea.17（猪左侧下颌骨，青年个体）
5. 2990-101 W1N0D（鱼镖废品）　6. 4008-7 W3S1N/Fea.36（麝右上犬齿）　7. 3533-2 W1S3D（鹿角片）
8. 2565-1 W2S3C（圆形骨片）　9. 3310-1 W3N0G（钻孔鹿角片）

吊桶环遗址出土动物骨骼

1

2

3

4

| 0 | 1cm |
1. |▮▮▮▮▮▮▮|

| 0 | 5cm |
2、3. |▮▮▮▮▮▮▮|

| 0 | 5cm |
4. |▮▮▮▮▮▮▮|

1. 3166-1 W3S2F（角锥半成品）　2. 2990-4 W1NOD（残骨锥）

3. 1133-1 EONOC/Fea.2（骨铲半成品）　4. 3533 W1S3D（刻纹鹿骨片）

吊桶环遗址出土动物骨骼

1. 1625 E10N10 Fea. 2

2. 1863 E10N11 ③ B

3. 847 E11N10 ② A

4. 1271 E11N12 ③ A

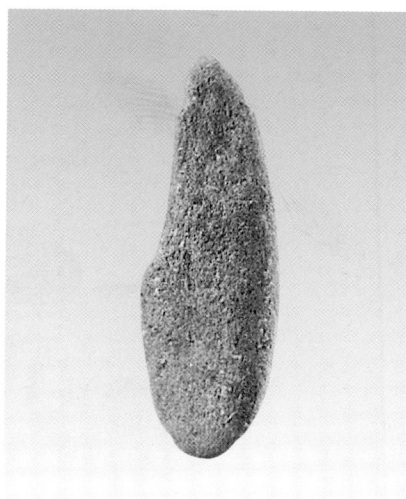

5. 1077 E11N10 ② B ②

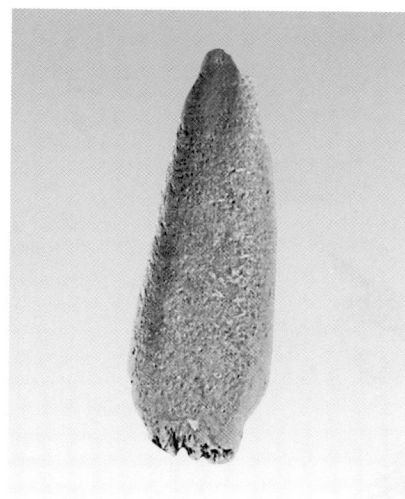

6. 026-2 ① B

7. 1782 E10N11 ② B

8. 1935 E10N10 ④ B

9. 1190 E11N10 ③ A

仙人洞遗址出土石器

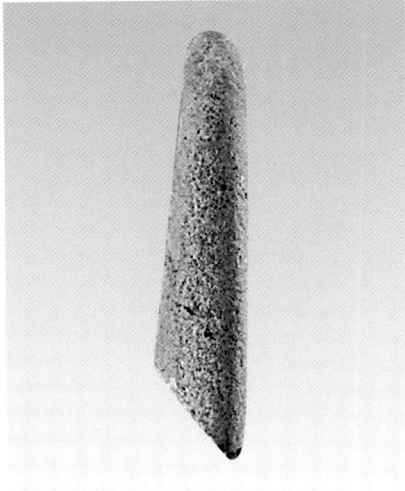

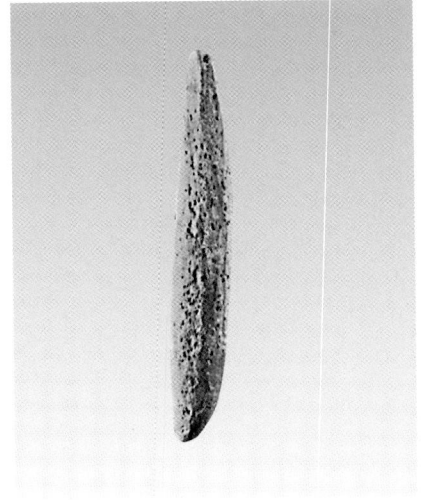

1. 1719（左侧）E10N11 ② A ③

2. 1478（正）E10N11 ② A

3. 1478（右侧）E10N11 ② A

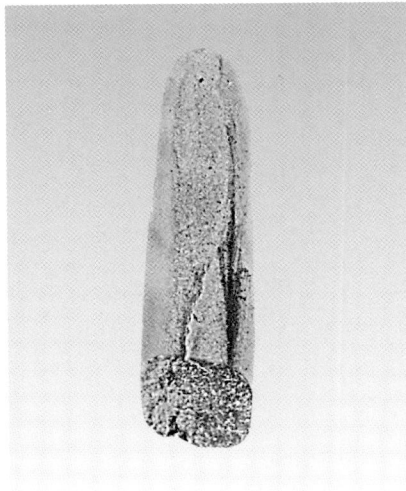

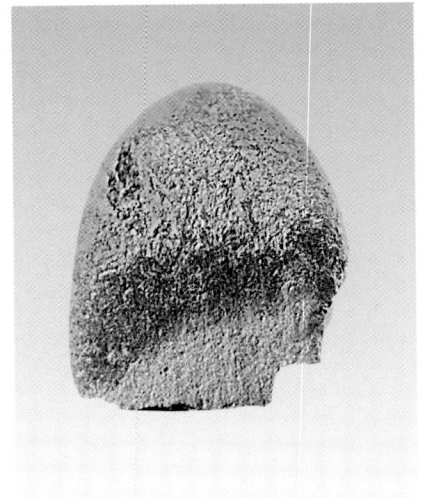

4. 1719（正）E10N11 ② A ③

5. 332-2（正）① B

6. 332-2（反）① B

7. 071 E1N3 ③ B ①

8. 967 E1N4 ③ C ① A

9. 1894 E10N12 ③ B

仙人洞遗址出土石器

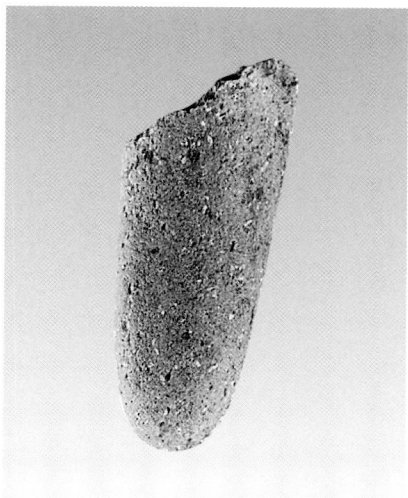

1. 900 E11N10 Fea. 2

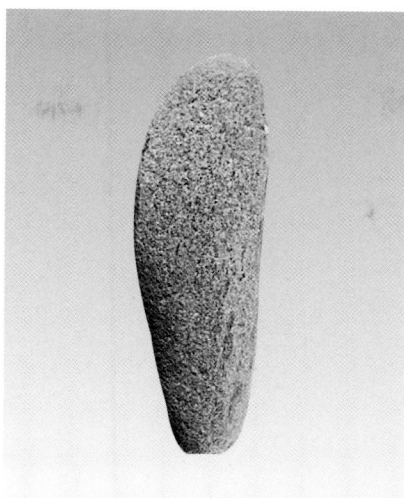

2. 1419 E11N11 ④ A

3. 1716 E10N11 ② A ③

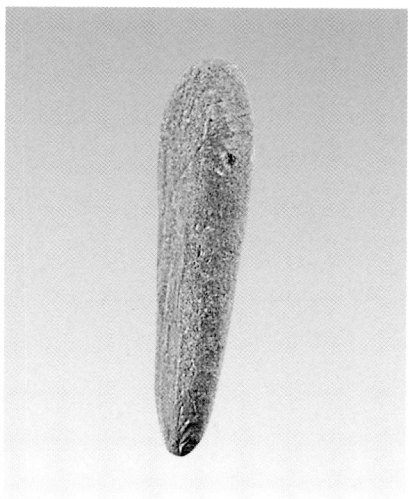

4. 1768 E10N10 ② B

5. 008 ① B

6. 1371 E11N11 ② A

7. 1648 E10N10 Fea. 2

8. WX1471 E10N11 ② A

9. 1636 E10N10 Fea. 2

仙人洞遗址出土石器

1. 1577 E10N12 ② A

2. 1676 E10N10 ② A ②

3. 1638（正）E10N10 Fea. 2

4. 1638（反）E10N10 Fea. 2

5. 1637 E10N10 Fea. 2

6. 1396 E11N11 ③ A

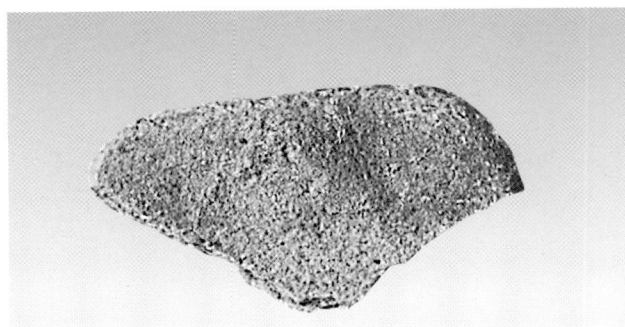

7. 1809 E10N10 ② B ②

8. 1096 E11N10 ③ A

仙人洞遗址出土石器

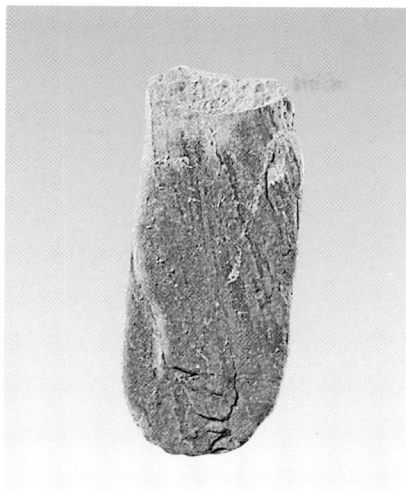

1. 1470 E10N11 ② A（底）

2. 952 E11N10 ② A ②

3. 1643 E10N10 Fea. 2

4. 1595 E10N11 ② A ①

5. 605（正）E5N8 ② A

6. 605（反）E5N8 ② A

7. 746 E1N3 ③ B ②

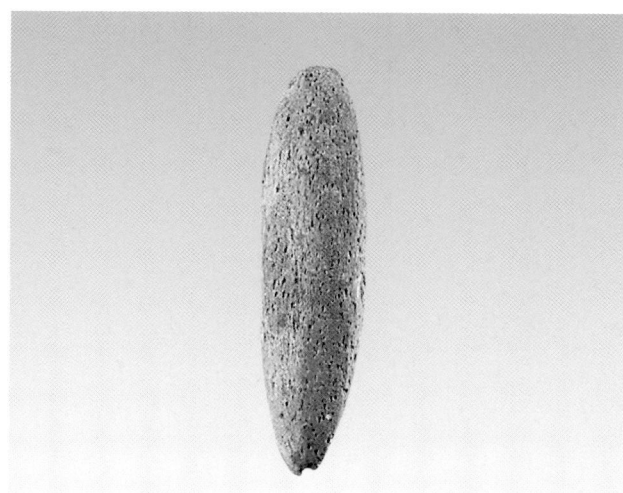

8. 1569 E10N12 ② A

仙人洞遗址出土石器

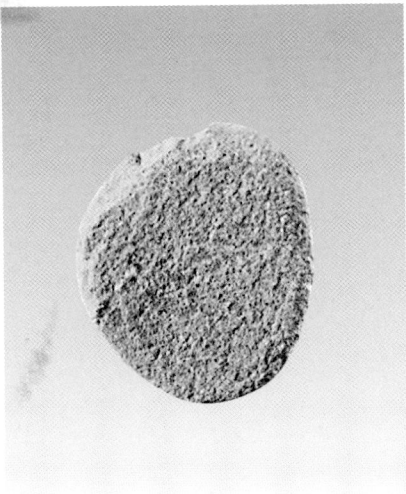

1. 921 E11N12 ② A

2. 1322 E11N10 ④ A

3. 1034 E2N4・③ C ① A

4. 1618 E10N12 ② A ①

5. 1618 E10N12 ② A ①

6. 1618 E10N12 ② A ①

7. 1776（反）E10N11 ② B

8. 1776（正）E10N11 ② B

9. 1992 E11N11 ⑤ A

仙人洞遗址出土石器

1. 1858 W3S1F
2. 1689 E10N11 ② A ②
3. 1083 E11N10 ② B ②

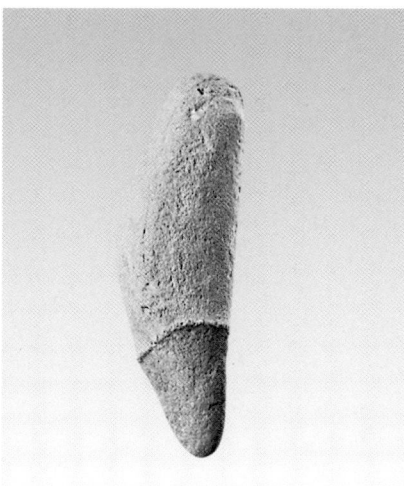

4. 612 E5N8 ② A
5. 776 E2N3 ③ B ①
6. 572 E5N8 ① B

7. 1588 E10N11 ② A ①
8. 1349 E2N4 ④ A
9. 1030 E2N4 ③ B ②

仙人洞与吊桶环遗址出土石器

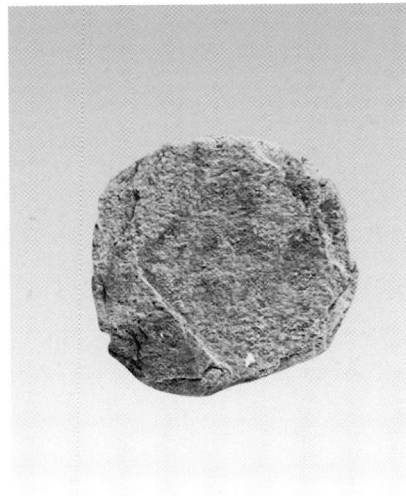

1. 3569 W5S2E

2. 2429 W1S1G

3. 3495 W4S1J

4. 3913 W4N0J

5. 3352 W2S3G

6. 2811 W1S3G

7. 3199 W3N0E

8. 3567 W5S2E

9. 3164 W3S3F

吊桶环遗址出土石器

1. 2395 W2S2H

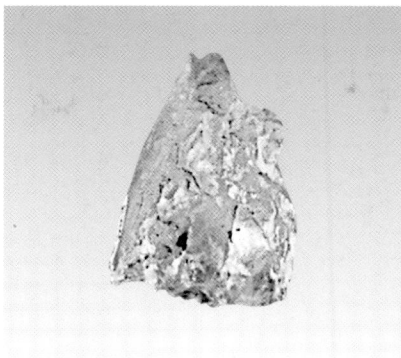

2. 3367 W2S1K

3. 3147 W2S1J

4. 3673-1 W5N0D ①

5. 1265 E1S2D

6. 3609 W5S2G

7. 3392-1 W4S1H

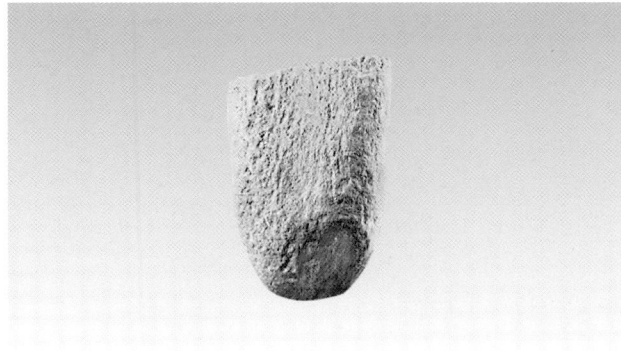

8. 662 E0S1D

9. 1203 W1N0D

10. 3392-2 W4S1H

吊桶环遗址出土石器

1. 3868（右）W1S4K

2. 3868（正）W1S4K

3. 2261 W3S1H

4. 3791 W1S4K

5. 3566 W5S2E

6. 3095（正）E0S1D

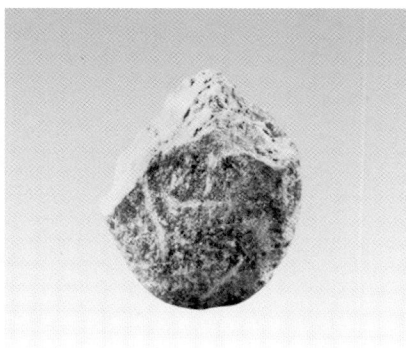

7. 3840-1 W4N0H

8. 3673-2 W5N0D ①

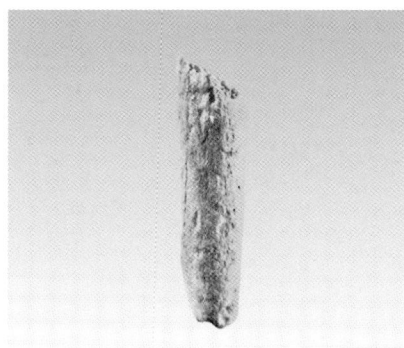

9. 1529 W1S2D ①

10. 3763 W2S2F

11. 3542 W1S4F

12. 214-1 W3S1E

吊桶环遗址出土石器

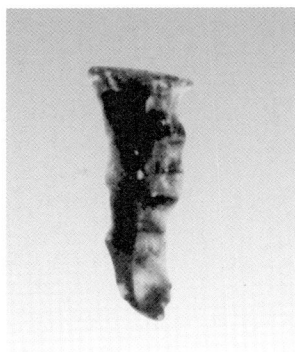

1. 3336 W2S1F

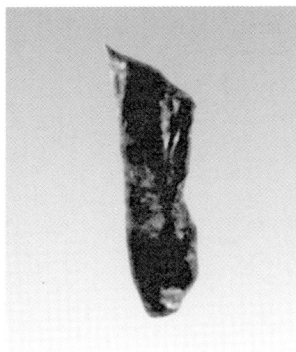

2. 3074-2 W2S1H

3. 3358-2（正）W2S3G

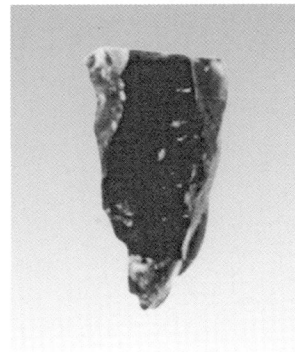

4. 3358-2（右）W2S3G

5. 3840-2（正）W4N0H

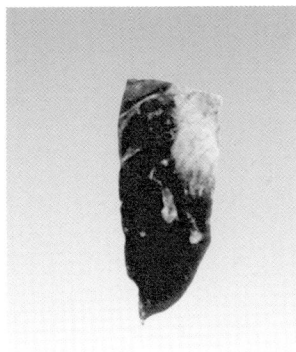

6. 3840-2（右）W4N0H

7. 3087-1 E0S2D

8. 3789 W1S4K

9. 1398（正）
E11N11 ③ A

10. 1398（反）
E11N11 ③ A

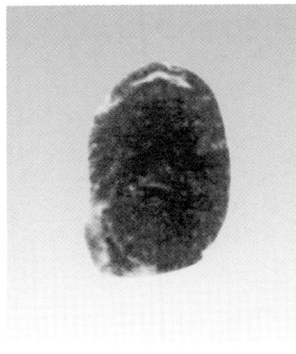

11. 3884 W3N0K

12. 2294 W3S1G

13. 3225 W3S3J

14. 3936-1 W4S2K

15. 3338-1 W2S3F

16. 2486 W3S1L

仙人洞与吊桶环遗址出土石器

1. 3922（正）W4S2J

2. 3922（反）W4S2J

3. 1313 E2N4C ① B

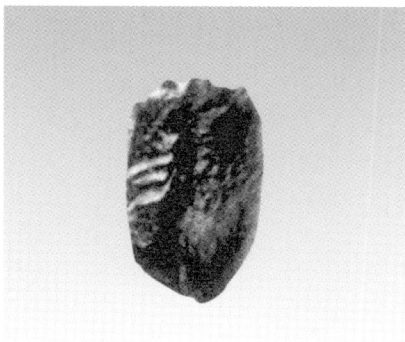

4. 3438 W3N0H

5. 1269（左侧）E11N12 ③ A

6. 1269（右侧）E11N12 ③ A

7. 3811 W4S2G

8. 3888 W3N0K

9. 3230 W3S3K

10. 3705 W3S2K

11. 3936-2 W4S2K

12. 3228 W3S3K

仙人洞与吊桶环遗址出土石器

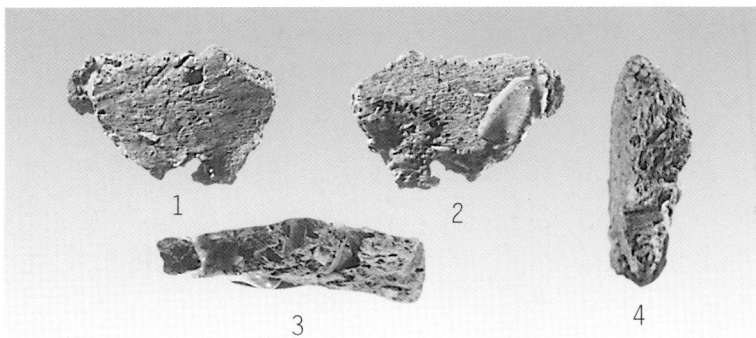

1. 466（正）E1N3③C①B　　　2. 466（反）E1N3③C①B　　　5. 764（正）E1N3③C①B
3. 466（下切面）E1N3③C①B　4. 466（右侧）E1N3③C①B

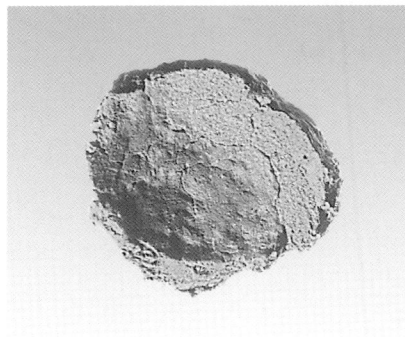

6. 1589（正）E10N11②A①　　7. 1589（反）E10N11②A①　　8. 764（反）E1N3③C①B

9. 185（正）　　　　10. 185（反）　　　　11. 185（左侧）　　　　12. 764（右侧）
E1N3③C①B　　　　E1N3③C①B　　　　E1N3③C①B　　　　E1N3③C①B

13. 174（正）　　14. 174（反）　　15. 174（左侧）　　16. 753（正）　　17. 753（反）
E1N3③C①B　　E1N3③C①B　　E1N3③C①B　　E1N3③C①A　　E1N3③C①A

仙人洞遗址出土陶片

1. 922（正）E11N11 ② A

2. 922（反）E11N11 ② A

3. 1654（正）E10N10
Fea. 2

4. 1654（反）E10N10
Fea. 2

5. 1654（右侧）
E10N10 Fea. 2

6. 922（右侧）
E11N11 ② A

7. 663（反）E5N8 ② C

8. 663（反）E5N8 ② C

9. 1585（正）
E10N11 ② A

10. 1585（反）
E10N11 ② A

11. 1659（正）
E10N10 Fea. 2

12. 1659（反）
E10N10 Fea. 2

13. 1659（左侧）
E10N10 Fea. 2

14. 1585（下切面）
E10N11 ② A

仙人洞遗址出土陶片

1. 657（正）E5N8 ② C

2. 657（反）E5N8 ② C

3. 657（左侧）E5N8 ② C

4. 375（下切面）E1N3 ③ C ① A

5. 375（正）E1N3 ③ C ① A

6. 375（反）E1N3 ③ C ① A

7. 1663（正）E10N10 Fea. 2

8. 1663（反）E10N10 Fea. 2

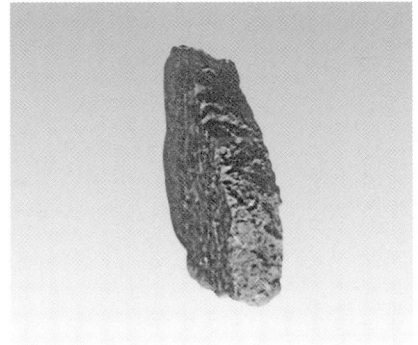

9. 1663（左侧）E10N10 Fea. 2

10. 1453（正）E10N10 ② A

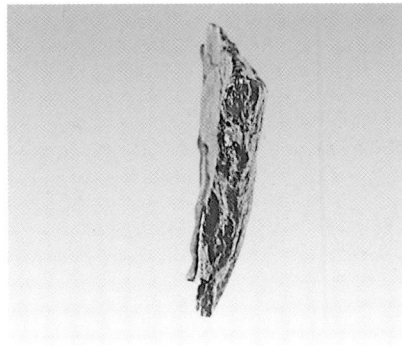

11. 1453（右侧）E10N10 ② A

12. 1453（反）E10N10 ② A

仙人洞遗址出土陶片

1. 856（正）E11N10②A

2. 856（反）E11N10②A

3. 856（左侧）E11N10②A

4. 913（正）
E11N12②A

5. 913（反）
E11N12②A

6. 913（左侧）
E11N12②A

7. 751（正）
E1N3③B②

8. 1028（正）
E0N3③B②

9. 1028（反）
E0N3③B②

10. 879（正）
E0N3③B②

11. 879（反）
E0N3③B②

12. 1482（正）
E10N11②A

13. 1482（反）
E10N11②A

14. 1482（右侧）
E10N11②A

15. 1469（正）
E10N11②A

仙人洞遗址出土陶片

1. 800（正）E11N11 ② A

2. 800（反）E11N11 ② A

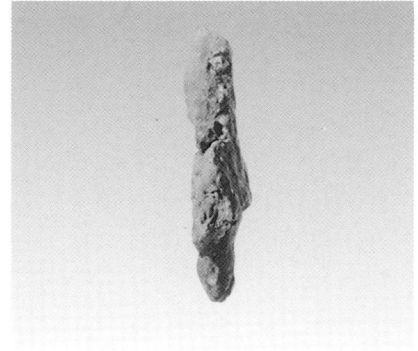

3. 800（左侧）E11N11 ② A

4. 1487（正）E10N10 ② A

5. 1487（反）E10N10 ② A

6. 1487（右侧）E10N11 ② A

7. 1466（正）E10N11 ② A

8. 1466（反）E10N11 ② A

9. 1466（下切面）E10N11 ② A

10. 839（正）E11N11 ② A

11. 839（反）E11N11 ② A

12. 839（下切面）E11N11 ② A

仙人洞遗址出土陶片

1. 1483（正）E10N11②A

2. 1483（反）E10N11②A

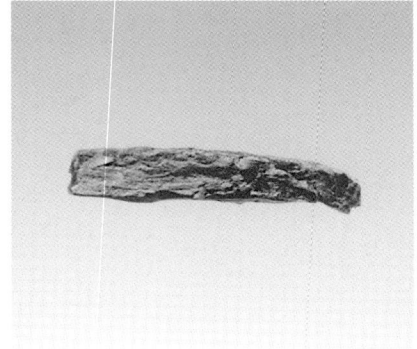

3. 1483（下切面）E10N11②A

4. 1504（正）E10N12②A

5. 1504（反）E10N12②A

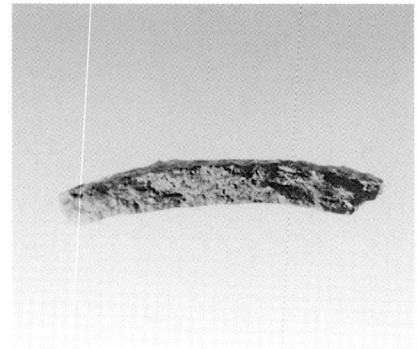

6. 1504（下切面）E10N12②A

7. 1454（正）E10N10②A

8. 1454（反）E10N10②A

9. 1454（左侧）E10N10②A

10. 601（正）E5N8②A

11. 556（正）E5N8①B

12. 556（反）E5N8①B

13. 601（反）E5N8②A

仙人洞遗址出土陶片

1. 554（正）E5N8 ① B

2. 554（反）E5N8 ① B

3. 554（下切面）E5N8 ① B

4. 558（正）E5N8 ① B

5. 558（反）E5N8 ① B

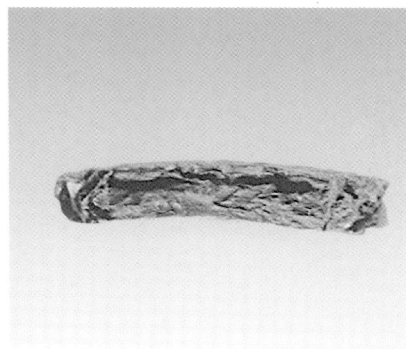

6. 1520（上切面）E10N12 ② A

7. 1520（正）E10N12 ② A

8. 1520（左侧）E10N12 ② A

9. 1520（反）E10N12 ② A

10. 521（正）E5N8 ① B

11. 521（反）E5N8 ① B

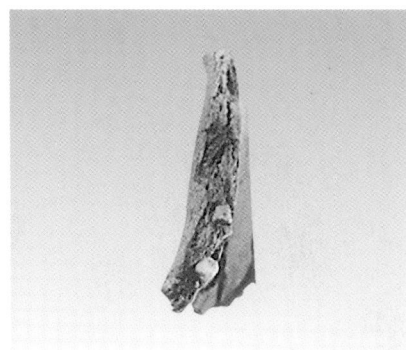

12. 521（右侧）E5N8 ① B

仙人洞遗址出土陶片

1. 1484（正）E10N11 ② A

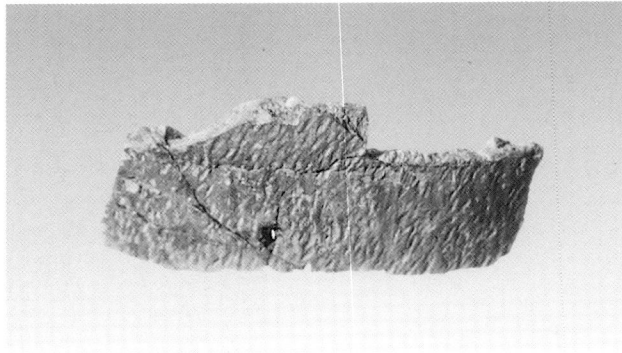

2. 1484（正上侧）E10N11 ② A

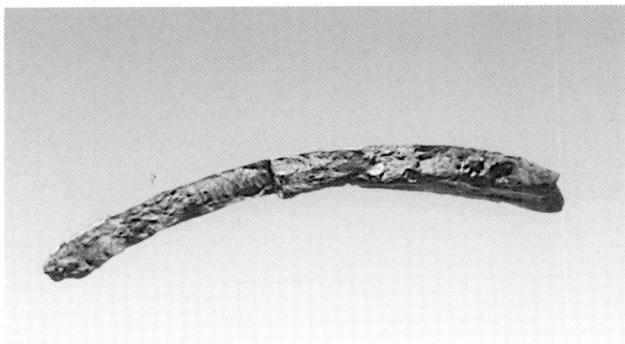

3. 1484（上切面）E10N11 ② A

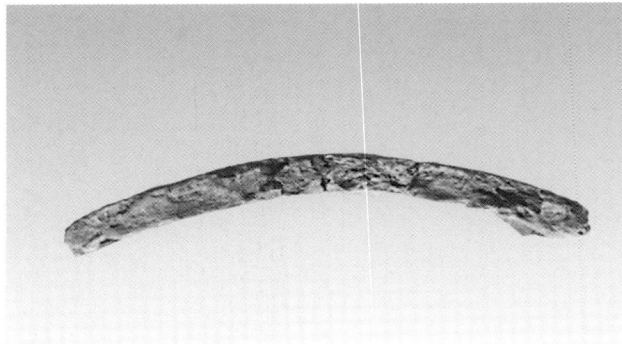

4. 1484（下切面）E10N11 ② A

5. 1484（反）E10N11 ② A

6. 1484（左侧）E10N11 ② A

7. 522（正）E5N5 ① B

8. 565（正）E5N8 ① B

9. 565（反）E5N8 ① B

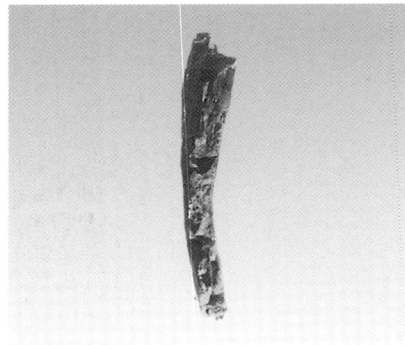

10. 565（右侧）E5N8 ① B

仙人洞遗址出土陶片

1. 1438（正）E10N10①A

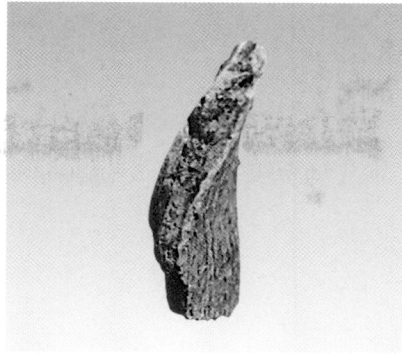

2. 1438（左侧）E10N10①A

3. 1438（反）E10N10①A

4. 617（正）E5N8②A

5. 617（反）E5N8②A

6. 617（右侧）E5N8②A

7. 1706（正）E10N12②A

8. 1706（反）E10N12②A②

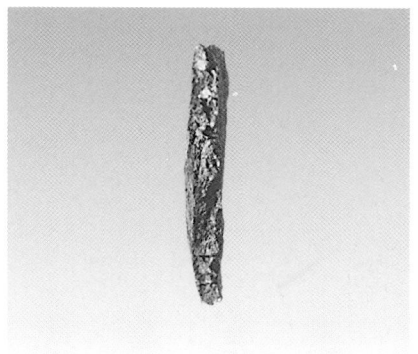

9. 1706（右侧）E10N12②A②

10. 1587（正）E10N11②A①

11. 1587（反）E10N11②A①

12. 1587（左侧）E10N11②A①

仙人洞遗址出土陶片

1. 1513（正）E10N12②A

2. 1513（反）E10N12②A

3. 1513（侧面）E10N12②A

4. 606（正）E5N8②A

5. 606（反）E5N8②A

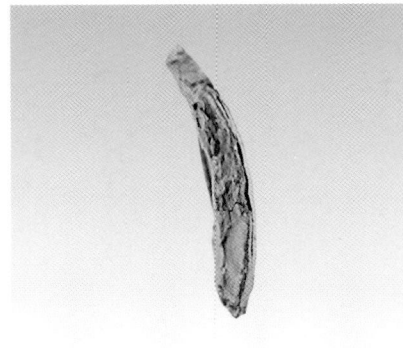

6. 606（右侧）E5N8②A

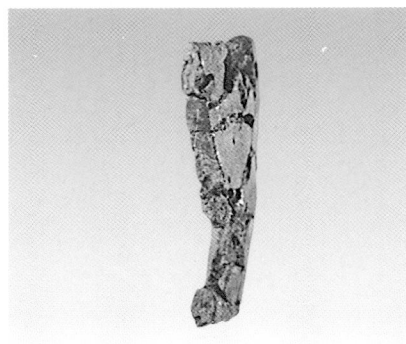

7. 606（左侧）E5N8②A

8. 1446（正）E10N12①B

9. 1446（反）E10N12①B

10. 1446（右侧）E10N12①B

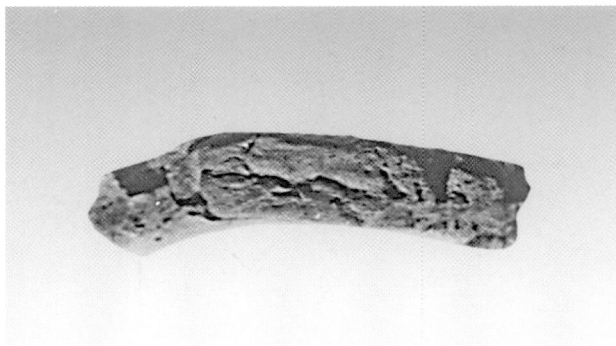

11. 1446（下切面）E10N12①B

仙人洞遗址出土陶片

1. 1502（正）E10N12②A

2. 1502（下切面）
E10N12②A

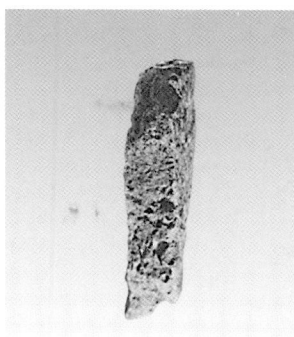

3. 1502（右侧）
E10N12②A

4. 1502（反）
E10N12②A

5. 1522（正）E10N12②A

6. 1522（反）E10N12②A

7. 1522（左侧）E10N12②A

8. 834（正）E11N11②A

9. 834（反）E11N11②A

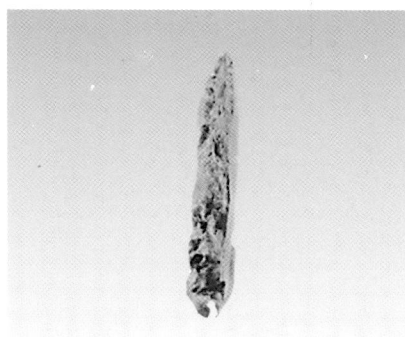

10. 834（左侧）E11N11②A

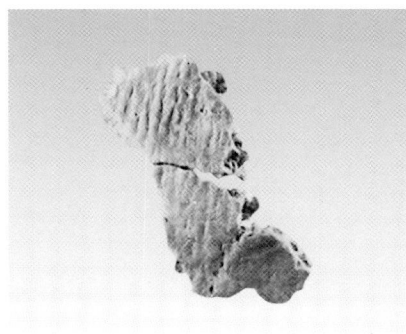

11. 438（正）E1N3③B②

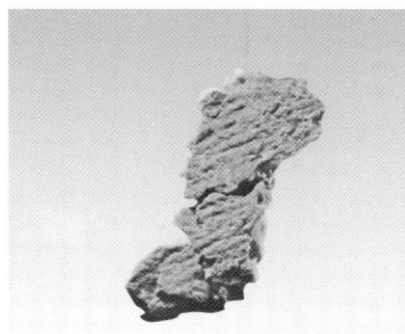

12. 438（反）E1N3③B②

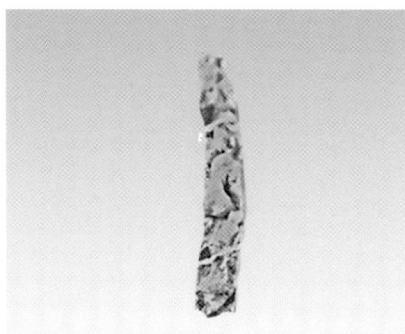

13. 438（左侧）E1N3③B②

仙人洞遗址出土陶片

1. 1473 E10N11 ② A

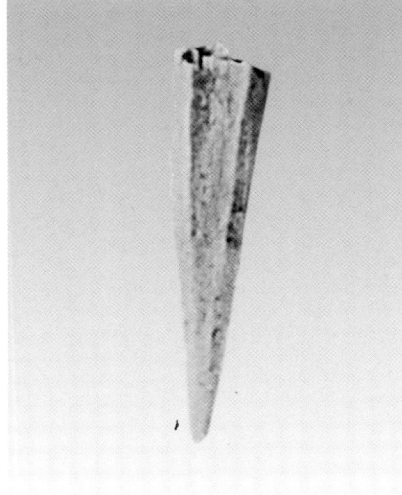

2. 011

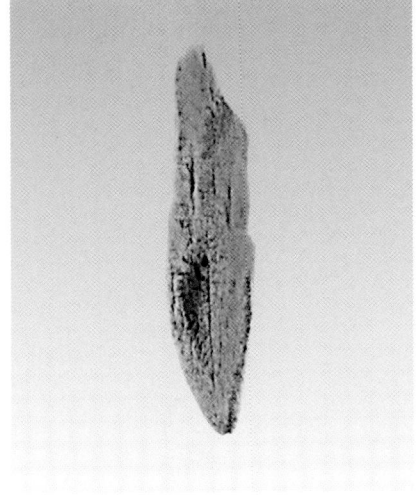

3. 1963 E11N12 ⑤ A

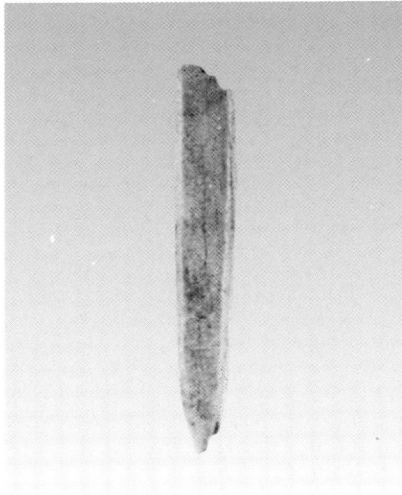

4. 481 E1N3 ③ C ① A

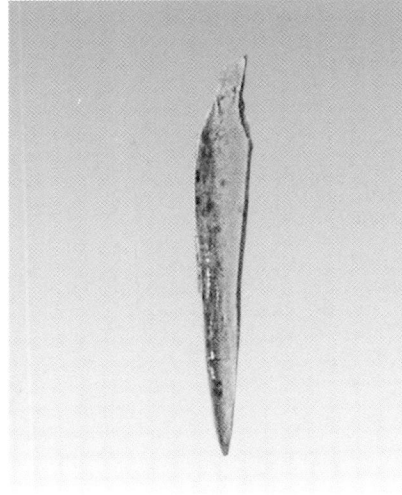

5. 1474 E10N11 ② A

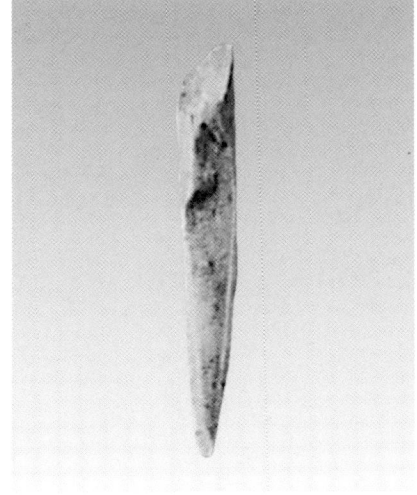

6. 747 E1N3 ③ B ②

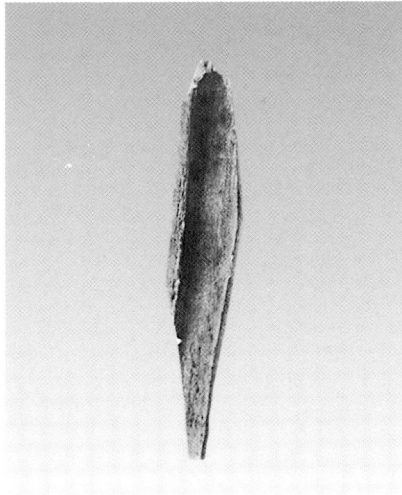

7. 728 E3N3 ③ C ① B

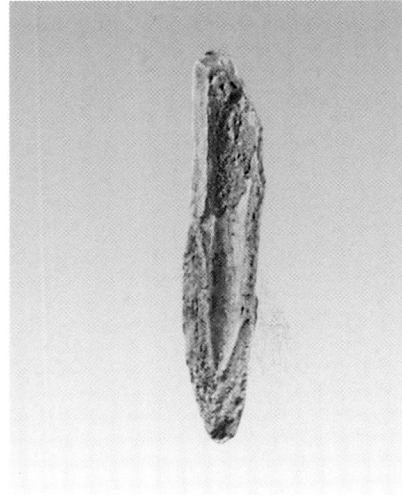

8. 1987 E11N10 ⑤ A

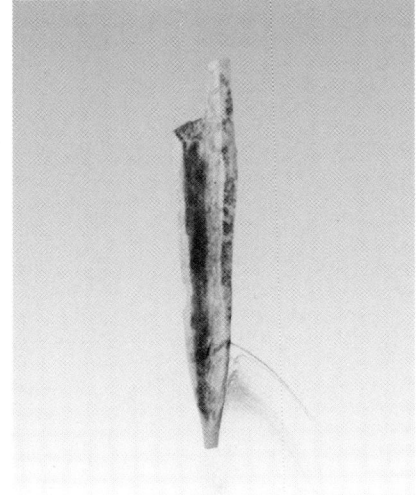

9. 1331 E11N11 ② A ③

仙人洞遗址出土骨器

1. 1192 E11N12 ③ A

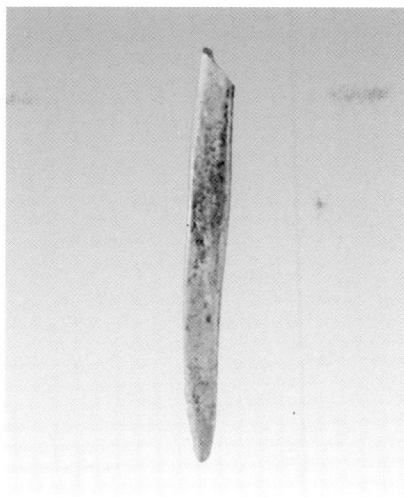

2. 1532 E10N12 ② A

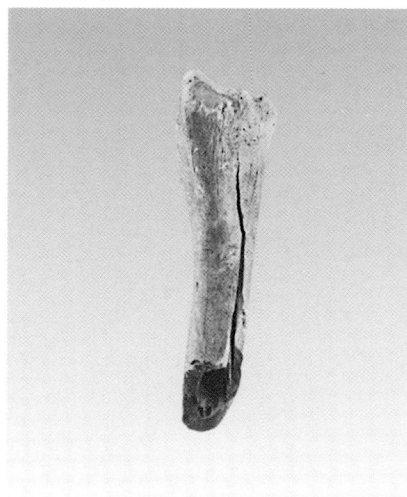

3. 1763 E10N10 ② B

4. 1889 E10N12 ③ B

5. 674 E5N8 ③ A

6. 1736 E10N11 ② A ③

7. 1373 E11N11 ② B

8. 1745 E10N12 ② A ③

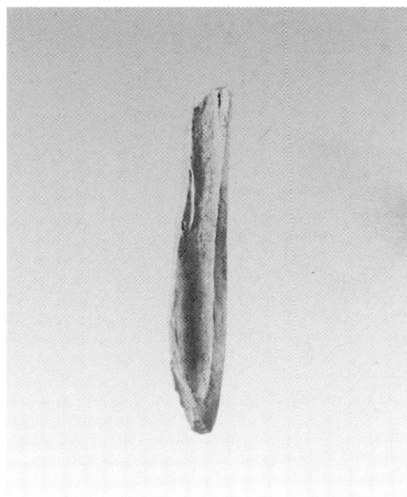

9. 1759 E10N12 ② A ③

仙人洞遗址出土骨器

1. 1891 E10N12 ③ B

2. 1870 E10N12 ③ B

3. 1813 E10N10 ② B ②

4. 1139 E2N3 ② A ① /Fea. 3

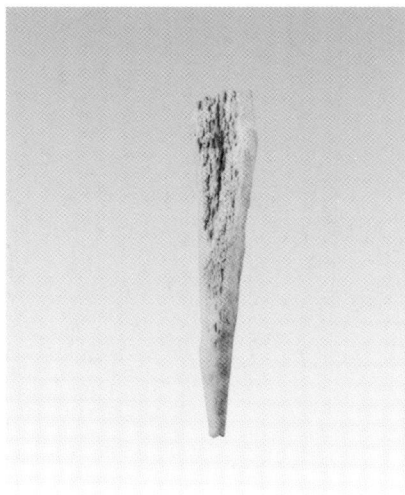

5. 1397 E11N11 ③ A

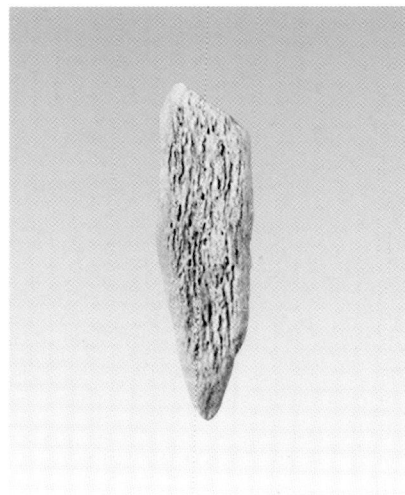

6. 1876 E10N12 ③ B

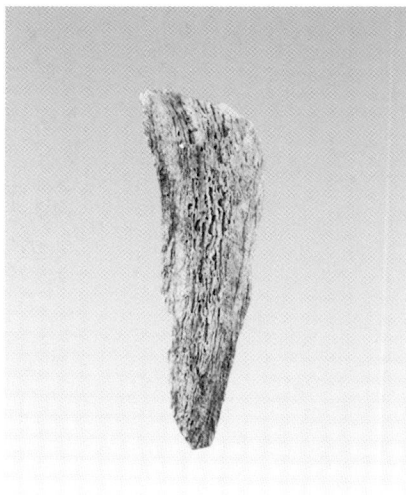

7. 1695 E10N11 ② A ②

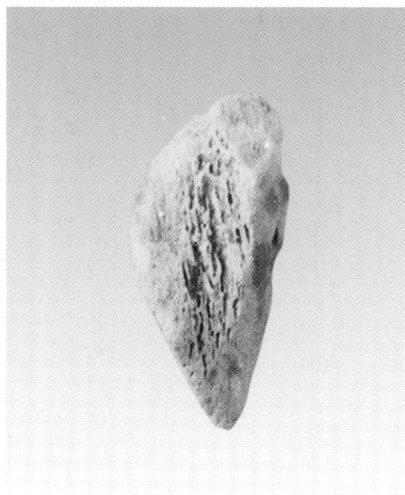

8. 1547 E10N12 ② A

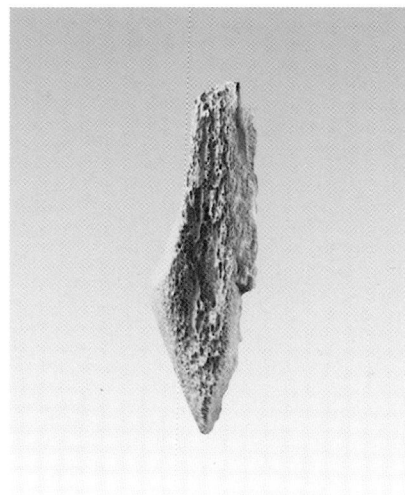

9. 1332 E11N11 ② A ③

仙人洞遗址出土骨器

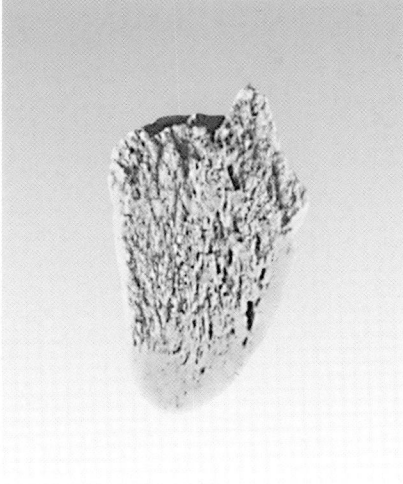

1. 1806 E10N10 ② B ②

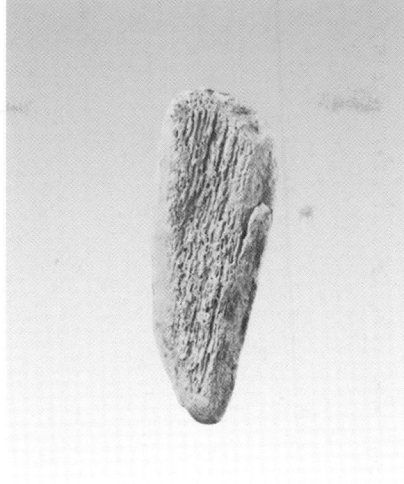

2. 1612 E10N12 ② A ①

3. 1789 E10N11 ② B

4. 1884 E10N12 ③ B

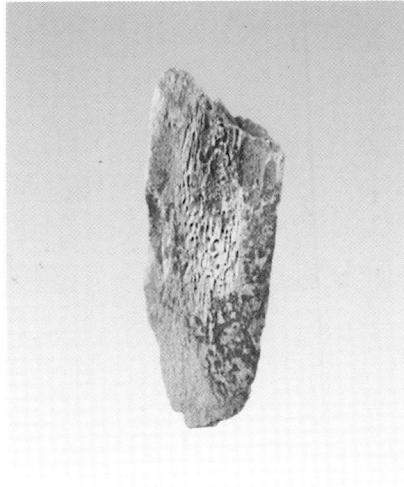

5. 1877 E10N12 ③ B

6. 1816 E10N11 ② B ②

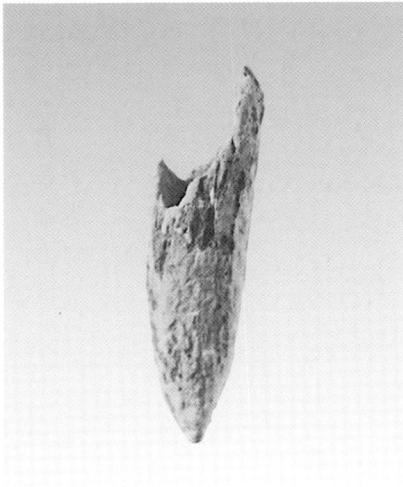

7. 1874 E10N12 ③ B

8. 1853 E10N10 ③ B

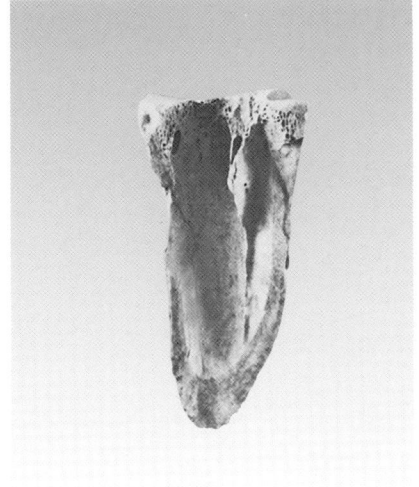

9. 1170 E11N12 ② B

仙人洞遗址出土骨器

1. 1871 E10N12 ③ B

2. 2990-1 W1N0D

3. 2851-1 W1S3F

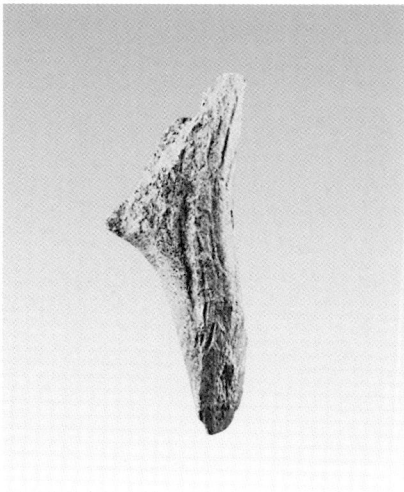

4. 1693 E10N11 ② A ②

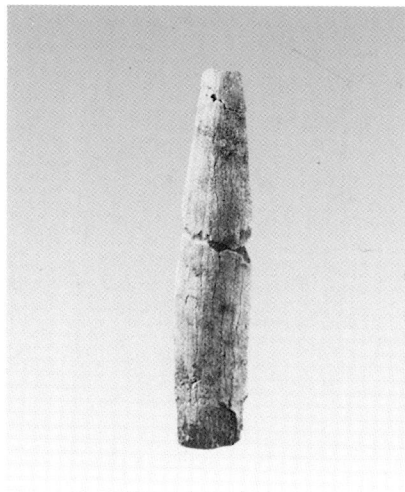

5. 1881 E10N12 ③ B

6. 1840 E10N11 ③ A

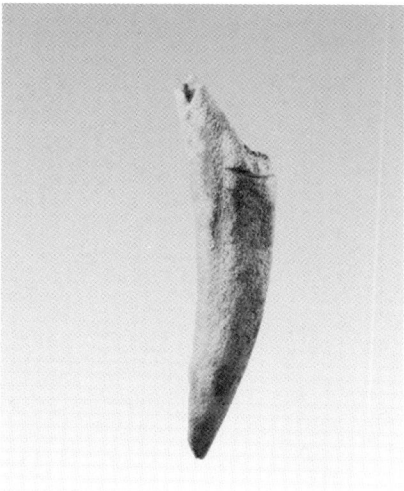

7. 1054 E1N3 ③ C ① B/Fea.3

8. 1467 E10N11 ② A

9. 1772 E10N11 ② B

仙人洞与吊桶环遗址出土骨器

1. 3717 W1S13L

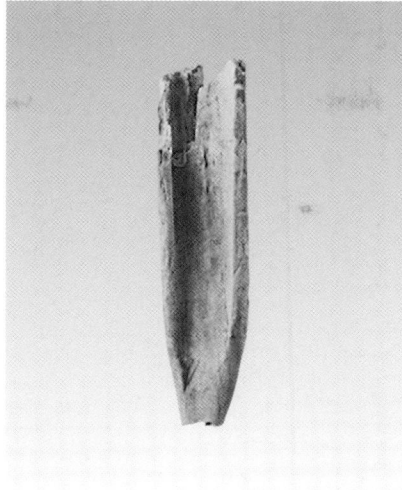

2. 3735 W5N0D ② /Fea. 28

3. 3146 W2S1J

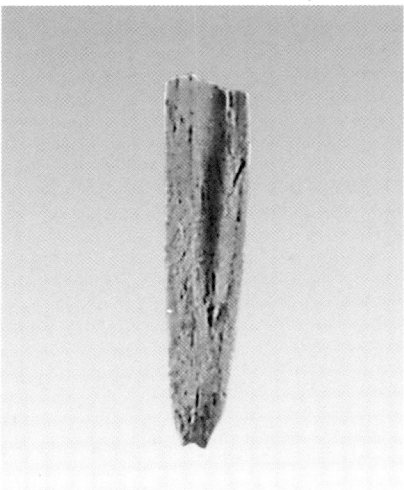

4. 3328 W2S3F

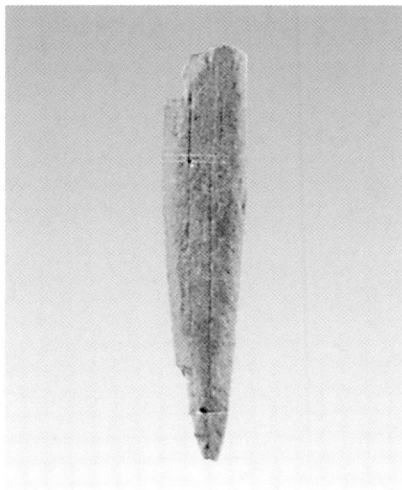

5. 2924 W5N1A/B/Fea. 22

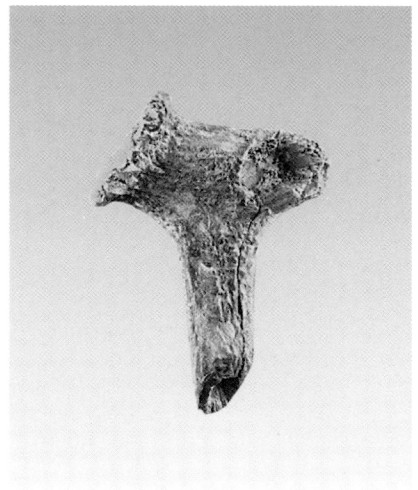

6. 3481

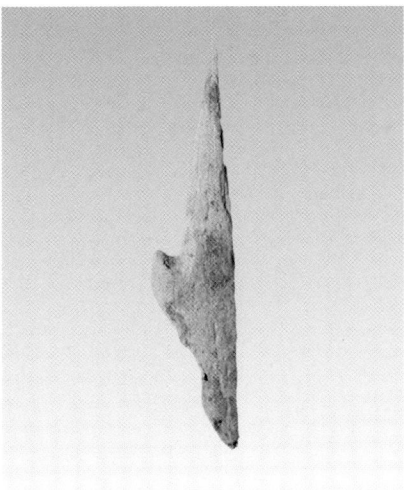

7. 3111-1 W3S3C/Fea. 10

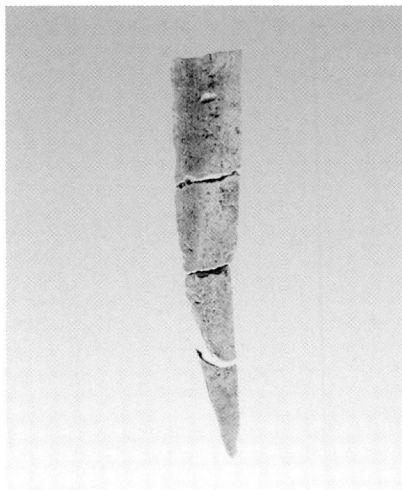

8. 3078-1 W2S1H

9. 3254 W3N0D/Fea. 15

吊桶环遗址出土骨器

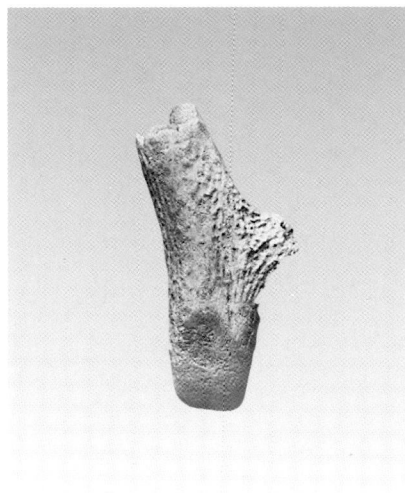

1. 3638 W2S3K　　　　2. 2790 W1N1C/Fea. 2　　　　3. 3793 W1S4K

4. 3799 W4S2G　　　　5. 2331 W2S2G　　　　6. 3743 W4S2C ① /Fea. 10

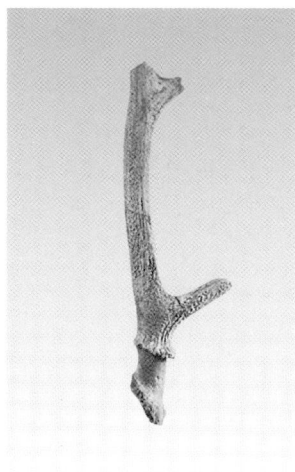
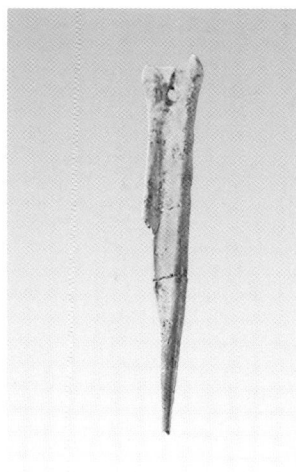

7. 2734　　8. 2679 W1S3D/Fea. 3　　9. 3067 W4S1D ②
　　　　　　　　　　　　　　　　　　　/Fea. 4

10. 2912-1 W4S2C ①
/Fea. 10

吊桶环遗址出土骨器

1. 3388 W1S5C ①

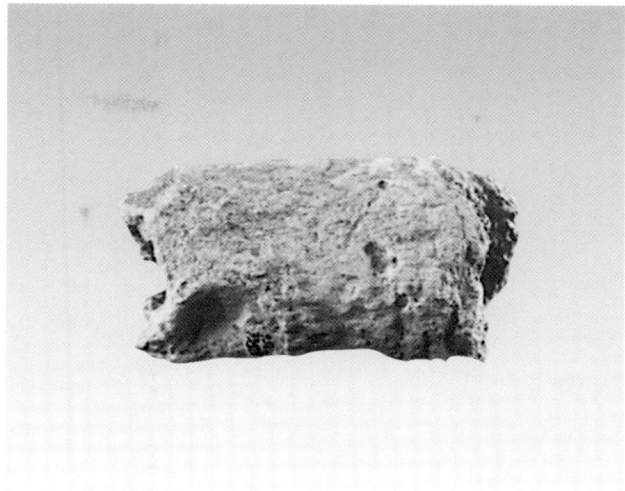

2. 3388 W1S5 C ①

3. 3111-3 W3S3C ① /Fea.10

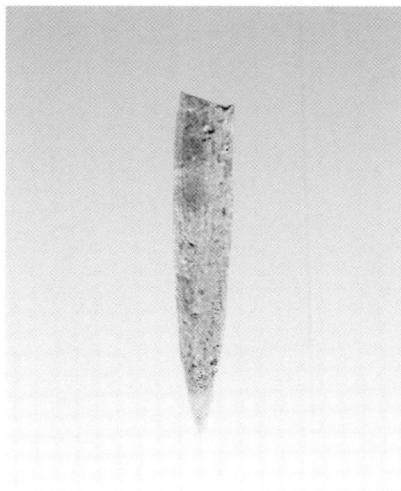

4. 3030 W2S1H

5. 2765 E0N1D/Fea. 3

6. 3111-2 W3S3C/Fea.10

7. 3046 E0N0D

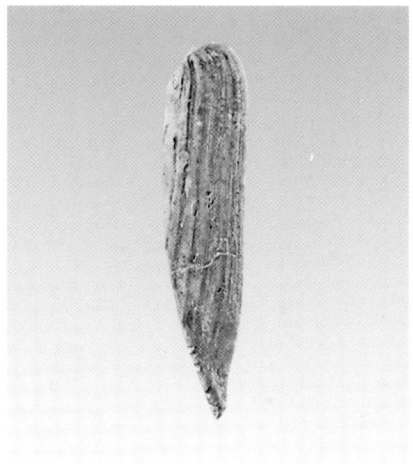

8. 3204 W3N0E

吊桶环遗址出土骨、蚌器

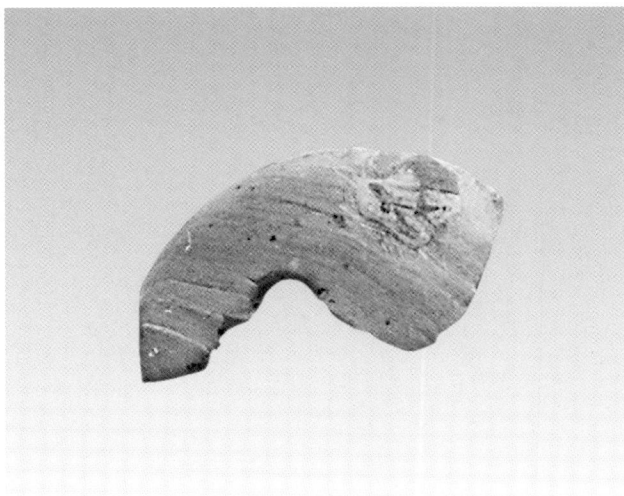

1. 1511 E10N12②A

2. 1002 E11N10②B

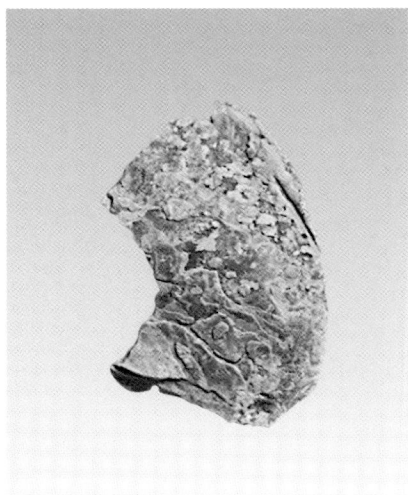

3. 1803 E10N10②B②

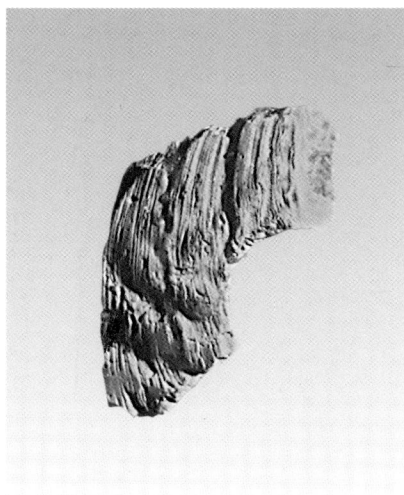

4. 973 E11N10②A③

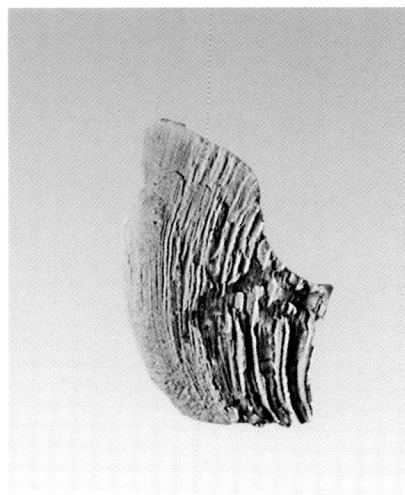

5. 1013 E10N12②A③

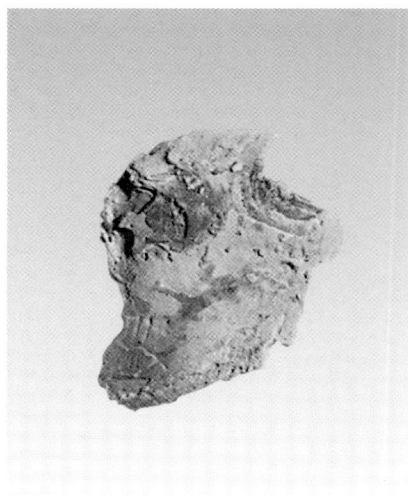

6. 1733 E10N11②A③

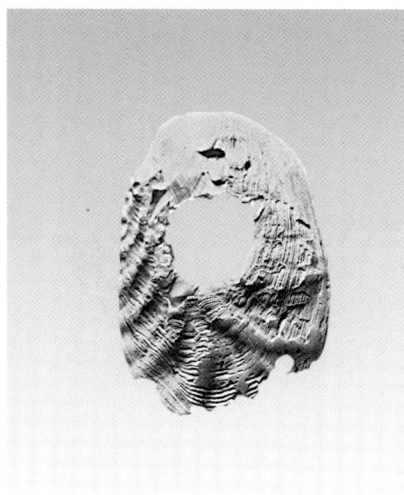

7. 1179 E11N10③A

8. 1731 E10N11②A③

仙人洞遗址出土蚌器

1. 1729 E10N11 ② A ③

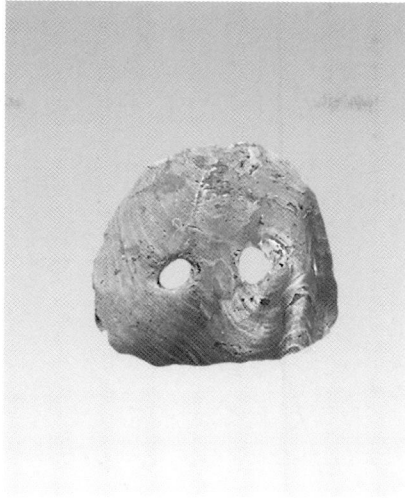

2. 1709 E10N11 ② A ③

3. 714-2 采: 1

4. 840 E11N11 ② A

5. 1583 E10N11 ② A ①

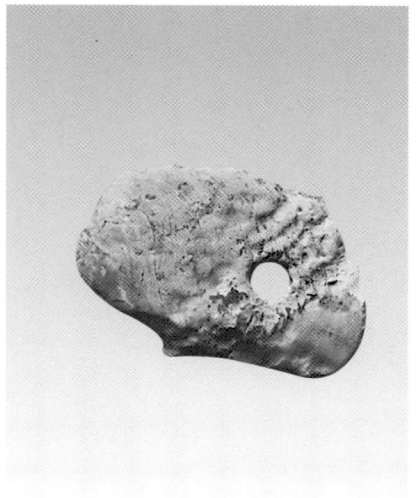

6. 836 E11N11 ② A

7. 424 E2N3 ③ B ②

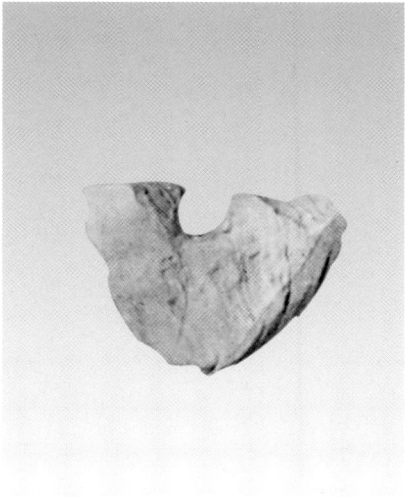

8. 1537 E10N11 ② A

9. 1633 E10N10 Fea. 2

仙人洞遗址出土蚌器

1. 3323 W3S2F   2. 1868 W3S1F

3. 1519 E10N12 ② A   4. 1493-1 E10N12 ② A   5. 2265 W3S1I

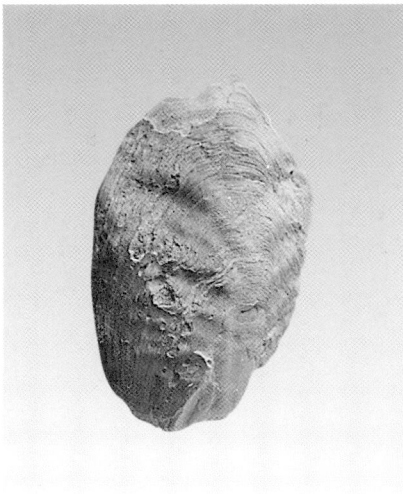

6. 616 E5N8 ② A   7. 2828 W2S1E   8. 1493-2 E10N11 ② A

仙人洞与吊桶环遗址出土蚌器

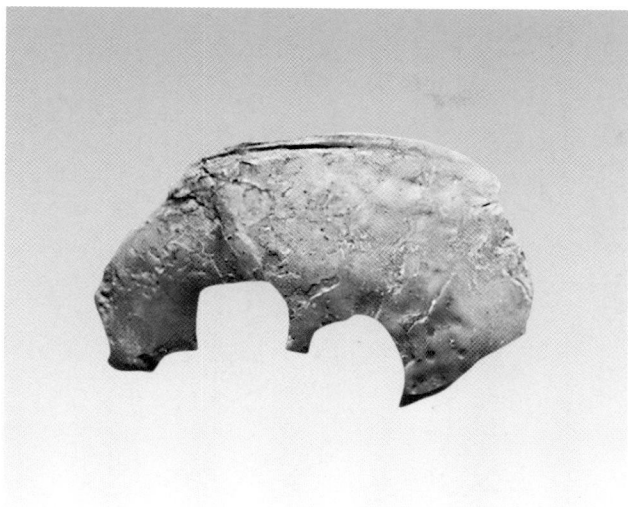

1. 3355 W2S3G

2. 3353 W2S3G

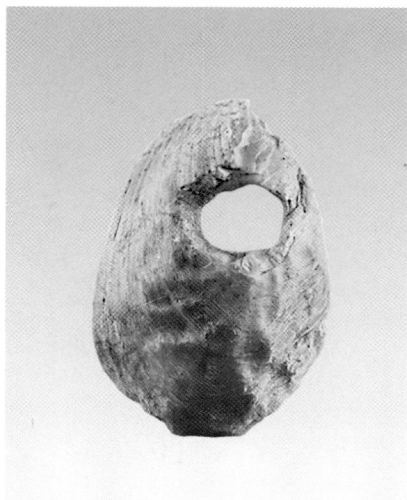

3. 3474 W2S3H

4. 2378 W2S2F

5. 3163B W3S2F

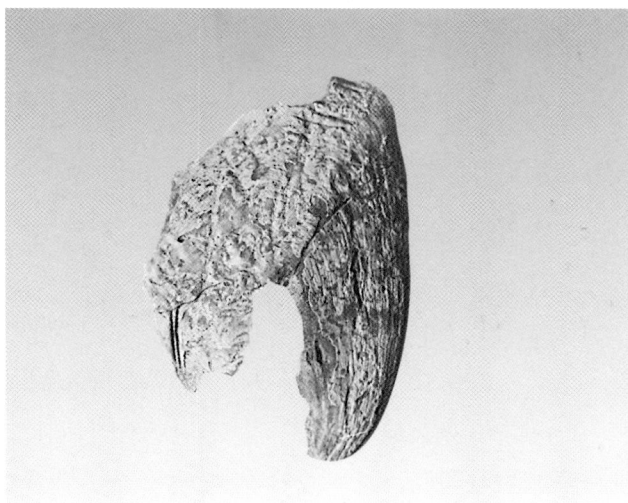

6. 3163A W3S3F

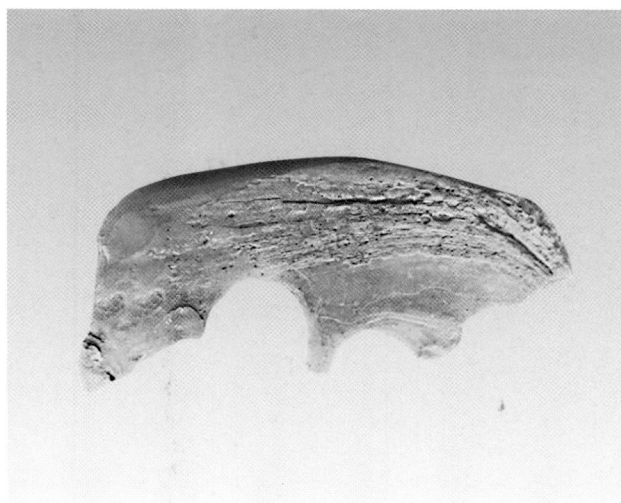

7. 3472 W2S3H

吊桶环遗址出土蚌器